Die Rechtsstellung des Kommanditisten
in der nicht personengleichen GmbH & Co. KG

Europäische Hochschulschriften
Publications Universitaires Européennes
European University Studies

Reihe II
Rechtswissenschaft

Série II Series II
Droit
Law

Bd./Vol. 3196

PETER LANG
Frankfurt am Main · Berlin · Bern · Bruxelles · New York · Oxford · Wien

Thomas Gänzle

Die Rechtsstellung des Kommanditisten in der nicht personengleichen GmbH & Co. KG

PETER LANG
Europäischer Verlag der Wissenschaften

Die Deutsche Bibliothek - CIP-Einheitsaufnahme

Gänzle, Thomas:

Die Rechtsstellung des Kommanditisten in der nicht personengleichen GmbH-und-Co.-KG / Thomas Gänzle. - Frankfurt am Main ; Berlin ; Bern ; Bruxelles ; New York ; Oxford ; Wien : Lang, 2001
(Europäische Hochschulschriften : Reihe 2, Rechtswissenschaft ; Bd. 3196)
Zugl.: Tübingen, Univ., Diss., 2001
ISBN 3-631-38084-4

D 21
ISSN 0531-7312
ISBN 3-631-38084-4

www.peterlang.de

Meinen Eltern

Vorwort

Die Arbeit hat der Juristischen Fakultät der Eberhard-Karls-Universität Tübingen als Dissertation vorgelegen. Mein besonderer Dank gilt Herrn Professor Dr. Harm Peter Westermann für wertvolle Anregungen und die intensive Betreuung der Arbeit. Ich danke auch Herrn Professor Dr. Dr. h.c. Wolfgang Zöllner für die zügige Erstellung des Zweitgutachtens. Darüber hinaus möchte ich all denjenigen danken, die mir bei der Anfertigung des Manuskripts geholfen haben.

Die Arbeit wurde im November 1999 abgeschlossen. Rechtsprechung und Literatur sind bis zu diesem Zeitpunkt berücksichtigt.

Stuttgart, im April 2001 Thomas Gänzle

Inhaltsverzeichnis

Inhaltsverzeichnis IX
Abkürzungsverzeichnis XX
Literaturverzeichnis XXII

§ 1 Einleitung 1

I. Struktur und Besonderheiten der nicht personengleichen GmbH & Co. KG 1

1. Entwicklung und Bedeutung der GmbH & Co. KG 1
2. Besonderheiten bei der nicht personengleichen GmbH & Co. KG 2
a) Begriff der nicht personengleichen GmbH & Co. KG 2
b) Problematik der Rechtsstellung des Nur-Kommanditisten im Hinblick auf die Komplementär-GmbH 2

II. Gegenstand der Arbeit und Gang der Untersuchung 4

§ 2 Informations- und Kontrollrechte des Kommanditisten 6

I. Informations- und Kontrollrechte in der KG 6

1. Informationsrecht nach § 166 HGB 6
a) Ordentliches Informationsrecht nach § 166 Absatz 1 HGB 6
aa) Inhalt und Reichweite 6
bb) Art der Ausübung 7
b) Außerordentliches Informationsrecht nach § 166 Absatz 3 HGB 8
aa) Inhalt und Reichweite 8
bb) Wichtiger Grund 8
c) Abgrenzung zu anderen Kontrollrechten 9
aa) Bedeutung des § 166 Absatz 2 HGB 9
bb) Bindung an die Gesellschafterstellung 10
d) Prozessuale Durchsetzung 11
aa) Anspruchsgegner 11
bb) Verfahrensfragen 11

2. Kollektives Auskunftsrecht nach §§ 666, 713 BGB 12
a) Inhalt und Reichweite 12
b) Abgrenzung zu § 166 HGB 13
c) Möglichkeit der actio pro socio 13
aa) §§ 666, 713 BGB als Individualanspruch 13
bb) Unbeschränkte actio pro socio 14
cc) Beschränkung der actio pro socio im Hinblick auf Indiviualrechte 14
dd) Eigene Stellungnahme 14

3. Allgemeines Auskunftsrecht zur Wahrnehmung der Gesellschafterrechte 15
a) Inhalt und Reichweite 15
b) Dogmatische Herleitung 16
aa) § 166 Absatz 3 HGB 16
bb) §§ 666, 713 BGB 17
cc) § 242 BGB 17
dd) Allgemeines Mitgliedschaftsrecht des Gesellschafters 18
c) Verhältnis zum Informationsrecht nach § 166 HGB 18

II. Informations- und Kontrollrechte im Hinblick auf die Komplementär-GmbH 19

1. Informationsrecht nach § 51a GmbHG 19
a) Inhalt und Reichweite 19
b) Zweck 19
c) Informationsgefälle in der nicht personengleichen GmbH & Co. KG 20
aa) Keine Einebnung des Informationsgefälles durch Beschränkung des § 51a GmbHG 21
bb) Keine Einebnung des Informationsgefälles durch die analoge Anwendung des § 51a GmbHG auf den Nur-Kommanditisten 22
cc) Informationsgefälle rechtsformspezifisch 23
dd) Zusammenfassung 24

2. Erstreckung des Auskunftsrechts in der KG auf GmbH-Angelegenheiten 24

III. Vertragliche Gestaltungsmöglichkeiten 26

1. Allgemeine Grenzen der Gestaltungsfreiheit 26
a) Keine analoge Anwendung des § 51a Absatz 3 GmbHG 26
b) Informationsrecht als Element des Kernbereichs der Mitgliedschaftsrechte 27

2. Abdingbarkeit der einzelnen Informationsrechte 28
a) Ausschluß von Informationsrechten 28
aa) § 166 Absatz 1 HGB 28
bb) § 166 Absatz 3 HGB 28
cc) Kollektives Informationsrecht nach §§ 666, 713 BGB 29
dd) Allgemeines Auskunftsrecht zur Wahrnehmung der Mitgliedschaftsrechte 29
b) Beschränkung der Ausübung von Informationsrechten 29

IV. Zusammenfassung 31

§ 3 Teilhaberechte des Kommanditisten an der Geschäftsleitung 32

I. Unmittelbare Mitwirkung an der Geschäftsleitung 32

1. Vertretungsmacht 32
a) Gesetzliche Regelung 32
b) Vertragliche Gestaltungsmöglichkeiten 32

2. Geschäftsführung 33
a) Gesetzliche Regelung 33
aa) Zustimmungsrecht bei außergewöhnlichen Geschäften 33
bb) Recht zur Notgeschäftsführung 34
cc) Zustimmungsrecht bei Grundlagengeschäften 34
b) Vertragliche Gestaltungsmöglichkeiten 35
aa) Erweiterung der Rechte des Kommanditisten 35
bb) Beschränkung der Rechte des Kommanditisten 36

II. Einwirkung auf den Geschäftsführer der GmbH 38

1. Unmittelbares Weisungsrecht 38
a) Gesetzliche Regelung 38
aa) Kein Weisungsrecht der Kommanditisten analog §§ 37, 46 GmbHG 38
bb) Keine Beschränkung des Weisungsrechts der GmbH-Gesellschafter 39
cc) Zusammenfassung 41
b) Einräumung eines Weisungsrechts durch gesellschaftsvertragliche Regelung 41
aa) Regelung in der GmbH-Satzung 41
bb) Regelung im Gesellschaftsvertrag der KG 42
cc) Regelung in der GmbH-Satzung und im Gesellschaftsvertrag der KG 43

2. Klage auf Unterlassung oder Rückgängigmachung einer Maßnahme der Geschäftsführung 43
a) Aktionärsklage in der Aktiengesellschaft 44
aa) Dogmatische Grundlage 44
bb) Reichweite des Klagerechts 44
b) Rechtslage in der GmbH & Co. KG 45
aa) Ansicht des Bundesgerichtshofs 45
bb) Interpretation des BGH-Urteils 45
cc) Eigene Stellungnahme 46
(1) Gesellschafterklage nach der gesetzlichen Rechtslage 46
(2) Gesellschafterklage bei abweichender gesellschaftsvertraglicher Gestaltung 47
(3) Zusammenfassung 47

3. Abberufungsrecht 47
a) Kein unmittelbares Abberufungsrecht analog § 46 Nr. 5 GmbHG 48
b) Kein Antragsrecht auf gerichtliche Abberufung analog §§ 117, 127 HGB 49

III. Vorgehen gegen die Komplementär-GmbH innerhalb der KG 50

1. Entziehung der Vertretungsmacht nach § 127 HGB 51
a) Rechtsprechung und herrschende Lehre 51
b) Gegenansicht in der Literatur 52
c) Eigene Stellungnahme 52

2. Entziehung der Geschäftsführungsbefugnis nach § 117 HGB 53
a) Zulässigkeit der Entziehung der Geschäftsführungsbefugnis des einzigen Komplementärs 53
b) Vorliegen eines wichtigen Grundes 53
c) Prozessuale Durchsetzung 55
d) Praktische Auswirkungen der Entziehung der Geschäftsführungsbefugnis 56

3. Auflösungs- und Ausschließungsklage nach §§ 133, 140 HGB 57
a) Zulässigkeit der Ausschließung des einzigen Komplementärs 57
b) Voraussetzungen 57
aa) Vorliegen eines wichtigen Grundes 57
bb) Grundsatz der Verhältnismäßigkeit 59
c) Prozessuale Durchsetzung 60
d) Rechtsfolge der Ausschließung des einzigen Komplementärs 61

4. Vertragliche Gestaltungsmöglichkeiten 63
a) Entziehung der Geschäftsführung nach § 117 HGB 64
b) Auflösungsklage nach § 133 HGB 65
c) Ausschließungsklage nach § 140 HGB 66

IV. Zusammenfassung 67

§ 4 Ersatzansprüche des Kommanditisten bei pflichtwidriger Geschäftsführung 69

I. Ersatzanspruch gegen die Komplementär-GmbH 69

1. Anspruchsgrundlage 69
2. Haftungsmaßstab 69
3. Probleme bei der Durchsetzung des Anspruchs 70

II. Direktanspruch gegen den GmbH-Geschäftsführer 71

1. Deliktische Ansprüche 72
a) §§ 826, 823 Absatz 2 BGB i.V.m. § 266 StGB 72
b) § 823 Absatz 1 BGB 72
c) § 823 Absatz 2 BGB i.V.m. § 43 GmbHG 73

2. Vertragliche Ansprüche 74
a) Vertrag zugunsten Dritter 74
aa) Die Ansicht von Cahn und Hesselmann/Tillmann 74
bb) Kritik 74
b) Leiharbeitsverhältnis 75
aa) Die Ansicht von Herschel 75
bb) Kritik 75
c) Drittschadensliquidation 76
aa) Die Ansicht von Herschel 76
bb) Kritik 76
d) Vertrag mit Schutzwirkung für Dritte 77
aa) Rechtsprechung 77
bb) Kritik 78
(1) Verwischung der Konturen des Rechtsinstituts des Vertrags mit Schutzwirkung für Dritte 78
(2) Probleme beim Fehlen eines Anstellungsvertrags 79
(3) Einwendungsdurchgriff nach § 334 BGB 80
(4) Eigener Geschäftsbetrieb der Komplementär-GmbH 82
(5) Vorrang der Organstellung vor dem Anstellungsvertrag 82

3. Ansprüche aus Organhaftung 83
a) Organstellung in der GmbH mit Schutzwirkung für die KG 83
aa) Befürwortende Ansicht 83
bb) Kritik 84
b) § 43 GmbHG analog 84
aa) Befürwortende Ansicht 84
bb) Kritik 85
b) Prinzip der Haftung für sorgfaltswidrige Leitung analog §§ 309, 317 AktG 85
aa) Die Ansicht von Krebs 85
bb) Kritik 86

4. Würdigung und eigene Stellungnahme 86
a) Ungeeignetheit deliktsrechtlicher Ansprüche 87
b) Ungeeignetheit der Anknüpfung an den Anstellungsvertrag des GmbH-Geschäftsführers mit der GmbH 87
c) Ansatzpunkt einer institutionalisierten Organhaftung 88
aa) Einwände gegen ein Sonderrechtsverhältnis mit Schutzwirkung für Dritte 88

bb) Einwände gegen eine Analogie zum Konzernrecht 88
(1) Keine Herleitung eines allgemeinen Rechtsgrundsatzes aus §§ 309, 317 AktG 88
(2) Keine Analogie zu §§ 309, 317 AktG 89
cc) § 43 GmbHG analog als richtige Haftungsgrundlage 90
(1) Leitungsmacht eines GmbH-Geschäftsführers 90
(2) Vergleich zum faktischen Geschäftsführer 90
(3) Haftung nach dem Recht der Komplementärin 90
(4) Einwände gegen eine rechtsformunabhängige Organhaftung 92
(5) Keine Rückwirkungen auf das Weisungs- und Abberufungsrecht 92
(6) Haftung auch bei eigenem Geschäftsbetrieb der GmbH 93

5. Auswirkung von Haftungsbeschränkungen und -ausschlüssen 94
a) Haftungsbeschränkung 94
aa) Abdingbarkeit der Geschäftsführerhaftung in der GmbH 94
bb) Wirkung einer Haftungsbeschränkung gegenüber der KG 95
b) Entlastung, Verzicht 95
aa) Präklusion von Ersatzansprüchen der GmbH 95
bb) Präklusionswirkung gegenüber der KG 96
c) Handeln auf Weisung der GmbH-Gesellschafter 97
aa) Grenzen der Entlastungswirkung der Weisung in der GmbH 97
(1) Unzuständigkeit des Anweisenden 98
(2) Nichtigkeit wegen Verstoßes gegen zwingende Vorschriften 98
(3) Nichtigkeit wegen Verstoßes gegen die guten Sitten 99
bb) Grenzen der Entlastungswirkung gegenüber der KG 100
(1) Unzuständigkeit des Anweisenden 100
(2) Nichtigkeit wegen Verstoßes gegen zwingende Vorschriften 101
(3) Nichtigkeit wegen Verstoßes gegen die guten Sitten 101
(4) Keine Erweiterung auf Fälle fahrlässiger Pflichtwidrigkeit 102

6. Verjährung 105

7. Einzelklagebefugnis des Kommanditisten 106

III. Direktanspruch gegen GmbH-Gesellschafter wegen pflichtwidriger Weisung 109

1. Haftung als faktischer Geschäftsführer analog § 43 GmbHG 110
a) Die Ansicht von Zoller und die Organhaftungslehre von Wilhelm 110
b) Kritik 111

2. Prinzip der Haftung für sorgfaltswidrige Leitung analog §§ 309, 317 AktG 114
a) Die Ansicht von Krebs und die Herleitung des Prinzips 114
aa) Rechtsgrundlage und Reichweite des Prinzips 114
bb) Rechtsfolgen der Anwendung des Prinzips 115
b) Kritik 116
aa) Keine Herleitung eines allgemeinen Rechtsgrundsatzes aus §§ 309, 317 AktG 116
(1) Charakter der §§ 309, 317 AktG als Organhaftung 116
(2) Aktienkonzernrecht als Sonderrecht der verbundenen Unternehmen 119
bb) Keine analoge Anwendung der §§ 309, 317 AktG auf den anweisenden GmbH-Gesellschafter in der GmbH & Co. KG 120
(1) GmbH-Gesellschafter als Organ der beherrschenden GmbH 120
(2) GmbH-Gesellschafter als Mutterunternehmen im mehrstufigen Konzern 121
cc) Treupflichtmodell als richtiger Ansatz für eine Gesellschafterhaftung 122
c) Zusammenfassung 123

3. Verletzung der mitgliedschaftlichen Treupflicht 123
a) Haftungsbegründende Treupflicht 123
aa) Allgemeine Treupflicht 124
(1) Entwicklung im Recht der Personengesellschaften 124
(2) Erstreckung des Anwendungsbereichs auf Kapitalgesellschaften 124
(3) Inhalt und Rechtswirkungen der Treupflicht 125
bb) Konzernrechtliche Treupflicht 126
(1) Treupflicht als Grundlage des GmbH-Konzernrechts 126
(2) Gesteigerte Treupflicht des Unternehmensgesellschafters 127
(3) Gläubigerschutz als bloßer Reflex des Minderheitenschutzes 127
cc) Erstreckung der Treupflicht über die Grenzen der GmbH hinaus auf die KG 129
(1) Meinungsstand zur GmbH & Co. KG 129
(2) Parallelproblem im mehrstufigen Konzern 131
(3) Würdigung und eigene Stellungnahme 132
α) Vergleichbarkeit der GmbH & Co. KG mit dem mehrstufigen Konzern 135
β) Vergleichbarkeit des außenstehenden Kommanditisten mit einem Minderheitsgesellschafter in der GmbH 135
(4) Zusammenfassung 137

b) Sorgfaltsmaßstab 138
aa) Keine Beschränkung auf vorsätzliches Handeln nach § 117 AktG 138
bb) Keine Beschränkung auf die Sorgfalt in eigenen Angelegenheiten nach §§ 277, 708 BGB 139
cc) Reichweite des Sorgfaltmaßstabs eines Fremdorgans nach § 43 Absatz 1 GmbHG 140
(1) Anwendung des § 43 GmbHG auf die konzernrechtliche Treupflicht 140
(2) § 276 BGB als Sorgfaltsmaßstab beim Privatgesellschafter außerhalb eines Konzerns 141
(3) Die besondere Interessenlage in der nicht personengleichen GmbH & Co. KG 145
(4) Zusammenfassung 146
c) Beweislast 146
d) Verjährung 148
e) Einzelklagebefugnis des Kommanditisten 149
f) Zusammenfassung 150

§ 5 Finanzierungsverantwortung des Kommanditisten im Rahmen des Kapitalersatzrechts 151

I. Einführung in die Problematik 151

II. Regeln zum Eigenkapitalersatz bei der GmbH 151

1. Rechtsprechungsgrundsätze über eigenkapitalersetzende Gesellschafterleistungen in Anlehnung an §§ 30, 31 GmbHG 152
a) Verbot der Rückzahlung von Gesellschaftereinlagen 152
b) Gleichstellung von Gesellschafterleistungen in der Krise mit haftendem Eigenkapital 153
aa) Grundgedanke 153
bb) Sachliche Voraussetzungen 154
cc) Personelle Voraussetzungen 155
dd) Zeitliche Voraussetzungen 156
ee) Rechtsfolgen 156

2. Gesetzesregelung für den Insolvenzfall, §§ 32a, 32b GmbHG 157
a) Unterschiede der gesetzlichen Regelung zu den Rechtsprechungsgrundsätzen 157
b) Fortgeltung der Rechtsprechungsgrundsätze neben der Neuregelung 158

III. Anwendbarkeit der Regeln zum Eigenkapitalersatz auf die GmbH & Co. KG bei Auszahlungen aus dem Vermögen der KG an Kommanditisten, die zugleich GmbH-Gesellschafter sind 159

1. Rechtsprechungsgrundsätze in Anlehnung an §§ 30, 31 GmbHG 159
a) Keine erweiternde Auslegung der §§ 171, 172 HGB 160
aa) Auslegung der §§ 171, 172 HGB als Kapitalersatzregel 160
bb) Kritik und h.M. 161
b) Keine unmittelbare Anwendung der Regeln zum Eigenkapitalersatz auf die KG 163
aa) Kapitalersatzrecht als rechtsformübergreifender Rechtsgedanke 163
bb) Kritik und h.M. 164
c) Anwendbarkeit der Regeln zum Eigenkapitalersatz in Anlehnung an §§ 30, 31 GmbHG auf die Komplementär-GmbH 164
aa) Beeinträchtigung des Stammkapitals der Komplementär-GmbH durch Auszahlungen aus dem Vermögen der KG 165
bb) Gläubigerschutz 166
cc) Aktivlegitimation 166

2. Anwendbarkeit der §§ 32a, 32b GmbHG 167

3. Zusammenfassung 168

IV. Anwendbarkeit der Regeln zum Eigenkapitalersatz auf die GmbH & Co. KG bei Auszahlungen aus dem Vermögen der KG an Kommanditisten, die nicht zugleich GmbH-Gesellschafter sind (sog. Nur-Kommanditisten) 169

1. Entwicklung der Rechtslage 169
a) Rechtslage bis zur GmbH-Novelle 1980 169
b) GmbH-Novelle 1980 und anschließende Diskussion 170
c) Die Grundsatzentscheidung des BGH im Jahre 1990 174
d) Meinungsstand nach der Entscheidung des BGH im Jahre 1990 175
aa) Gleichstellung des Nur-Kommanditisten 175
bb) Ausschluß der Solidarhaftung nach § 31 Absatz 3 GmbHG 176
e) Gesetzesänderung 1998 177
aa) Gesetzestext und Regierungsbegründung 177
bb) Kritik in der Literatur 179

2. Finanzierungsverantwortung als Grundlage des Kapitalersatzrechts 181
a) Gläubigerschutz durch Sicherung der Erhaltung des Stammkapitals 182
b) Einfluß auf die Geschäftsführung 183
c) Beteiligungsgrad 185
d) Insiderstellung 187

e) Würdigung der Kriterien 188
aa) Erfordernis eines weiteren Kriteriums neben dem Gläubigerschutz 188
bb) Entsprechende Anwendbarkeit der Regeln zum Eigenkapitalersatz auf die Aktiengesellschaft nur bei unternehmerischer Beteiligung 189
cc) Übertragung dieses Erfordernisses unternehmerischer Beteiligung auch auf die GmbH 190
dd) Vorrang des Gesetzesrechts vor Richterrecht 193
ee) Bestimmung der Beteiligungsgrenze bei der GmbH 194
ff) Zusammenfassung 195

3. Finanzierungsverantwortung des Nur-Kommanditisten in der GmbH & Co. KG 195
a) Wortlautgetreue Anwendung des § 172a HGB 195
aa) Rechtslage bis 1998 195
bb) Modifikation durch § 32a Absatz 3 Satz 2 GmbHG n.F. 196
b) Teleologische Reduktion des § 172a HGB 197
aa) Widerspruch der wortlautgetreuen Anwendung des § 172a HGB zum Grundgedanken der Finanzierungsverantwortung 197
bb) Kein Vorrang des Gläubigerschutzes gegenüber diesem Grundgedanken der Finanzierungsverantwortung 199
(1) Haftungsbeschränkung in der GmbH & Co. KG und fehlende Bremswirkung 200
(2) Keine Gleichstellung mit GmbH-Gesellschafter wegen wirtschaftlicher Nähe zur Komplementär-GmbH 201

4. Zusammenfassung und Ausblick 205

V. Gesplittete Pflichteinlage und Finanzplankredit 206

1. Entwicklung der Grundsätze zur gesplitteten Pflichteinlage und zum Finanzplankredit 206
a) Rechtsprechung zur Publikumsgesellschaft 206
aa) Begriff der Publikumsgesellschaft 206
bb) Grundsätze zur gesplitteten Pflichteinlage 207
cc) Entstehungsgrund für das Sonderrecht der Publikumsgesellschaft 208
b) Rechtsprechung zur normalen GmbH & Co. KG 208
aa) Erstreckung dieser Grundsätze auf die normale GmbH & Co. KG 208
bb) Charakter als eigenständiger Kapitalschutz der KG 209
c) Finanzplankredit in der GmbH 210
aa) Übertragung des Grundgedankens auf die GmbH 210
bb) Abgrenzung von den Regeln zum Eigenkapitalersatz bei der GmbH 210

2. Rechtsgrundlage für die Umqualifizierung von Darlehen in Eigenkapital 210
a) Schutz einer Mindestkapitalausstattung der Gesellschaft 211
aa) Kapitalschutz in der KG 211
bb) Schutz des gesetzlichen Stammkapitals in der GmbH 213
b) Schutz gegen eine Verschleppung der Krise 213
aa) Publikums-KG 213
bb) GmbH und GmbH & Co. KG 214
c) Freiwillige Beschränkung der Finanzierungsfreiheit durch Vereinbarung unter den Gesellschaftern 214
d) Materielle Eigenkapitalfunktion 216
e) Würdigung und eigene Stellungnahme 216

3. Anwendung der Grundsätze zur gesplitteten Pflichteinlage und zum Finanzplankredit auf den Nur-Kommanditisten in der GmbH & Co. KG 218
a) Finanzierungsleistungen an die KG 218
b) Finanzierungsleistungen an die Komplementär-GmbH 219

4. Zusammenfassung 220

§ 6 Zusammenfassung 221

I. Ergebnisse der Arbeit 221

1. Informations- und Kontrollrechte des Kommanditisten 221
2. Teilhaberechte des Kommanditisten an der Geschäftsleitung 221
3. Ersatzansprüche des Kommanditisten bei pflichtwidriger Geschäftsführung 222
4. Finanzierungsverantwortung des Kommanditisten im Rahmen des Kapitalersatzrechts 222

II. Einheits- oder Trennungsmodell 223

III. Zusammenfassende Beschreibung der Rechtsstellung des Kommanditisten und Ausblick zur GmbH & Co. KGaA 225

Abkürzungsverzeichnis

a.A.	anderer Ansicht
aaO	am angegebenen Ort
AcP	Archiv für die civilistische Praxis (Zeitschrift)
a.E.	am Ende
a.F.	alte Fassung
AG	Aktiengesellschaft
	Die Aktiengesellschaft (Zeitschrift)
AktG	Aktiengesetz
allgM	allgemeine Meinung
AnfG	Anfechtungsgesetz
Anh.	Anhang
Anm.	Anmerkung
BayObLG	Bayerisches Oberstes Landesgericht
BB	Der Betriebs-Berater (Zeitschrift)
BegrRegE	Begründung Regierungsentwurf
BGB	Bürgerliches Gesetzbuch
BGBl.	Bundesgesetzblatt
BGHZ	Entscheidungen des Bundesgerichtshofes in Zivilsachen
BT-Drucks.	Bundestagsdrucksache
bzw.	beziehungsweise
DB	Der Betrieb (Zeitschrift)
ders.	derselbe
d.h.	das heißt
dies.	dieselbe / dieselben
DStR	Deutsches Steuerrecht (Zeitschrift)
EWiR	Entscheidungen zum Wirtschaftsrecht
ff.	fortfolgende
FGG	Gesetz über die Angelegenheiten der freiwilligen Gerichtsbarkeit
Fn	Fußnote
FS	Festschrift
GbR	Gesellschaft bürgerlichen Rechts
GenG	Genossenschaftsgesetz
GmbHG	Gesetz betreffend die Gesellschaften mit beschränkter Haftung
GmbHR	GmbH-Rundschau (Zeitschrift)
HGB	Handelsgesetzbuch
h.M.	herrschende Meinung
Hs.	Halbsatz
IDW-FN	Fachnachrichten des Instituts der Wirtschaftsprüfer in Deutschland e.V.
i.L.	in Liquidation
InsO	Insolvenzordnung
i.S.	im Sinne
i.V.m.	in Verbindung mit
JA	Juristische Arbeitsblätter (Zeitschrift)
JR	Juristische Rundschau (Zeitschrift)

Jura	Juristische Ausbildung (Zeitschrift)
JuS	Juristische Schulung (Zeitschrift)
JW	Juristische Wochenschrift
JZ	Juristenzeitung
KG	Kommanditgesellschaft Kammergericht
KGaA	Kommanditgesellschaft auf Aktien
KGJ	Jahrbuch der Entscheidungen des Kammergerichts in Sachen der freiwilligen Gerichtsbarkeit
KO	Konkursordnung
LG	Landgericht
liSp	linke Spalte
LM	Lindenmaier-Möhring, Nachschlagewerk des Bundesgerichtshofes in Zivilsachen
m.	mit
MDR	Monatsschrift für Deutsches Recht
mwN	mit weiteren Nachweisen
n.F.	neue Fassung
Nr.	Nummer
NJW	Neue Juristische Wochenschrift
NJW-RR	NJW-Rechtsprechungs-Report Zivilrecht
NZG	Neue Zeitschrift für Gesellschaftsrecht
OHG	Offene Handelsgesellschaft
OLG	Oberlandesgericht
OLGZ	Entscheidungen der Oberlandesgerichte in Zivilsachen
reSp	rechte Spalte
RGZ	Entscheidungen des Reichsgerichts in Zivilsachen
Rn	Randnummer
S.	Seite
S.A.R.L.	Société à responsabilité limitée
SeuffA	Seufferts Archiv für Entscheidungen der obersten Gerichte in den deutschen Staaten
sog.	sogenannt
str.	streitig
st.Rspr.	ständige Rechtsprechung
UmwG	Umwandlungsgesetz
VerglO	Vergleichsordnung
vgl.	vergleiche
WM	Wertpapier-Mitteilungen, Zeitschrift für Wirtschafts- und Bankrecht
WuB	Entscheidungssammlung zum Wirtschafts- und Bankrecht
z.B.	zum Beispiel
ZGR	Zeitschrift für Unternehmens- und Gesellschaftsrecht
ZHR	Zeitschrift für das gesamte Handelsrecht und Wirtschaftsrecht
ZIP	Zeitschrift für Wirtschaftsrecht und Insolvenzpraxis
ZPO	Zivilprozeßordnung

Literaturverzeichnis

Abeltshauser, Thomas E.,
Leitungshaftung im Kapitalgesellschaftsrecht,
Köln, Berlin, Bonn, München 1998,
(zitiert: Abeltshauser, Leitungshaftung)

Altmeppen, Holger,
Urteilsanmerkung zu BGH, Urteil vom 11.07.1994,
NJW 1994, 2353

ders.,
Verschlimmbesserungen im Kapitalersatzrecht,
ZIP 1996, 1455

ders.,
Zur "finanzplanmäßigen Nutzungsüberlassung" als Kapitalersatz,
ZIP 1996, 909

Assmann, Heinz-Dieter,
Gläubigerschutz im faktischen GmbH-Konzern durch richterliche Rechtsfortbildung,
JZ 1986, 881, 928

ders.,
Der faktische GmbH-Konzern,
in: Festschrift 100 Jahre GmbH-Gesetz, Köln 1992, S. 657

Bälz, Ulrich,
Verbundene Unternehmen,
AG 1992, 277

Baumbach, Adolf / Duden, Konrad / Hopt, Klaus J.,
Handelsgesetzbuch, Kurzkommentar,
26. Auflage, München 1985
(zitiert: Baumbach/Duden/Hopt, HGB)

Baumbach, Adolf / Hopt, Klaus J.,
Handelsgesetzbuch, Kurzkommentar,
29. Auflage, München 1995
(zitiert: Baumbach/Hopt, HGB)

Baumbach, Adolf / Hueck, Alfred,
GmbH-Gesetz, Kurzkommentar,
16. Auflage, München 1996,
(zitiert: Bearbeiter in Baumbach/Hueck, GmbHG)

Berg, Hans,
Zur Abgrenzung von vertraglicher Drittschutzwirkung und Drittschadensliquidation,
NJW 1978, 2018

Berg, Hans-Georg,
Rechtsdogmatische Fragen zu § 30 Absatz 1 GmbHG, Berlin 1995
(zitiert: Berg, Rechtsdogmatische Fragen)

Berger, Christian,
Die actio pro socio im GmbH-Recht,
ZHR 149 (1985), S. 599

Bergmann, Alfred,
Urteilsanmerkung zu BGH, Urteil vom 19.02.1990,
EWiR § 30 GmbHG 3/90, S. 479

Beuthien, Volker / Gätsch, Andreas,
Einfluß Dritter auf die Organbesetzung und Geschäftsführung bei Vereinen, Kapitalgesellschaften und Genossenschaften,
ZHR 157 (1993), S. 483

Binge, Christoph,
Gesellschafterklagen gegen Maßnahmen der Geschäftsführer in der GmbH,
Köln, Berlin, Bonn, München 1994
(zitiert: Binge, Gesellschafterklagen)

Binz, Mark K.,
Die GmbH & Co., 8. Auflage, München 1992

Binz, Mark K. / Freudenberg, Götz / Sorg, Martin H.,
Informationsrechte in der GmbH & Co.,
BB 1991, 785

Bitter, Christian von,
Das Informationsrecht der GmbH-Gesellschafter in §§ 51a, 51b GmbHG,
ZIP 1981, 825

Boesebeck, Ernst,
Das Weisungsrecht der Gesellschafter einer GmbH,
GmbHR 1960, 118

Brandes, Helmut,
Die Rechtsprechung des BGH zur GmbH & Co. KG und zur Publikumsgesellschaft,
WM 1987, Sonderbeilage Nr. 1

Brandi, Axel,
Unerlaubte Erstattung von Eigenkapitalersatz und Rückgewähr kapitalersetzender Gebrauchsüberlassung bei GmbH und GmbH & Co. KG,
ZIP 1995, 1391

Britsch, Werner,
Die Rechte der Kommanditisten bei der Bestellung und Abberufung des Geschäftsführers der Komplementär-GmbH, Dissertation Mainz 1976

Brox, Hans,
Zur Gesamtvertretung einer Kommanditgesellschaft durch den Komplementär und den Kommanditisten,
in: Festschrift für Harry Westermann, Karlsruhe 1974, S. 21

Cahn, Fritz,
Die GmbH & Co., Kommanditgesellschaft, Mannheim 1922

Canaris, Claus-Wilhelm,
Die Feststellung von Lücken im Gesetz, 2. Auflage, Berlin 1983

ders.,
Die Rückgewähr von Gesellschaftereinlagen durch Zuwendung an Dritte,
in: Festschrift für Robert Fischer, Berlin, New York 1979, S. 31

ders.,
Schutzwirkungen zugunsten Dritter bei "Gegenläufigkeit" der Interessen,
JZ 1995, 441

ders.,
Die Haftung des Sachverständigen zwischen Schutzwirkungen für Dritte und Dritthaftung aus culpa in contrahendo,
JZ 1998, 603

ders.,
Die Reichweite der Expertenhaftung gegenüber Dritten,
ZHR 163 (1999), S. 206

Claussen, Carsten P.,
Kapitalersetzende Darlehen und Sanierungen durch Kreditinstitute,
ZHR 147 (1983), S. 195

ders.,
Die GmbH braucht eine Deregulierung des Kapitalersatzrechts,
GmbHR 1996, 316

Dauner-Lieb, Barbara,
Die Freistellung geringfügig beteiligter Gesellschafter von der Kapitalersatzhaftung,
DStR 1998, 609

Dirksen, Dirk / Möhrle, Florian
Die kapitalistische Kommanditgesellschaft auf Aktien,
ZIP 1998, 1377

Dreher, Meinrad,
Pfandrechtsgläubiger von Geschäftsanteilen als gesellschafterähnliche Dritte im Sinne von § 32a Absatz 3 GmbHG,
ZGR 1994, 144

Drygala, Tim,
Gibt es die eigenkapitalersetzende Finanzplan-Nutzungsüberlassung ?,
GmbHR 1996, 481

Ebenroth, Carsten Thomas,
Die Kontrollrechte der GmbH-Gesellschafter, Bielefeld 1971
(zitiert: Ebenroth, Kontrollrechte)

Ebenroth, Carsten Thomas / Lange, Knut Werner,
Sorgfaltspflichten und Haftung des Geschäftsführers einer GmbH nach § 43 GmbHG,
GmbHR 1992, 69

Elsing, Siegfried,
Kommanditistenhaftung und Gläubigergefährdung bei der unterkapitalisierten Kommanditgesellschaft,
GmbHR 1978, 103

Emde, Raimond,
Die Klage der Kommanditisten auf Rücknahme kompetenzwidrig vorgenommener Geschäftsführungsmaßnahmen,
WM 1996, 1205

Emmerich, Volker,
Das Konzernrecht der Personengesellschaften - Rückblick und Ausblick -,
in: Festschrift für Walter Stimpel, Berlin, New York 1985, S. 743

Emmerich, Volker / Habersack, Mathias,
Aktienkonzernrecht, Kommentar, München 1998

Emmerich, Volker / Sonnenschein, Jürgen,
Konzernrecht, 6. Auflage, München 1997

Esch, Günter,
Weisungsrechte der Gesellschafter der GmbH & Co. KG,
NJW 1988, 1553

ders.,
Die GmbH & Co. als "Einheitsgesellschaft",
BB 1991, 1129

Eucken, Walter,
Grundsätze der Wirtschaftspolitik, 6. Auflage, Tübingen 1990

Fischer, Robert,
Die Entziehung der Geschäftsführungs- und Vertretungsbefugnis in der OHG,
NJW 1959, 1057

Fleck, Hans-Joachim,
Zur Haftung des GmbH-Geschäftsführers,
GmbHR 1974, 224

ders.,
Urteilsanmerkung zu BGH, Urteil vom 24.03.1980,
LM Nr. 8 zu § 43 GmbHG

ders.,
Das kapitalersetzende Bankdarlehen in der GmbH,
in: Festschrift für Winfried Werner, Berlin, New York 1984, S. 107

ders.,
Die Drittanstellung des GmbH-Geschäftsführers,
ZHR 149 (1985), S. 387

ders.,
Mißbrauch der Vertretungsmacht oder Treubruch des mit Einverständnis aller Gesellschafter handelnden GmbH-Geschäftsführers aus zivilrechtlicher Sicht,
ZGR 1990, 31

ders.,
Vertrag, unerlaubte Eigengeschäftsführung und Anspruchsverjährung,
ZIP 1991, 1269

ders.,
Der Grundsatz der Kapitalerhaltung - seine Ausweitung und seine Grenzen,
in: Festschrift 100 Jahre GmbH-Gesetz, Köln 1992, S. 391

ders.,
Die sogenannte Einheitsgesellschaft - ein funktionsunfähiges Gebilde ?,
in: Festschrift für Johannes Semler, Berlin, New York 1993, S. 115

Fleischer, Holger,
Finanzplankredite und Eigenkapitalersatz im Gesellschaftsrecht,
Köln, Berlin, Bonn, München 1995
(zitiert: Fleischer, Finanzplankredite)

Flume, Werner,
Allgemeiner Teil des Bürgerlichen Rechts,
Erster Band, Erster Teil: Die Personengesellschaft,
Berlin, Heidelberg, New York 1977
(zitiert: Flume, Die Personengesellschaft)

ders.,
Die Abfindung nach der Buchwertklausel für den Gesellschafter minderen Rechts einer Personengesellschaft,
NJW 1979, 902

ders.,
Der Gesellschafter und das Vermögen der Kapitalgesellschaft und die Problematik der verdeckten Gewinnausschüttung,
ZHR 144 (1980), S. 18

ders.,
Die "Hinauskündigung" aus der Personengesellschaft,
DB 1986, 629

Frey, Kaspar,
Tod des einzigen Komplementärs,
ZIP 1988, 281

Frey, Kaspar / Bredow, Felix von,
Der Wegfall des einzigen Komplementärs nach der HGB-Reform,
ZIP 1998, 1621

Gehrlein, Markus,
Die Gesellschafterklage und § 46 Nr. 8 GmbHG - ein ungelöstes Problem ?,
ZIP 1993, 1525

Geitzhaus, Georg,
Verlustausgleichspflicht als Motor der Konzernplanung,
GmbHR 1989, 397

Gerkan, Hartwin von,
Schwerpunkte und Entwicklungen im Recht der kapitalersetzenden Gesellschafterleistungen,
GmbHR 1986, 218

Gerkan, Hartwin von,
Zum Stand der Rechtsentwicklung bei den kapitalersetzenden Gesellschafterleistungen,
GmbHR 1990, 384

ders.,
Die Gesellschafterklage,
ZGR 1988, 441

ders.,
Das Recht des Eigenkapitalersatzes in der Diskussion,
ZGR 1997, 173

ders.,
Der Entwurf des “Kapitalaufnahmeerleichterungsgesetzes” und das Recht des Eigenkapitalersatzes,
GmbHR 1997, 677

Gerkan, Hartwin von / Hommelhoff, Peter
Kapitalersatz im Gesellschafts- und Insolvenzrecht,
5. Auflage, Köln 1997

Goerdeler, Reinhard,
Die Zuziehung von Sachverständigen bei der Einsicht in die Bücher,
in: Festschrift für Walter Stimpel, Berlin, New York 1985, S. 125

ders.,
Das allgemeine Informationsrecht des Kommanditisten in bezug auf den Jahresabschluß,
in: Festschrift für Alfred Kellermann, Berlin, New York 1991, S. 77

Goette, Wulf,
Die höchstrichterliche Rechtsprechung zur Behandlung eigenkapitalersetzender Leistungen im GmbH-Recht,
DStR 1997, 2027

ders.,
Einige Aspekte des Eigenkapitalersatzrechts aus richterlicher Sicht,
ZHR 162 (1998), S. 223

Groß, Wolfgang,
Eigenkapitalersetzende Gesellschafterdarlehen in der KG,
BB 1991, 2386

Großkommentar zum Aktiengesetz,
4. Auflage,
10. Lieferung: §§ 15 - 22, Berlin, New York 1999
(zitiert: Bearbeiter in Großkommentar, AktG)

Grunewald, Barbara,
Die Gesellschafterklage in der Personengesellschaft und der GmbH,
Tübingen 1990
(zitiert: Grunewald, Gesellschafterklage)

dies.,
Rechtsschutz gegen fehlerhafte Maßnahmen der Geschäftsführung,
DB 1981, 407

dies.,
Haftung für fehlerhafte Geschäftsführung in der GmbH & Co. KG,
BB 1981, 581

dies.,
Einsichts- und Auskunftsrecht des GmbH-Gesellschafters nach neuem Recht,
ZHR 146 (1982), S. 211

dies.,
Zum Informationsrecht in der GmbH & Co. KG,
ZGR 1989, 545

dies.,
Plädoyer für eine Abschaffung der Rechtsregeln für eigenkapitalersetzende Gesellschafterdarlehen,
GmbHR 1997, 7

Haack,
Der Beirat der GmbH & Co. KG,
BB 1993, 1607

Habersack, Mathias,
Der Finanzplankredit und das Recht der eigenkapitalersetzenden Gesellschafterhilfen
ZHR 161 (1997), S. 457

ders.,
Eigenkapitalersatz im Gesellschaftsrecht,
ZHR 162 (1998), S. 201

Hachenburg, Max
GmbHG, Großkommentar,
8. Auflage, (Der Nachweis der Vorauflage ist gesondert kenntlich gemacht)
Erster Band: Allgemeine Einleitung, §§ 1 - 34, Berlin, New York 1992
Zweiter Band: §§ 35 - 52, Berlin, New York 1997
Dritter Band: §§ 53 - 85, Berlin, New York 1997
(zitiert: Bearbeiter in Hachenburg, GmbHG)

Hadding, Walther,
Ergibt die Vereinsmitgliedschaft "quasi-vertragliche" Ansprüche, "erhöhte Treue- und Förderpflichten" sowie ein "sonstiges Recht" im Sinne des § 823 Absatz 1 BGB ?,
in: Festschrift für Alfred Kellermann, Berlin, New York 1991, S. 91

Häuselmann, Holger / Rümker, Dietrich / Westermann, Harm Peter
Die Finanzierung der GmbH durch ihre Gesellschafter, Frankfurt/Main 1992

Heisse, Matthias,
Die Beschränkung der Geschäftsführerhaftung gegenüber der GmbH,
Köln 1988
(zitiert: Heisse, Die Beschränkung der Geschäftsführerhaftung)

Hennerkes, Brun-Hagen / Lorz, Rainer,
Roma locuta causa finita: Die GmbH & Co. KGaA ist zulässig,
DB 1997, 1388

Henze, Hartwig
Zur Treupflicht unter Aktionären,
in: Festschrift für Alfred Kellermann, Berlin, New York 1991, S. 141

ders.,
Die Treupflicht im Aktienrecht,
BB 1996, 489

ders.,
Treupflichten der Gesellschafter im Kapitalgesellschaftsrecht,
ZHR 162 (1998), S. 186

Hermanns, Marc,
Unverzichtbare Mitverwaltungsrechte des Personengesellschafters,
Köln, Berlin, Bonn, München 1993

Herrmann, Harald,
Gesellschafterklagen auf Unterlassen in der OHG und KG,
Jura 1986, 511

Herschel, Wilhelm,
Der Geschäftsführer der GmbH und Co., KG,
in: Festschrift für Rudolf Schmidt, Berlin 1966, S. 329

ders.,
Der Geschäftsführer der GmbH & Co., KG,
DB 1967, 2202

Hesselmann, Malte / Tillmann, Bert,
Handbuch der GmbH & Co., 18. Auflage, Köln 1997

Heymann, Ernst,
Handelsgesetzbuch, Kommentar,
2. Auflage
Band 2: §§ 105 - 237, Berlin, New York 1996
(zitiert: Bearbeiter in Heymann, HGB)

Hoffmann, Hans-Joachim,
Die Fragwürdigkeit der Haftung für diligentia quam in suis,
NJW 1967, 1207

Hofmann, Paul,
Unbeschränkte Kommanditistenhaftung und gesetzliche Wertung,
NJW 1969, 577

Hommelhoff, Peter,
Eigenkapital-Ersatz im Konzern und in Beteiligungsverhältnissen,
WM 1984, 1105

ders.,
Die qualifizierte faktische Unternehmensverbindung: ihre Tatbestandsmerkmale nach dem TBB-Urteil und deren rechtsdogmatisches Fundament,
ZGR 1994, 395

Hommelhoff, Peter / Kleindiek, Detlef,
Flexible Finanzierungsinstrumente im GmbH-Recht,
in: Festschrift 100 Jahre GmbH-Gesetz, Köln 1992, S. 421

Hopt, Klaus J.,
Zur Abberufung des GmbH-Geschäftsführers bei der GmbH & Co., insbesondere der Publikumskommanditgesellschaft,
ZGR 1979, 1

Huber, Ulrich,
Der Ausschluß des Personengesellschafters ohne wichtigen Grund,
ZGR 1980, 177

Huber, Ulrich,
Das Auskunftsrecht des Kommanditisten,
ZGR 1982, 539

ders.,
Gesellschafterkonten in der Personengesellschaft,
ZGR 1988, 1

Hueck, Alfred,
Der Treuegedanke im modernen Privatrecht, München 1947

ders.,
Der Treuegedanke im Recht der offenen Handelsgesellschaft,
in: Festschrift für Rudolf Hübner, Jena 1935, S. 72

Hueck, Götz,
Gesellschaftsrecht, 19. Auflage, München 1991

ders.,
Die Behandlung von Nutzungsüberlassungen im Rahmen einer Betriebsaufspaltung als Gesellschafterdarlehen ?,
ZGR 1989, 216

Hüffer, Uwe,
Aktiengesetz, Kurzkommentar,
4. Auflage, München 1999
(zitiert: Hüffer, AktG)

ders.,
Der Aufsichtsrat in der Publikumsgesellschaft,
ZGR 1980, 320

ders.,
Organpflichten und Haftung in der Publikums-Personengesellschaft,
ZGR 1981, 348

Hunscha, Axel,
Die Anwendung der §§ 30 Absatz 1, 31 GmbHG auf Zahlungen der GmbH & Co. KG an ihre Kommanditisten,
GmbHR 1973, 257

Ihrig, Hans-Christoph / Schlitt, Michael,
Die KGaA nach dem Beschluß des BGH vom 24.2.1997 - organisationsrechtliche Folgerungen,
in: Die GmbH & Co. KGaA nach dem Beschluß BGHZ 134, 392,
Heidelberg 1998, S. 33, Herausgeber: Peter Ulmer

Immenga, Ulrich,
Die personalistische Kapitalgesellschaft, Bad Homburg 1970

ders.,
Die Minderheitsrechte des Kommanditisten,
ZGR 1974, 385

ders.,
Besprechung der Entscheidung BGHZ 60, 324,
ZGR 1975, 487

ders.,
Kapitalersatzende Aktionärsdarlehen als Haftkapital ?,
ZIP 1983, 1405

ders.,
Bindung von Rechtsmacht durch Treuepflichten,
in: Festschrift 100 Jahre GmbH-Gesetz, Köln 1992, S. 189

Institut der Wirtschaftsprüfer in Deutschland e.V.,
Stellungnahme zum Entwurf eines Kapitalaufnahmeerleichterungsgesetzes,
IDW-Fachnachrichten 1996, 397

Joost, Detlev,
Eigenkapitalersetzende Kommanditistenleistungen,
ZGR 1987, 370

Junker, Abbo,
Das eigenkapitalersetzende Aktionärsdarlehen,
ZHR 156 (1992), S. 394

Kallmeyer, Harald,
Urteilsanmerkung zu OLG Karlsruhe, Urteil vom 29.03.1996,
GmbHR 1996, 530

Karollus, Martin,
Zur geplanten Reform des Kapitalersatzrechts,
ZIP 1996, 1893

Kellermann, Alfred,
Zur Anwendung körperschaftsrechtlicher Grundsätze und Vorschriften auf die Publikums-Kommanditgesellschaft,
in: Festschrift für Walter Stimpel, Berlin, New York 1985, S. 295

Kion, Hans-Jürgen,
Die Haftung des GmbH-Geschäftsführers,
BB 1984, 864

Knobbe-Keuk, Brigitte,
Das Klagerecht des Gesellschafters einer Kapitalgesellschaft wegen gesetz- und satzungswidriger Maßnahmen der Geschäftsführung,
in: Festschrift für Kurt Ballerstedt, Berlin 1975, S. 239

Kölner Kommentar zum Aktiengesetz,
2. Auflage,
Band 1: §§ 1-75, Köln, Berlin, Bonn, München 1988
Band 2: §§ 76 - 117, Köln, Berlin, Bonn, München 1996
Band 6, 1. Lieferung: §§ 291 - 328, Köln, Berlin, Bonn, München 1987
(zitiert: Bearbeiter in Kölner Kommentar, AktG)

Köhler, Helmut,
Der Schadensersatz-, Bereicherungs- und Auskunftsanspruch im Wettbewerbsrecht,
NJW 1992, 1477

Koller, Ingo,
Sicherung des Eigenkapitals bei der gesetzestypischen KG,
in: Festschrift für Theodor Heinsius, Berlin, New York 1991, S. 357

Konzen, Horst,
Geschäftsführung, Weisungsrecht und Verantwortlichkeit in der GmbH und GmbH & Co. KG,
NJW 1989, 2977

Kornblum, Udo,
Weitere Rechtstatsachen zum Unternehmens- und Gesellschaftsrecht,
GmbHR 1983, 29, 61

Kowalski, André,
Die Gesellschafterklage und § 46 Nr. 8 GmbHG - kein unlösbares Problem,
ZIP 1995, 1315

Krebs, Peter,
Geschäftsführerhaftung bei der GmbH & Co. KG und das Prinzip der Haftung für sorgfaltswidrige Leitung, Baden-Baden 1991

Kübler, Friedrich,
Gesellschaftsrecht, 5. Auflage, Heidelberg 1998

Kuhn, Georg,
Haftungsprobleme bei der GmbH & Co. KG,
in: Ehrengabe für Bruno Heusinger, München 1968, S. 203

Kuhr, Jan-Mathias,
Eigenkapitalersatz bei Publikumspersonengesellschaften mit gesplitteter Einlage: ein Vergleich mit den Kapitalersatzregeln für die GmbH und die GmbH & Co. KG, Berlin 1996

Larenz, Karl,
Urteilsanmerkung zu BGH, Urteil vom 25.04.1956,
NJW 1956, 1193

ders.,
Lehrbuch des Schuldrechts, Erster Band, Allgemeiner Teil,
14. Auflage, München 1987
(zitiert: Larenz, Schuldrecht I)

ders.,
Methodenlehre der Rechtswissenschaft,
6. Auflage, Berlin, Heidelberg, New York 1991
(zitiert: Larenz, Methodenlehre)

Lindacher, Walter F.,
Haftung des GmbH-Geschäftsführers und Einwand des Auswahl- und Überwachungsverschuldens,
JuS 1984, 672

Löffler, Joachim,
Der Kernbereich der Mitgliedschaft als Schranke für Mehrheitsbeschlüsse bei Personengesellschaften,
NJW 1989, 2656

Lutter, Marcus,
Theorie der Mitgliedschaft,
AcP 180 (1980), S. 84

ders.,
Zum Informationsrecht des Gesellschafters nach neuem GmbH-Recht,
ZGR 1982, 1

ders.,
Die Haftung des herrschenden Unternehmens im GmbH-Konzern,
ZIP 1985, 1425

ders.,
Die Treupflicht des Aktionärs,
ZHR 153 (1989), S. 446

Lutter, Marcus,
Neues zum Gesellschafterdarlehen ?,
ZIP 1989, 477

ders.,
Das Girmes-Urteil,
JZ 1995, 1053

Lutter, Marcus / Hommelhoff, Peter,
GmbH-Gesetz, Kommentar,
14. Auflage, Köln 1995
(zitiert: Lutter/Hommelhoff, GmbHG)

dies.,
Nachrangiges Haftkapital und Unterkapitalisierung in der GmbH,
ZGR 1979, 31

Lutter, Marcus / Hommelhoff, Peter / Timm, Wolfram,
Finanzierungsmaßnahmen zur Krisenabwehr in der Aktiengesellschaft,
BB 1980, 737

Martens, Klaus-Peter,
Die GmbH und der Minderheitenschutz,
GmbHR 1984, 265

Maulbetsch, Hans-Christoph,
Beirat und Treuhand in der Publikumspersonengesellschaft, Bonn 1984
(zitiert: Maulbetsch, Beirat und Treuhand)

Mayer, Kurt,
Zur Mitwirkungspflicht beim Ausschluß von Personengesellschaftern,
BB 1992, 1497

Medicus, Dieter,
Bürgerliches Recht, 16. Auflage, Köln, Berlin, Bonn, München 1993

ders.,
Urteilsanmerkung zu BGH, Urteil vom 10.11.1994,
JZ 1995, 308

Mertens, Hans-Joachim,
Deliktsrecht und Sonderprivatrecht - Zur Rechtsfortbildung des deliktischen Schutzes von Vermögensinteressen,
AcP 178 (1978), S. 227

Mertens, Hans-Joachim,
Die Geschäftsführerhaftung in der GmbH und das ITT-Urteil,
in: Festschrift für Robert Fischer, Berlin, New York 1979, S. 461

ders.,
§ 51a Absatz 1 GmbHG und die kapitalistisch strukturierte GmbH,
in: Festschrift für Winfried Werner, Berlin, New York 1984, S. 557

ders.,
Der Beirat in der GmbH - besonders der mitbestimmten -,
in: Festschrift für Walter Stimpel, Berlin, New York 1985, S. 417

Müller, Klaus,
Haftungsfragen im Zusammenhang mit der Geschäftsführung der GmbH & Co. KG durch die Komplementär-GmbH,
GmbHR 1972, 18

ders.,
Schranken des Informationsrechts nach § 51a GmbHG,
GmbHR 1987, 87

Müller-Erzbach, Rudolf,
Die Haftung und die Vermögensbeteiligung des Kommanditisten und des stillen Gesellschafters, besonders im Falle ihrer Anteilnahme an der Unternehmensverwaltung,
in: Festschrift für Ernst Heymann, Band II, Marburg 1931, S. 737

ders.,
Das Erfassen des Rechts aus den Elementen des Zusammenlebens, veranschaulicht am Gesellschaftsrecht,
AcP 154 (1955), S. 299

Münchener Handbuch zum Arbeitsrecht,
Band 2: Individualarbeitsrecht II, München 1993,
Herausgeber: Reinhard Richardi, Otfried Wlotzke
(zitiert: Bearbeiter in Münchener Handbuch zum Arbeitsrecht)

Münchener Handbuch des Gesellschaftsrechts,
Band 2: Kommanditgesellschaft, Stille Gesellschaft, München 1991,
Herausgeber: Bodo Riegger, Lutz Weipert
Band 3: Gesellschaft mit beschränkter Haftung, München 1996,
Herausgeber: Hans-Joachim Priester, Dieter Mayer
(zitiert: Bearbeiter in Münchener Handbuch des Gesellschaftsrechts)

Münchener Kommentar zum Bürgerlichen Gesetzbuch,
3. Auflage,
Band 2: §§ 241 - 432, München 1994,
Herausgeber: Kurt Rebmann, Jürgen Säcker
Band 5: §§ 705 - 853, München 1997,
Herausgeber: Kurt Rebmann, Jürgen Säcker, Roland Rixecker
(zitiert: Bearbeiter in Münchener Kommentar, BGB)

Neuner, Jörg,
Der Schutz und die Haftung Dritter nach vertraglichen Grundsätzen,
JZ 1999, 126

Obermüller, Manfred,
Patronatserklärungen und kapitalersetzende Darlehen,
ZIP 1982, 915

Palandt, Otto,
Bürgerliches Gesetzbuch, Kurzkommentar,
58. Auflage, München 1999,
(zitiert: Bearbeiter in Palandt, BGB)

Pape, Gerhard / Voigt, Joachim,
Einladung zur Umgehung der Eigenkapitalersatzregeln ?,
DB 1996, 2113

Paschke, Marian,
Rechtsfragen der Durchgriffsproblematik im mehrstufigen Unternehmensverbund,
AG 1988, 196

Pentz, Andreas,
Zur Anwendbarkeit der GmbH-Eigenkapitalersatzregeln auf Leistungen geringfügig beteiligter Gesellschafter,
BB 1997, 1265

Pöggeler, Wolfgang,
Haftungsverhältnisse im qualifizierten faktischen GmbH-Konzern - Eine Zwischenbilanz,
JA 1995, 438

Priester, Hans-Joachim,
Drittbindung des Stimmrechts und Satzungsautonomie,
in: Festschrift für Winfried Werner, Berlin, New York 1984, S. 657

Priester, Hans-Joachim,
Die eigene GmbH als fremder Dritter - Eigensphäre der Gesellschaft und Verhaltenspflichten ihrer Gesellschafter,
ZGR 1993, 512

ders.,
Dienstleistungspflichten als Eigenkapitalersatz ?,
DB 1993, 1173

ders.,
Eigenkapitalersetzende Finanzierung durch Quasigesellschafter,
in: Festschrift für Herbert Helmrich, München 1994, S. 721

ders.,
Die Kommanditgesellschaft auf Aktien ohne natürlichen Komplementär,
ZHR 160 (1996), S. 250

Raiser, Thomas,
Wettbewerbsverbote als Mittel des konzernrechtlichen Präventivschutzes,
in: Festschrift für Walter Stimpel, Berlin, New York 1985, S. 855

ders.,
Die Treupflichten im GmbH-Recht als Beispiel der Rechtsfortbildung,
ZHR 151 (1987), S. 422

ders.,
Das Recht der Gesellschafterklagen
ZHR 153 (1989), S. 1

ders.,
Konzernhaftung und Unterkapitalisierungshaftung,
ZGR 1995, 156

Rehbinder, Eckard,
Treuepflichten im GmbH-Konzern,
ZGR 1976, 386

ders.,
Gesellschaftsrechtliche Probleme mehrstufiger Unternehmensverbindungen,
ZGR 1977, 581

Reichert, Joachim / Winter, Martin
Die "Abberufung" und Ausschließung des geschäftsführenden Gesellschafters der Publikums-Personengesellschaft,
BB 1988, 981

Reiner, Günter,
Der deliktische Charakter der "Finanzierungsverantwortung" des Gesellschafters: Zu den Ungereimtheiten der Lehre vom Eigenkapitalersatz, in: Festschrift für Karlheinz Boujong, München 1996, S. 415

Reinfeld, Jörn,
Die Haftung des Geschäftsführers der GmbH & Co, Dissertation Hamburg, 1970

Reinhardt, Rudolf,
Gedanken zum Identitätsproblem bei der Einmanngesellschaft, in: Festschrift für Heinrich Lehmann, II. Band, Berlin, Tübingen, Frankfurt/Main 1956, S. 576

Reusch, Peter,
Die stille Gesellschaft als Publikumspersonengesellschaft, Berlin 1989

ders.,
Eigenkapital und Eigenkapitalersatz im Rahmen der stillen Gesellschaft, BB 1989, 2358

Reuter, Dieter,
Ansätze eines Konzernrechts der Personengesellschaft in der höchstrichterlichen Rechtsprechung, AG 1986, 130

ders.,
Der Beirat der Personengesellschaft, in: Festschrift für Ernst Steindorff, Berlin, New York 1990, S. 229

ders.,
Die Mitgliedschaft als sonstiges Recht im Sinne des § 823 I BGB, in: Festschrift für Hermann Lange, Stuttgart, Berlin, Köln 1992, S. 707

Röhricht, Volker / Graf von Westphalen, Friedrich,
Handelsgesetzbuch, Kommentar, Köln 1998
(zitiert: Bearbeiter in Röhricht, HGB)

Röttger, Robert,
Die Kernbereichslehre im Recht der Personengesellschaften, Heidelberg 1989,
(zitiert: Röttger, Kernbereichslehre)

Rohleder, Michael,
Die Übertragbarkeit von Kompetenzen auf GmbH-Beiräte, Köln 1991
(zitiert: Rohleder, Übertragbarkeit von Kompetenzen)

Roth, Günther H.,
Die Haftung als faktischer Geschäftsführer im Konkurs der GmbH,
ZGR 1989, 421

Roth, Günther H. / Altmeppen, Holger,
GmbHG, Kurzkommentar,
3. Auflage, München 1997
(zitiert: Roth/Altmeppen, GmbHG)

Rowedder, Heinz,
GmbHG, Kommentar,
3. Auflage, München 1997
(zitiert: Bearbeiter in Rowedder, GmbHG)

Rümker, Dietrich,
Bankkredite als kapitalersetzende Gesellschafterdarlehen unter besonderer Berücksichtigung der Sanierungssituation,
ZIP 1982, 1385

ders.,
Formen kapitalersetzender Gesellschafterdarlehen in der Bankpraxis,
in: Festschrift für Walter Stimpel, Berlin, New York 1985, S. 673

ders.,
Urteilsanmerkung zu OLG Hamburg, Urteil vom 16.05.1986,
WuB II. G. § 30 GmbHG, 2.86, S. 1265, 1266

ders.,
Urteilsanmerkung zu BGH, Urteil vom 21.03.1988,
WuB II. G. § 161 HGB 1.88, S. 853, 854

ders.,
Überlegungen zur gesellschafterlichen Finanzierungsverantwortung,
ZGR 1988, 494

Sandberger, Andreas,
Die Außenhaftung des GmbH-Geschäftsführers, Baden-Baden 1997

Schaub, Günter,
Arbeitsrechts-Handbuch, 8. Auflage, München 1996
(zitiert: Schaub, Arbeitsrechtshandbuch)

Schiessl, Maximilian,
Die Informationsrechte der Personenhandelsgesellschafter im Lichte der GmbH-Novelle 1980,
GmbHR 1985, 109

Schiessl, Maximilian,
Abdingbarkeit der Kontrollrechte des Kommanditisten aus § 166 HGB ?, NJW 1989, 1597

Schilling, Wolfgang,
Die GmbH & Co. KG als Einheitsgesellschaft,
in: Festschrift für Carl Hans Barz, Berlin, New York 1974, S. 67

ders.,
Urteilsanmerkung zu BGH, Urteil vom 05.06.1975,
BB 1975, 1451

ders.,
Grundlagen eines GmbH-Konzernrechts,
in: Festschrift für Wolfgang Hefermehl, München 1976, S. 383

Schlegelberger, Franz,
Handelsgesetzbuch, Kommentar,
5. Auflage,
Band III, 1. Halbband: §§ 105 - 160, München 1992
Band III, 2. Halbband: §§ 161 - 177a, §§ 335 - 342, München 1986
(zitiert: Bearbeiter in Schlegelberger, HGB)

Schmidt, Karsten,
Gesellschaftsrecht, 3. Auflage, Köln, Berlin, Bonn, München 1997

ders.,
Informationsrechte in Gesellschaften und Verbänden, Heidelberg 1984
(zitiert: K. Schmidt, Informationsrechte)

ders.,
Mehrseitige Gestaltungsprozesse bei Personengesellschaften, Heidelberg 1992
(zitiert: K. Schmidt, Mehrseitige Gestaltungsprozesse)

ders.,
Kapitalaufbringung, Kapitalerhaltung und Unterkapitalisierung bei der GmbH & Co.,
DB 1973, 2227

ders.,
Urteilsanmerkung zu BGH, Urteil vom 27.09.1976,
NJW 1977, 107

Schmidt, Karsten,
Entlastung, Entlastungsrecht und Entlastungsklage des Geschäftsführers einer GmbH - Versuch einer Neuorientierung -,
ZGR 1978, 425

ders.,
Abhängigkeit, faktischer Konzern, Nichtaktienkonzern und Divisionalisierung im Bericht der Unternehmenskommission,
ZGR 1981, 455

ders.,
Kapitalersetzende Bankenkredite ?,
ZHR 147 (1983), S. 165

ders.,
Kapitalersetzende Gesellschafterdarlehen: ein Rechtsproblem nur der GmbH und der GmbH & Co. KG ?,
AG 1984, 12

ders.,
Die GmbH & Co. - eine Zwischenbilanz,
GmbHR 1984, 272

ders.,
Konzernhaftung oder mitgliedschaftliche Haftung des privaten GmbH-Gesellschafters ?,
ZIP 1986, 146

ders.,
Kapitalersetzende Kommanditistendarlehen,
GmbHR 1986, 337

ders.,
Quasi-Eigenkapital als haftungsrechtliches und als bilanzrechtliches Problem,
in: Festschrift für Reinhard Goerdeler, Düsseldorf 1987, S. 487

ders.,
Konkursverschleppungshaftung und Konkursverursachungshaftung,
ZIP 1988, 1497

ders.,
Kapitalsicherung in der GmbH & Co. KG: Schlußbilanz oder Zwischenbilanz einer Rechtsfortbildung ?,
GmbHR 1989, 141

Schmidt, Karsten,
Die Handels-Personengesellschaft in Liquidation,
ZHR 153 (1989), S. 270

ders.,
Verlustausgleichspflicht und Konzernleitungshaftung im qualifizierten faktischen GmbH-Konzern,
ZIP 1989, 545

ders.,
§ 32a GmbHG: Ein Allheilmittel gegen unerwünschten Eigenkapitalersatz ?,
ZIP 1990, 69

ders.,
Eigenkapitalersatz bei unbeschränkter Haftung,
ZIP 1991, 1

ders.,
Die Dogmatik des Informationsrechts als Grundlage der Konkretisierung des § 51a GmbHG,
in: Festschrift für Alfred Kellermann, Berlin, New York 1991, S. 389

ders.,
Die Information des Gesellschafters,
in: Festschrift 100 Jahre GmbH-Gesetz, Köln 1992, S. 559

ders.,
Mehrheitsklauseln in GmbH & Co.- Verträgen: Verständnis oder Mißverständnis des "Bestimmtheitsgrundsatzes" ?,
ZHR 158 (1994), S. 205

ders.,
Zur Ablösung des Löschungsgesetzes,
GmbHR 1994, 829

ders.,
Summenmäßige Begrenzung der Ausfallhaftung nach § 31 Absatz 3 GmbHG,
BB 1995, 529

ders.,
Zwerganteile im GmbH-Kapitalersatzrecht,
ZIP 1996, 1586

ders.,
Finanzplanfinanzierung, Rangrücktritt und Eigenkapitalersatz,
ZIP 1999, 1241

Schmidt, Otto,
Jahresbericht 1995/96: Wichtige Neuerungen in GmbH-Gesetzgebung und -Rechtsprechung,
GmbHR 1996, 1

Schneider, Hannes,
Reichweite der Expertenhaftung gegenüber Dritten,
ZHR 163 (1999), S. 246

Schneider, Uwe H.,
Mehrheitsprinzip und Mitwirkungserfordernis bei Gesellschafterbeschlüssen,
AG 1979, 57

ders.,
Urteilsanmerkung zu BGH, Urteil vom 11.02.1980,
JR 1980, 466

ders.,
Konzernbildung, Konzernleitung und Verlustausgleich im Konzernrecht der Personengesellschaften,
ZGR 1980, 511

ders.,
Konzernleitung als Rechtsproblem,
BB 1981, 249

ders.,
Urteilsanmerkung zu BGH, Urteil vom 10.02.1992,
WuB II. C. § 43 GmbHG 2.92, S. 971, 972

ders.,
Der Anstellungsvertrag des Geschäftsführers einer GmbH im Konzern,
GmbHR 1993, 10

Schnelle, Ulrich,
Haftung des Nur-Kommanditisten nach §§ 30, 31 GmbHG,
GmbHR 1995, 853

Schön, Wolfgang,
Die stille Beteiligung an dem Handelsgewerbe einer Kommanditgesellschaft,
ZGR 1990, 220

Scholz, Franz,
Kommentar zum GmbH-Gesetz,
8. Auflage (Der Nachweis der Vorauflage ist gesondert kenntlich gemacht)
I. Band: §§ 1 - 44, Anh. Konzernrecht, Köln 1993
II. Band: §§ 45 - 85, Köln 1995
(zitiert: Bearbeiter in Scholz, GmbHG)

Schulze-Osterloh, Joachim,
Gläubiger- und Minderheitenschutz bei der steuerlichen Betriebsaufspaltung, ZGR 1983, 123

Schwerdtner, Peter,
Verträge mit Schutzwirkung für Dritte,
Jura 1980, 493

Seibert, Ulrich,
Der Bundestag greift in die Diskussion zum Eigenkapitalersatz ein,
GmbHR 1998, 309

Soergel, Hans Theodor,
Bürgerliches Gesetzbuch, Kommentar,
11. Auflage
Schuldrecht III: §§ 705 - 853, Stuttgart, Berlin, Köln, Mainz 1985
12. Auflage
Band 2, Schuldrecht I: §§ 241 - 432, Stuttgart, Berlin, Köln 1990
(zitiert: Bearbeiter in Soergel, BGB)

Sonnenschein, Jürgen,
Organschaft und Konzerngesellschaftsrecht, Baden-Baden 1976

Spies, Axel,
Die über die Haftsumme des § 171 HGB hinausgehende Kommanditistenhaftung, Frankfurt/Main, Bern, New York 1983

Staub, Herrmann,
HGB, Großkommentar,
3. Auflage,
Zweiter Band, 1. Halbband: §§ 105-144, Berlin, New York 1973
4. Auflage,
12. Lieferung: §§ 105 - 113, Berlin, New York 1989
17. Lieferung: §§ 123 - 130b, Berlin, New York 1997
9. Lieferung: §§ 161 - 177a, Berlin, New York 1987
(zitiert: Bearbeiter in Staub, HGB)

Staudinger, Julius von,
Kommentar zum Bürgerlichen Gesetzbuch,
12. Auflage,
§§ 652 - 740, Berlin 1991
13. Auflage,
Einleitung zu §§ 241 ff., §§ 241 - 243, Berlin 1995
§§ 249 - 254, Berlin 1998
§§ 328 - 361, Berlin 1995
(zitiert: Bearbeiter in Staudinger, BGB)

Stauf, Wolfgang,
Der wichtige Grund bei der personengesellschaftlichen Auflösungs- und Ausschließungsklage, Göttingen 1980
(zitiert: Stauf, Der wichtige Grund)

Stein, Ursula,
Das faktische Organ, Köln, Berlin, Bonn, München 1984

dies.,
Die Normadressaten der §§ 64, 84 GmbHG und die Verantwortlichkeit von Nichtgeschäftsführern wegen Konkursverschleppung,
ZHR 148 (1984), S. 207

Stimpel, Walter,
Anlegerschutz durch Gesellschaftsrecht in der Publikums-Kommanditgesellschaft,
in: Festschrift für Robert Fischer, Berlin, New York 1979, S. 771

ders.,
Die Rechtsprechung des Bundesgerichtshofs zur Innenhaftung des herrschenden Unternehmens im GmbH-Konzern,
AG 1986, 117

Sudhoff, Heinrich,
Der Gesellschaftsvertrag der GmbH & Co. KG,
3. Auflage, München 1975
(zitiert: Sudhoff, Gesellschaftsvertrag)

ders.,
Rechte und Pflichten des Kommanditisten,
3. Auflage, Köln 1986

Teichmann, Arndt,
Gestaltungsfreiheit in Gesellschaftsverträgen, München 1970
(zitiert: Teichmann, Gestaltungsfreiheit)

Thöni, Wilfried,
Zur Haftung des GmbH-Gesellschafters in Geschäftsführungsangelegenheiten, GmbHR 1989, 187

Thümmel, Roderich,
Möglichkeiten und Grenzen der Kompetenzverlagerung auf Beiräte in der Personengesellschaft und in der GmbH, DB 1995, 2461

Tillmann, Bert,
Ausschluß des Gesellschafters einer GmbH & Co. KG wegen Überschreitens der Geschäftsführungsbefugnis, DB 1974, 1705

Ullrich, Hanns,
Gesellschafterdarlehen der Banken in der Finanzkrise der GmbH, GmbHR 1983, 133

Ulmer, Peter,
Gestaltungsklagen im Personengesellschaftsrecht und notwendige Streitgenossenschaft, in: Festschrift für Ernst Geßler, München 1971, S. 269

ders.,
Urteilsanmerkung zu BGH, Urteil vom 05.06.1975, NJW 1976, 192

ders.,
Die Mitwirkung des Kommanditisten an der Bilanzierung der KG, in: Festschrift für Wolfgang Hefermehl, München 1976, S. 207

ders.,
Die GmbH und der Gläubigerschutz, GmbHR 1984, 256

ders.,
Der Gläubigerschutz im faktischen GmbH-Konzern beim Fehlen von Minderheitsgesellschaftern, ZHR 148 (1984), S. 391

ders.,
Umstrittene Fragen im Recht der Gesellschafterdarlehen (§ 32a GmbHG), ZIP 1984, 1163

ders.,
Begründung von Rechten für Dritte in der Satzung einer GmbH ?, in: Festschrift für Winfried Werner, Berlin, New York 1984, S. 911

Ulmer, Peter,
Gesellschafterpflicht zur Erhaltung des satzungsmäßigen Haftungsfonds der GmbH ?,
ZGR 1985, 598

ders.,
Gläubigerschutz im "qualifizierten" faktischen GmbH-Konzern,
NJW 1986, 1579

ders.,
Testamentsvollstreckung am Kommanditanteil - Voraussetzungen und Rechtsfolgen,
NJW 1990, 73

ders.,
Gesellschafterhaftung gegenüber der GmbH bei Vorteilsgewährung unter Verstoß gegen § 30 Absatz 1 GmbHG,
in: Festschrift 100 Jahre GmbH-Gesetz, Köln 1992, S. 363

Veltins, Michael A. / Hikel, Dieter A.,
Zur Einschränkung bzw. Erweiterung der Informationsrechte des Kommanditisten,
DB 1989, 465

Verhoeven, Thomas,
Nochmals: Minderheitenschutz und Beirat in der GmbH,
BB 1978, 335

Vollmer, Lothar,
Die Wirkungen rechtskräftiger Schiedssprüche bei gesellschaftsrechtlichen Gestaltungsklagen,
BB 1984, 1774

Vonnemann, Wolfgang,
Die Haftung im qualifizierten faktischen GmbH-Konzern,
BB 1990, 217

Weimar, Robert/ Geitzhaus, Georg,
Die GmbH & Co. KG vor den Toren des GmbH-Rechts,
DB 1987, 2026, 2085

Werner, Winfried,
Urteilsanmerkung zu BGH, Urteil vom 19.02.1990,
WuB II. G. § 30 GmbHG 3.91, S. 881

Westermann, Harm Peter,
Vertragsfreiheit und Typengesetzlichkeit im Recht der Personengesellschaften, Berlin, Heidelberg, New York 1970
(zitiert: Westermann, Vertragsfreiheit und Typengesetzlichkeit)

ders.,
Handbuch der Personengesellschaften, Loseblattsammlung, Stand: 25. Lieferung Juni 1998, Köln

ders.,
GmbH-Konzernrecht kraft richterlicher Rechtsfortbildung ?, GmbHR 1976, 77

ders.,
Die Ausschließungsklage gemäß § 140 HGB - eine stumpfe Waffe ?, NJW 1977, 2185

ders.,
Banken als Kreditgeber und Gesellschafter, ZIP 1982, 379

ders.,
Urteilsanmerkung zu BGH, Urteil vom 28.06.1982, NJW 1982, 2870

ders.,
Urteilsanmerkung zu BGH, Urteil vom 25.04.1983, ZIP 1983, 1070

ders.,
Zur Rückführung eines Überziehungskredits eines am Schuldnerunternehmen als Aktionär beteiligten Kreditinstituts, ZIP 1983, 1281

ders.,
Organzuständigkeit bei Bildung, Erweiterung und Umorganisation des Konzerns, ZGR 1984, 352

ders.,
Kapitalersetzende Darlehen bei Publikums-Personengesellschaften - Skizze eines Sonderrechts im Sonderrecht, in: Festschrift für Hans-Joachim Fleck, Berlin, New York 1988, S. 423

Westermann, Harm Peter / Pöllath, Reinhard,
Abberufung und Ausschließung von Gesellschaftern/Geschäftsführern in Personengesellschaften und GmbH, 4. Auflage, Köln 1988,

Wiedemann, Herbert,
Gesellschaftsrecht, Band I: Grundlagen, München 1980

ders.,
Urteilsanmerkung zu BGH, Urteil vom 09.12.1968,
JZ 1969, 470

ders.,
Verbandssouveränität und Außeneinfluß,
in: Festschrift für Wolfgang Schilling, Berlin, New York 1973, S. 105

ders.,
Beschränkte und unbeschränkte Kommanditistenhaftung,
in: Festschrift für Johannes Bärmann, München 1975, S. 1037

ders.,
Die Bedeutung der ITT-Entscheidung,
JZ 1976, 392

ders.,
Urteilsanmerkung zu BGH, Urteil vom 08.07.1985,
JZ 1986, 855

ders.,
Gesellschaftsrechtliche Probleme der Betriebsaufspaltung,
ZIP 1986, 1293

ders.,
Eigenkapital und Fremdkapital,
in: Festschrift für Karl Beusch, Berlin, New York 1993, S. 893

Wiedemann, Herbert / Hermanns, Marc,
Urteilsanmerkung zu BGH, Urteil vom 23.03.1992,
JZ 1993, 48

Wiedemann, Herbert / Hirte, Heribert,
Die Konkretisierung der Pflichten des herrschenden Unternehmens,
ZGR 1986, 163

Wilde, Christian,
Informationsrechte und Informationspflichten im Gefüge der Gesellschaftsorgane,
ZGR 1998, 423

Wilhelm, Jan,
Rechtsform und Haftung bei der juristischen Person,
Köln, Berlin, Bonn, München 1981,
(zitiert: Wilhelm, Rechtsform und Haftung)

ders.,
Die Vermögensbindung bei der Aktiengesellschaft und der GmbH und das Problem der Unterkapitalisierung,
Festschrift für Werner Flume, Band II, Köln 1978, S. 337

ders.,
Konzernrecht und allgemeines Haftungsrecht,
DB 1986, 2113

Wilken, Oliver,
Einlagensplitting in der GmbH & Co. KG,
ZIP 1996, 61

Wilm, Daniel,
Die Geschäftsführerhaftung in der Kapitalgesellschaft & Co. KG, Aachen 1995

Winkler, Karl,
Die Haftungsverfassung der GmbH & Co. (KG),
NJW 1969, 1009

Winter, Martin,
Mitgliedschaftliche Treubindungen im GmbH-Recht, München 1988,
(zitiert: Winter, Mitgliedschaftliche Treubindungen)

ders.,
Eigeninteresse und Treupflicht bei der Einmann-GmbH in der neueren BGH-Rechtsprechung,
ZGR 1994, 570

Zacher, Thomas,
Kapitalsicherung und Haftung in der GmbH & Co. KG, Köln 1992

Zanner, Andreas,
Rechtsfolgen eigenkapitalersetzender Gesellschafterdarlehen bei der GmbH & Co. KG unter besonderer Berücksichtigung des nur an der KG beteiligten Kommanditisten, Dissertation Mainz 1989

Zöllner, Wolfgang,
Die Schranken mitgliedschaftlicher Stimmrechtsmacht bei den privatrechtlichen Personenverbänden, München, Berlin 1963
(zitiert: Zöllner, Schranken mitgliedschaftlicher Stimmrechtsmacht)

Zöllner, Wolfgang,
Treupflichtgesteuertes Aktienkonzernrecht,
ZHR 162 (1998), S. 235

ders.,
Die sogenannten Gesellschafterklagen im Kapitalgesellschaftsrecht,
ZGR 1988, 392

Zoller, Stefan,
Die Rechte der Kommanditisten hinsichtlich der Geschäftsführung
einer GmbH & Co. KG, Dissertation Tübingen, 1990

§ 1 Einleitung

I. Struktur und Besonderheiten der nicht personengleichen GmbH & Co. KG

1. Entwicklung und Bedeutung der GmbH & Co. KG

Die Gesellschaftsform der GmbH & Co. KG erfreut sich seit ihrer rechtlichen Anerkennnung in Deutschland zu Beginn des Jahrhunderts[1] bis heute großer Beliebtheit, vor allem im Bereich der mittelständischen Unternehmen[2]. Der Gesetzgeber hat hierfür bislang keine in sich geschlossene Sonderregelung geschaffen, sondern lediglich Einzelnormen im Bereich des Schutzes von Gesellschaftsgläubigern erlassen[3]. Die GmbH & Co. KG stellt nämlich nicht eine eigenständige neue Gesellschaftsform dar, sondern sie ist eine KG, deren Rechtsverhältnisse in §§ 161 ff. HGB bereits gesetzlich geregelt sind. Ihre Eigenart liegt nur darin, daß der Komplementär als persönlich haftender Gesellschafter keine natürliche Person ist, sondern eine GmbH, deren Haftung nach § 13 Absatz 2 GmbHG wiederum auf das Gesellschaftsvermögen beschränkt ist. Damit wird eine Kombination von Elementen des Personengesellschaftsrechts mit solchen des Kapitalgesellschaftsrechts erreicht.

Diese Eigenart ist zugleich der Grund ihrer Beliebtheit. Die GmbH & Co. KG bietet die Möglichkeit, die steuerlichen Vorteile einer Personengesellschaft[4] mit der Haftungsbeschränkung einer Kapitalgesellschaft zu verknüpfen; zugleich wird auf diese Weise die Fremdorganschaft ermöglicht, da sich die Geschäftsführung nach dem Recht der GmbH als Komplementärin richtet[5].

---

1 Im Jahre 1912 durch das BayObLG OLGZ 27, 331 = SeuffA 67 (1912), Nr. 263, im Jahre 1922 auch durch das Reichsgericht RGZ 105, 101; vgl. näher hierzu Kübler, Gesellschaftsrecht, § 21 II; K. Schmidt, GmbHR 1984, 272; Hesselmann/Tillmann, Rn 6 ff.; Weimar/Geitzhaus, DB 1987, 2026.

2 K. Schmidt, Gesellschaftsrecht, § 56 I 5, S. 1629; vgl. hierzu auch die statistischen Schätzungen für die Jahre 1980 und 1985 bei Weimar/Geitzhaus, DB 1987, 2026 sowie die aufgeschlüsselte Hochrechnung selektiver Registererhebungen auf Bundesebene bei Kornblum, GmbHR 1983, 29 ff., 61 ff.

3 So im HGB §§ 19 Absatz 2; 177a i.V.m. 125a Absatz 1 Satz 2 und 3, 130a, b; 172a; 172 Absatz 6 Satz 2; vgl. nun auch den Referentenentwurf zur Neuregelung der Rechnungslegungspflicht von GmbH & Co. KG in Anlehnung an europarechtliche Vorgaben, abgedruckt in GmbHR 1999, 535.

4 Diese Vorteile, die sich aus der fehlenden Körperschaftsbesteuerung und der Möglichkeit von Sonderabschreibungen bei Personengesellschaftern ergeben, haben zwar mit der Einführung des Anrechnungsverfahrens an Gewicht verloren, sind damit aber nicht bedeutungslos geworden.

5 Zu den Motiven bei der Gründung einer GmbH & Co. KG näher Kübler, Gesellschaftsrecht, § 21 I 2; Hesselmann/Tillmann, Rn 42 ff.; Binz, § 2; Esch, NJW 1988, 1553 f.; Britsch, S. 14 ff.

In der Praxis erschöpft sich die Funktion der Komplementär-GmbH meist in der Führung des Geschäftsbetriebs der KG, sie unterhält also keinen eigenen Geschäftsbetrieb. Dann kann die GmbH & Co. KG wirtschaftlich als Einheit angesehen werden. Nach rechtlicher Betrachtung handelt es sich indes auch bei dieser Gestaltungsform um eine gesellschaftsrechtlich zulässige Verknüpfung zweier rechtlich selbständiger Gesellschaften, deren Rechtsverhältnisse sich trotz der Typenvermischung grundsätzlich nach jeweils eigenen Grundsätzen richten.

2. Besonderheiten bei der nicht personengleichen GmbH & Co. KG

a) Begriff der nicht personengleichen GmbH & Co. KG

In den überwiegenden Fällen sind die Gesellschafter der GmbH zugleich an der KG beteiligt und umgekehrt. Man spricht dann von einer personengleichen GmbH & Co. KG. Sind die Anteilsverhältnisse der Gesellschafter an beiden Gesellschaften noch jeweils dieselben, so liegt eine beteiligungsgleiche GmbH & Co. KG vor.

Ist dagegen einer der Kommanditisten nicht zugleich an der Komplementär-GmbH vermögensmäßig beteiligt (sog. Nur-Kommanditist), so liegt eine nicht personengleiche GmbH & Co. KG vor. Diese Konstellation kann entweder von den Gesellschaftern bei der Gründung gewollt sein, um dem Nur-Kommanditisten eine andere rechtliche Stellung als den GmbH-Gesellschaftern einzuräumen, wie dies in der Praxis bei den sog. Publikumsgesellschaften häufig vorkommt.[6] Sie kann aber auch nachträglich ungewollt entstehen, wenn die Veräußerung oder Vererbung eines Kommanditanteils nicht durch eine Verzahnung der Gesellschaftsverträge der GmbH und der KG an die Übertragung des dazugehörigen GmbH-Geschäftsanteils gekoppelt ist.

b) Problematik der Rechtsstellung des Nur-Kommanditisten im Hinblick auf die Komplementär-GmbH

Bei der nicht personengleichen GmbH & Co. KG spielt die rechtliche Selbständigkeit der beiden Gesellschaften nicht nur eine Rolle für die Rechtsbeziehungen zu den Gesellschaftsgläubigern im Außenverhältnis, sondern auch für die Rechtsbeziehungen unter den Gesellschaftern im Innenverhältnis. Aufgrund der Tatsache, daß der Nur-Kommanditist nicht Gesellschafter der GmbH ist, erlangt die Unterscheidung zwischen dem Recht der Komplementär-GmbH und demjenigen der KG für die Frage Bedeutung, ob und welche Rechte

---

6 Vgl. zum Begriff der Publikumsgesellschaft unten § 5 V. 1 a) aa), S. 206; zu den für diese Erscheinungsform spezifischen Fragen der Anwendbarkeit aktienrechtlicher Vorschriften, der Prospekthaftung und der Inhaltskontrolle des Gesellschaftsvertrags, die in der vorliegenden Arbeit nicht näher erörtert werden, vgl. eingehend Baumbach/Hopt, Anh. § 177a Rn 52 ff.; Schilling in Staub, HGB, Anh. § 161; Martens in Schlegelberger, HGB, § 161 Rn 128 ff.; Binz, § 15; Hesselmann/Tillmann, Rn 754 ff.; K. Schmidt, Gesellschaftsrecht, § 57, S. 1668 ff.

dem Kommanditisten innerhalb dieser Typenvermischung zweier Gesellschaften zufallen.

Die Rechtsstellung des Kommanditisten in der KG ist unproblematisch. Sie richtet sich nach denselben Grundsätzen wie in der gesetzestypischen KG, bei der eine natürliche Person die Funktion des Komplementärs übernimmt. Schwierigkeiten bereitet dagegen die Rechtsstellung im Hinblick auf die Komplementär-GmbH. Als Nichtgesellschafter stehen dem Kommanditisten in der GmbH grundsätzlich keinerlei Rechte zu. Seine Rechtsstellung beschränkt sich vielmehr auf die Rechtsbeziehungen zur Komplementär-GmbH nach dem Innenrecht der KG.

Die gesellschaftsrechtliche Verknüpfung der beiden Gesellschaften führt andererseits dazu, daß der Kommanditist der GmbH näher steht als außenstehende Gesellschaftsgläubiger der GmbH. Denn nach dem Recht der KG führt die Komplementär-GmbH die Geschäfte der KG und vertritt sie nach außen (§§ 164, 170, 161 Absatz 2 i.V.m. 114, 125 HGB); dabei wird sie ihrerseits durch ihren Geschäftsführer vertreten (§ 35 GmbHG), wobei ihren Gesellschaftern ein Weisungsrecht zusteht (§ 37 GmbHG). Die Rechtsbeziehungen des Kommanditisten zur GmbH sind somit anders als bei sonstigen Gesellschaftsgläubigern der GmbH nicht auf rechtsgeschäftliche Kontakte beschränkt. Vielmehr stehen der GmbH sowie ihren Organen und Gesellschaftern weitreichende gesellschaftsrechtliche Einwirkungsbefugnisse auf das Vermögen der KG und somit auch auf den Anteil des Kommanditisten zu.

Aufgrund dieser Verknüpfung stellt sich die Frage, ob der Kommanditist auch dann, wenn er nicht an der GmbH vermögensmäßig beteiligt ist, in der Weise in die Innenstruktur der GmbH eingebunden ist, daß ihm Rechte zustehen, die ansonsten einem Gesellschafter in der GmbH vorbehalten sind. Bei der Beantwortung dieser Frage bewegt man sich zwischen folgenden beiden Extrempositionen: Bejaht man diese Frage für die Rechtsstellung des Kommanditisten insgesamt, so wird damit die GmbH & Co. KG über die bloße gesellschaftsrechtliche Verknüpfung zweier Gesellschaften hinaus rechtlich als einheitliches Unternehmen behandelt (Einheitsmodell). Nach diesem Modell wird die Zwischenschaltung der juristischen Person als Komplementärin im Innenrecht der GmbH & Co. KG außer Acht gelassen, die Rechte des Kommanditisten sind hiernach unabhängig von seiner vermögensmäßigen Beteiligung an der GmbH dieselben wie die eines GmbH-Gesellschafters. Die andere denkbare Extremposition, welche die Frage insgesamt verneint, behandelt den Kommanditisten im Hinblick auf die GmbH wie einen Außenstehenden (Trennungsmodell). Ihm stehen dann Mitwirkungs- und Vermögensrechte nicht innerhalb der GmbH, sondern nur gegen die GmbH selbst als Mitgesellschafterin in der KG zu.

Die rechtliche Selbständigkeit der beiden Gesellschaften verlangt grundsätzlich eine Orientierung am Trennungsmodell und läßt eine Anwendung des GmbH-Rechts auf den Kommanditisten nur ausnahmsweise zu, wenn dies durch sachliche Gründe gerechtfertigt erscheint.

II. Gegenstand der Arbeit und Gang der Untersuchung

Gegenstand der vorliegenden Arbeit sind vor allem die Problembereiche der Rechtsstellung des Kommanditisten, die für die nicht personengleiche GmbH & Co. KG typisch sind. Die Bereiche, in denen keine wesentlichen Unterschiede zur gesetzestypischen KG und zur personengleichen GmbH & Co. KG auftreten, werden dabei in die Betrachtung einbezogen, soweit dies für eine umfassende Erörterung und zum Verständnis der Besonderheiten in der nicht personengleichen GmbH & Co. KG erforderlich erscheint.

Im Vordergrund steht die Rechtsstellung des Kommanditisten im Hinblick auf die GmbH, mit anderen Worten also die Frage, ob ihm aufgrund der gesellschaftsrechtlichen Verknüpfung Rechte eines GmbH-Gesellschafters zustehen können, obwohl er an der GmbH nicht vermögensmäßig beteiligt ist. Innerhalb der angesprochenen Problemkreise wird insoweit eine umfassende Erörterung angestrebt, als nicht nur isoliert auf die Frage der Analogie zum GmbH-Recht eingegangen, sondern jeweils im Zusammenhang die Rechtslage nach dem Recht der KG dargestellt wird. Dabei findet auch die Frage Berücksichtigung, ob und inwieweit die jeweiligen Rechte zur Disposition des Gesellschaftsvertrags der KG stehen und somit abbedungen werden können. Folgende Einzelaspekte der Rechtsstellung des Nur-Kommanditisten, die in Rechtsprechung und Literatur immer wieder kontrovers diskutiert wurden, werden eingehend untersucht:

Gegenstand des ersten Teils ist das Informationsrecht des Kommanditisten (unten § 2). Hierbei geht es vor allem um die Reichweite seines Informations- und Kontrollrechts nach dem Recht der KG (§ 166 HGB) und um die Frage, ob ihm darüber hinaus auch das weitergehende Informationsrecht nach dem Recht der GmbH (§ 51a GmbHG) zusteht.

Der zweite Teil behandelt die Teilhaberechte des Kommanditisten an der Geschäftsleitung der KG (unten § 3). Die Arbeit folgt insoweit einem Aufbau, bei dem zunächst die am weitestgehenden möglichen Rechte untersucht werden. Besonderes Interesse verdient hier die Frage, ob dem Kommanditisten die unmittelbare Teilhabe an Rechten innerhalb der Organisationsstruktur der GmbH wie etwa am Weisungsrecht an den Geschäftsführer (§ 37 GmbHG) oder am Recht zur Abberufung des Geschäftsführers (§ 38 GmbHG) zusteht.

Der dritte Teil widmet sich eingehend den vermögensrechtlichen Folgen einer pflichtwidrigen Geschäftsführung, also möglichen Ersatzansprüchen des Kommanditisten (unten § 4). Hier gewinnt die Frage besondere Bedeutung, ob die Rechtsstellung des Kommanditisten einem Minderheitsgesellschafter in der GmbH gleichgestellt werden kann. Läßt man hier nur Ersatzansprüche gegen die Komplementär-GmbH nach dem Recht der KG zu, so steht dem Kommanditisten ebenso wie Gesellschaftsgläubigern der GmbH nur deren Gesellschaftsvermögen zur Verfügung. Bejaht man dagegen Ersatzansprüche unmittelbar gegen den Geschäftsführer der GmbH oder im Falle pflichtwidriger

Weisungen gegen die GmbH-Gesellschafter nach dem Innenrecht der GmbH, so wird die rechtliche Selbständigkeit der beiden gesellschaftsrechtlich verknüpften Gesellschaften durchbrochen. Aufgrund der unterschiedlichen Anspruchsgrundlagen folgt die vorliegende Arbeit hier einem Aufbau getrennt nach dem jeweiligen Anspruchsgegner, untersucht also zunächst Ansprüche gegen die GmbH, dann gegen den Geschäftsführer der GmbH und schließlich gegen die GmbH-Gesellschafter. Bei den Ansprüchen gegen den Geschäftsführer der GmbH wird auch die dogmatische Grundlage möglicher Ersatzansprüche eingehend erörtert, da sie bis heute umstritten und nicht befriedigend gelöst ist, und da diese Frage praktische Auswirkungen auf die Voraussetzungen und Rechtsfolgen des Anspruchs sowie auf mögliche Ansprüche gegen die GmbH-Gesellschafter hat.

Die Bedeutung der Reichweite der Informations- und Mitwirkungsrechte des Kommanditisten im Hinblick auf die Geschäftsführung der KG zeigt sich schließlich in einem weiteren Bereich, der nicht nur das Innenrecht der GmbH & Co. KG betrifft, sondern zugleich für Gesellschaftsgläubiger relevant wird: Das Recht des Eigenkapitalersatzes bei der GmbH (unten § 5). Hier stellt sich bei der nicht personengleichen GmbH & Co. KG nämlich die Frage, ob der Nur-Kommanditist aufgrund der gesellschaftsrechtlichen Verknüpfung der beiden Gesellschaften der GmbH so nahe steht, daß auch er Finanzierungsverantwortung für das Stammkapital der GmbH trägt und somit erbrachte Finanzierungsleistungen in der Krise der GmbH nicht zurückfordern kann. Da die Rechtsgrundlagen des Eigenkapitalersatzrechts im Zusammenhang mit einer gesetzlichen Neuregelung im Jahre 1998 wieder in die Diskussion geraten sind, und da diese Diskussion maßgebliche Auswirkungen auf die Beantwortung der vorliegenden Frage hat, wird die Entwicklung und Reichweite des Eigenkapitalersatzrechts ausführlich dargestellt. Auch in diesem Abschnitt wird gesondert auf die Rechtslage nach dem Recht der KG eingegangen, das mit der Rechtsprechung zur sogenannten gesplitteten Pflichteinlage ein Rechtsinstitut kennt, das dem Kapitalersatzrecht der GmbH in den Rechtsfolgen sehr nahe kommt, und das unter dem Begriff des Finanzplankredits auf die GmbH übertragen wurde.

§ 2 Informations- und Kontrollrechte des Kommanditisten

Bei der GmbH & Co. KG handelt es sich trotz der Grundtypenvermischung um zwei selbständige Gesellschaften. Die Informations- und Kontrollrechte des Kommanditisten sind daher für die beiden Gesellschaften je gesondert zu betrachten. Zunächst sollen die Rechte des Kommanditisten in der KG dargestellt werden, deren Gesellschafter er ist. Sodann wird die Frage untersucht, ob ihm auch im Hinblick auf die GmbH, an der er nicht unmittelbar beteiligt ist, solche Rechte entweder unmittelbar zustehen oder zumindest über seine Beteiligung an der KG vermittelt werden. Schließlich soll auf die Möglichkeiten abweichender Vertragsgestaltung eingegangen werden.

I. Informations- und Kontrollrechte in der KG

Die Informations- und Kontrollrechte des Kommanditisten in der KG folgen denselben Regeln wie in der gesetzestypischen KG. Die Besonderheiten der GmbH & Co. KG treten erst bei der später (unten II.) zu behandelnden Frage auf, inwieweit die Stellung als Kommanditist zugleich Rechte in der Komplementär-GmbH begründet.

1. Informationsrecht nach § 166 HGB

Hier ist zu unterscheiden zwischen dem ordentlichen Informationsrecht nach § 166 Absatz 1 HGB und dem außerordentlichen Informationsrecht bei Vorliegen eines wichtigen Grundes nach § 166 Absatz 3 HGB.

a) Ordentliches Informationsrecht nach § 166 Absatz 1 HGB

Nach § 166 Absatz 1 HGB ist der Kommanditist berechtigt, die abschriftliche Mitteilung des Jahresabschlusses zu verlangen und dessen Richtigkeit unter Einsicht der Bücher und Papiere zu prüfen.

aa) Inhalt und Reichweite

Der Kommanditist hat das Recht auf Mitteilung des Jahresabschlusses der KG, d.h. der Bilanz sowie der Gewinn- und Verlustrechnung (§ 242 HGB), in Form einer Abschrift. Hinsichtlich der Handelsbilanz hat dies nur dann eigenständige Bedeutung, wenn der Kommanditist durch den Gesellschaftsvertrag von der Mitwirkung an der Feststellung des Jahresabschlusses ausgeschlossen ist[1]. Während die Aufstellung des Jahresabschlusses in den Zuständigkeitsbereich der geschäftsführenden Gesellschafter fällt, ist die Feststellung des Jahresabschlusses nämlich ein Grundlagengeschäft, das vorbehaltlich einer anderweitigen Regelung im Gesellschaftsvertrag ohnehin der Zustimmung aller

[1] Die überwiegende Ansicht nimmt sogar an, durch die Mitwirkung an der Feststellung entfalle ein weiteres Einsichtsrecht, Horn in Heymann, HGB, § 166 Rn 9; Martens in Schlegelberger, HGB, § 166 Rn 12 a.E.; Ulmer, FS Hefermehl, 1976, S. 207, 209.

Kommanditisten bedarf[2]. Wegen seiner steuerrechtlichen Mitunternehmerschaft kann der Kommanditist jedoch auch eine Abschrift der Steuerbilanz verlangen[3]. Das Recht bezieht sich nur jeweils auf jährliche Bilanzen, nicht auf Zwischenbilanzen[4].

Zur Prüfung der Richtigkeit des Jahresabschlusses kann der Kommanditist die Bücher und Papiere der KG einsehen. Dieses Einsichtsrecht umfaßt insbesondere hinsichtlich der Handelsbilanz den Prüfungsbericht des Abschlußprüfers[5].

bb) Art der Ausübung

Das Kontrollrecht ist grundsätzlich persönlich auszuüben. Nur in besonderen Ausnahmefällen, wie z.B. bei längerer Krankheit oder Abwesenheit, kann die Ausübung einem Dritten übertragen werden[6]. Dem Kommanditisten kann aber nicht verwehrt werden, bei seiner persönlichen Einsichtnahme einen vertrauenswürdigen und geeigneten Sachverständigen beizuziehen[7]. Umgekehrt kann die KG bei Interessenkollision, insbesondere bei einem bestehenden Wettbewerbsverhältnis, die persönliche Einsichtnahme verweigern und den Kommanditisten auf die Einsicht durch einen zur Geheimhaltung verpflichteten Sachverständigen verweisen[8].

Die Unterlagen sind in den Geschäftsräumen der Gesellschaft und während

---

2 BGHZ 132, 263 = NJW 1996, 1678; Schilling in Staub, HGB, § 167 Rn 4; Martens in Schlegelberger, HGB, § 167 Rn 4 ff.; Ulmer, FS Hefermehl, 1976, S. 207 ff.; vgl. auch K. Schmidt, Gesellschaftsrecht, § 53 III 2 c), S. 1538 mwN; a.A. Horn in Heymann, HGB, § 167 Rn 2; Westermann, Handbuch der Personengesellschaften, Rn 870.

3 OLG Stuttgart OLGZ 1970, 262, 264 f.; Horn in Heymann, HGB, § 166 Rn 8; von Gerkan in Röhricht, HGB, § 166 Rn 2; Martens in Schlegelberger, HGB, § 166 Rn 6; Westermann, Handbuch der Personengesellschaften, Rn 883; Binz, § 7 Rn 73.

4 OLG Stuttgart OLGZ 1970, 262 f.; Martens in Schlegelberger, HGB, § 166 Rn 6; Westermann, Handbuch der Personengesellschaften, Rn 883.

5 BGH WM 1989, 878, 880; Martens in Schlegelberger, HGB, § 166 Rn 7; Westermann, Handbuch der Personengesellschaften, Rn 883; einschränkend Binz, § 7 Rn 73.

6 BGHZ 25, 115, 122 f. = WM 1957, 1059, 1061; OLG Köln BB 1961, 953; Horn in Heymann, HGB, § 166 Rn 6; Schilling in Staub, HGB, § 166 Rn 10; Martens in Schlegelberger, HGB, § 166 Rn 35; Westermann, Handbuch der Personengesellschaften, Rn 887; Binz, § 7 Rn 74; vgl. auch OLG Celle BB 1984, 1450, 1451.

7 BGH WM 1957, 1059, 1061; BGH WM 1962, 883; BGH WM 1979, 1061; BayObLG BB 1991, 1589, 1590; Horn in Heymann, HGB, § 166 Rn 6; Schilling in Staub, HGB, § 166 Rn 10; Martens in Schlegelberger, HGB, § 166 Rn 34; Westermann, Handbuch der Personengesellschaften, Rn 887; eingehend Goerdeler, FS Stimpel, 1985, S. 125.

8 BGH WM 1979, 1061; BGH WM 1982, 234, 236; Horn in Heymann, HGB, § 166 Rn 6; Schilling in Staub, HGB, § 166 Rn 10; Martens in Schlegelberger, HGB, § 166 Rn 37.

der üblichen Geschäftszeiten einzusehen[9]. Das Einsichtsrecht muß in angemessener zeitlicher Frist nach Mitteilung des Jahresabschlusses ausgeübt und kann nur einmal geltend gemacht werden[10].

b) Außerordentliches Informationsrecht nach § 166 Absatz 3 HGB

Weitergehende Rechte stehen dem Kommanditisten nach § 166 Absatz 3 HGB zu, allerdings nur bei Vorliegen eines wichtigen Grundes.

aa) Inhalt und Reichweite

Das außerordentliche Informationsrecht nach § 166 Absatz 3 HGB geht über das ordentliche nach § 166 Absatz 1 HGB nach seiner sachlichen Reichweite[11] in dreierlei Hinsicht hinaus. Zum ersten ist es zeitlich nicht an den Jahresabschluß gebunden, sondern kann jederzeit ausgeübt werden. In Betracht kommt daher auch die Vorlage von Zwischenbilanzen[12]. Zum zweiten ist es seiner Zweckrichtung nach nicht auf die Mitteilung und Überprüfung des Jahresabschlusses beschränkt[13]. So können die in § 166 Absatz 3 HGB bezeichneten Unterlagen auch zu sonstigen Zwecken verlangt werden. Zum dritten umfaßt das Informationsrecht nicht nur die Mittel des § 166 Absatz 1 HGB. Vielmehr kann Aufklärung auch etwa in Form einer Prüfung durch einen Sachverständigen angeordnet werden[14]. Dabei ist der Umfang der Maßnahme im einzelnen von der Art des Informationsbedürfnisses in Form des wichtigen Grundes abhängig.

bb) Wichtiger Grund

Ein wichtiger Grund liegt vor, wenn aufgrund einer besonderen Gefährdung der Interessen des Kommanditisten eine sofortige Kontrollmaßnahme erforderlich

---

9 OLG Köln BB 1961, 953; Horn in Heymann, HGB, § 166 Rn 9; von Gerkan in Röhricht, HGB, § 166 Rn 11; Martens in Schlegelberger, HGB, § 166 Rn 11; Westermann, Handbuch der Personengesellschaften, Rn 884 a.E.

10 Horn in Heymann, HGB, § 166 Rn 9; von Gerkan in Röhricht, HGB, § 166 Rn 10; Martens in Schlegelberger, HGB, § 166 Rn 11.

11 Zu den Unterschieden gegenüber § 166 Absatz 1 HGB hinsichtlich des Verfahrens näher unten d) bb), S. 11.

12 Horn in Heymann, HGB, § 166 Rn 12; von Gerkan in Röhricht, HGB, § 166 Rn 23; Schilling in Staub, HGB, § 166 Rn 12; Martens in Schlegelberger, HGB, § 166 Rn 29; Westermann, Handbuch der Personengesellschaften, Rn 885 a.E.; Binz, § 7 Rn 76.

13 Horn in Heymann, HGB, § 166 Rn 12; Schilling in Staub, HGB, § 166 Rn 12; Martens in Schlegelberger, HGB, § 166 Rn 29; Westermann, Handbuch der Personengesellschaften, Rn 885 a.E.

14 Horn in Heymann, HGB, § 166 Rn 12; Martens in Schlegelberger, HGB, § 166 Rn 29; vgl. von Gerkan in Röhricht, HGB, § 166 Rn 23.

ist, die durch das ordentliche Informationsrecht nicht erreicht werden kann[15]. Dies ist vor allem der Fall bei einer Gefährdung der Vermögensinteressen, wie etwa bei konkretem Verdacht auf nicht ordnungsgemäße Geschäfts- oder Buchführung[16], bei einer sonstigen Pflichtverletzung der Geschäftsführer oder bei einer Verschlechterung der Unternehmenslage, aufgrund derer Schädigungen der Kommanditisten drohen[17]. Daneben kann aber auch ein Informationsbedürfnis im Hinblick auf Mitwirkungsrechte, wie z. B. nach § 164 Satz 1 Hs. 2 HGB oder nach §§ 117, 127 HGB, einen wichtigen Grund darstellen[18]. Die umstrittene Frage, ob die Verweigerung der Informationsrechte nach § 166 Absatz 1 HGB allein einen wichtigen Grund darstellt[19] oder darüber hinaus Eilbedürftigkeit zu fordern ist[20], hat nur Bedeutung für das besondere Verfahren nach § 166 Absatz 3 HGB[21].

c) Abgrenzung zu anderen Kontrollrechten

aa) Bedeutung des § 166 Absatz 2 HGB

Nach § 166 Absatz 2 HGB stehen dem Kommanditisten die in § 118 HGB dem von der Geschäftsführung ausgeschlossenen Gesellschafter einer OHG eingeräumten weiteren Rechte nicht zu. Diese weitergehenden Rechte des Gesellschafters einer OHG nach § 118 HGB, die sich insoweit mit § 716 BGB decken, liegen vor allem in einem ständigen Einsichtsrecht in die Unterlagen der Gesellschaft und einer damit verbundenen fortlaufenden Kontrolle der geschäftsführenden Gesellschafter. Diese Rechte schließen die Prüfung der

---

15 OLGZ Stuttgart 1970, 262, 264; BayObLG BB 1991, 1589, 1591; Martens in Schlegelberger, HGB, § 166 Rn 28, Westermann, Handbuch der Personengesellschaften, Rn 885; ähnlich BGH NJW 1984, 2470 für den stillen Gesellschafter zu § 338 Absatz 3 HGB a.F. (jetzt § 233 Absatz 3 HGB).

16 KGJ 30 A 120, 124; OLG Hamm BB 1970, 509; Horn in Heymann, HGB, § 166 Rn 13; von Gerkan in Röhricht, HGB, § 166 Rn 19; Martens in Schlegelberger, HGB, § 166 Rn 27; Westermann, Handbuch der Personengesellschaften, Rn 885.

17 BayObLG BB 1991, 1589, 1591; Horn in Heymann, HGB, § 166 Rn 13; von Gerkan in Röhricht, HGB, § 166 Rn 19; Schilling in Staub, HGB, § 166 Rn 11; Westermann, Handbuch der Personengesellschaften, Rn 885; Ebenroth, Kontrollrechte, S. 40.

18 Von Gerkan in Röhricht, HGB, § 166 Rn 19; Martens in Schlegelberger, HGB, § 166 Rn 27; Ebenroth, Kontrollrechte, S. 40; vgl. Horn in Heymann, HGB, § 166 Rn 13; Westermann, Handbuch der Personengesellschaften, Rn 885.

19 So die h.M., aber nur im Umfang der nach § 166 Absatz 1 HGB beschränkten Einsichtsmöglichkeiten, OLG Hamm BB 1970, 509; Schilling in Staub, HGB, § 166 Rn 11 a.E.; Westermann, Handbuch der Personengesellschaften, Rn 885; Binz, § 7 Rn 77.

20 Martens in Schlegelberger, HGB, § 166 Rn 26; von Gerkan in Röhricht, HGB, § 166 Rn 20; wohl auch Horn in Heymann, HGB, § 166 Rn 13 a.E.; offengelassen, aber hierzu neigend auch BayObLG BB 1991, 1589, 1591.

21 Vgl. hierzu unten d) bb), S. 11.

Entscheidungsgrundlagen für die Durchführung bestimmter Geschäftsführungsmaßnahmen ein[22]. Die Kontrollrechte des Kommanditisten bleiben dahinter zurück und sind vom Gesetzgeber nur in gleicher Weise ausgestaltet worden wie jene des stillen Gesellschafters (§ 233 HGB). In der Literatur wird daher zum Teil kritisiert, die Kontrollrechte des Kommanditisten seien zu eng geraten[23]. Diese Kritik ist indes unberechtigt[24]. Die Kontrolle der laufenden Geschäftsführung nach §§ 716 BGB, 118 HGB hat nämlich ihren Grund vor allem in der unbeschränkten persönlichen Haftung der Gesellschafter[25]. Zudem stellt § 165 HGB klar, daß der Kommanditist - anders als der OHG-Gesellschafter - keinem generellen Wettbewerbsverbot unterliegt, weshalb der Schutz der Gesellschaft eine Beschränkung des Kontrollrechts erfordert[26]. Der Kommanditist unterliegt nach der gesetzlichen Ausgestaltung seiner Rechtsstellung keiner unbeschränkten Haftung und ist an der Geschäftsführung nicht beteiligt, sein Interesse beschränkt sich vielmehr wie beim stillen Gesellschafter auf finanzielle Belange in Form eines Anlegerinteresses. Dieser Rechtsstellung des Kommanditisten entspricht es, daß ihm Informationsrechte im Hinblick auf die laufende Geschäftsführung nicht zustehen[27]. Zur Wahrnehmung seines Anlegerinteresses ist das Kontroll- und Informationsrecht nach § 166 Absatz 1 HGB völlig ausreichend, zumal in § 166 Absatz 3 HGB ein weitreichendes Informationsrecht bei Vorliegen eines wichtigen Grundes besteht.

bb) Bindung an die Gesellschafterstellung

Das Recht aus § 166 HGB ist an die Stellung als Kommanditist gebunden und endet mit der Mitgliedschaft in der KG. Dem ausgeschiedenen Gesellschafter steht jedoch nach § 810 BGB ein Einsichtsrecht in die Geschäftsunterlagen der Gesellschaft zu, soweit sie für die Prüfung der Frage von Bedeutung sind, ob ihm Forderungen gegen die Gesellschaft aus der Zeit vor seinem Ausscheiden

---

22 Weipert in Münchener Handbuch des Gesellschaftsrechts, Band 2, § 11 Rn 21 ff.; zum Umfang im einzelnen Hadding in Soergel, BGB, § 716 Rn 5 f.; Martens in Schlegelberger, HGB, § 118 Rn 9 ff.

23 Huber, ZGR 1982, 539 mit einem Vergleich zu § 131 AktG und § 51a GmbHG; eingehend K. Schmidt, Informationsrechte, S. 65 ff.; ders. in Scholz, GmbHG, § 51a Rn 55 ff. zur GmbH & Co. KG; vgl. ders., Gesellschaftsrecht, § 53 III 3, S. 1539.

24 Zunächst wird nur die Stimmigkeit der gesetzlichen Regelung innerhalb des Rechts der Personengesellschaften dargestellt; wegen des Vergleichs zum GmbH-Recht vgl. unten II. 1 c) cc), S. 23.

25 BGHZ 14, 53, 55 = GmbHR 1954, 124; Emmerich in Heymann, HGB, § 118 Rn 1; Martens in Schlegelberger, HGB, § 118 Rn 1 sowie § 166 Rn 3; Ebenroth, Kontrollrechte, S. 42.

26 Martens in Schlegelberger, HGB, § 166 Rn 3; Ebenroth, Kontrollrechte, S. 42.

27 So ausdrücklich BGH GmbHR 1992, 365, 366 unter 2 b) aa).

zustehen[28].

d) Prozessuale Durchsetzung

aa) Anspruchsgegner

Die Informations- und Kontrollrechte nach § 166 HGB richten sich vorrangig gegen die Gesellschaft; diese ist somit passivlegitimiert[29]. Die ganz überwiegende Meinung läßt jedoch daneben auch die Geltendmachung direkt gegen die informationspflichtigen geschäftsführenden Gesellschafter zu, obwohl sie eigentlich nur als Organ der KG deren Verbindlichkeit zu erfüllen haben[30]. Letztere Vorgehensweise ist allerdings aufgrund des möglichen Wechsels der geschäftsführenden Gesellschafter nur zusätzlich zur Geltendmachung gegen die KG, nicht statt dessen zu empfehlen[31].

bb) Verfahrensfragen

Das ordentliche Einsichtsrecht nach § 166 Absatz 1 HGB kann durch zivilrechtliche Klage oder durch einstweilige Verfügung (§§ 935 ff. ZPO) geltend gemacht werden[32]. Demgegenüber sieht § 145 FGG für das außerordentliche Einsichtsrecht nach § 166 Absatz 3 HGB Rechtsschutz durch ein streitiges Verfahren der freiwilligen Gerichtsbarkeit beim Registergericht vor.

---

28 BGH GmbHR 1988, 434, 436; BGH WM 1989, 878, 879; OLG Hamm GmbHR 1994, 127, 128; Schilling in Staub, HGB, § 166 Rn 6 a.E.; Martens in Schlegelberger, HGB, § 166 Rn 14; Westermann, Handbuch der Personengesellschaften, Rn 888; eingehend Grunewald, ZGR 1989, 545, 546 f. mwN.

29 BGH WM 1962, 883; BayObLG BB 1991, 1589; BayObLG NJW-RR 1995, 299; OLG Celle BB 1983, 1450, 1451; vgl. BGH WM 1957, 1059, 1060; BGH GmbHR 1992, 365, 566; Horn in Heymann, HGB, § 166 Rn 3; von Gerkan in Röhricht, HGB, § 166 Rn 6; Schilling in Staub, HGB, § 166 Rn 4; K. Schmidt in Scholz, GmbHG, § 51a Rn 56; Weipert in Münchener Handbuch des Gesellschaftsrechts, Band 2, § 11 Rn 39; eingehend K. Schmidt, Informationsrechte, S. 70 f.; dagegen mit Vorrang für die Geltendmachung gegen die geschäftsführenden Gesellschafter Martens in Schlegelberger, HGB, § 166 Rn 13 sowie die früher h.M, vgl. die weiteren Nachweise bei K. Schmidt, Informationsrechte, S. 70 Fn 269.

30 BGH WM 1962, 883; Horn in Heymann, HGB, § 166 Rn 3; von Gerkan in Röhricht, HGB, § 166 Rn 6; Schilling in Staub, HGB, § 166 Rn 4; K. Schmidt, Informationsrechte, S. 70 f.; ders. in Scholz, GmbHG, § 51a Rn 56; Weipert in Münchener Handbuch des Gesellschaftsrechts, Band 2, § 11 Rn 39; a.A. BayObLG NJW-RR 1995, 299 zur Frage der örtlichen Zuständigkeit des Gerichts.

31 OLG Celle BB 1983, 1451; Schilling in Staub, HGB, § 166 Rn 4 a.E.

32 Horn in Heymann, HGB, § 166 Rn 16 f.; von Gerkan in Röhricht, HGB, § 166 Rn 49; Martens in Schlegelberger, HGB, § 166 Rn 12; kritisch zur Möglichkeit des einstweiligen Rechtsschutzes dagegen Weipert in Münchener Handbuch des Gesellschaftsrechts, Band 2, § 11 Rn 52; völlig ablehnend insoweit K. Schmidt, der §§ 166 Absatz 3 HGB, 145 FGG als lex specialis anieht, vgl. die Nachweise in Fn 33.

Das Verhältnis dieser Verfahrensarten zueinander ist umstritten. Eine Ansicht betrachtet das Verfahren nach § 166 Absatz 3 HGB als ein Sonderverfahren des einstweiligen Rechtsschutzes, das insoweit §§ 935 ff. ZPO verdränge[33]. Zum Teil wird angenommen, für die Geltendmachung des außerordentlichen Einsichtsrechts nach § 166 Absatz 3 HGB fehle es angesichts des einfacheren Verfahrens des FGG generell am Rechtsschutzbedürfnis für eine Klage[34]. Nach ganz überwiegender Auffassung ist jedoch auch bei Vorliegen eines wichtigen Grundes wahlweise ein Vorgehen im FGG-Verfahren oder durch Leistungsklage, einschließlich des einstweiligen Rechtsschutzes, möglich[35]. Sofern man allein in der Verweigerung der Einsicht einen wichtigen Grund erblickt[36], folgt dies bereits daraus, daß sonst die Leistungsklage keinerlei Bedeutung mehr hätte. Aber auch wenn man zusätzlich Eilbedürftigkeit fordert[37], entspricht diese Lösung den praktischen Bedürfnissen, denn es ist für den Informationsberechtigten nicht immer zutreffend einzuschätzen, ob ein wichtiger Grund vorliegt, und er müßte, um sicher zu gehen, zwei parallele Verfahren einleiten.

2. Kollektives Auskunftsrecht nach §§ 713, 666 BGB

a) Inhalt und Reichweite

Neben dem Informationsrecht des Gesellschafters gegenüber der Gesellschaft besteht ein Informationsanspruch gegen die geschäftsführenden Gesellschafter[38]. Bei der gesetzlichen Regelung in § 666 BGB, die über §§ 713 BGB, 105 Absatz 3, 161 Absatz 2 HGB auch für die KG gilt, handelt es sich um eine Rechenschaftspflicht des geschäftsführenden Gesellschafters. Diese Rechenschaftspflicht besteht gegenüber allen übrigen Gesellschaftern, denen folglich umgekehrt ein entsprechender Anspruch zusteht. Sie umfaßt die Pflicht, die erforderlichen Nachrichten zu erteilen, jederzeit über den Stand der Geschäfte zu informieren und nach Durchführung der Geschäfte Rechenschaft in Form der Vorlage der Bücher zu legen[39]. Den Gesellschaftern steht damit ein

---

33 K. Schmidt, Informationsrechte, S. 71 ff., 75; ders., Gesellschaftsrecht, § 53 III 3 c), S. 1450 f.; ders. in Scholz, GmbHG, § 51a Rn 57.

34 Westermann, Handbuch der Personengesellschaften, Rn 885.

35 OLG Celle BB 1983, 1450, 1451; BGH NJW 1984, 2470, 2471 für den stillen Gesellschafter; Horn in Heymann, HGB, § 166 Rn 14 ff.; Schilling in Staub, HGB, § 166 Rn 13; Martens in Schlegelberger, HGB, § 166 Rn 13, 32; Weipert in Münchener Handbuch des Gesellschaftsrechts, Band 2, § 11 Rn 54.

36 So die wohl h.M., vgl. oben Fn 19.

37 Vgl. die Nachweise oben Fn 20.

38 BGH GmbHR 1992, 365, 366.

39 Ulmer in Münchener Kommentar, BGB, § 713 Rn 8; Hadding in Soergel, BGB, § 713 Rn 8.

umfassendes Auskunftsrecht zu, das nicht auf die Einsicht bestimmter Unterlagen beschränkt ist.

b) Abgrenzung zu § 166 HGB

Das Auskunftsrecht aus §§ 666, 713 BGB, 105, 161 HGB wird durch das Informationsrecht des einzelnen Gesellschafters nach § 716 BGB, an dessen Stelle bei den Personenhandelsgesellschaften § 118 bzw. § 166 HGB tritt, nicht verdrängt, sondern besteht selbständig daneben[40]. Da die Rechenschaftspflicht gegenüber allen übrigen Gesellschaftern besteht, handelt es sich bei dem entsprechenden Auskunftsanspruch nicht um einen Individualanspruch, sondern um ein kollektives Recht, das der Gesamtheit der übrigen Gesellschafter zusteht[41]. § 713 BGB und § 166 HGB BGB sind zwei selbständige Informationsrechte, die sich im Umfang und nach der Person des Anspruchsinhabers unterscheiden.

c) Möglichkeit der actio pro socio

Der Auskunftsanspruch steht der Gesamthand als Sozialanspruch zu. Die Frage, ob er von jedem einzelnen Gesellschafter im Wege der actio pro socio geltend gemacht werden kann, wird sehr unterschiedlich beantwortet.

aa) §§ 666, 713 BGB als Individualanspruch

U. Huber hat sich in einer grundlegenden Untersuchung für die unbeschränkte Reichweite des Auskunftsrechts nach §§ 666, 713 BGB ausgesprochen[42]. Seiner Ansicht nach kann der Kommanditist nicht nur Leistung an die Gesellschaft verlangen, wie dies für die actio pro socio typisch ist, sondern sogar Leistung an sich selbst[43]. Dies begründet er damit, daß andernfalls für die Entgegennahme von Leistungen für die Gesellschafter wiederum die geschäftsführenden Gesellschafter zuständig wären und damit der Kommanditist keine

---

40 AllgM seit RGZ 148, 278, 279; Ulmer in Münchener Kommentar, BGB, § 713 Rn 7; Hadding in Soergel, BGB, § 713 Rn 7; Emmerich in Heymann, HGB, § 118 Rn 5; Schilling in Staub, HGB, § 166 Rn 3; K. Schmidt, Informationsrechte, S. 66; ders., Gesellschaftsrecht, § 53 III 3 a), S. 1539; eingehend Huber, ZGR 1982, 539, 542 ff.

41 BGH GmbHR 1992, 365, 366; Ulmer in Münchener Kommentar, BGB, § 713 Rn 7; von Gerkan in Röhricht, HGB, § 118 Rn 19; Martens in Schlegelberger, HGB, § 118 Rn 17 und 39; Schilling in Staub, § 166 Rn 3; K. Schmidt, Informationsrechte, S. 66; ders., Gesellschaftsrecht, § 53 III 3 a), S. 1539; a.A. Huber, ZGR 1982, 539, 546 ff., der dem § 713 BGB einen selbständigen Individualanspruch des einzelnen Gesellschafters auf umfassende Auskunft entnehmen will;
zur Unterscheidung von kollektiven und individuellen Informationsrechten eingehend K. Schmidt, Informationsrechte, S. 15 ff.; Wilde, ZGR 1998, 423 f.

42 Huber, ZGR 1982, 539, 546 ff.

43 Huber, ZGR 1982, 539, 547, 549.

Auskunft erhielte. Es handle sich also eigentlich nicht um einen Anwendungsfall der actio pro socio, sondern von vornherein um einen Individualanspruch.

bb) Unbeschränkte actio pro socio

Eine andere Ansicht kommt zum selben Ergebnis, indem sie die actio pro socio inhaltlich unbeschränkt mit der Maßgabe bejaht, daß die Auskunft jedem einzelnen Kommanditisten zu erteilen sei[44]. Andernfalls werde die Funktion der actio pro socio in Frage gestellt, die gerade dann eingreifen solle, wenn und weil kein Individualrecht zur Verfügung steht.

cc) Beschränkung der actio pro socio im Hinblick auf Individualrechte

Die ganz herrschende Meinung läßt die Geltendmachung der actio pro socio des Kommanditisten im Hinblick auf den kollektiven Auskunftsanspruch nach §§ 713, 666 BGB zwar im Grundsatz zu, aber nicht in weitergehendem Maße, als dessen sonstige individuelle Informations- und Mitwirkungsrechte reichen[45].

dd) Eigene Stellungnahme

Der Beschränkung der actio pro socio entsprechend der zuletzt genannten Ansicht ist aus folgenden Gründen zuzustimmen: Das kollektive Auskunftsrecht nach §§ 666, 713 BGB besteht zwar selbständig neben, aber nur ergänzend zum gesellschaftsrechtlichen Individualanspruch. Es handelt sich in § 713 BGB nämlich um eine pauschale Verweisung auf Auftragsrecht, die im Einzelfall den Wertungen, die sich aus den Vorschriften für die jeweilige Gesellschaftsform ergeben, nicht widersprechen darf, wie die Formulierung in § 713 BGB "soweit sich nicht aus dem Gesellschaftsverhältnis etwas anderes ergibt" zeigt. Deutlich wird dies vor allem bei der Verweisung in § 713 BGB auf das Weisungsrecht des Auftraggebers nach § 665 BGB, das bei sämtlichen Gesellschaftsformen der Zuständigkeitsverteilung im Hinblick auf die Geschäftsführung zuwiderlaufen würde und daher unanwendbar ist, wenn nicht ausnahmsweise ein gesellschaftsrechtliches Weisungsrecht besteht[46]. In gleicher Weise wird auch der Auskunftsanspruch durch das Gesellschaftsrecht modifiziert. Bei der Gesellschaft bürgerlichen Rechts ist allgemein anerkannt, daß das im Wege der actio pro socio geltend gemachte kollektive Auskunfts-

44 Binz/Freudenberg/Sorg, BB 1991, 785, 787; Wiedemann/Hermanns, JZ 1993, 48, 50.

45 BGH GmbHR 1992, 365, 366; Horn in Heymann, HGB, § 166 Rn 20; Schilling in Staub, HGB, § 166 Rn 3; Martens in Schlegelberger, HGB, § 166 Rn 17; von Gerkan in Röhricht, HGB, § 166 Rn 33 und § 118 Rn 19; Wilde, ZGR 1998, 423, 424; vgl. auch Weipert in Münchener Handbuch des Gesellschaftsrechts, Band 2, § 11 Rn 27 f.; Ulmer in Münchener Kommentar, BGB, § 713 Rn 7 Fn 9.

46 AllgM, Ulmer in Münchener Kommentar, BGB, § 713 Rn 6; Hadding in Soergel, BGB, § 713 Rn 6; Martens in Schlegelberger, HGB, § 114 Rn 18; Huber, ZGR 1982, 539, 544.

verlangen nach §§ 713, 666 BGB im Einzelfall rechtsmißbräuchlich sein kann, wenn zur Wahrnehmung der Interessen des Gesellschafters sein individuelles Informationsrecht nach § 716 BGB ausreichend wäre[47]. Bei der KG kommt nun noch entscheidend die Wertung der gesetzlichen Vorschriften in §§ 164 Satz 1 Hs. 1, 166 Absatz 2 HGB hinzu, wonach der Kommanditist von der Mitwirkung an der Geschäftsführung sowie von der laufenden Kontrolle in Fragen der Geschäftsführung grundsätzlich ausgeschlossen ist. Dieser Wertung widerspräche es, wenn der Kommanditist über die individuelle Durchsetzung des Kollektivrechts nach §§ 713, 666 BGB doch wieder umfassende Auskunft verlangen könnte[48].

Die Möglichkeit der actio pro socio im Hinblick auf das Kollektivrecht ist daher ausgeschlossen, soweit dem Kommanditisten nicht daneben ein ebenso weit reichendes individuelles Informationsrecht zusteht. Für Informationsrechte hinsichtlich der laufenden Geschäftsführung, die dem Kommanditisten nach der gesetzlichen Regelung vorenthalten sind, gewinnt der Kollektivanspruch auf Rechenschaftslegung dann nur Bedeutung bei einer gemeinsamen Geltendmachung durch alle Gesellschafter, allerdings ohne Mitwirkung der rechenschaftspflichtigen Geschäftsführer[49]. Adressat der zu erteilenden Auskünfte ist die Gesellschaftergesamtheit[50].

3. Allgemeines Auskunftsrecht zur Wahrnehmung der Gesellschafterrechte

a) Inhalt und Reichweite

Nach ganz überwiegender Auffassung hat der Kommanditist über das Informationsrecht aus § 166 HGB hinaus ein Recht auf Auskunft über alle Angelegenheiten der Gesellschaft, die für die sachgemäße Wahrnehmung seiner Mitgliedschaftsrechte erforderlich sind[51]. Dieses Recht besteht somit

---

47 Hadding in Soergel, BGB, § 713 Rn 8; Keßler in Staudinger, BGB, § 713 Rn 9; Ulmer in Münchener Kommentar, BGB, § 713 Rn 8 mwN.

48 Ebenso BGH GmbHR 1992, 365, 366; Schiessl, GmbHR 1985, 109; vgl. zum Parallelproblem im Rahmen der Mitwirkungsrechte, ob die nichtgeschäftsführenden Gesellschafter im Wege der actio pro socio Unterlassung oder Rückgängigmachung einer gewöhnlichen Geschäftsführungsmaßnahme verlangen können, eingehend unten § 3 II. 2 b), S. 45.

49 Zu letzterer Einschränkung zutreffend Binz/Freudenberg/Sorg, BB 1991, 785, 787 f., da ansonsten die rechenschaftspflichtigen Gesellschafter durch ihre Weigerung, an der Auskunftsklage mitzuwirken, den Kollektivanspruch insgesamt zu Fall bringen könnten.

50 Ulmer in Münchener Kommentar, BGB, § 713 Rn 8; Hadding in Soergel, BGB, § 713 Rn 7; Martens in Schlegelberger, HGB, § 118 Rn 3.

51 BGH WM 1983, 910, 911; BGH GmbHR 1992, 365, 366; von Gerkan in Röhricht, HGB, § 166 Rn 26; Horn in Heymann, HGB, § 166 Rn 19; Schilling in Staub, HGB, § 166 Rn 2; K. Schmidt, Informationsrechte, S. 68 ff.; ders., Gesellschaftsrecht, § 53 III 3 b), S. 1540; Weipert in Münchener Handbuch des Gesellschaftsrechts, Band 2, § 11 Rn

nicht umfassend, sondern ist funktionsgebunden. Es gewinnt vor allem dann an Bedeutung, wenn sich der Kommanditist die erforderlichen Angaben nicht durch sein Einsichtsrecht nach § 166 Absatz 1 und 3 HGB verschaffen kann, weil sie aus den Büchern und Papieren der Gesellschaft nicht ersichtlich sind und er sich demgemäß ohne die Auskunft keine Klarheit über die Angelegenheiten verschaffen kann[52]. Es greift insbesondere ein, wenn der Kommanditist die entsprechenden Informationen zur Wahrnehmung seiner Mitverwaltungsrechte benötigt[53], so zur Ausübung seines Stimmrechts im Rahmen von Grundlagengeschäften, von außergewöhnlichen Geschäften i.S. §§ 164 Satz 1 Hs. 2, 116 Absatz 2 HGB oder bei Maßnahmen nach §§ 117, 127, 140 HGB. Auskunft über die laufende Geschäftsführung kann der Kommanditist jedoch nicht verlangen, da er von der Mitwirkung hieran regelmäßig nach § 164 Satz 1 Hs. 1 HGB gerade ausgeschlossen ist[54]. Nicht nur Mitverwaltungsrechte, sondern auch Vermögensinteressen können indes ein Auskunftsrecht des Kommanditisten begründen, so vor allem zur Durchsetzung von Schadensersatzansprüchen bei konkretem Verdacht der unredlichen Geschäftsführung[55].

b) Dogmatische Herleitung

Die dogmatische Herleitung dieses allgemeinen Auskunftsrechts ist umstritten.

aa) § 166 Absatz 3 HGB

Naheliegend scheint die Herleitung des Auskunftsrechts aus § 166 Absatz 3 HGB[56]. Dem liegt der Gedanke zugrunde, daß es keines Rückgriffs auf entferntere Anspruchsgrundlagen bedürfe, da § 166 Absatz 3 HGB nicht nur ein Recht auf Einsicht in schriftliche Unterlagen, sondern auch auf ergänzende Auskunft vorsehe. Das Argument der Gegenansicht unter Hinweis auf die gesetzliche Trennung zwischen dem Einsichtsrecht in § 716 BGB einerseits, an dessen

---

26; Binz/Freudenberg/Sorg, BB 1991, 785, 787; eingehend Goerdeler, FS Kellermann, 1991, S. 77 ff.; Grunewald, ZGR 1989, 545, 551 ff.

52 BGH WM 1983, 910, 911; Horn in Heymann, HGB, § 166 Rn 19; von Gerkan in Röhricht, HGB, § 166 Rn 26; Martens in Schlegelberger, HGB, § 166 Rn 18.

53 BGH GmbHR 1992, 365, 366; Horn in Heymann, HGB, § 166 Rn 19; von Gerkan in Röhricht, HGB, § 166 Rn 28, 30; Martens in Schlegelberger, HGB, § 166 Rn 18; Weipert in Münchener Handbuch des Gesellschaftsrechts, Band 2, § 11 Rn 26.

54 BGH GmbHR 1992, 365, 366; von Gerkan in Röhricht, HGB, § 166 Rn 29; Schilling in Staub, HGB, § 166 Rn 2; etwas anderes gilt nur, wenn dem Kommanditisten im Gesellschaftsvertrag entsprechende Mitwirkungsrechte eingeräumt wurden.

55 BGH WM 1983, 910, 911; Schilling in Staub, HGB, § 166 Rn 2 a.E.; Martens in Schlegelberger, HGB, § 166 Rn 21.

56 Sudhoff, Rechte und Pflichten des Kommanditisten, S. 29 f.; Hesselmann/Tillmann, Rn 389.

Stelle bei den Personenhandelsgesellschaften §§ 118 bzw. 166 HGB treten, und dem Auskunftsrecht in § 713 BGB andererseits[57] ist nicht zwingend, da es auf der einen Seite um einen Individualanspruch, auf der anderen Seite um einen Kollektivanspruch geht, die nicht nahtlos aufeinander abgestimmt werden können. Bedeutungsvoller dürfte dagegen der Einwand sein, daß § 166 Absatz 1 HGB ausschließlich das Vermögensinteresse des Kommanditisten schützt. Es wäre daher überraschend, wenn § 166 Absatz 3 HGB ein darüber hinausgehender Zweck, nämlich der Schutz von Mitverwaltungsrechten zugrunde läge; auch fehlt im Recht der OHG eine dem § 166 Absatz 3 HGB vergleichbar umfassende Vorschrift, so daß dort ohnehin nach einer anderen Rechtsgrundlage für ein umfassendes Auskunftsrecht zu suchen ist.

bb) §§ 666, 713 BGB

Die Begründung des Auskunftsrechts mit dem Kollektivanspruch aus §§ 666, 713 BGB in Verbindung mit der Geltendmachung im Wege der actio pro socio[58] hat den Nachteil, daß es sich hierbei nicht um einen Individualanspruch handelt und die actio pro socio im Rahmen des danach gegebenen Kollektivanspruchs nur auf Leistung an die Gesamtheit der Gesellschafter gerichtet ist. Die Gewährung der inhaltlich unbeschränkten actio pro socio, gerichtet auf Leistung an jeden einzelnen Kommanditisten, würde indes Wertungswidersprüche zu §§ 164, 166 HGB hervorrufen[59]. Dieser Begründungsversuch ist daher abzulehnen.

cc) § 242 BGB

Wieder andere ziehen zur Begründung § 242 BGB heran, wonach ein Auskunftsanspruch bejaht werden kann, wenn der Berechtigte entschuldbar über das Bestehen und den Umfang eines Rechts im unklaren und deshalb auf die Auskunft des Verpflichteten angewiesen ist[60]. Dies trifft recht gut den Kern der Sache, da es bei § 242 BGB auch in anderem Zusammenhang jeweils um zweckbezogene Auskunftsrechte zur Durchsetzung anderer Rechte geht[61].

---

57 Grundlegend Huber, ZGR 1982, 539, 541 ff.; vgl. auch K. Schmidt, Informationsrechte, S. 15 ff.; Schiessl, GmbHR 1985, 109; Wilde, ZGR 1998, 423 f.

58 Huber, ZGR 1982, 539, 54 ff.; Wiedemann/Hermanns, JZ 1993, 48, 50; Binz/Freudenberg/Sorg, BB 1991, 785, 787 f.

59 Vgl. hierzu eingehend oben 2 c) dd), S. 14.

60 So BGHZ 14, 53, 59 f. = GmbHR 1954, 124; OLG Stuttgart als Vorinstanz zu BGH WM 1983, 910; Martens in Schlegelberger, HGB, § 118 Rn 38.

61 Zum Auskunftsanspruch nach § 242 BGB eingehend Köhler, NJW 1992, 1477, 1480; J. Schmidt in Staudinger, BGB, § 242 Rn 829 mwN.

dd) Allgemeines Mitgliedschaftsrecht des Gesellschafters

Vorzuziehen ist allerdings die Ansicht, derzufolge der Auskunftsanspruch dem zwischen den Beteiligten bestehenden Gesellschaftsverhältnis zu entnehmen ist[62]. Diese Rechtsgrundlage ist zwar ebenso unbestimmt wie die Vorschrift des § 242 BGB, bringt aber noch besser zum Ausdruck, daß es sich bei den Rechten, deren Durchsetzung der Auskunftsanspruch dient, stets um Mitgliedschaftsrechte in der Gesellschaft handelt, entweder in Form von Mitverwaltungs- oder von Vermögensrechten.

c) Verhältnis zum Informationsrecht nach §166 HGB

Das allgemeine Auskunftsrecht zur Wahrnehmung der Gesellschafterrechte steht selbständig neben dem Informationsrecht nach § 166 Absatz 1 und Absatz 3 HGB. Hinsichtlich des Konkurrenzverhältnisses zu § 166 HGB ist jedoch wie folgt zu differenzieren:

Soweit es um die Durchsetzung von Mitverwaltungsrechten des Kommanditisten geht, tritt das allgemeine Auskunftsrecht nicht in Konflikt zum Informationsrecht nach § 166 HGB[63]. Denn während es dort um den Schutz des Anlegerinteresses des Kommanditisten und um die passive Kontrolle der Geschäftsführung geht, ist der Zweck des hier erörterten Anspruchs, die Ausübung von aktiven Mitwirkungsrechten, insbesondere des Stimmrechts, zu ermöglichen. Aufgrund dieser unterschiedlichen Zweckrichtung wird keines der beiden Rechte durch das jeweils andere beschränkt.

Anders ist dies, soweit es um die Vermögensrechte des Kommanditisten geht, wie etwa hinsichtlich der Durchsetzung von Schadensersatzansprüchen gegen die geschäftsführenden Gesellschafter. Hinsichtlich des Schutzes der Vermögensinteressen des Kommanditisten ist § 166 HGB nämlich als eine vorrangige gesetzliche Regelung anzusehen. Danach beschränkt sich das Informationsrecht des Kommanditisten zunächst auf Einsicht in die Unterlagen und Papiere der Gesellschaft; erst wenn hieraus die erforderlichen Angaben nicht ersichtlich sind, kann er weitergehende Auskunft von den verantwortlichen Personen verlangen[64]. Dieses Verhältnis kann man als Subsidiarität des allgemeinen Auskunftsrechts gegenüber dem Einsichtsrecht nach § 166 HGB bezeichnen.

---

62 BGH WM 1983, 910, 911; K. Schmidt, Gesellschaftsrecht, § 53 III 3 b), S. 1540.

63 So zutreffend Martens in Schlegelberger, HGB, § 118 Rn 15.

64 So OLG Hamm GmbHR 1994, 127, 128; Martens in Schlegelberger, HGB, § 118 Rn 14; Weipert in Münchener Handbuch des Gesellschaftsrechts, Band 2, § 11 Rn 27; Ulmer in Münchener Kommentar, BGB, § 716 Rn 9; Hadding in Soergel, BGB, § 716 Rn 8; vgl. auch BGH WM 1983, 910, 911; von Gerkan in Röhricht, HGB, § 166 Rn 26.

II. Informations- und Kontrollrechte im Hinblick auf die Komplementär-GmbH

Es ist auf zweierlei Weise denkbar, daß dem Kommanditisten Informations- und Kontrollrechte hinsichtlich der Kompementär-GmbH zustehen: Zunächst kommt die Gleichstellung mit einem GmbH-Gesellschafter und Anwendung des § 51a GmbHG in Betracht (unten 1.), zum anderen könnten die Kontrollrechte in der KG auf Angelegenheiten der Komplementär-GmbH erstreckt werden (unten 2.).

1. Informationsrecht nach § 51a GmbHG

a) Inhalt und Reichweite

Anders als dem Kommanditisten in der KG steht dem GmbH-Gesellschafter nach § 51a GmbHG ein umfassendes Auskunfts- und Einsichtsrecht in die Angelegenheiten der Gesellschaft zu. Dieser Begriff ist weit zu verstehen und umfaßt sämtliche Unterlagen und Informationen, die die Unternehmensführung und Gewinnverwendung betreffen[65]. Das Recht unterliegt keinerlei Zweckbindung an die Durchsetzung anderer Rechte oder an ein besonderes Informationsbedürfnis[66], sondern wird nur durch das Verbot rechtsmißbräuchlichen Verhaltens sowie unter engen Voraussetzungen durch ein Verweigerungsrecht (§ 51a Absatz 2 GmbHG) beschränkt[67]. Dieses weitreichende Informationsrecht des GmbH-Gesellschafters wird noch verstärkt durch seinen zwingenden Charakter; es ist nicht abdingbar (§ 51a Absatz 3 GmbHG).

b) Zweck

Dieses umfassende Informationsrecht soll den GmbH-Gesellschafter in die Lage versetzen, seine Mitgliedschaftsrechte in der Gesellschafterversammlung verantwortungsbewußt und sachgerecht auszuüben und zugleich seine Individualinteressen zu wahren[68]. Die Mitgliedschaftsrechte in der GmbH

---

[65] Koppensteiner in Rowedder, GmbHG, § 51a Rn 6; Zöllner in Baumbach/Hueck, GmbHG, § 51a Rn 10; K. Schmidt in Scholz, GmbHG, § 51a Rn 21 f.; Hüffer in Hachenburg, GmbHG, § 51a Rn 21 f.; Schiessl in Münchener Handbuch des Gesellschaftsrechts, Band 3, § 33 Rn 10; von Bitter, ZIP 1981, 825, 826 f .

[66] So aber K. Schmidt in Scholz, GmbHG, § 51a Rn 8; ders., Gesellschaftsrecht, § 35 I 4 b) aa), S. 1041; eingehend ders., FS Kellermann, 1991, S. 389, 390 ff.; im Anschluß daran BayObLG BB 1993, 1547; Zöllner in Baumbach/Hueck, GmbHG, § 51a Rn 20 ff.; Wilde, ZGR 1998, 423, 425 Fn 4; vgl.auch Mertens, FS Werner, 1984, S. 557, 560 ff.

[67] BegrRegE, BT-Drucks. 8/1347, S. 44; OLG Stuttgart GmbHR 1983, 242, 243; KG GmbHR 1988, 221, 223; LG Düsseldorf DB 1989, 1077; Rowedder in Rowedder, GmbHG, § 51a Rn 12; Hüffer in Hachenburg, GmbHG, § 51a Rn 57; Grunewald ZHR 146 (1982), S. 211, 222; Lutter, ZGR 1982, 1, 4; K. Müller, GmbHR 1987, 87, 89.

[68] BegrRegE, BT-Drucks. 8/1347, S. 44; BGH GmbHR 1997, 705, 706; Hüffer in Hachenburg, GmbHG, § 51a Rn 1; Schiessl in Münchener Handbuch des Gesellschaftsrechts, Band 3, § 33 Rn 4; Grunewald ZHR 146 (1982), S. 211, 217.

erfordern in der Tat ein sehr weitreichendes Informationsrecht, da den Gesellschaftern ein Weisungsrecht im Hinblick auf die Geschäftsführung zusteht[69] und sie an der Wahrnehmung zahlreicher weiterer Maßnahmen unmittelbar beteiligt sind (§ 46 GmbHG). Zugleich stellt das weite Informationsrecht des GmbH-Gesellschafters ein sehr wirksames Instrument des Minderheitenschutzes dar[70].

c) Informationsgefälle in der nicht personengleichen GmbH & Co. KG

In der nicht personengleichen GmbH & Co. KG ergibt sich nun unter den Gesellschaftern der GmbH und den Kommanditisten ein Informationsgefälle: Die Kommanditisten sind nicht Gesellschafter der GmbH, ihnen steht also nicht das umfassende Informationsrecht nach § 51a GmbHG zu, sondern nur das inhaltlich beschränkte Kontrollrecht in der KG (vgl. oben I.). Umgekehrt können sich dagegen die GmbH-Gesellschafter auch Einblick in Unterlagen der KG verschaffen. Denn nach ganz überwiegender Auffassung gehören in einer GmbH & Co. KG zu den Angelegenheiten der GmbH i.S. § 51a GmbHG stets auch diejenigen der KG[71]. Dies folgt daraus, daß die Aufgabe der Komplementär-GmbH die Geschäftsführung und Vertretung der KG ist. Aufgrund ihrer persönlichen Haftung nach §§ 128, 161 HGB ist sie von allen Angelegenheiten der KG unmittelbar berührt.

Dieses Informationsgefälle wird von weiten Teilen der Literatur als Wertungswiderspruch angesehen, da der GmbH-Gesellschafter auch dann, wenn er an der KG nicht unmittelbar beteiligt ist, weitergehende Informationsrechte im Hinblick auf die KG hat als der Kommanditist[72].

---

69 OLG Düsseldorf ZIP 1984, 1476, 1478; Koppensteiner in Rowedder, GmbHG, § 37 Rn 25 ff.; Lutter/Hommelhoff, GmbHG, § 37 Rn 17 ff.; Zöllner in Baumbach/Hueck, GmbHG, § 51a Rn 10 f.; Marsch-Barner/Diekmann in Münchener Handbuch des Gesellschaftsrechts, Band 3, § 44 Rn 66; Schneider in Scholz, GmbHG, § 37 Rn 30 f. mwN; eingehend Boesebeck, GmbHR 1960, 118.

70 BGH GmbHR 1988, 434, 435; Hüffer in Hachenburg, GmbHG, § 51a Rn 7; von Bitter, ZIP 1981, 825; Schiessl, NJW 1989, 1597; K. Schmidt, FS 100 Jahre GmbHG, 1992, S. 559, 566.

71 BGH GmbHR 1988, 434, 436 obiter dictum; OLG Hamburg GmbHR 1985, 120, 121; OLG Hamm NJW 1986, 1693, 1694; KG GmbHR 1988, 221, 223; OLG Düsseldorf WM 1990, 1823, 1824; OLG Karlsruhe GmbHR 1998, 691; von Gerkan in Röhricht, HGB, § 166 Rn 35; Martens in Schlegelberger, HGB, § 166 Rn 50; Koppensteiner in Rowedder, GmbHG, § 51a Rn 6; Hüffer in Hachenburg, GmbHG, § 51a Rn 75; K. Schmidt in Scholz, GmbHG, § 51a Rn 53; ders., Gesellschaftsrecht, § 56 IV 1 d), S. 1648; Esch, NJW 1988, 1553, 1558; vgl. zur Gegenansicht unten Fn 73.

72 Schiessl, GmbHR 1985, 109, 111; Esch, NJW 1988, 1553, 1558; Binz, § 7 Rn 84; ders./Freudenberg/Sorg, BB 1991, 785, 788; Wilde, ZGR 1998, 423, 425; vgl. von Gerkan in Röhricht, HGB, § 166 Rn 35; K. Schmidt, Informationsrechte, S. 76; ders., Gesellschaftsrecht, § 56 IV 1 d), S. 1648; offengelassen von OLG Karlsruhe GmbHR 1998, 691.

Darüber, wie mit diesem Informationsgefälle in der GmbH & Co. KG umzugehen ist, gehen die Meinungen weit auseinander.

aa) Keine Einebnung des Informationsgefälles durch Beschränkung des § 51a GmbHG

Eine Ansicht lehnt die These der herrschenden Meinung ab, wonach sich das Informationsrecht des GmbH-Gesellschafters nach § 51a GmbHG in der GmbH & Co. KG auf die Angelegenheiten der KG erstreckt[73]. Vielmehr stehe das Informationsrecht nur der Komplementär-GmbH als Geschäftsführerin der KG nach §§ 118, 161 HGB zu, nicht dagegen ihren Gesellschaftern. Mit der Weiterleitung von Informationen an ihre Gesellschafter oder Gewährung von Einsicht in die Unterlagen der KG verstoße die Komplementär-GmbH gegen ihre Treupflicht in der KG.

Diese Auffassung ist nur insoweit zutreffend, als sie aufzeigt, daß die Erstreckung des Informationsrechts der GmbH-Gesellschafter auf die Angelegenheiten der KG einen Eingriff in den Rechtskreis Dritter darstellt. Dieser Eingriff ist allerdings durch die Verknüpfung der beiden Gesellschaften notwendig bedingt. Das Informationsrecht der GmbH-Gesellschafter hinsichtlich Angelegenheiten der KG kann zwar in der Tat nicht weiter reichen, als es der Komplementär-GmbH aufgrund ihrer Stellung als Gesellschafterin der KG ihrerseits nach §§ 118, 161 HGB zusteht. Allerdings ist dieses Informationsrecht der GmbH in der KG praktisch umfassend[74], so daß hierin keine Begrenzung liegt. Auch der Umstand, daß der Anspruch gegenüber der KG nicht unmittelbar durch die GmbH-Gesellschafter, sondern nur durch die Geschäftsführer der GmbH geltend gemacht werden kann, spielt keine praktische Rolle, da letztere zugleich mittelbare Geschäftsführer der KG sind und den GmbH-Gesellschaftern insoweit ein Weisungsrecht zur Beschaffung und Weiterleitung der erforderlichen Informationen zusteht.

Soweit dagegen generell das Recht der GmbH verneint wird, Informationen aus der KG an ihre Gesellschafter weiterzuleiten[75], ist diese Ansicht verfehlt. Auf diese Weise liefe das Informationsrecht der GmbH-Gesellschafter jedenfalls dann insgesamt leer, wenn die Komplementär-GmbH keinen eigenen Geschäftsbetrieb unterhält, sondern ihr Geschäftszweck auf die Führung der Geschäfte der KG beschränkt ist. Eine umfassende Information über die

---

73 So gegen die h.M. Binz, § 7 Rn 83; ders./Freudenberg/Sorg, BB 1991, 785, 788; von Bitter, ZIP 1981, 825, 830 f.

74 Emmerich in Heymann, HGB, § 118 Rn 13; von Gerkan in Röhricht, HGB, § 118 Rn 5; Martens in Schlegelberger, HGB, § 118 Rn 8.

75 Neben den in Fn 73 Genannten äußern Bedenken in dieser Richtung Martens in Schlegelberger, HGB, § 166 Rn 50; Koppensteiner in Rowedder, GmbHG, § 51a Rn 6; Hüffer in Hachenburg, GmbHG, § 51a Rn 75; vgl. auch K. Schmidt in Scholz, GmbHG, § 51a Rn 53.

Angelegenheiten der GmbH ist ohne gleichzeitige Einsicht in die Unterlagen der KG oder Auskünfte über deren Angelegenheiten schlechthin nicht möglich. Da ein besonderes Informationsbedürfnis nicht Voraussetzung des § 51a GmbHG ist[76], kommt eine Einschränkung insoweit allenfalls unter dem Gesichtspunkt des Rechtsmißbrauchs in Betracht.

Die Beschränkung des Informationsrechts nach § 51a GmbHG in der GmbH & Co. KG widerspricht dem Zweck dieser Norm und ist somit abzulehnen.

bb) Keine Einebnung des Informationsgefälles durch die analoge Anwendung des § 51a GmbHG auf den Nur-Kommanditisten

Eine andere Meinung schlägt vor, den Wertungswiderspruch durch analoge Anwendung des § 51a GmbHG auf den Nur-Kommanditisten in der GmbH & Co. KG aufzulösen[77]. Nachdem das Informationsrecht des GmbH-Gesellschafters in der Rechtsprechung überhaupt erst in Anlehnung an das Recht der Personengesellschaften entwickelt wurde[78], sei kein Grund ersichtlich, warum das Informationsrecht des Kommanditisten hinter dem des GmbH-Gesellschafters zurückbleiben solle. Jedenfalls in der GmbH & Co. KG, die der GmbH rechtlich angenähert sei, müsse aber § 51a GmbHG analog angewandt werden, um Wertungswidersprüche zu vermeiden.

Diese Ansicht ist schon deshalb fragwürdig, weil die analoge Anwendung einer Vorschrift eine unbewußte Regelungslücke des Gesetzes voraussetzt[79]. Das Gesetz hat aber in § 166 HGB eine eigenständige Regelung des Informationsrechts des Kommanditisten vorgesehen, die allenfalls der Ergänzung durch ein allgemeines Auskunftsrecht[80], nicht dagegen der Ersetzung durch das Einsichtsrecht einer anderen Gesellschaftsform bedarf. Auch der Sache nach ist die Analogie abzulehnen. Denn es handelt sich bei der GmbH & Co. KG eben nicht um ein der GmbH ähnliches einheitliches Gebilde, sondern um die Verknüpfung zweier rechtlich selbständiger Gesellschaften mit je eigenen Organisations- und Rechtsstrukturen. Die Tendenz des Gesetzgebers zur

---

76 So die ganz h.M., vgl. die Nachweise in Fn 65 bis 67.

77 Roth/Altmeppen, GmbHG, § 51a Rn 41; Wiedemann/Hermanns, JZ 1993, 48, 49; vgl. Esch, NJW 1988, 1553, 1558; Binz, § 7 Rn 84; ders./Freudenberg/Sorg, BB 1991, 785, 788 f.; eingehend Schiessl, GmbHR 1985, 109, 110 ff.; zur Frage der Abdingbarkeit des Informationsrechts des Kommanditisten unter dem Aspekt des Minderheitenschutzes analog § 51a Absatz 3 GmbHG ebenso Schiessl, NJW 1989, 1597; in diese Richtung auch BGH GmbHR 1988, 434, 435; zum Letzteren vgl. unten III. 1 a), S. 26.

78 Grundlegend BGHZ 14, 53 = GmbHR 1954, 124.

79 Dies räumt Schiessl, NJW 1989, 1597 selbst ein; vgl. zur Ausfüllung von Gesetzeslücken im Wege der Analogie allgemein Larenz, Methodenlehre, S. 370 ff.; Canaris, Die Feststellung von Lücken im Gesetz, S. 31 ff.

80 Hierzu eingehend oben I. 3, S. 15.

Übertragung GmbH-rechtlicher Schutzvorschriften auf die GmbH & Co. KG[81] beschränkt sich bislang auf den Gläubigerschutz[82]. Daß die beiden Rechtsformen der GmbH und der KG durchaus beachtliche Unterschiede aufweisen, die das Informationsgefälle in der GmbH & Co. KG rechtfertigen, zumindest aber erklären, soll sogleich (unten cc) gezeigt werden.

cc) Informationsgefälle rechtsformspezifisch

Es wurde bereits dargestellt, daß die Beschränkung des Informationsrechts des Kommanditisten, die insbesondere hinsichtlich der laufenden Geschäftsführung deutlich wird, innerhalb des Rechts der Personengesellschaften wegen des Fehlens einer persönlichen unbeschränkten Haftung und eines generellen Wettbewerbsverbots systemimmanent ist[83]. Diese Argumente sind indes allein nicht geeignet, das Zurückbleiben der Kontrollmöglichkeiten hinter dem Informationsrecht des GmbH-Gesellschafters zu begründen. Denn auch jener unterliegt keiner persönlichen unbeschränkten Haftung und keinem generellen Wettbewerbsverbot[84].

Allerdings ist nach der gesetzlichen Ausgestaltung die Rechtsstellung des Kommanditisten in der KG doch eine andere als die des GmbH-Gesellschafters. Während der Kommanditist nach § 164 Satz 1 Hs. 1 HGB von der Mitwirkung an der Geschäftsführung ausgeschlossen ist, hat der GmbH-Gesellschafter konkrete Möglichkeiten, auch auf die laufende Geschäftsführung Einfluß zu nehmen[85]. So steht jedem GmbH-Gesellschafter das Stimmrecht im Rahmen von Beschlüssen der Gesellschafterversammlung über die Erteilung von Einzelweisungen an die Geschäftsführung zu[86]. Sodann obliegt der Gesellschafterversammlung nach § 46 Nr. 6 GmbHG die Prüfung und Überwachung der Geschäftsführung. Über die bloße Ausübung des Stimmrechts hinaus kann der GmbH-Gesellschafter bei einer Beteiligung von mehr als 10 % des Stammkapitals sogar die Einberufung der Gesellschafterversammlung (§ 50 Absatz 1

---

81 Vgl. oben § 1 Fn 3, S. 1.

82 K. Schmidt, Informationsrechte, S. 77; ders., GmbHR 1984, 272, 280.

83 Vgl. oben I. 1 c) aa), S. 9 f.

84 Ein Wettbewerbsverbot kann sich aber im Einzelfall aus der Treupflicht ergeben, Lutter/Hommelhoff, GmbHG, § 14 Rn 20; Raiser in Hachenburg, GmbHG, § 14 Rn 62; K. Schmidt, Gesellschaftsrecht, § 35 I 2 e), S. 1037; Schiessl in Münchener Handbuch des Gesellschaftsrechts, Band 3, § 34 Rn 1 ff. mwN.

85 Dies erkennen Wiedemann/Hermanns, JZ 1993, 48, 49, die hieraus jedoch zu Unrecht ein Argument für weitergehende Kontrollkompetenzen des Kommanditisten als Korrelat fehlender eigener Entscheidungsrechte ableiten wollen. Zutreffend zum Folgenden dagegen Veltins/Hikel, DB 1989, 465, 467 mit eingehender Begründung.

86 Vgl. zum Weisungsrecht die Nachweise oben Fn 69; in der GmbH gilt für Gesellschafterbeschlüsse das Mehrheitsprinzip, § 47 Absatz 1 GmbHG.

GmbHG) oder die Befassung der Gesellschafterversammlung mit einem bestimmten Thema (§ 50 Absatz 2 GmbHG) erzwingen. All diese Rechte fehlen dem Kommanditisten schon in der gesetzestypischen KG. In der GmbH & Co. KG kommt noch hinzu, daß dem Kommanditisten nach ganz überwiegender Auffassung auch im Hinblick auf die Bestellung und Abberufung der GmbH-Geschäftsführer nach § 46 Nr. 5 GmbHG kein Mitwirkungsrecht zusteht[87]. Vor diesem Hintergrund ist es kein Wertungswiderspruch, sondern entspricht den Rechtsformunterschieden zwischen GmbH und KG, wenn das Gesetz in § 166 Absatz 2 HGB dem Kommanditisten im Gegensatz zum GmbH-Gesellschafter hinsichtlich der laufenden Geschäftsführung auch jegliche Informationsrechte vorenthält[88].

Zwar ist richtig, daß auch ein GmbH-Gesellschafter seine Beteiligung als bloße Kapitalanlage ohne eigenes Interesse an unternehmerischen Entscheidungen halten kann[89]. Es sollte aber nicht übersehen werden, daß das Gesetz dem GmbH-Gesellschafter in dieser Hinsicht keine Grenzen zieht, ihm somit die Freiheit zu einer bloßen anlegerorientierten Beteiligung beläßt, wohingegen das Fehlen unternehmerischer Einflußnahme für den Kommanditisten durch die gesetzliche Regelung vorgegeben ist.

dd) Zusammenfassung

Es ist somit festzuhalten, daß das Informationsgefälle zwischen dem GmbH-Gesellschafter und dem Kommanditisten in der GmbH & Co. KG kein Systemmangel des Gesetzes ist, der beseitigt werden müßte. Es ist vielmehr für die Rechtsform der nicht personengleichen GmbH & Co. KG typisch und muß daher bei der Wahl dieser Gestaltungsvariante bedacht werden. Wollen die Gesellschafter dieses Informationsgefälle vermeiden, so steht ihnen hierfür die personengleiche GmbH & Co. KG zur Verfügung. Ein besonderes Informationsrecht des Kommanditisten kann auch im Gesellschaftsvertrag vorgesehen werden.

2. Erstreckung des Auskunftsrechts in der KG auf GmbH-Angelegenheiten

Im Grundsatz zu bejahen ist dagegen eine Erstreckung der Rechte als

---

87 Hierzu eingehend unten § 3 II. 3, S. 47; etwas anderes gilt nur für die Abberufung der Komplementär-GmbH als Geschäftsführerin der KG, vgl. hierzu näher § 3 III. 2, S. 53.

88 Veltins/Hikel, DB 1989, 465, 467; ebenso im Ergebnis BGH GmbHR 1992, 365, 366; von Gerkan in Röhricht, HGB, § 166 Rn 35; Horn in Heymann, HGB, § 166 Rn 22; Martens in Schlegelberger, HGB, § 166 Rn 50; Hüffer in Hachenburg, GmbHG, § 51a Rn 76; K. Schmidt, Informationsrechte, S. 77; ders., Gesellschaftsrecht, § 53 III 3 b), S. 1540; Grunewald, ZGR 1989, 545, 553 a.E.; zum Teil wird diese Rechtslage allerdings im Hinblick auf das Informationsgefälle zum GmbH-Gesellschafter als unbefriedigend bezeichnet.

89 In diesem Sinne für eine Gleichbehandlung von GmbH und KG BGH GmbHR 1988, 434, 435.

Kommanditist in der KG auf Angelegenheiten der Komplementär-GmbH. Die Informationsrechte des Kommanditisten in der KG[90] sind aber auch nach einer solchen Erweiterung nicht so umfassend wie bei einer analogen Anwendung des § 51a GmbHG, sondern in mehrfacher Hinsicht beschränkt:

Dieses Informationsrecht gegenüber der GmbH nach dem Recht der KG kann nur insoweit bestehen, als ein Zusammenhang mit der Komplementär-Eigenschaft besteht[91]. Der Kommanditist kann somit keine Auskunft über die inneren Angelegenheiten der GmbH erhalten, soweit sie keine Auswirkungen auf die Tätigkeit als Geschäftsführerin der KG haben können. Dies ist vor allem dann von Bedeutung, wenn die Komplementär-GmbH einen eigenen Geschäftsbetrieb unterhält oder zugleich die Geschäftsführung in mehreren KGs übernommen hat[92].

Einsichts- und Auskunftsrechte über Angelegenheiten der laufenden Geschäftsführung sind dem Kommanditisten danach grundsätzlich versagt. Das Informationsrecht ist zudem nach § 166 Absatz 3 HGB durch das Erfordernis eines wichtigen Grundes, beim allgemeinen Auskunftsrecht durch dessen Zweckbindung an die Wahrnehmung eigener Mitgliedschaftsrechte beschränkt. Eine Ausnahme bildet insoweit der Verdacht der unredlichen Geschäftsführung, der einen wichtigen Grund im Sinne § 166 Absatz 3 HGB darstellt und ein allgemeines Auskunftsrecht zur Durchsetzung etwaiger Schadensersatzansprüche begründen kann[93].

Das Kollektivrecht nach §§ 666, 713 BGB unterliegt der zuletzt genannten Einschränkung nicht, es kann jedoch nicht durch jeden Kommanditisten im Wege der actio pro socio, sondern nur von allen gemeinschaftlich geltend gemacht werden[94].

Das individuelle Informationsrecht des Kommanditisten richtet sich gegen die KG und wird von der Komplementär-GmbH als Organ der KG erfüllt; es kann jedoch unmittelbar gegen die Komplementär-GmbH geltend gemacht werden[95].

---

90 Hierzu oben I., S. 6 ff.

91 Von Gerkan in Röhricht, HGB, § 166 Rn 36; Schilling in Staub, HGB, § 166 Rn 14; vgl. Ihrig/Schlitt, S. 51 zur GmbH & Co. KGaA; a.A. Hesselmann/Tillmann, Rn 394, die Angelegenheiten innerhalb der GmbH stets auch als Angelegenheiten der KG ansehen.

92 Sog. sternförmige GmbH & Co. KG, vgl. Baumbach/Hopt, HGB, Anh. § 177a Rn 7; Binz, § 6 Rn 16.

93 Von Gerkan in Röhricht, HGB, § 166 Rn 36; vgl. Hüffer in Hachenburg, GmbHG, § 51a Rn 76 a.E.; vgl. auch die Nachweise in Fn 16, 17 und 55.

94 Vgl. zum Meinungsstreit hierüber oben I. 2 c), S. 13.

95 Von Gerkan in Röhricht, HGB, § 166 Rn 36; Hüffer in Hachenburg, GmbHG, § 51a Rn 76 a.E.; vgl. zur Passivlegitimation bereits näher oben I. 1 d) aa), S. 11, Fn 29 bis 31.

III. Vertragliche Gestaltungsmöglichkeiten

Es entspricht der ganz allgemeinen Meinung, daß einer Erweiterung der Informationsrechte des Kommanditisten nichts im Wege steht[96]. Die nachfolgende Darstellung beschränkt sich daher auf die Frage, ob und inwieweit Spielraum für eine Beschränkung der Informationsrechte besteht. Dabei sollen zunächst die dogmatischen Grundzüge dargestellt werden, die sodann auf die einzelnen Informationsrechte angewandt werden.

1. Allgemeine Grenzen der Gestaltungsfreiheit

Im Recht der Personenhandelsgesellschaften gilt im Grundsatz eine sehr weite Dispositionsfreiheit. Dieser Grundsatz ist niedergelegt in §§ 109, 163 HGB, wonach die gesetzlichen Vorschriften durch Regelung im Gesellschaftsvertrag abdingbar sind. Überwiegend wird aber angenommen, daß die gesetzliche Regelung dem Kommanditisten ohnehin nur ein Minimum an Informationsrechten zugesteht und daher eher zweifelhaft ist, ob diese geringen Rechte durch den Gesellschaftsvertrag noch weiter beschnitten werden dürfen.

a) Keine analoge Anwendung des § 51a Absatz 3 GmbHG

Der Bundesgerichtshof hat es in seinem Urteil vom 7. Juli 1988[97] in einem obiter dictum als fraglich angesehen, ob sich die Ansicht, wonach § 166 HGB nachgiebiges Recht sei, noch uneingeschränkt aufrecht erhalten lasse, nachdem der Gesetzgeber dem Gesellschafter der GmbH ein durch den Gesellschaftsvertrag nicht abdingbares Informationsrecht zugebilligt hat. Durch die Ausgestaltung des § 51a Absatz 3 GmbHG habe der Gesetzgeber zu erkennen gegeben, daß er das Informationsrecht des Gesellschafters als unverzichtbares Instrument des Minderheitenschutzes betrachte. Es spreche manches dafür, daß diese Bewertung des modernen Gesetzgebers nicht ohne Auswirkungen auf die überkommene Auffassung, wonach das gesetzliche Informationsrecht des Kommanditisten nach § 166 HGB gesellschaftsvertraglich weitgehend abdingbar sei, bleiben kann[98].

Diese Rechtsprechung ist in der Literatur auf breite Zustimmung gestoßen[99].

---

[96] Horn in Heymann, HGB, § 166 Rn 25; Martens in Schlegelberger, HGB, § 166 Rn 39; Hesselmann/Tillmann, Rn 391; K. Schmidt, Gesellschaftsrecht, § 53 III 3 d), S. 1541; Sudhoff, Rechte und Pflichten des Kommanditisten, S. 30; Westermann, Handbuch der Personengesellschaften, Rn 891.

[97] BGH GmbHR 1988, 434 = NJW 1989, 225.

[98] BGH GmbHR 1988, 434, 435 reSp.

[99] Horn in Heymann, HGB, § 166 Rn 28; Emmerich in Heymann, HGB, § 118 Rn 18; Weipert in Münchener Handbuch des Gesellschaftsrechts, Band 2, § 11 Rn 6; Hesselmann/Tillmann, Rn 391; Veltins/Hikel, DB 1989, 465, 466; Schiessl, NJW 1989, 1597, 1598; Grunewald, ZGR 1989, 545, 549 f.; Binz/Freudenberg/Sorg BB 1991, 785, 787.

Sie ist nach richtiger Auffassung jedoch nicht im Sinne einer analogen Anwendung des § 51a Absatz 3 GmbHG zu verstehen. Dies wäre der falsche dogmatische Ansatzpunkt für einen Minderheitenschutz in der KG. Bereits oben[100] wurde gezeigt, daß eine analoge Anwendung des § 51a GmbHG im Hinblick auf die rechtsformspezifischen Unterschiede zwischen der Rechtsstellung des GmbH-Gesellschafters und derjenigen des Kommanditisten in der GmbH & Co. KG auf grundsätzliche Bedenken stößt. Zudem dient der Minderheitenschutz im GmbH-Recht vor allem dazu, das tatsächliche Leerlaufen gesetzlich eingeräumter Gesellschafterrechte[101] angesichts des Mehrheitsprinzips bei Gesellschafterbeschlüssen (§ 47 Absatz 1 GmbHG) auszugleichen. In der KG stehen dem Kommanditisten schon nach der gesetzlichen Ausgestaltung seiner Rechtsstellung nur sehr geringe Mitwirkungsrechte zu und insoweit gilt nicht das Mehrheitsprinzip, sondern im Grundsatz das Prinzip der Einstimmigkeit (§§ 119 Absatz 1, 161 Absatz 3 HGB).

Die Regelung des § 51a Absatz 3 GmbHG ist somit nicht im Wege der Analogie auf die GmbH & Co. KG übertragbar, sondern kann allenfalls ein Anhaltspunkt für die Rechtslage im Recht der KG sein.

b) Informationsrecht als Element des Kernbereichs der Mitgliedschaftsrechte

Das Problem des Minderheitenschutzes verlagert sich in der KG auf die Frage nach einem Kernbereich von Mitgliedschaftsrechten, der nicht zur beliebigen Disposition der Mehrheit steht[102]. Diese sog. Kernbereichslehre wurde zur Lösung der Frage entwickelt, ob und inwieweit das Einstimmigkeitsprinzip durch gesellschaftsvertragliche Regelung i.S. § 119 Absatz 2 HGB abdingbar ist[103]. Dabei zählt neben dem Stimmrecht und dem Recht auf Beteiligung am Gewinn grundsätzlich auch das Informationsrecht des Gesellschafters zum Kernbereich der Mitgliedschaftsrechte[104].

---

100 Vgl. II. 1 c) bb), S. 22

101 Vor allem das Weisungsrecht sowie die weiteren in § 46 GmbHG bezeichneten Rechte.

102 So bereits Westermann, Vertragsfreiheit und Typengesetzlichkeit, S. 256, der allerdings den Kernbereich enger zieht als heute allgemein üblich; mit diesem dogmatischen Ansatz zum Teil auch die dem BGH im Ergebnis zustimmende Literatur, vgl. Horn in Heymann, HGB, § 166 Rn 28; Hesselmann/Tillmann, Rn 391; Veltins/Hikel, DB 1989, 465, 466; Binz/Freudenberg/Sorg, BB 1991, 785, 787.

103 Grundlegend zur Kernbereichslehre BGHZ 20, 363 = NJW 1956, 1198; unter diesem Begriff wohl erstmals Westermann, Vertragsfreiheit und Typengesetzlichkeit, S. 256, 351 ff.; eingehend BGH GmbHR 1995, 55, 56 f. = NJW 1995, 194; Emmerich in Heymann, HGB, § 119 Rn 37 ff.; Martens in Schlegelberger, HGB, § 119 Rn 24 ff.; Löffler, NJW 1989, 2656; Ulmer, NJW 1990, 73, 80 f.; Röttger, Kernbereichslehre, 1989.

104 BGH GmbHR 1995, 55, 57; Horn in Heymann, HGB, § 166 Rn 28; von Gerkan in Röhricht, HGB, § 166 Rn 37; Martens in Schlegelberger, HGB, § 119 Rn 25.

2. Abdingbarkeit der einzelnen Informationsrechte

Es ist zu unterscheiden zwischen dem völligem Ausschluß von Informationsrechten und der bloßen Beschränkung deren Ausübung.

a) Ausschluß von Informationsrechten

aa) § 166 Absatz 1 HGB

Die früher überwiegende Ansicht hielt es für zulässig, das Kontrollrecht des Kommanditisten nach § 166 Absatz 1 HGB ganz auszuschließen[105]. Der Ausschluß habe nur dann aufgrund der gesetzlichen Wertung in §§ 716 Absatz 2 BGB, 118 Absatz 2 HGB, die auch in der KG gelte, keine Wirkung, wenn Grund zur Annahme unredlicher Geschäftsführung bestehe[106].

Nach der heute vorherrschenden Meinung ist dagegen § 166 Absatz 1 HGB insgesamt unabdingbar, da dieses Kontrollrecht des Kommanditisten angesichts des geringen Umfangs seiner sonstigen Mitwirkungsrechte zum Kernbereich der Mitgliedschaftsrechte gehört[107].

bb) § 166 Absatz 3 HGB

Der zwingende Charakter des § 166 Absatz 3 HGB entspricht der ganz allgemeinen Meinung[108]. Wenn schon das ordentliche Informationsrecht nach § 166 Absatz 1 HGB nicht ausgeschlossen werden kann, so muß dies erst recht für das außerordentliche Kontrollrecht nach § 166 Absatz 3 HGB bei Vorliegen eines wichtigen Grundes gelten.

---

105 BayObLG WM 1988, 1789, 1790; Martens in Schlegelberger, HGB, § 166 Rn 40; Sudhoff, Rechte und Pflichten des Kommanditisten, S. 31; Westermann, Handbuch der Personengesellschaften, Rn 890; Immenga, ZGR 1974, 385, 404; Schiessl, GmbHR 1985, 109, 111.

106 BayObLG WM 1988, 1789, 1790; im Ergebnis auch Martens in Schlegelberger, HGB, § 166 Rn 40; Sudhoff, Rechte und Pflichten des Kommanditisten, S. 31; Westermann, Handbuch der Personengesellschaften, Rn 892; Immenga, ZGR 1974, 385, 404.

107 Grundlegend BGH GmbHR 1988, 434, 435; Horn in Heymann, HGB, § 166 Rn 28; von Gerkan in Röhricht, HGB, § 166 Rn 38; Schilling in Staub, HGB, § 166 Rn 15; K. Schmidt, Gesellschaftsrecht, § 53 III 3 d), S. 1541; Veltins/Hikel, DB 1989, 465, 466; Schiessl, NJW 1989, 1597, 1598 unter Aufgabe seiner früheren Ansicht in GmbHR 1985, 109, 111; Grunewald, ZGR 1989, 545, 550.

108 OLG Hamm BB 1970, 509, 510; Horn in Heymann, HGB, § 166 Rn 28; von Gerkan in Röhricht, HGB, § 166 Rn 39; Schilling in Staub, HGB, § 166 Rn 15; Martens in Schlegelberger, HGB, § 166 Rn 46; Westermann, Handbuch der Personengesellschaften, Rn 892; K. Schmidt, Gesellschaftsrecht, § 53 III 3 d), S. 1541; Immenga, ZGR 1974, 385, 404; Binz/Freudenberg/Sorg, BB 1991, 785, 786.

cc) Kollektives Informationsrecht nach §§ 666, 713 BGB

Das kollektive Informationsrecht nach §§ 666, 713 BGB, das über die Verweisung in §§ 105 Absatz 3, 161 Absatz 2 HGB auch auf die KG Anwendung findet, ist kein Individualrecht und kann damit nicht den Schutz aus dem Kernbereich der Mitgliedschaftsrechte genießen. Dennoch ist allgemein anerkannt, daß der völlige Ausschluß der Rechenschaftspflicht der geschäftsführenden Gesellschafter unzulässig ist[109].

dd) Allgemeines Auskunftsrecht zur Wahrnehmung der Mitgliedschaftsrechte

Das allgemeine Auskunftsrecht, das über § 166 HGB hinaus entwickelt wurde, dient der Wahrnehmung sonstiger Mitgliedschaftsrechte. Soweit diese anderen Rechte, deren Ausübung das Auskunftsrecht dient, zum Kernbereich der Mitgliedschaft gehören, ist auch das zweckbezogene Auskunftsrecht unabdingbar[110]. Denn andernfalls könnte der Kernbereich dieser anderen mitgliedschaftlichen Rechte und ihr zwingender Charakter ausgehöhlt werden, indem ihre Durchsetzung erschwert oder unmöglich gemacht wird.

b) Beschränkung der Ausübung von Informationsrechten

Eine andere Frage ist es, ob der Gesellschaftsvertrag Regelungen über die Ausübung der Informationsrechte des Kommanditisten enthalten darf. Dafür können insbesondere bei der Massengesellschaft wie der Publikums-GmbH & Co. KG gewichtige Gründe sprechen. In solchen Gesellschaften ist es unpraktikabel, jedem einzelnen Kommanditisten je gesondert ein Einsichts- und Auskunftsrecht einzuräumen, da dies den Ablauf der Geschäftsführung erheblich stören könnte. Daher wird in Gesellschaftsverträgen häufig vorgesehen, daß die Ausübung der Informationsrechte einem eigenen Kontrollorgan, etwa einem Beirat, anstelle der einzelnen Gesellschafter übertragen wird.

Eine solche Beschränkung wird ganz überwiegend als zulässig angesehen, sofern dieses Organ das Vertrauen der Kommanditisten besitzt, und sie dieses Organ kontrollieren und deren Mitglieder selbst wählen und abberufen

109 BGH WM 1965, 709, 710 unter Hinweis auf § 138 BGB; im Anschluß daran Ulmer in Münchener Kommentar, BGB, § 713 Rn 9; Hadding in Soergel, BGB, § 713 Rn 7 a.E.; Keßler in Staudinger, BGB, § 713 Rn 8 a.E.; Binz/Freudenberg/Sorg, BB 1991, 785, 788; im Ergebnis ebenso Huber, ZGR 1982, 539, 550; vgl. Hermanns, S. 9 ff. mwN; a.A. Reuter, FS Steindorff, 1990, S. 229, 241 f., der insoweit den völligen Ausschluß für zulässig hält.

110 Von Gerkan in Röhricht, HGB, § 166 Rn 43; Schilling in Staub, HGB, § 166 Rn 15; Martens in Schlegelberger, HGB, § 166 Rn 44; Grunewald, ZGR 1989, 545, 553; Hermanns, S. 8 ff.

können[111]. Verdrängende Wirkung hat diese Übertragung insbesondere für das Einsichtsrecht nach § 166 Absatz 1 HGB, aber auch für das kollektive Informationsrecht nach §§ 666, 713 BGB[112].

Das außerordentliche Kontrollrecht nach § 166 Absatz 3 HGB kann dagegen nicht in der beschriebenen Weise eingeschränkt werden. Seine Ausübung kann nicht verdrängend auf ein besonderes Kontrollorgan übertragen werden[113]. Neben der Ausübung durch das Kontrollorgan bleibt auch das allgemeine Auskunftsrecht zur Wahrnehmung der Mitgliedschaftsrechte zwingend bestehen, soweit es zum Kernbereich der Rechte des Kommanditisten zu rechnen ist[114]. Soweit diese sonstigen Mitwirkungsrechte dagegen abdingbar sind, könnte auf diese Weise auch das hiervon abhängige Auskunftsrecht mittelbar eingeschränkt werden[115]. Daher wird jedenfalls für den Bereich der Publikumsgesellschaften im Hinblick darauf, daß dem bloßen Anlagegesellschafter dann außer seinem Gewinnanspruch praktisch keinerlei Rechte mehr zustünden, zum Teil ein unabdingbares Auskunftsrecht in Anlehnung an § 131 AktG befürwortet[116].

---

111 Horn in Heymann, HGB, § 166 Rn 29 f.; von Gerkan in Röhricht, HGB, § 166 Rn 44; Martens in Schlegelberger, HGB, § 166 Rn 41; Reuter, FS Steindorff, 1990, S. 229, 242 f.; vgl. OLG Celle BB 1983, 1450; Veltins/Hikel, DB 1989, 465, 466; Grunewald, ZGR 1989, 545, 550 f.; Goerdeler, FS Kellermann, 1991, S. 77, 88; vgl. auch BGH NJW 1984, 2470, 2471 zur stillen Gesellschaft.

112 Schilling in Staub, HGB, § 166 Rn 16; Reuter, FS Steindorff, 1990, S. 229, 242.

113 Von Gerkan in Röhricht, HGB, § 166 Rn 39; Schilling in Staub, HGB, § 166 Rn 15; dagegen hält Martens in Schlegelberger, HGB, § 166 Rn 46 die individuelle Geltendmachung nur für zulässig, wenn die Gesellschafter zunächst erfolglos versucht haben, ihre Rechte über dieses Organ durchzusetzen.

114 Von Gerkan in Röhricht, HGB, § 166 Rn 43; Schilling in Staub, HGB, § 166 Rn 16; Martens in Schlegelberger, HGB, § 166 Rn 44.

115 Martens in Schlegelberger, HGB, § 166 Rn 44; Immenga, ZGR 1974, 385, 388, 404; Hermanns, S. 10.

116 Martens in Schlegelberger, HGB, § 166 Rn 45; von Gerkan in Röhricht, HGB, § 166 Rn 45; Goerdeler, FS Kellermann, 1991, S. 77, 88; vgl. Horn in Heymann, HGB, § 166 Rn 30; Grunewald, ZGR 1989, 545, 552 f.

IV. Zusammenfassung

Dem Kommanditisten stehen in der nicht personengleichen GmbH & Co. KG nur beschränkte Informations- und Kontrollrechte zu. Im Rahmen dieser Rechte dient § 166 HGB vorwiegend dem Schutz seiner Vermögensinteressen im Hinblick auf den Wert seiner Beteiligung. Darüber hinaus besteht ein allgemeines Auskunftsrecht zur Wahrnehmung seiner Mitgliedschaftsrechte, also auch von Mitverwaltungsrechten. Der Rechenschaftspflicht der geschäftsführenden Komplementär-GmbH entspricht ein kollektiver Auskunftsanspruch nach §§ 666, 713 BGB, 105, 161 HGB, der allerdings nach der hier vertretenen Ansicht nicht im Wege der actio pro socio durch jeden einzelnen Kommanditisten geltend gemacht werden kann, und der nicht auf Leistung an jeden einzelnen Gesellschafter, sondern nur auf Leistung an die Gesamtheit der Gesellschafter gerichtet ist.

Der Kommanditist ist nach der gesetzlichen Ausgestaltung seiner Rechtsstellung von der Kontrolle der laufenden Geschäftsführung ausgeschlossen. Das Informationsgefälle im Vergleich zu den GmbH-Gesellschaftern, denen insoweit ein umfassendes Informationsrecht nach § 51a GmbHG zusteht, ist rechtsformspezifisch und darf daher nicht durch abändernde Gesetzesauslegung beseitigt werden.

Die Rechte, die dem Kommanditisten hiernach zustehen, dürfen im Gesellschaftsvertrag nicht ausgeschlossen werden, da sie als Mindestmaß an erforderlichen Informationsrechten zum Kernbereich der Mitgliedschaftsrechte gehören, die der Dispositionsfreiheit der Gesellschafter entzogen sind. Zulässig ist dagegen - insbesondere in Publikumsgesellschaften - eine Beschränkung der Kontrollrechte in der Weise, daß das ordentliche Informationsrecht nach § 166 Absatz 1 HGB sowie das kollektive Auskunftsrecht ausschließlich durch ein gesondertes Kontrollorgan wie etwa einen Beirat ausgeübt werden darf.

§ 3 Teilhaberechte des Kommanditisten an der Geschäftsleitung

An erster Stelle der Erörterung der Teilhaberechte des Kommanditisten an der Geschäftsleitung stehen seine unmittelbaren Mitwirkungs- und Einwirkungsrechte. Da solche Rechte nach der gesetzlichen Rechtslage nur in geringem Maße bestehen (unten I.), sollen im Anschluß daran weitere Möglichkeiten aufgezeigt werden, mit denen sich der Nur-Kommanditist gegen eine pflichtwidrige Geschäftsführung wehren kann (unten II. und III.).

I. Unmittelbare Mitwirkung an der Geschäftsleitung

1. Vertretungsmacht

a) Gesetzliche Regelung

Nach § 170 HGB ist der Kommanditist von der organschaftlichen Vertretung der KG ausgeschlossen. Nach §§ 125 Absatz 1, 161 Absatz 2 HGB ist allein die Komplementär-GmbH zur Vertretung befugt, die ihrerseits nach § 35 Absatz 1 GmbHG durch ihren Geschäftsführer vertreten wird. Der GmbH-Geschäftsführer vertritt somit die GmbH & Co. KG nach außen.

b) Vertragliche Gestaltungsmöglichkeiten

Die Vorschrift des §170 HGB ist zwingendes Recht, daher kann dem Kommanditisten keine organschaftliche Vertretungsmacht in der KG eingeräumt werden[1]. Dies wird begründet mit dem Grundsatz der Selbstorganschaft[2]. Da der Komplementär unbeschränkt haftet, soll er die letzte Kontrolle über die Vertretung der Gesellschaft behalten. Davon unberührt bleibt jedoch die Möglichkeit, dem Kommanditisten rechtsgeschäftliche Vollmacht zu erteilen[3]. Dies kann in der Form der Generalvollmacht, Prokura oder der Handlungsvollmacht, aber auch beschränkt auf konkrete Einzelgeschäfte geschehen.

Zulässig ist es auch, den Kommanditisten zur Gesamtvertretung mit dem Komplementär zu ermächtigen; nur darf umgekehrt nicht der einzige Komplementär

---

1 BGHZ 41, 367, 368 = WM 1964, 767; BGHZ 51, 198, 200 = JZ 1969, 469; BGH WM 1972, 615; Horn in Heymann, HGB, § 170 Rn 1; von Gerkan in Röhricht, HGB, § 170 Rn 1; Schilling in Staub, HGB, § 170 Rn 4; Martens in Schlegelberger, HGB, § 170 Rn 2 und 8 f.; Westermann, Handbuch der Personengesellschaften, Rn 862; a.A. Brox, FS Westermann, 1974, S. 21, 25 ff.

2 Zu dessen Geltung im Recht der Personengesellschaften allgemein Wiedemann, Gesellschaftsrecht, Band I, § 6 IV 1; näher K. Schmidt, Gesellschaftsrecht, § 14 II 2, S. 415 ff. mwN.

3 BGHZ 17, 392 = WM 1955, 1118; BGH WM 1972, 615; Horn in Heymann, HGB, § 170 Rn 3; von Gerkan in Röhricht, HGB, § 170 Rn 8 ff.; Martens in Schlegelberger, HGB, § 170 Rn 11 ff.; Westermann, Handbuch der Personengesellschaften, Rn 863.

an die Mitwirkung eines Kommanditisten gebunden werden[4]. Maßgeblicher Unterschied zur organschaftlichen Vertretung ist, daß die rechtsgeschäftliche Vertretungsmacht dem Kommanditisten vom Komplementär jederzeit wieder entzogen werden kann; sofern die Ermächtigung im Gesellschaftsvertrag enthalten ist, jedoch nur bei Vorliegen eines wichtigen Grundes[5].

In der GmbH & Co. KG bleibt von diesen Erwägungen zum Recht der KG jedoch die Möglichkeit unberührt, den Kommanditisten auch dann, wenn er nicht Gesellschafter der GmbH ist, zum Geschäftsführer in der Komplementär-GmbH zu bestellen. Denn der Grundsatz der Selbstorganschaft gilt nicht im Recht der Kapitalgesellschaften, so daß der Nur-Kommanditist als Fremdgeschäftsführer der GmbH in der oben 1 a) beschriebenen Weise mittelbar auch die KG im Rechtsverkehr vertreten kann.

2. Geschäftsführung

a) Gesetzliche Regelung

Nach § 164 Satz 1 Hs. 1 HGB ist der Kommanditist von der laufenden Geschäftsführung ausgeschlossen. Die Geschäftsführungsbefugnis steht somit nach §§ 114, 161 Absatz 2 HGB der Komplementär-GmbH zu, deren Geschäfte und zugleich mittelbar die Geschäfte der KG der GmbH-Geschäftsführer führt. Dem Kommanditisten stehen jedoch Mitwirkungsrechte in folgenden Fällen zu:

aa) Zustimmungsrecht bei außergewöhnlichen Geschäften

Für außergewöhnliche Geschäfte ist ein Beschluß sämtlicher Gesellschafter und somit Zustimmung der Kommanditisten erforderlich. Dies ergibt sich zwar nicht aus dem insoweit unklaren Wortlaut des § 164 Satz 1 Hs. 2 HGB, der nur eine Aussage über die Grenzen des Widerspruchsrechts enthält; jedoch bleibt in der KG § 116 Absatz 2 HGB auf außergewöhnliche Geschäfte anwendbar[6]. Der Komplementär ist somit verpflichtet, Maßnahmen ungewöhnlicher Art den Kommanditisten zur Beschlußfassung vorzulegen.

---

4 BGHZ 26, 330, 332 f.; BGH WM 1964, 767; Horn in Heymann, HGB, § 170 Rn 2; Schilling in Staub, HGB, § 170 Rn 2; Martens in Schlegelberger, HGB, § 170 Rn 4, 17; Westermann, Handbuch der Personengesellschaften, Rn 863; vgl. BayObLG BB 1994, 1879 f.; a.A. Brox, FS Westermann, 1974, S. 21, 23 ff.

5 BGH WM 1955, 1118; von Gerkan in Röhricht, HGB, § 170 Rn 15 ff.; Martens in Schlegelberger, HGB, § 170 Rn 12 ff.; Westermann, Handbuch der Personengesellschaften, Rn 864.

6 AllgM seit RGZ 158, 302, 307 f.; vgl. Horn in Heymann, HGB, § 164 Rn 4; Schilling in Staub, HGB, § 164 Rn 2; Martens in Schlegelberger, HGB, § 164 Rn 16; K. Schmidt, Gesellschaftsrecht, § 53 III 2 b), S. 1536 f.; Hesselmann/Tillmann, Rn 257; eingehend Westermann, Vertragsfreiheit und Typengesetzlichkeit, S. 253 f.

Allgemein liegt ein ungewöhnliches Geschäft vor, wenn es über den Rahmen der bisher betriebenen Aktivitäten hinausgeht und wegen seiner Bedeutung für den Geschäftsbetrieb oder wegen der damit verbundenen Risiken Ausnahmecharakter hat[7]. Bei welchen Geschäften ein solcher außergewöhnlicher Charakter im Einzelfall anzunehmen ist, hängt stark von Art und Umfang des Geschäftsbetriebs des Unternehmens ab. In Betracht kommen hier etwa Kredite größeren Umfangs, aus dem gewöhnlichen Rahmen fallende Investitionen oder Umstrukturierungen.

bb) Recht zur Notgeschäftsführung

Dem Kommanditisten steht nach dem Rechtsgedanken des § 744 Absatz 2 BGB ein Notgeschäftsführungsrecht zu[8]. Voraussetzung hierfür ist, daß die Maßnahme zur Erhaltung der Gesellschaft oder eines bestimmten Gegenstands des Gesellschaftsvermögens erforderlich ist. Ob analog § 115 Absatz 2 HGB bereits Gefahr im Verzug genügt oder der Eintritt eines die Erhaltung der Gesellschaft bedrohenden Schadens unmittelbar bevorstehen muß, ist umstritten[9]. Das Recht zur Notgeschäftsführung erstreckt sich immer nur auf das Innenverhältnis und begründet keine Vertretungsmacht nach außen[10].

cc) Zustimmungsrecht bei Grundlagengeschäften

Nicht zur Geschäftsführung i.S. § 164 HGB gehören Grundlagengeschäfte, welche die auf dem Gesellschaftsvertrag beruhenden Rechtsbeziehungen der Gesellschafter untereinander betreffen[11]. Dies sind beispielsweise Änderungen

7 RGZ 158, 302, 308; BGH BB 1954, 143; OLG Köln NJW-RR 1995, 547, 548; Emmerich in Heymann, HGB, § 116 Rn 3; von Gerkan in Röhricht, HGB, § 116 Rn 1; Schilling in Staub, HGB, § 164 Rn 3; Martens in Schlegelberger, HGB, § 116 Rn 11 f.; K. Schmidt, Gesellschaftsrecht, § 47 V 1 c), S. 1387 f.; Westermann, Handbuch der Personengesellschaften, Rn 257.

8 Horn in Heymann, HGB, § 161 Rn 48; von Gerkan in Röhricht, HGB, § 164 Rn 5; Martens in Schlegelberger, HGB, § 164 Rn 21; Wirth in Münchener Handbuch des Gesellschaftsrechts, Band 2, § 3 Rn 89; Westermann, Handbuch der Personengesellschaften, Rn 875; vgl. BGH NJW 1955, 1027, 1028 zum von der Geschäftsführung ausgeschlossenen Gesellschafter der OHG; einschränkend K. Schmidt in Münchener Kommentar, BGB, §§ 744, 745 Rn 41 mwN.

9 Zutreffend im letzteren Sinne Martens in Schlegelberger, HGB, § 164 Rn 21; Wirth in Münchener Handbuch des Gesellschaftsrechts, Band 2, § 3 Rn 90; a.A. von Gerkan in Röhricht, HGB, § 164 Rn 5; Horn in Heymann, HGB, § 164 Rn 5.

10 BGH NJW 1955, 1027, 1028 f.; von Gerkan in Röhricht, HGB, § 164 Rn 5; Horn in Heymann, HGB, § 161 Rn 48; Martens in Schlegelberger, HGB, § 164 Rn 21; Wirth in Münchener Handbuch des Gesellschaftsrechts, Band 2, § 3 Rn 93; K. Schmidt in Münchener Kommentar, BGB, §§ 744, 745 Rn 38; Westermann, Handbuch der Personengesellschaften, Rn 875.

11 Horn in Heymann, HGB, § 164 Rn 7; von Gerkan in Röhricht, HGB, § 164 Rn 6; Schilling in Staub, HGB, § 164 Rn 5; Martens in Schlegelberger, HGB, § 164 Rn 4.

des Gesellschaftsvertrags, Umstrukturierungen des Unternehmens etwa durch die Ausgliederung eines Betriebsteils, die Aufnahme oder Ausschließung von Gesellschaftern, die Durchsetzung von Schadensersatzansprüchen wegen Verletzung eines Wettbewerbsverbots oder wegen pflichtwidriger Geschäftsführung, aber auch regelmäßig wiederkehrende Geschäfte wie die jährliche Feststellung der Bilanz oder die Wahl der Abschlußprüfer.

Für diese Grundlagengeschäfte ist nach §§ 119, 161 Absatz 2 HGB ein Beschluß aller Gesellschafter erforderlich, für den nach § 119 Absatz 1 HGB das Einstimmigkeitsprinzip gilt.

b) Vertragliche Gestaltungsmöglichkeiten

aa) Erweiterung der Rechte des Kommanditisten

Dem Kommanditisten kann im Gesellschaftsvertrag in Abweichung von der gesetzlichen Regelung die Befugnis zur laufenden Geschäftsführung übertragen werden[12]. Umstritten ist allerdings, ob dies auch in der Weise zulässig ist, daß der Komplementär vollständig von der Geschäftsführung ausgeschlossen wird. Dies stößt bei einem Teil der Literatur auf Bedenken im Hinblick auf den Grundsatz der Selbstorganschaft, da die Haftungsrisiken des Komplementärs dann allein durch den Kommanditisten beeinflußt würden[13]. Nach der herrschenden Meinung erfordert der Grundsatz der Selbstorganschaft dagegen nur die Erhaltung der organschaftlichen Vertretung, durch die der Komplementär gegen eine Beeinträchtigung seiner Haftungsinteressen ausreichend gesichert ist[14]. Wenn danach sogar die vollständige Übertragung der Geschäftsführung zulässig ist, kommt erst recht die Einräumung weniger weitreichender Befugnisse, wie etwa eines Weisungsrechts des Kommanditisten[15] oder eines Zustimmungserfordernisses auch für gewöhnliche Geschäfte, in Betracht[16].

---

12 Horn in Heymann, HGB, § 164 Rn 11; von Gerkan in Röhricht, HGB, § 164 Rn 10; Schilling in Staub, HGB, § 164 Rn 8; Martens in Schlegelberger, HGB, § 164 Rn 27; Westermann, Handbuch der Personengesellschaften, Rn 876, 878; Sudhoff, Gesellschaftsvertrag, S. 194 f.

13 Martens in Schlegelberger, HGB, § 164 Rn 27 ff.; Horn in Heymann, HGB, § 164 Rn 10; in diese Richtung auch von Gerkan in Röhricht, HGB, § 164 Rn 10; Westermann, Handbuch der Personengesellschaften, Rn 879; vgl. zur Übertragung auf einen Beirat Reuter, FS Steindorff, 1990, S. 229, 240 f.

14 BGH WM 1955, 1118; BGH NJW 1966, 1309 f.; BGH DB 1968, 797; BGHZ 51, 198 = JZ 1969, 469; Schilling in Staub, HGB, § 164 Rn 8; Hueck, Gesellschaftsrecht, § 18 V; Sudhoff, Gesellschaftsvertrag, S. 195; Konzen NJW 1989, 2977, 2982 f.

15 Hierzu näher unten II. 1 b), S. 41.

16 Martens in Schlegelberger, HGB, § 164 Rn 29 f.; Schilling in Staub, HGB, § 164 Rn 8; Konzen, NJW 1989, 2977, 2982 f.

Wird der Kommanditist in zulässiger Weise zum Geschäftsführer der Komplementär-GmbH berufen (oben 1 b), dann ist er in dieser Eigenschaft zugleich zur Geschäftsführung in der KG befugt, unterliegt allerdings im Innenverhältnis den Weisungen der GmbH-Gesellschafter nach § 37 GmbHG.

bb) Beschränkung der Rechte des Kommanditisten

Hinsichtlich der Beschränkung der gesetzlichen Mitwirkungsrechte des Kommanditisten ist wie folgt zu unterscheiden:

Das Recht auf Zustimmung zu außergewöhnlichen Geschäften nach §§ 164 Satz 1 Hs. 2, 116 Absatz 2 HGB ist nach überwiegender Auffassung abdingbar[17]. Seine Ausübung kann insbesondere auf ein eigenständiges Organ wie einen Beirat übertragen werden, wie dies vor allem bei Publikumsgesellschaften üblich ist[18]. Wird das Zustimmungsrecht jedoch weitgehend beseitigt, müssen dem Kommanditisten zumindest substantielle Informations- und Kontrollmöglichkeiten verbleiben[19].

Das Recht zur Notgeschäftsführung ist unabdingbar[20]. Es kann somit nicht durch gesellschaftsvertragliche Regelung ausgeschlossen werden.

Die Beschränkung des Mitwirkungsrechts bei Beschlüssen im Rahmen von Grundlagengeschäften unterliegt engen Schranken aus den allgemeinen Grundsätzen über den Minderheitenschutz[21]. Nach der Kernbereichslehre ist die Zulässigkeit je nach der Art des Eingriffs in das Mitgliedschaftsrecht zu

---

17 BGH ZIP 1992, 1771, 1774; von Gerkan in Röhricht, HGB, § 164 Rn 16; Schilling in Staub, HGB, § 164 Rn 7; Martens in Schlegelberger, HGB, § 164 Rn 23; Westermann, Handbuch der Personengesellschaften, Rn 876; Immenga, ZGR 1974, 385, 388; a.A. Horn in Heymann, HGB, § 161 Rn 188 und § 164 Rn 14;
zweifelnd zur GmbH & Co. KGaA neuerdings BGH GmbHR 1997, 595, 598; Ihrig/Schlitt, S. 64 ff.; Priester, ZHR 160 (1996), S. 250, 262; Hennerkes/Lorz, DB 1997, 1388, 1391; Dirksen/Möhrle, ZIP 1998, 1377, 1385.

18 Hierzu Stimpel, FS Fischer, 1979, S. 771, 776; ebenso zur GmbH & Co. KGaA Priester, ZHR 160 (1996), S. 250, 262; Hennerkes/Lorz, DB 1997, 1388, 1391; Dirksen/Möhrle, ZIP 1998, 1377, 1384.

19 Von Gerkan in Röhricht, HGB, § 164 Rn 16; Martens in Schlegelberger, HGB, § 164 Rn 23.

20 Martens in Schlegelberger, HGB, § 164 Rn 21; K. Schmidt in Münchener Kommentar, BGB, §§ 744, 745 Rn 34; Wirth in Münchener Handbuch des Gesellschaftsrechts, Band 2, § 3 Rn 91.

21 Horn in Heymann, HGB, § 164 Rn 15; von Gerkan in Röhricht, HGB, § 164 Rn 17; Martens in Schlegelberger, HGB, § 164 Rn 23; eingehend hierzu Immenga, ZGR 1974, 385, 403 ff.

beurteilen[22]:

Die sog. unverzichtbaren Rechte können dem Gesellschafter auch mit seiner Zustimmung nicht genommen werden. Die sog. unentziehbaren Rechte sind mehrheitsfest, so daß sie nicht durch bloßen Mehrheitsbeschluß entzogen werden können, ihre Beeinträchtigung vielmehr die Zustimmung des betroffenen Gesellschafters voraussetzt. Stimmrechtsfeste Beschlußgegenstände schließlich geben dem Gesellschafter ein zwingendes Recht auf Beteiligung an der Willensbildung. Beim Stimmrecht des Gesellschafters, dessen völliger Ausschluß auch nicht mit seiner Zustimmung zulässig ist, hängt die Zulässigkeit von Beschränkungen vom jeweiligen Beschlußgegenstand, hier also von der Art des Grundlagengeschäfts ab. Danach dürfte ein Ausschluß von der Mitwirkung an der Feststellung des Jahresabschlusses oder von der Wahl der Abschlußprüfer unbedenklich sein[23]. Unzulässig ist dagegen ein Ausschluß des Stimmrechts bei einer Änderung des Gesellschaftsvertrags, beim Beschluß über die Aufnahme neuer Gesellschafter, bei einer Änderung der Gewinnverteilung oder der Verteilung des Liquidationserlöses sowie bei einer Erhöhung der Gesellschafterbeiträge[24]. Etwas anderes gilt in der Publikumsgesellschaft, bei der die Übertragung der Zustimmungsrechte auf ein eigenständiges Kontrollorgan wie etwa einen Beirat zur Erhaltung der Handlungsfähigkeit in weitreichendem Umfang für unbedenklich gehalten wird, sofern dieses Organ das Vertrauen der Kommanditisten besitzt, sie dieses Organ kontrollieren und deren Mitglieder selbst wählen und abberufen können[25]. Ob darüber hinaus für bestimmte Beschlußgegenstände die positive Zustimmung des einzelnen Kommanditisten erforderlich sein kann, ein Mehrheitsbeschluß also nicht genügt, ist umstritten[26].

Insoweit zieht jedoch der Bestimmtheitsgrundsatz eine weitere Schranke. Hiernach ist der Gegenstand im Gesellschaftsvertrag konkret zu bezeichnen, für den der Mehrheitsbeschluß nach § 119 Absatz 2 HGB genügen soll[27]. Dabei

---

22 Eingehend zur Kernbereichslehre BGH GmbHR 1995, 55, 56 f.; von Gerkan in Röhricht, HGB, § 119 Rn 20 ff.; Emmerich in Heymann, HGB, § 119 Rn 37 ff.; Schilling in Staub, HGB, § 163 Rn 6 f.; Martens in Schlegelberger, HGB, § 119 Rn 24 ff.

23 BGH WM 1980, 526; Horn in Heymann, HGB, § 164 Rn 15; Schilling in Staub, HGB, § 164 Rn 6.

24 BGHZ 20, 363, 367 ff. = NJW 1956, 1198, 1199 f.; von Gerkan in Röhricht, HGB, § 119 Rn 26; Martens in Schlegelberger, HGB, § 161 Rn 70 f.; Immenga, ZGR 1974, 385, 416; Westermann, Vertragsfreiheit und Typengesetzlichkeit, S. 352 f.

25 Martens in Schlegelberger, HGB, § 164 Rn 25; eingehend Reuter, FS Steindorff, 1990, S. 229, 236 ff.; vgl. auch BGH WM 1985, 256, 257.

26 Hierzu näher Martens in Schlegelberger, HGB, § 161 Rn 71 mwN.

27 Emmerich in Heymann, HGB, § 119 Rn 30 ff.; Horn in Heymann, HGB, § 161 Rn 98 ff.; Martens in Schlegelberger, HGB, § 119 Rn 17; Immenga, ZGR 1974, 385, 417 ff.; kritisch K. Schmidt, ZHR 158 (1994), S. 205 ff.

bestehen wiederum gestufte Anforderungen an die Bestimmtheit der Bezeichnung je nach der Art des Beschlusses. Den Bestimmtheitsgrundsatz hat die Rechtsprechung für die Publikumsgesellschaft sowie für die körperschaftlich strukturierte Familiengesellschaft aufgegeben[28], im übrigen dagegen dessen Fortgeltung neben der Kernbereichslehre ausdrücklich offengelassen[29].

II. Einwirkung auf den Geschäftsführer der GmbH

Dem Kommanditisten steht somit nach der gesetzlichen Ausgestaltung hinsichtlich der laufenden Geschäftsführung kein unmittelbares Mitwirkungsrecht zu. Insoweit stellt sich die Frage, ob er auf andere Weise Einfluß auf die Geschäftsleitung nehmen kann. Hier liegt zunächst die Einwirkung auf den Geschäftsführer der GmbH selbst nahe.

1. Unmittelbares Weisungsrecht

a) Gesetzliche Regelung

Den Gesellschaftern der GmbH steht ein weitreichendes Weisungsrecht im Hinblick auf die Geschäftsführung zu, das aus §§ 37 Absatz 1, 46 Nr. 6 GmbHG abgeleitet wird[30]. Durch Mehrheitsbeschluß können sie generelle Richtlinien für die Geschäftsführung aufstellen, aber auch Einzelweisungen an den Geschäftsführer erteilen. Nun sind die Nur-Kommanditisten nicht Gesellschafter der GmbH, umgekehrt können die GmbH-Gesellschafter aber durch Weisungen an den Geschäftsführer, welcher zugleich die Geschäfte der KG führt, die Geschäfte der KG maßgeblich beeinflussen, ohne an ihr unmittelbar beteiligt zu sein.

aa) Kein Weisungsrecht der Kommanditisten analog §§ 37, 46 GmbHG

Eine Ansicht in der Literatur nimmt an, in der GmbH & Co. KG seien §§ 37, 46 GmbHG auf die Kommanditisten analog anzuwenden, so daß den Kommanditisten gemeinschaftlich ein Weisungsrecht an den Geschäftsführer der GmbH zustehe[31]. Dies wird mit der Tendenz des Gesetzgebers und der Rechtsprechung begründet, die GmbH & Co. KG wie eine einheitliche Kapital-

---

28 BGHZ 71, 53, 57 f. = WM 1978, 512, 513; BGHZ 85, 350, 356 ff. = NJW 1983, 1056; BGH WM 1985, 256, 257; Emmerich in Heymann, HGB, § 119 Rn 32; Horn in Heymann, HGB, § 161 Rn 99; von Gerkan in Röhricht, HGB, § 161 Rn 116; Schilling in Staub, HGB, § 163 Rn 4; Stimpel, FS Fischer, 1979, S. 771, 778.

29 BGH GmbHR 1995, 55, 56.

30 OLG Düsseldorf ZIP 1984, 1476, 1478; Koppensteiner in Rowedder, GmbHG, § 37 Rn 25 ff.; Lutter/Hommelhoff, GmbHG, § 37 Rn 17 ff.; Marsch-Barner/Diekmann in Münchener Handbuch des Gesellschaftsrechts, Band 3, § 44 Rn 66; Schneider in Scholz, GmbHG, § 37 Rn 30 f. mwN; eingehend Konzen, NJW 1989, 2977, 2979 ff.

31 Kübler, Gesellschaftsrecht, § 21 III 2 a.E.; Weimar/Geitzhaus, DB 1987, 2085, 2086 f.

gesellschaft zu behandeln. Unternehmenstragende Gesellschaft sei die KG; diese müsse dementsprechend auf wirtschaftliche Änderungen flexibel reagieren können.

Dem ist jedoch entgegenzuhalten, daß die Tendenz zur Übertragung GmbH-rechtlicher Schutzvorschriften auf die GmbH & Co. KG[32] sich bislang auf den Gläubigerschutz im Außenverhältnis beschränkt und daher keinen Rückschluß auf deren innere Organisationsstruktur zuläßt[33]. Vielmehr würde die gesetzliche Beschränkung der Rechte des Kommanditisten in der KG im Hinblick auf die laufende Geschäftsführung nach § 164 Satz 1 Hs. 1 HGB[34] umgangen, wenn den Kommanditisten über die analoge Anwendung der §§ 37, 46 GmbHG ein eigenes Weisungsrecht an den Geschäftsführer der GmbH eingeräumt würde[35]. Der entscheidende Einwand gegen die Analogie besteht aber darin, daß ein gesetzliches Weisungsrecht der Kommanditisten einen unverhältnismäßigen Eingriff in die innere Organisationsstruktur der Komplementär-GmbH und damit in die Verbandsautonomie ihrer Gesellschafter darstellen würde[36]. Dies zeigt sich besonders deutlich, wenn die GmbH nicht nur die Geschäftsführung in der KG übernommen hat, sondern zugleich einen eigenen Geschäftsbetrieb unterhält. So entspricht es der überwiegenden Meinung, daß ein Weisungsrecht an die Geschäftsführer der GmbH nach §§ 37, 46 GmbHG nur den GmbH-Gesellschaftern, nicht auch den Kommanditisten zusteht[37].

bb) Keine Beschränkung des Weisungsrechts der GmbH-Gesellschafter

Da die Komplementär-GmbH die Geschäfte der KG führt, erstreckt sich das Weisungsrecht der GmbH-Gesellschafter auch auf Angelegenheiten der KG. Eine Ansicht in der Literatur will dies vermeiden, indem sie die Weisungsbefugnis der GmbH-Gesellschafter nach § 37 GmbHG im Wege der teleologischen Reduktion auf die Eigengeschäfte der GmbH beschränkt und somit für solche Geschäfte ausschließt, die zugleich Geschäfte der GmbH & Co. KG sind[38]. Ihr Haupteinwand besteht darin, daß sonst den Gesellschaftern der

---

32 Vgl. oben § 1 Fn 3, S. 1.

33 So zutreffend K. Schmidt, GmbHR 1984, 272, 280; ders, Informationsrechte, S. 77, jeweils zum Problem der Übertragung des GmbH-rechtlichen Informationsrechts.

34 Vgl. hierzu oben I. 2 a), S. 33.

35 Vgl. Hüffer, ZGR 1981, 348, 360, der betont, daß ein Weisungsrecht gegenüber dem GmbH-Geschäftsführer nicht weiter reichen kann als gegenüber der GmbH selbst.

36 So zutreffend Esch, NJW 1988, 1553, 1557.

37 BGHZ 75, 321, 326 = NJW 1980, 589, 590; BGHZ 76, 160, 167 f. = NJW 1980, 1463, 1465; Esch, NJW 1988, 1553, 1557; Hopt, ZGR 1979, 1, 14 f.; Hüffer, ZGR 1981, 348, 358, 360.

38 Esch, NJW 1988, 1553, 1555 ff.

GmbH Herrschaftsrechte und Einflußmöglichkeiten über die KG und ihr Vermögen zustünden, obwohl sie selbst an ihr nicht unmittelbar beteiligt sind und daher für ihre Verbindlichkeiten nicht haften.

Dieser Einwand übersieht, daß die rechtliche Zulässigkeit einer Herrschaft ohne (Außen-) Haftung seit langem auch im Recht der Personengesellschaften anerkannt ist[39]. Gerade durch die Verknüpfung einer Personengesellschaft mit einer Kapitalgesellschaft in der für die GmbH & Co. KG eigentümlichen Weise wird die Möglichkeit der Fremdorganschaft eröffnet trotz der Beibehaltung der inneren Struktur einer Personengesellschaft. Hinsichtlich der Fremdbestimmung der KG dürfte es keinen Unterschied machen, ob einerseits der Geschäftsführer der GmbH oder andererseits die GmbH-Gesellschafter, die aus der Sicht der KG jeweils gesellschaftsfremde Dritte sind, Veranlasser einer bestimmten Geschäftsführungsmaßnahme sind. Konsequenz der rechtlichen Zulassung einer Einflußmöglichkeit der GmbH-Gesellschafter muß dann allerdings sein, daß die GmbH-Gesellschafter für die Veranlassung pflichtwidriger Maßnahmen im Hinblick auf die KG durch Weisungen, die den Geschäftsführer entlasten, haftungsrechtlich zur Verantwortung gezogen werden können[40].

Es ginge indessen zu weit, mit dieser Begründung den GmbH-Gesellschaftern das Weisungsrecht und damit ihre unternehmerische Gestaltungsfreiheit in ihrer GmbH im Hinblick auf Geschäfte, die zugleich die KG betreffen, zu versagen. Ein so umfangreicher Eingriff in die innere Organisationsstruktur der GmbH als rechtlich selbständiger Gesellschaft ist zum Schutz der KG im Hinblick auf die haftungsrechtlichen Folgen pflichtwidriger Weisungen nicht erforderlich.

Entgegen einer vereinzelten Ansicht umfaßt somit das Weisungsrecht der GmbH-Gesellschafter die Angelegenheiten der KG[41]. Dieses Weisungsrecht ist allerdings insoweit eingeschränkt, als es nur Maßnahmen der laufenden Geschäftsführung umfaßt, wohingegen zu außergewöhnlichen Geschäften nach §§ 164 Satz 1 Hs. 2 HGB die Zustimmung der Kommanditisten erforderlich ist[42].

---

39 BGHZ 45, 204 = NJW 1966, 1309 (Rektor); eingehend Westermann, Vertragsfreiheit und Typengesetzlichkeit, S. 121 f., 266 ff.; Teichmann, Gestaltungsfreiheit, S. 125 f.; Immenga, Die personalistische Kapitalgesellschaft, S. 117 ff.; Wiedemann, Gesellschaftsrecht, Band I, § 10 III 2, S. 543 ff. mwN.

40 Zur Frage eines Direktanspruchs gegen die GmbH-Gesellschafter auf Schadensersatz unter diesem Gesichtspunkt eingehend unten § 4 III., S. 109.

41 So deutlich nur Lutter/Hommelhoff, GmbHG, § 37 Rn 18; Schilling in Staub, HGB, § 164 Rn 14; Wilm, S. 229 ff. vgl. aber auch BGH WM 1980, 30, 31; Konzen, NJW 1989, 2977, 2978; Krebs, S. 211.

42 Vgl. oben I. 2 a) aa), S. 33.

cc) Zusammenfassung

Den Kommanditisten steht nach der gesetzlichen Rechtslage kein Weisungsrecht an den Geschäftsführer der GmbH zu. Dies liegt darin begründet, daß sich ihre Rechte allein nach dem Recht der KG richten, ihnen insoweit jedoch nach § 164 Satz 1 Hs. 1 HGB keine Mit- oder Einwirkungsrechte im Hinblick auf die laufende Geschäftsführung zustehen.

Daß umgekehrt die GmbH-Gesellschafter ihr Weisungsrecht auch in KG-Angelegenheiten ausüben können, ergibt sich daraus, daß sie die Herren der GmbH sind, die ihrerseits die Geschäfte der KG führt.

b) Einräumung eines Weisungsrechts durch gesellschaftsvertragliche Regelung

Durch gesellschaftsvertragliche Regelung kann den Kommanditisten oder einzelnen von ihnen ein Weisungsrecht eingeräumt werden[43]. Dies kann auch in der Weise geschehen, daß das Weisungsrecht durch ein eigenständiges Organ wie etwa einen Beirat wahrgenommen wird, dem einzelne oder sämtliche Kommanditisten angehören. Problematisch ist insoweit allerdings die konkrete Ausgestaltung im Gesellschaftsvertrag. Die GmbH & Co. KG besteht aus zwei rechtlich selbständigen Gesellschaften. Es muß von den Beteiligten entschieden werden, ob das Weisungsrecht in der GmbH-Satzung oder im Gesellschaftsvertrag der KG vorgesehen werden soll.

aa) Regelung in der GmbH-Satzung

Die Einräumung eines Weisungsrechts zugunsten gesellschaftsfremder Dritter ist problematisch. Manche halten dies im Hinblick auf den Kommanditisten in der GmbH & Co. KG deshalb für zulässig, weil die Geschäftsführung der GmbH sich wirtschaftlich in der KG auswirke und der Kommanditist insoweit kein Außenstehender sei; die Einräumung eines Weisungsrechts bewege sich insoweit noch im Rahmen grundlegender organisationsrechtlicher Ausgestaltung[44]. Dieser Gesichtspunkt trifft jedoch dann nicht zu, wenn weder die Kommanditisten selbst noch die KG an der GmbH unmittelbar beteiligt sind; die gesellschaftsrechtliche Verknüpfung der beiden rechtlich selbständigen Gesellschaften und die wirtschaftliche Betroffenheit machen den Kommanditisten noch nicht zum Mitglied des Verbands der GmbH.

Es stellt sich somit die generelle Frage, ob gesellschaftsfremden Dritten ein Weisungsrecht an den Geschäftsführer der GmbH eingeräumt werden kann.

---

43 AllgM, von Gerkan in Röhricht, HGB, § 164 Rn 12; Schilling in Staub, HGB, § 164 Rn 12, 14; Martens in Schlegelberger, HGB, § 164 Rn 29; Hesselmann/Tillmann, Rn 258; Binz, § 7 Rn 109; Esch, NJW 1988, 1553, 1557; Konzen, NJW 1989, 2977, 2982; Hopt, ZGR 1979, 1, 6 f.

44 So Fleck, ZHR 149 (1985), S. 387, 403 f.; Maulbetsch, Beirat und Treuhand, S. 48 f.

Diese Frage ist umstritten. Ein Teil der Literatur hält die Einräumung organschaftlicher Weisungsrechte zugunsten Dritter wegen des Grundsatzes der Verbandssouveränität für unzulässig und läßt allenfalls die Begründung schuldrechtlicher Weisungsrechte zu, da in diesem Fall den Gesellschaftern die Möglichkeit bleibt, die Rechte durch Beendigung des Vertrags wieder selbst auszuüben[45]. Die Gegenansicht hält dagegen auch die Übertragung organschaftlicher Rechte auf Dritte für zulässig, sofern entweder die Abberufung des Organs oder eine Satzungsänderung durch die Gesellschafterversammlung möglich bleibt[46]. Diese Lösung dürfte für die Einräumung von Weisungsrechten dem Grundsatz der Verbandsautonomie in der GmbH in hinreichendem Maße gerecht werden, da die GmbH-Gesellschafter letztlich die Herrschaft über die Geschicke ihrer Gesellschaft in der Hand behalten.

Soweit hiernach die Übertragung des Weisungsrechts gegenüber dem Geschäftsführer der GmbH auf die Kommanditisten zulässig ist, begründet es andererseits keine gesicherte Rechtsstellung der Kommanditisten. Denn die Satzung der GmbH kann ohne Mitwirkung der Kommanditisten jederzeit geändert werden (§ 53 GmbHG). Die Bestimmung eines Zustimmungserfordernisses zu Satzungsänderungen in Form eines Veto durch Dritte wäre insoweit jedenfalls im Hinblick auf den Grundsatz der Verbandsautonomie unzulässig[47].

bb) Regelung im Gesellschaftsvertrag der KG

Eine gesicherte Rechtsposition können die Kommanditisten somit nur durch Aufnahme des Weisungsrechts in den Gesellschaftsvertrag der KG erreichen. Ein dort enthaltenes Weisungsrecht hat allerdings den Nachteil, daß es nur die Organe und Gesellschafter der KG verpflichten kann. Ein solches Weisungsrecht richtet sich daher nicht unmittelbar gegen den Geschäftsführer der GmbH, denn dieser ist nicht Organ der KG und steht zur KG in keiner direkten Beziehung. Das Weisungsrecht gilt vielmehr nur gegenüber der Komplementär-

---

45 Schneider in Scholz, GmbHG, § 37 Rn 33; Wiedemann, FS Schilling, 1973, S. 105, 111 ff.; Ulmer, FS Werner, 1984, S. 911, 917 ff.; Teichmann, Gestaltungsfreiheit, S. 189 ff. aus konzernrechtlichen Erwägungen; vgl. auch Mertens, FS Stimpel, 1985, S. 417, 420.

46 Koppensteiner in Rowedder, GmbHG, § 37 Rn 20; Raiser in Hachenburg, GmbHG, § 52 Rn 318; Hopt, ZGR 1979, 1, 7 f.; Haack, BB 1993, 1607, 1609 f.; Beuthien/Gätsch, ZHR 157 (1993), S. 483, 499 f.; Maulbetsch, Beirat und Treuhand, S. 48 f.; eingehend Rohleder, Übertragbarkeit von Kompetenzen, S. 73 ff., 143 ff.;
sogar ein verdrängendes Weisungsrecht in der Weise, daß bei widersprechenden Weisungen der GmbH-Gesellschafter und der Kommanditisten letztere den Vorrang haben sollen, halten für zulässig Mertens in Hachenburg, GmbHG, § 37 Rn 17; Zöllner in Baumbach/Hueck, GmbHG, § 37 Rn 14; Thümmel, DB 1995, 2461, 2462 f.

47 AllgM, grundlegend RGZ 169, 65, 80 f.; Ulmer in Hachenburg, GmbHG, § 53 Rn 84; Zimmermann in Rowedder, GmbHG, § 53 Rn 32; Priester in Scholz, GmbHG, § 53 Rn 62 f.; ders., FS Werner, 1984, S. 657, 659 ff.; Ulmer, FS Werner, 1984, S. 911, 917 f.; Thümmel, DB 1995, 2461, 2463; vgl. BGH NJW 1965, 1378.

GmbH[48]. An deren Verpflichtungen ist dann mittelbar auch der GmbH-Geschäftsführer gebunden.

Ein Weisungsrecht hinsichtlich der laufenden Geschäftsführung unterliegt jedoch Beschränkungen im Hinblick auf das Recht der KG. Denn bei einer umfassenden Bindung der Komplementär-GmbH an die Weisungen der Kommanditisten könnte die zwingende Vorschrift des § 170 HGB umgangen werden, und die Haftungsrisiken des Komplementärs würden allein durch die Kommanditisten beeinflußt[49]. Im Außenverhältnis wird daher von Teilen der Literatur zu Recht die Bindung der Komplementär-GmbH an Weisungen der Kommanditisten, die unzumutbare Haftungsrisiken bergen, unter Hinweis auf die Treupflicht unter den Gesellschaftern der KG verneint[50]. Die Komplementär-GmbH kann dann die Umsetzung einer treuwidrigen Weisung im Außenverhältnis nach § 170 HGB verweigern.

cc) Regelung in der GmbH-Satzung und im Gesellschaftsvertrag der KG

Sinnvollerweise wird eine Regelung des Weisungsrechts zugunsten der Kommanditisten sowohl in der GmbH-Satzung als auch im Gesellschaftsvertrag der KG getroffen werden. Dabei bewirkt die Regelung in der GmbH-Satzung die unmittelbare Bindung des GmbH-Geschäftsführers an die Weisung, während die Regelung im Gesellschaftsvertrag der KG die Kommanditisten gegen eine Entziehung der Weisungsbefugnis durch die GmbH-Gesellschafter absichert.

2. Klage auf Unterlassung oder Rückgängigmachung einer Maßnahme der Geschäftsführung

Ein Mitwirkungsrecht des Kommanditisten kommt auch in der Weise in Betracht, daß er zwar nicht positiv Weisungen an die Geschäftsführung erteilen kann, aber vorbeugend die Unterlassung pflichtwidriger Geschäftsführungsmaßnahmen oder die Rückgängigmachung nach ihrer Vornahme verlangen kann. Dieser Problemkreis hat in der GmbH & Co. KG bislang wenig Beachtung gefunden, wird aber bei der Aktiengesellschaft unter dem Begriff der Aktionärsklage viel diskutiert. Daher sollen zunächst die dogmatischen Grundlagen und die Reichweite anhand der Aktiengesellschaft dargestellt werden, bevor die Rechtslage in der GmbH & Co. KG untersucht wird.

---

48 Schilling in Staub, HGB, § 164 Rn 14; näher Konzen, NJW 1989, 2977, 2983; Hopt, ZGR 1979, 1, 6 f.

49 Vgl. hierzu oben I. 2 b) aa), S. 35.

50 Schilling in Staub, HGB, § 164 Rn 12; Martens in Schlegelberger, HGB, § 164 Rn 29; Konzen, NJW 1989, 2977, 2982 f.

a) Aktionärsklage in der Aktiengesellschaft

Neben der gesetzlich in §§ 243 ff. AktG geregelten Anfechtungsklage steht dem Aktionär eine weitere Klagebefugnis zu, gerichtet auf Unterlassung oder Rückgängigmachung von pflichtwidrigen Geschäftsführungsmaßnahmen des Vorstands[51]. Das Bestehen dieser Klagemöglichkeit entspricht der ganz überwiegenden Meinung, die Diskussion dreht sich vorwiegend um die dogmatischen Grundlagen und die Reichweite des Klagerechts.

aa) Dogmatische Grundlage

Das Klagerecht wird zum Teil auf Deliktsrecht gestützt. Dafür wird entweder der Gedanke der actio negatoria nach § 1004 BGB herangezogen[52] oder ein Eingriff in das Mitgliedschaftsrecht als absolutes Recht i.S. § 823 BGB angenommen[53]. Zuweilen wurde erwogen, die aus dem Recht der Personengesellschaften stammende Rechtsfigur der actio pro socio auch im Recht der Kapitalgesellschaften fruchtbar zu machen[54]. Mittlerweile hat sich aber die Ansicht durchgesetzt, die das Klagerecht unmittelbar mit dem Mitgliedschaftsrecht begründet. So heißt es im Urteil des Bundesgerichtshofs vom 25.02.1982: "Der Aktionär hat einen verbandsrechtlichen Anspruch darauf, daß die Gesellschaft seine Mitgliedsrechte achtet und alles unterläßt, was sie über das durch Gesetz und Satzung gedeckte Maß hinaus beeinträchtigt[55]."

bb) Reichweite des Klagerechts

Auf der Grundlage dieses individualrechtlichen Ansatzes wird deutlich, daß der Anspruch nicht auf eine allgemeine Rechtmäßigkeitskontrolle der Geschäftsführung gerichtet ist dergestalt, daß jeder einzelne Aktionär ein "Ersatzaufsichtsrecht" neben dem hierzu institutionell berufenen Aufsichtsrat hätte[56].

---

51 BGHZ 83, 122, 133 ff. = NJW 1982, 1703, 1706 (Holzmüller); Knobbe-Keuk, FS Ballerstedt, 1975, S. 239 ff.; K. Schmidt, Gesellschaftsrecht, § 21 V 3, S. 650 ff.; Lutter, AcP 180 (1980), S. 84, 140 ff.; Westermann, ZGR 1984, 352, 377; Zöllner, ZGR 1988, 392, 420; Raiser, ZHR 153 (1989), S. 1, 29 ff.; Binge, Gesellschafterklagen, 1994.

52 In diesem Sinne etwa K. Schmidt, Gesellschaftsrecht, § 21 V 3, S. 651; wohl auch Emde, WM 1990, 1205, 1209; dagegen Zöllner, ZGR 1988, 392, 429 f.

53 So Mertens, AcP 178 (1978), S. 227 ff., 243 f.; ders., FS Fischer, 1979, S. 461 ff.; ders. in Hachenburg, GmbHG, § 43 Rn 105 ff.; Emde, WM 1990, 1205, 1209; ablehnend Lutter, AcP 180 (1980), S. 84, 141 f.; Zöllner, ZGR 1988, 392, 430 f.

54 So Lutter, AcP 180 (1980), S. 84, 142 f.

55 BGHZ 83, 122, 133; Zöllner, ZGR 1988, 392, 425 ff.; Raiser, ZHR 153 (1989), S. 1, 30.

56 BGHZ 83, 122, 135; K. Schmidt, Gesellschaftsrecht, § 21 V 3, S. 651 f.; Knobbe-Keuk, FS Ballerstedt, 1975, S. 239, 251 ff.; Westermann, ZGR 1984, 352, 378; Zöllner, ZGR 1988, 392, 425 f., 431 f.; Raiser, ZHR 153 (1989), S. 1, 30; Binge, Gesellschafterklagen, S. 127 f. mwN in Fn 163; a.A. Lutter, AcP 180 (1980), S. 84, 142 f.

Es genügt also nicht irgendeine Kompetenzüberschreitung des Vorstands zur Begründung der Klagemöglichkeit, sondern der Aktionär muß durch eine unzulässige Ausschaltung der Zuständigkeit der Hauptversammlung in seiner eigenen Mitgliedsstellung betroffen sein[57]. Der Ermessensspielraum des Vorstands bei der Führung der laufenden Geschäfte sowie eine Verletzung der Mitwirkungsrechte des Aufsichtsrats unterliegen somit nicht der Kontrolle des einzelnen Aktionärs, da ansonsten die Zuständigkeitsverteilung in der Aktiengesellschaft unterlaufen würde.

b) Rechtslage in der GmbH & Co. KG

Bei der GmbH & Co. KG liegt eine völlig andere Organisationsstruktur vor. Es stellt sich jedoch in ähnlicher Weise die Frage, ob der Nur-Kommanditist Unterlassung oder Rückgängigmachung von Geschäftsführungsmaßnahmen verlangen kann. Im Recht der Personenhandelsgesellschaften steht hierfür als Gesellschafterklage die Rechtsfigur der actio pro socio zur Verfügung.

aa) Ansicht des Bundesgerichtshofs

Die Rechtsprechung mußte sich, soweit ersichtlich, mit dieser Frage erst in einem einzigen Fall auseinandersetzen. So heißt der Leitsatz des Urteils des Bundesgerichtshofs vom 11.02.1980: "Die nichtgeschäftsführungsberechtigten Gesellschafter können die Unterlassung einer einfachen Geschäftsführungsmaßnahme auch nicht mit der Behauptung verlangen, daß der geschäftsführungsberechtigte Gesellschafter mit der Vornahme der beanstandeten Handlung seine Pflicht zur ordnungsgemäßen Geschäftsführung verletzen würde[58]." Dies wird näher damit begründet, daß ein entsprechendes Urteil unmittelbar in das Geschäftsführungsrecht eingreifen und die gesellschaftsvertraglich festgelegte Zuständigkeitsverteilung verletzen würde. Daher scheide in diesem Fall die Unterlassungsklage aus und der einzelne Gesellschafter müsse sich auf Geltendmachung von Schadensersatzansprüchen beschränken[59].

bb) Interpretation des BGH-Urteils

Dieses Urteil wird von weiten Teilen der Literatur dahin gedeutet, daß die actio pro socio vorrangig auf die Leistung von Schadensersatz gerichtet sei und nur in Fällen einer evidenten Pflichtverletzung auch Unterlassungsansprüche

---

57 So lag die Problematik der Entscheidung BGHZ 83, 122 vor allem in der Frage, ob für die Ausgliederung eines Betriebsteils eine ungeschriebene Zuständigkeit der Hauptversammlung als Grundlagengeschäft neben der gesetzlichen Aufzählung in § 119 AktG besteht; dies hat der BGH bejaht.

58 BGHZ 76, 160 = NJW 1980, 1463.

59 BGHZ 76, 160, 167 f. = NJW 1980, 1463, 1465.

begründen könne[60].

cc) Eigene Stellungnahme

Zutreffend dürfte es dagegen sein, die Unterscheidung für die Zulässigkeit der Gesellschafterklage auf der Grundlage der aktienrechtlichen Rechtsprechung, wonach die Verletzung eines eigenen Mitwirkungsrechts des Gesellschafters den maßgeblichen Rechtsgrund bildet, nicht nach dem Grad der Pflichtverletzung, sondern allein danach zu treffen, ob eine einfache oder eine außergewöhnliche Geschäftsführungsmaßnahme betroffen wird[61]. Denn während der Kommanditist von der Mitwirkung an der laufenden Geschäftsführung nach § 164 Satz 1 Hs. 1 ausgeschlossen ist, bedürfen außergewöhnliche Geschäfte nach §§ 116 Absatz 2, 164 Satz 1 Hs. 2 HGB seiner positiven Zustimmung. Bei außergewöhnlichen Geschäften wird die gesetzliche Zuständigkeitsverteilung durch ein Unterlassungsurteil somit nicht verletzt, sondern gerade wiederhergestellt. Das Erfordernis der Evidenz, wie es die Gegenansicht in der Literatur annimmt, läßt sich insoweit weder dem Urteil des Bundesgerichtshofs zur GmbH & Co. KG noch dem Urteil zur Aktiengesellschaft entnehmen. Es ist auch sachlich nicht gerechtfertigt, da ein Mitwirkungsrecht nur dann effektiv ist, wenn es auch in weniger evidenten Fällen einer Pflichtverletzung tatsächlich durchgesetzt werden kann und die Sanktion seiner Verletzung nicht nur in einer Schadensersatzpflicht besteht. Schließlich ist die Abgrenzung zwischen einer normalen und einer evidenten Pflichtverletzung nicht einfacher als jene zwischen gewöhnlichen und außergewöhnlichen Geschäften.

Dem Kommanditisten steht allerdings ebensowenig wie dem Aktionär ein Recht auf eine allgemeine Rechtmäßigkeitskontrolle im Sinne eines Aufsichtsrechts hinsichtlich der Geschäftsführung zu, sondern nur ein Klagerecht bei einer Verletzung seiner eigenen Mitwirkungsrechte[62].

(1) Gesellschafterklage nach der gesetzlichen Rechtslage

Nach der gesetzlichen Rechtslage stehen dem Kommanditisten solche eigenen Mitwirkungsrechte nicht in Angelegenheiten der laufenden Geschäftsführung, sondern vor allem bei außergewöhnlichen Geschäftsführungsmaßnahmen und

---

60 So insbesondere Grunewald, DB 1981, 407; K. Schmidt, Gesellschaftsrecht, § 21 V 3, S. 652; Westermann, Handbuch der Personengesellschaften, Rn 260, 271; vgl. auch Lutter, AcP 180 (1980), S. 84, 139 f.; Schneider, JR 1980, 466, 468; Zoller, S. 29 ff.

61 So K. Schmidt in Scholz, GmbHG, Anh. § 45 Rn 15; Raiser, ZHR 153 (1989), S. 1, 32; Emde, WM 1990, 1205, 1210; vgl. Martens in Schlegelberger, HGB, § 116 Rn 22; eingehend Herrmann, Jura 1986, 511, 514 f.

62 A.A. wohl Schneider, JR 1980, 466, 467; Lutter, AcP 180 (1980), S. 84, 139 f.: umfassendes mitgliedschaftliches Kontrollrecht.

Grundlagengeschäften zu[63]. Daher kommt auch die Klage auf Unterlassung oder auf Rückgängigmachung einer konkreten Geschäftsführungsmaßnahme nur in diesen Fällen in Betracht, dann allerdings ohne die Beschränkung auf evidente Pflichtverletzungen.

(2) Gesellschafterklage bei abweichender gesellschaftsvertraglicher Gestaltung

Wurden dem Kommanditisten durch gesellschaftsvertragliche Regelung weitergehende Mitwirkungsrechte eingeräumt, etwa in Form eines Zustimmungsrechts zu gewöhnlichen Geschäften oder in Form eines umfassenden Weisungsrechts, so kann er auch diese Rechte mittels der Klage auf Unterlassung oder Rückgängigmachung einzelner Geschäftsführungsmaßnahmen durchsetzen. Umgekehrt stellt sich allerdings die Frage, ob aus Gründen des Minderheitenschutzes dem Kommanditisten das Klagerecht auch in solchen Fällen zwingend zustehen muß, in denen das Zustimmungsrecht nach §§ 116 Absatz 2, 164 Satz 1 Hs. 2 HGB wirksam abbedungen wurde. Herrmann, der dieses Problem als einziger näher erörtert, schlägt vor, die Kernbereichslehre zur Bestimmung der Grenze möglicher Gesellschafterklagen anzuwenden[64]. Richtigerweise beschränkt die Kernbereichslehre jedoch nicht erst die Möglichkeit der Unterlassungsklage, sondern bereits die Abdingbarkeit von Mitwirkungsrechten. Hierbei ist zu unterscheiden zwischen Mitwirkungsrechten hinsichtlich außergewöhnlicher Geschäftsführungsmaßnahmen, die bei Verbleiben von substantiellen Informationsrechten abdingbar sind, und solchen hinsichtlich von Grundlagengeschäften, auf welche die Grenze der Kernbereichslehre Anwendung findet[65]. Soweit hiernach das Mitwirkungsrecht des Kommanditisten wirksam abbedungen wurde, ist zugleich die Unterlassungsklage ausgeschlossen.

(3) Zusammenfassung

Zusammenfassend läßt sich feststellen, daß die Klagemöglichkeit nicht der Begründung neuer Mitwirkungsrechte dient und insoweit auch die actio pro socio nicht eingreift. Vielmehr kommt nur die prozessuale Durchsetzung anderweitig bereits bestehender Mitwirkungsrechte in Betracht.

3. Abberufungsrecht

Hinsichtlich des Rechts des Kommanditisten zur Abberufung des GmbH-Geschäftsführers soll im Folgenden nur die gesetzliche Regelung ausführlich dargestellt werden. Für die Möglichkeit abweichender gesellschaftsvertrag-

---

63 Hierzu näher oben I. 2 a), S. 33.

64 Herrmann, Jura 1986, 511, 515 ff., 520.

65 Eingehend oben I. 2 b) bb), S. 36.

licher Vereinbarungen gelten die obigen Ausführungen zum Weisungsrecht[66] in entsprechender Weise.

Die Bestellung und Abberufung des Geschäftsführers der GmbH fällt nach § 46 Nr. 5 GmbHG in die Zuständigkeit der Gesellschafterversammlung. Die GmbH-Gesellschafter entscheiden hierüber durch Mehrheitsbeschluß, bei dem der Nur-Kommanditist kein Stimmrecht hat.

Zum Teil wird allerdings vorgeschlagen, dem Kommanditisten eine unmittelbare Mitwirkungsmöglichkeit bei der Auswahl der Person des GmbH-Geschäftsführers einzuräumen, da letzterer mittelbar die Geschäfte der KG führt und somit auch der Kommanditist von den Auswirkungen seiner Handlungen betroffen wird.

a) Kein unmittelbares Abberufungsrecht analog § 46 Nr. 5 GmbHG

Eine Ansicht in der Literatur will dem Kommanditisten ein unmittelbares Abberufungsrecht analog § 46 Nr. 5 GmbHG einräumen[67]. Begründet wird dies mit der Tendenz, die GmbH & Co. KG als einheitliche Kapitalgesellschaft zu behandeln.

Dieser Ansatz ist unzutreffend[68]. Die GmbH & Co. KG ist gerade keine einheitliche GmbH, sondern eine besondere gesellschaftsrechtliche Gestaltungsform, die sich der gesellschaftsrechtlichen Verknüpfung zweier selbständiger Gesellschaften bedient. Legte man diese Literaturansicht zugrunde, so bliebe auch unklar, ob die Personalentscheidung hinsichtlich des Geschäftsführers durch eine gemeinsame Gesellschafterversammlung, bestehend aus GmbH-Gesellschaftern und Kommanditisten, getroffen werden soll oder durch zwei getrennte Gesellschafterversammlungen, die beide zustimmen müssen. Beide Varianten kommen jedoch aus rechtlichen Gründen nicht in Betracht, denn damit würde die gesetzliche Kompetenz der GmbH-Gesellschafter nach § 46 Nr. 5 GmbHG unzulässig beschränkt. Eine solche Kompetenzverlagerung auf die Kommanditisten wäre ein schwerer Eingriff in die innere Struktur der GmbH.

---

66 Vgl. oben 1 b), S. 41.

67 Kübler, Gesellschaftsrecht, § 21 III 2; vgl. in diesem Sinne auch Schilling in Staub, HGB, § 164 Rn 18 a.E.; beide führen zu Unrecht eine Analogie zu § 38 GmbHG an, obwohl diese Vorschrift keine Kompetenzzuweisung enthält, sondern nur die generelle Möglichkeit der Abberufung bezeichnet.

68 Ganz h.M., ausdrücklich gegen §§ 38, 46 Nr. 5 GmbHG analog von Gerkan in Röhricht, HGB, § 164 Rn 9; Martens in Schlegelberger, HGB, § 164 Rn 6; Weimar/Geitzhaus, DB 1987, 2985, 2087; Zoller, S. 70; im Ergebnis ebenso die weiteren in Fn 72 Genannten.

b) Kein Antragsrecht auf gerichtliche Abberufung analog §§ 117, 127 HGB

Mehr Anhänger als die eben geschilderte Literaturansicht hat die Meinung, dem Kommanditisten ein Mitwirkungsrecht an der Abberufung des GmbH-Geschäftsführers in der Weise einzuräumen, daß er analog §§ 117, 127 HGB einen Antrag auf gerichtliche Entscheidung über die Entziehung der Geschäftsführungs- und Vertretungsbefugnis bei Vorliegen eines wichtigen Grundes stellen könne[69]. Sei nur ein einziger Geschäftsführer vorhanden und bestehe nach dessen Abberufung somit die Gefahr, daß die Gesellschaft handlungsunfähig werde, so könne zugleich ein gerichtlicher Antrag auf Bestellung eines Notgeschäftsführers analog § 29 BGB gestellt werden[70]. Auch diese Ansicht stützt sich auf die einheitliche Behandlung der GmbH & Co. KG, die zumindest insoweit geboten sei, als die GmbH zugleich die Geschäfte in der KG führe. Soweit die GmbH daneben einen eigenen Geschäftsbetrieb unterhalte, bleibe sie dagegen von der Entziehung der Geschäftsführungs- und Vertretungsbefugnis unberührt[71].

Diese Ansicht unterscheidet sich von der oben a) dargestellten Literaturmeinung darin, daß sie die rechtliche Selbständigkeit von GmbH und KG grundsätzlich anerkennt. Sie sieht sich jedoch in gleichem Maße dem Einwand ausgesetzt, daß ein selbständiges Antragsrecht des Kommanditisten neben dem gesetzlichen Abberufungsrecht der GmbH-Gesellschafter unmittelbar in die Zuständigkeit der Gesellschafterversammlung der GmbH eingreift[72]. Die Organkompetenz der Gesellschafterversammlung der GmbH wird nach richtiger Auffassung auch nicht etwa durch eine Treupflicht gegenüber der KG beschränkt[73]. Einer solchen Treupflicht ist zunächst nur die Komplementär-GmbH selbst innerhalb der KG unterworfen. Soweit sich eine Treupflicht der GmbH-Gesellschafter in der GmbH & Co. KG ausnahmsweise über die Grenzen des gesellschaftsrechtlichen Verbands der GmbH hinaus auf die KG

---

69 Hopt, ZGR 1979, 1, 16 ff. sowie zur Publikumsgesellschaft S. 21 ff.; Hüffer, ZGR 1981, 348, 360; Weimar/Geitzhaus, DB 1987, 2085, 2087; Schilling in Staub, HGB, § 164 Rn 18 sowie zur Publikumsgesellschaft Anh. § 161 Rn 38; wohl ebenso Hennerkes/Lorz, DB 1997, 1388, 1391 zur GmbH & Co. KGaA;
im Ergebnis auch Zoller, S. 73 ff.; sowie Britsch, der zunächst auf S. 28 ff. die Analogie zu §§ 117, 127 HGB ablehnt, aber auf S. 142 ff. eine nach § 894 ZPO vollstreckbare Klage gegen die GmbH auf Abberufung des Geschäftsführers im Wege der actio pro socio zulassen will.

70 Hopt, ZGR 1979, 1, 19 f.; Britsch, S. 147 f.; Zoller, S. 80 f.

71 So Hopt, ZGR 1979, 1, 17 f.; Britsch, S. 144 Fn 315; insoweit a.A. Zoller, S. 77 f.

72 So die ganz h.M., Martens in Schlegelberger, HGB, § 164 Rn 6; Hesselmann/Tillmann, Rn 492; Wirth in Münchener Handbuch des Gesellschaftsrechts, Band 2, § 6 Rn 18; Esch, NJW 1988, 1553, 1557; Fleck, ZHR 149 (1985), S. 387, 392; vgl. Heymann in Horn, § 161 Rn 178 a.E.; Binz, § 9 Rn 1; ebenso zur GmbH & Co. KGaA BGH GmbHR 1997, 595, 597; Ihrig/Schlitt, S. 33, 52 f.

73 So aber Britsch, S. 142 ff.

erstrecken läßt, begründet sie keine Mitwirkungsrechte der Kommanditisten, sondern hat ausschließlich haftungsrechtliche Folgen[74].

Daß nach einigen Vertretern dieser Literaturmeinung der Gegenstand des Antrags analog §§ 117, 127 HGB auf Geschäfte beschränkt werden soll, die nicht nur solche der GmbH, sondern zugleich solche der KG sind, ändert nichts am Eingriff in die innere Struktur der GmbH. Eine so geartete Beschränkung auf bestimmte Geschäfte würde hingegen zu einem partiellen Kompetenzentzug der GmbH-Geschäftsführung führen, dessen Zulässigkeit seinerseits im Hinblick auf § 37 Absatz 2 GmbHG abzulehnen ist[75]. Denn im Interesse des Verkehrsschutzes bestimmt diese Vorschrift[76], daß eine Beschränkung der Vertretungsmacht auf bestimmte Geschäfte keine Wirkung gegenüber Dritten hat.

Eine unmittelbare Einwirkungsmöglichkeit des Kommanditisten auf den Geschäftsführer der GmbH ist auch gar nicht erforderlich, um ihm ein Abwehrrecht gegen eine pflichtwidrige Geschäftsführung einzuräumen. Denn der Kommanditist kann im Rahmen seiner Rechte innerhalb der KG bei einer Verletzung der Pflicht zur ordnungsgemäßen Geschäftsführung gegen die Komplementär-GmbH vorgehen[77]. Darüber hinaus kann er für erlittene Vermögenseinbußen unmittelbare Schadensersatzansprüche sowohl gegen den GmbH-Geschäftsführer als auch im Falle pflichtwidriger Weisungen gegen die GmbH-Gesellschafter geltend machen[78].

III. Vorgehen gegen die Komplementär-GmbH innerhalb der KG

Dem Kommanditisten stehen somit nach der hier vertretenen Ansicht unmittelbare Einwirkungsmöglichkeiten auf den Geschäftsführer der GmbH nicht zu. Er ist also beim Vorgehen gegen die Geschäftsführung auf Maßnahmen gegen die Komplementär-GmbH als solche beschränkt. Dieses Rechtsverhältnis richtet sich nicht nach den Vorschriften des GmbHG, sondern unterliegt ausschließlich dem Recht der KG. Den Kommanditisten können hiernach Rechte im Rahmen der Gestaltungsklagen nach §§ 117, 127, 133, 140 HGB zustehen.

---

[74] Vgl. hierzu eingehend unten § 4 III. 3 a) cc), insbesondere zu (3) β) a.E., S. 137; über den dort erörterten Ersatzanspruch im Falle pflichtwidriger Weisungen hinaus erscheint eine Haftung der GmbH-Gesellschafter auch ohne Vorliegen einer Weisung denkbar, wenn sie sich dem begründeten Verlangen des Kommanditisten zur Abberufung des GmbH-Geschäftsführers bewußt treuwidrig verweigern.

[75] Martens in Schlegelberger, HGB, § 164 Rn 6; Hesselmann/Tillmann, Rn 492; Wirth in Münchener Handbuch des Gesellschaftsrechts, Band 2, § 6 Rn 18; vgl. Zoller, S. 78; a.A. Hopt, ZGR 1979, 1, 17 f.

[76] Ebenso wie § 126 Absatz 2 HGB bei den Personenhandelsgesellschaften.

[77] Hierzu sogleich eingehend unten III.

[78] Hierzu umfassend unten § 4 II., S. 71 ff. und § 4 III., S. 109 ff.

1. Entziehung der Vertretungsmacht nach § 127 HGB

Nach §§ 127, 161 Absatz 2 HGB ist grundsätzlich ein Antrag auf gerichtliche Entziehung der Vertretungsmacht bei Vorliegen eines wichtigen Grundes zulässig. Eine wichtige Einschränkung, deren Reichweite umstritten ist, ergibt sich jedoch aus § 170 HGB für den Fall, daß die KG nur über einen einzigen Komplementär verfügt. Diese Fallgestaltung ist bei der GmbH & Co. KG typischerweise gegeben.

a) Rechtsprechung und herrschende Lehre

Ist die Komplementär-GmbH die einzige persönlich haftende Gesellschafterin der KG, so kann ihr nach der überwiegenden Auffassung die Vertretungsmacht wegen des zwingenden Charakters des § 170 HGB nicht entzogen werden[79].

Der zwingende Charakter dieser Vorschrift folgt aus dem im Recht der Personenhandelsgesellschaften geltenden Grundsatz der Selbstorganschaft und dem Gedanken, daß der unbeschränkt haftende Gesellschafter die letzte Kontrolle über die Geschicke der Gesellschaft behalten soll[80]. Die Vertretungsbefugnis kann also nicht auf einen außenstehenden Dritten und nach der überwiegenden Ansicht auch nicht auf einen Kommanditisten übertragen werden[81]. Ebensowenig kann aber angenommen werden, daß bei einem Erlöschen der Vertretungsmacht der Komplementär-GmbH automatisch eine Gesamtvertretungsbefugnis aller Gesellschafter eingreife[82]. Denn damit würde der Komplementär-GmbH in gleicher Weise die Kontrolle über die Geschäfte, die ihre Außenhaftung nach § 128 HGB begründen, entzogen. Der Bundesgerichtshof hat für die Vertretungsmacht auch Übergangslösungen wie etwa die Bestellung eines Notvertreters analog § 29 BGB oder analog § 146 Absatz 2 HGB ausdrücklich abgelehnt[83].

---

79 BGHZ 51, 198, 201 = JZ 1969, 469; von Gerkan in Röhricht, HGB, § 127 Rn 1; Schmidt in Schlegelberger, HGB, § 127 Rn 3; Schilling in Staub, HGB, § 170 Rn 3; Wirth in Münchener Handbuch des Gesellschaftsrechts, Band 2, § 6 Rn 13; Westermann, Handbuch der Personengesellschaften, Rn 344; Binz, § 9 Rn 5 Fn 7.

80 Vgl. hierzu bereits oben I. 1 b), S. 32, insbesondere Fn 2.

81 Vgl. hierzu oben I. 1 b), S. 32 mit Nachweisen in Fn 1.

82 BGH JZ 1969, 469.

83 BGH JZ 1969, 469.

b) Gegenansicht in der Literatur

Demgegenüber hält ein Teil der Literatur die Entziehung der Vertretungsmacht unter Durchbrechung des zwingenden Charakters des §170 HGB auch in diesem Falle für zulässig[84]. Vom Zeitpunkt der rechtskräftigen Entscheidung über die Entziehung an bestehe eine Gesamtvertretungsbefugnis aller Gesellschafter für einen begrenzten Zeitraum, bis die Gesellschafter sich auf eine Neuregelung ihrer Verhältnisse einigen; komme es in absehbarer Zeit nicht zu einer Einigung, so sei die Gesellschaft aufgelöst und trete ins Liquidationsstadium[85].

c) Eigene Stellungnahme

Soweit die zuletzt genannte Ansicht zur Liquidation der Gesellschaft führt, verwischt sie die Grenzen zwischen den verschiedenen Gestaltungsklagen im Recht der Personenhandelsgesellschaften. Soll der Komplementär bei Vorliegen eines wichtigen Grundes aus der Gesellschaft ausgeschlossen werden und die Gesellschaft daraufhin aufgelöst oder mit einem neuen Komplementär fortgesetzt werden, so stehen hierfür die Auflösungsklage nach § 133 HGB sowie die Ausschließungsklage nach § 140 HGB zur Verfügung. Die Kommanditisten wären unter Umständen überrascht, sich als Konsequenz einer Entziehungsklage in einer Liquidationsgesellschaft wiederzufinden.

Die Entziehung der Vertretungsmacht nur für eine Übergangszeit bis zu einer Einigung der Gesellschafter über eine Neuregelung widerspricht auch dem Gedanken der Rechtssicherheit. Der Zeitpunkt sollte genau bestimmt sein, zu dem die Gesellschaft ins Liquidationsstadium eintritt. Dem entscheidenden Gericht dürfte es jedoch schwer fallen, für die Übergangslösung einen festen Zeitraum anzugeben. Denn die Verhandlungen unter den Gesellschaftern über eine Neustrukturierung der Gesellschaft entziehen sich dem unmittelbaren Einfluß des Gerichts und können geraume Zeit in Anspruch nehmen.

Somit ist die Entziehung der Vertretungsmacht der Komplementär-GmbH in der typischen Fallgestaltung, daß die GmbH einzige Komplementärin der KG ist, als unzulässig abzulehnen. Eine Durchbrechung des zwingenden Charakters des § 170 HGB ist nicht zweckmäßig.

---

84 Emmerich in Heymann, HGB, § 127 Rn 4a; Habersack in Staub, HGB, § 127 Rn 8; Martens in Schlegelberger, HGB, § 170 Rn 6; Hesselmann/Tillmann, Rn 490; Reichert/ Winter, BB 1988, 981, 989; vgl. in diese Richtung bereits Wiedemann, JZ 1969, 469, 471.

85 Martens in Schlegelberger, HGB, § 170 Rn 6.

2. Entziehung der Geschäftsführungsbefugnis nach § 117 HGB

a) Zulässigkeit der Entziehung der Geschäftsführungsbefugnis des einzigen Komplementärs

Der zwingende Charakter des § 170 HGB betrifft nur die organschaftliche Vertretung, nicht dagegen die Geschäftsführung, da § 163 HGB nicht auf § 170 HGB verweist. Die Rechtsprechung hat daher die Möglichkeit der Entziehung der Geschäftsführungsbefugnis auch für den Fall bejaht, daß die GmbH die einzige Komplementärin der KG ist[86]. Sie hat sich dabei zur Begründung maßgeblich darauf gestützt, daß die Geschäftsführungsbefugnis nach §§ 114, 163, 164 HGB durch gesellschaftsvertragliche Regelung auf einen oder mehrere Kommanditisten übertragen werden könne. Bei einer Entziehung der Geschäftsführungsbefugnis fällt diese Befugnis ohne weiteres auf die Gesamtheit aller Gesellschafter im Sinne einer Gesamtgeschäftsführungsbefugnis zurück. Von dieser Änderung der Geschäftsführungsbefugnis im Innenverhältnis bleibt jedoch die Vertretungsmacht der Komplementär-GmbH im Außenverhältnis sowie ihre mit der Gesellschafterstellung verbundene unbeschränkte Haftung unberührt.

b) Vorliegen eines wichtigen Grundes

Ein wichtiger Grund im Sinne § 117 HGB ist gegeben, wenn Umstände vorliegen, die nach Treu und Glauben der Gesamtheit der übrigen Gesellschafter die Fortdauer der Geschäftsführung des einzelnen Gesellschafters unzumutbar machen[87]. Das Gesetz nennt als wichtigen Grund beispielhaft die Fälle einer groben Pflichtverletzung sowie die Unfähigkeit zur ordnungsgemäßen Geschäftsführung.

Grobe Pflichtverletzung setzt die Verletzung einer wesentlichen Pflicht sowie Verschulden des Geschäftsführers voraus[88]. Eine solche grobe Pflichtverletzung ist etwa anzunehmen, wenn der Geschäftsführer wiederholt außergewöhnliche Geschäfte ohne die nach §§ 116 Absatz 2, 164 Satz 1 Hs. 2 HGB erforderliche Zustimmung der Kommanditisten geschlossen hat, obwohl er auf diese Pflichtwidrigkeit hingewiesen wurde[89]. Demgegenüber wird es an einer

---

86 BGH JZ 1969, 469, 470; BGH WM 1983, 750; zustimmend die ganz h.L., Emmerich in Heymann, HGB, § 117 Rn 2a; Horn in Heymann, HGB, § 164 Rn 9; Martens in Schlegelberger, HGB, § 117 Rn 46 und § 164 Rn 5 f.; Wirth in Münchener Handbuch des Gesellschaftsrechts, Band 2, § 6 Rn 18; Binz, § 9 Rn 5.

87 Emmerich in Heymann, HGB, § 117 Rn 5; Martens in Schlegelberger, HGB, § 117 Rn 15; Wirth in Münchener Handbuch des Gesellschaftsrechts, Band 2, § 6 Rn 19; Westermann, Handbuch der Personengesellschaften, Rn 327.

88 Emmerich in Heymann, HGB, § 117 Rn 7; Martens in Schlegelberger, HGB, § 117 Rn 17 f.; Wirth in Münchener Handbuch des Gesellschaftsrechts, Band 2, § 6 Rn 21.

89 BGH WM 1983, 750, 751 f.

groben Pflichtverletzung regelmäßig fehlen, wenn objektive Verstöße gegen die gesellschaftsvertragliche Ordnung darauf beruhen, daß sich der geschäftsführende Gesellschafter über Bestehen oder Umfang seiner Pflichten entschuldbar geirrt hat[90].

Unfähigkeit zur Geschäftsführung setzt kein Verschulden voraus. Sie ist jedenfalls gegeben, wenn bereits die persönlichen Voraussetzungen fehlen, die der Gesetzgeber in § 6 Absatz 2 GmbHG aufstellt. Daneben kommen aber auch sonstige Umstände in Betracht, die im Einzelfall Rückschlüsse auf die fehlende fachliche und persönliche Qualifikation als Geschäftsführer zulassen, wie etwa fehlende Fachkenntnisse in dem ihm übertragenen Sachgebiet, Vorstrafen in Vermögensdelikten, andauernde Krankheit oder hohes Alter[91].

Die Komplementär-GmbH muß sich die Umstände hinsichtlich ihrer Geschäftsführer insoweit als eigene zurechnen lassen[92]. Da ihre Geschäftsführer mittelbar zugleich die Geschäfte der KG führen, folgt aus ihrer Treupflicht gegenüber der KG, daß sie bei der Auswahl der Person des Geschäftsführers auf die Belange der Kommanditisten Rücksicht zu nehmen hat[93]. Diese Treupflicht darf nicht in dem Sinne mißverstanden werden, daß sie durch jeden einzelnen Kommanditisten im Wege der actio pro socio durchgesetzt werden könnte, indem er Klage gegen die GmbH auf Abberufung des GmbH-Geschäftsführers erhebt[94]; denn dadurch würde zum einen das Erfordernis unterlaufen, daß der Antrag nach § 117 HGB von allen übrigen Gesellschaftern gestellt werden muß, zum anderen wäre dies ein unzulässiger Eingriff in die innere Zuständigkeitsordnung in der GmbH[95]. Die Abberufungsmöglichkeit als Rechtsfolge einer Verletzung der Treupflicht muß vielmehr auf die Rechtsbeziehungen innerhalb

---

90 BGH WM 1983, 750, 751.

91 Von Gerkan in Röhricht, HGB, § 117 Rn 5; Emmerich in Heymann, HGB, § 117 Rn 6; Martens in Schlegelberger, HGB, § 117 Rn 19; Wirth in Münchener Handbuch des Gesellschaftsrechts, Band 2, § 6 Rn 22; Binz, § 9 Rn 3.

92 BGH WM 1977, 500, 502; BGH WM 1983, 750; Horn in Heymann, HGB, § 161 Rn 136; Schilling in Staub, HGB, § 164 Rn 17; Wirth in Münchener Handbuch des Gesellschaftsrechts, Band 2, § 6 Rn 18; Westermann, Handbuch der Personengesellschaften, Rn 346; Binz, § 9 Rn 4.

93 Martens in Schlegelberger, HGB, § 164 Rn 6; Wirth in Münchener Handbuch des Gesellschaftsrechts, Band 2, § 3 Rn 82 und § 6 Rn 18; Hesselmann/Tillmann, Rn 262; Binz, § 9 Rn 2 sowie Rn 4 f.; eingehend Britsch, S. 91 ff.;
zur GmbH & Co. KGaA ebenso BGH GmbHR 1997, 595, 597; Hennerkes/Lorz, DB 1997, 1388, 1391; Ihrig/Schlitt, S. 33, 52 f.; Dirksen/Möhrle, ZIP 1998, 1377, 1383 f.

94 So aber Britsch, S. 142 ff.; vgl. auch Martens in Schlegelberger, HGB, § 164 Rn 6; von Gerkan in Röhricht, HGB, § 164 Rn 9.

95 Gegen Britsch insoweit zu Recht Hopt, ZGR 1979, 1, 15 f. sowie Zoller, S. 71 ff., deren eigener Vorschlag eines unmittelbaren Abberufungsrechts der Kommanditisten analog §§ 117, 127 HGB allerdings nur den letzten Einwand ausräumt, dagegen in gleicher Weise wie die Lösung von Britsch unzulässig in die innere Struktur der GmbH eingreift.

der KG beschränkt bleiben. Verletzt die Komplementär-GmbH diese ihr obliegende Treupflicht, indem sie durch ihre Gesellschafterversammlung einen Geschäftsführer bestellt oder nicht abberuft, in dessen Person ein wichtiger Grund gegeben ist, der ihn zur Führung der Geschäfte ungeeignet macht, so stellt dies zugleich einen wichtigen Grund im Sinne des § 117 HGB in der Person der Komplementär-GmbH dar und rechtfertigt die Entziehung der Geschäftsführung in der KG. Die GmbH kann sich dann gegen die Entziehungsklage nicht mehr mit dem Hinweis auf die Möglichkeit des Widerrufs der Bestellung des GmbH-Geschäftsführers und dessen Ersetzung durch einen neuen Geschäftsführer als ein milderes Mittel zur Wehr setzen[96].

c) Prozessuale Durchsetzung

Die Klage auf Entziehung der Geschäftsführungsbefugnis muß von allen übrigen Gesellschaftern erhoben werden[97]. Dieses Einstimmigkeitserfordernis würde die prozessuale Durchsetzung des Entziehungsrechts gefährden, wenn einzelne Kommanditisten sich der Klage nicht anschließen, sei es weil sie selbst zugleich Geschäftsführer der GmbH sind oder einem solchen nahestehen. In diesem Falle ist jedoch anerkannt, daß die übrigen Gesellschafter beim Vorliegen eines wichtigen Grundes aus ihrer Treupflicht als Gesellschafter der KG regelmäßig verpflichtet sind, an der Entziehungsklage mitzuwirken[98]. Die Klage auf Zustimmung braucht der Entziehungsklage nicht zeitlich vorauszugehen, sondern kann mit ihr in der Weise verbunden werden, daß in einem einheitlichen Urteil das Zustimmungsurteil die Mitwirkung an der Entziehungsklage ersetzt[99]. Dies ist in prozeßrechtlicher Hinsicht nicht unbedenklich, wird aber dem Interesse der Kommanditisten an einem zügigen Verfahrensablauf und dem Gedanken der Prozeßökonomie gerecht.

---

96 BGH WM 1983, 750, 752 f.; Horn in Heymann, HGB, § 161 Rn 136; Wirth in Münchener Handbuch des Gesellschaftsrechts, Band 2, § 6 Rn 18; Westermann, Handbuch der Personengesellschaften, Rn 346; ders., ZIP 1983, 1070, 1071; a.A. Britsch, S. 129 ff., 132.
Vgl. zum Grundsatz der Verhältnismäßigkeit im Rahmen der Gestaltungsklagen bei den Personenhandelsgesellschaften näher unten 3 b) bb), S. 59.

97 BGH WM 1983, 750; BGH NJW 1988, 969, 970; OLG Köln BB 1977, 464, 465; Emmerich in Heymann, HGB, § 117 Rn 10; Martens in Schlegelberger, HGB, § 117 Rn 23; Westermann, Handbuch der Personengesellschaften, Rn 331.

98 Von Gerkan in Röhricht, HGB, § 117 Rn 12; Emmerich in Heymann, HGB, § 117 Rn 12; Westermann, Handbuch der Personengesellschaften, Rn 333; ders./Pöllath, S. 25; Martens in Schlegelberger, HGB, § 117 Rn 25 mit umfassenden Nachweisen; vgl. BGH WM 1983, 750, 753; BGH NJW 1988, 969, 970.

99 Von Gerkan in Röhricht, HGB, § 117 Rn 13; Emmerich in Heymann, HGB, § 117 Rn 13; Martens in Schlegelberger, HGB, § 117 Rn 27; Westermann, Handbuch der Personengesellschaften, Rn 334; ders./Pöllath, S. 26 ff.; a.A. Ulmer, FS Geßler, 1971, S. 269, 281 f.

Eine Besonderheit ergibt sich in der Publikumsgesellschaft. Dort wäre nicht nur das Einstimmigkeitserfordernis unpraktikabel. Auch eine Zustimmungsklage unter Beteiligung sämtlicher Gesellschafter stieße angesichts der Kosten und der verfahrensrechtlichen Schwierigkeiten auf erhebliche Bedenken. Daher wird in der Publikumsgesellschaft die Entziehung der Geschäftsführungsbefugnis durch einfachen Mehrheitsbeschluß für zulässig gehalten. Dies gilt nicht nur, wenn im Gesellschaftsvertrag eine allgemeine Mehrheitsklausel für Gesellschafterbeschlüsse enthalten ist[100], sondern im Wege der Inhaltskontrolle von Gesellschaftsverträgen aus Gründen des Anlegerschutzes sogar dann, wenn umgekehrt im Gesellschaftsvertrag das Erfordernis der Einstimmigkeit oder einer qualifizierten Mehrheit niedergelegt ist[101]. Ein solcher Mehrheitsbeschluß macht nach überwiegender Auffassung nicht nur die Zustimmungsklage, sondern die Entziehungsklage selbst entbehrlich; die Entziehung der Geschäftsführungsbefugnis wird danach mit der Beschlußfassung wirksam und der Geschäftsführer muß gegen die Wirksamkeit dieses Beschlusses gegebenenfalls Feststellungsklage erheben[102].

d) Praktische Auswirkungen der Entziehung der Geschäftsführungsbefugnis

Es ist nicht zu übersehen, daß die Entziehung der Geschäftsführungsbefugnis des einzigen Komplementärs Schwierigkeiten bei der Ausübung der Geschäftsleitung zur Folge hat. Denn über die Vornahme jeder einzelnen Maßnahme der Geschäftsführung muß nun ein Beschluß aller Gesellschafter herbeigeführt werden, der dann durch die nach wie vor allein vertretungsbefugte Komplementär-GmbH im Außenverhältnis umgesetzt wird. Dies ist zwar kein rechtlich unmöglicher Zustand, aber für die Gesellschaft auf Dauer unpraktikabel, da sie auf wirtschaftliche Erfordernisse nicht mehr flexibel reagieren kann. Vor allem aber verliert die Komplementär-GmbH die ihr zugedachte Funktion, wenn sie zum bloßen Exekutivorgan degradiert wird. Damit wird eine Neuordnung der GmbH & Co. KG letztlich unumgänglich[103]. Diese Änderung

---

100 In der Publikumsgesellschaft findet der Bestimmtheitsgrundsatz keine Anwendung, vgl. die Nachweise oben Fn 28.

101 BGH NJW 1982, 2495; BGH NJW 1988, 969, 971, je zur Publikums-GbR; von Gerkan in Röhricht, HGB, § 117 Rn 11; Emmerich in Heymann, HGB, § 117 Rn 1a; Horn in Heymann, HGB, § 161 Rn 177; Martens in Schlegelberger, HGB, § 117 Rn 3; Schilling in Staub, HGB, Anh. § 161 Rn 25, 37; vgl. Hüffer, ZGR 1980, 320, 348; Stimpel, FS Fischer, 1979, S. 771, 780 f.; eingehend Reichert/Winter, BB 1988, 981, 984.

102 BGH NJW 1988, 969, 970; Horn in Heymann, HGB, § 161 Rn 178; eingehend Schneider, AG 1979, 57, 61 f.; Reichert/Winter, BB 1988, 981, 989 f.; ebenso Hopt, ZGR 1979, 1, 27 f.; sowie zur unmittelbaren Abberufung des GmbH-Geschäftsführers analog §§ 117, 127 HGB Hüffer, ZGR 1980, 320, 348; a.A. Martens in Schlegelberger, HGB, § 117 Rn 3.

103 Von Gerkan in Röhricht, HGB, § 117 Rn 19; Martens in Schlegelberger, HGB, § 117 Rn 47; Westermann, ZIP 1983, 1070, 1071; Wiedemann, JZ 1969, 470, 472; vgl. BGH JZ 1969, 469, 470.

der Organisationsstruktur der Gesellschaft kann nicht durch ein Gerichtsurteil gestaltend geregelt werden[104], sondern muß durch eine Einigung unter den Gesellschaftern zustande kommen.

Die Klage auf Entziehung der Geschäftsführungsbefugnis kann aus diesen Gründen nur eine Übergangslösung bis zur endgültigen Einigung über eine Neuordnung der inneren Struktur oder bis zur Auflösung der Gesellschaft sein.

3. Auflösungs- und Ausschließungsklage nach §§ 133, 140 HGB

Die Auflösungsklage nach § 133 HGB und die Ausschließungsklage gegen die Komplementär-GmbH nach § 140 HGB können in diesem Zusammenhang gemeinsam behandelt werden, da sie in Voraussetzungen und Verfahren sehr ähnlich sind. Der maßgebliche Unterschied besteht vor allem darin, daß die Gesellschaft nach der Ausschließungsklage von den übrigen Gesellschaftern fortgeführt wird. Die Ausschließungsklage dürfte daher für die Kommanditisten als Mittel zum Vorgehen gegen eine pflichtwidrige Geschäftsführung regelmäßig interessanter sein.

a) Zulässigkeit der Ausschließung des einzigen Komplementärs

Die Frage der Zulässigkeit der Ausschließung des einzigen Komplementärs stellt sich in ähnlicher Weise wie bei der Entziehung der Vertretungsmacht. Bei der Ausschließungsklage besteht jedoch Einigkeit, daß auch der einzige persönliche haftende Gesellschafter aus der Gesellschaft ausgeschlossen werden kann[105]. Während nämlich der Wegfall der Vertretungsmacht des einzigen Komplementärs wegen des zwingenden Charakters des § 170 HGB nicht möglich ist, muß der gänzliche Wegfall des einzigen Komplementärs als Gesellschafter auch in anderem Zusammenhang einer Lösung zugeführt werden, etwa beim Tod eines natürlichen Komplementärs oder im Rahmen der Liquidation der Komplementär-GmbH. Die Frage betrifft daher nicht die Zulässigkeit, sondern die Rechtsfolge der Ausschließung des einzigen Komplementärs (vgl. hierzu unten d).

b) Voraussetzungen

aa) Vorliegen eines wichtigen Grundes

Die Auflösungs- und die Ausschließungsklage setzen jeweils das Vorliegen

---

104 Eine weitergehende Gestaltungsbefugnis der Gerichte ähnlich den Schiedsgerichten schlägt Westermann, ZIP 1983, 1070, 1072 de lege ferenda vor.

105 BGHZ 6, 113, 114 f.; BGH WM 1971, 20, 22; BGH WM 1977, 500, 501; BGH NJW-RR 1993, 1123, 1125; von Gerkan in Röhricht, HGB, § 140 Rn 1; Emmerich in Heymann, HGB, § 140 Rn 3a; K. Schmidt in Schlegelberger, HGB, § 140 Rn 2; ders., Gesellschaftsrecht, § 50 III 1 a), S. 1448; Westermann, Handbuch der Personengesellschaften, Rn 415; ders., NJW 1977, 2185, 2187.

eines wichtigen Grundes voraus. § 140 HGB unterscheidet sich nur insoweit von § 133 HGB, als bei § 133 HGB auch wichtige Gründe genügen, die nicht in der Person des auszuschließenden Gesellschafters begründet sind. Da im vorliegenden Zusammenhang die Frage des Vorgehens der Kommanditisten gegen eine pflichtwidrige Geschäftsführung im Vordergrund steht, soll im folgenden nur auf die personenbezogenen Gründe eingegangen werden, nicht auch auf die gesellschaftsbezogenen Gründe im Sinne § 133 HGB[106].

Ein wichtiger Grund ist gegeben, wenn den übrigen Gesellschaftern die Fortsetzung der Gesellschaft überhaupt oder mit dem auszuschließendem Gesellschafter unzumutbar ist, insbesondere wenn das gegenseitige Vertrauensverhältnis so zerrüttet ist, daß die Grundlage für ein sinnvolles Zusammenarbeiten in der Gesellschaft entfallen ist[107]. § 133 Absatz 2 HGB nennt hierfür ähnlich wie § 117 HGB beispielhaft den Verstoß gegen wesentliche Pflichten. Wie § 133 Absatz 2 Hs. 2 HGB zeigt, setzt dies nicht notwendigerweise Verschulden voraus; das Verbleiben eines Gesellschafters in der Gesellschaft wird den übrigen aber eher zuzumuten sein, wenn kein oder nur ein geringer Schuldvorwurf zu erheben ist[108]. Als pflichtwidrige Handlungen der geschäftsführenden Komplementär-GmbH kommen etwa in Betracht die Vernachlässigung der Pflicht zur Geschäftsführung, die Überschreitung vertraglicher Beschränkungen der Geschäftsführungsbefugnis, die beharrliche Verletzung von Mitwirkungs- oder Informationsrechten sowie die Verfolgung gesellschaftsfremder Interessen[109]. Hierbei sind sämtliche Handlungen des GmbH-Geschäftsführers der Komplementär-GmbH unmittelbar zuzurechnen, und zwar auch dann, wenn dieser mittlerweile durch eine andere Person ersetzt wurde[110].

Allerdings darf für die Frage der Ausschließung aus der Gesellschaft nicht einseitig auf die Interessen der übrigen Gesellschafter abgestellt werden, sondern es sind im Rahmen einer umfassenden Interessenabwägung auch andere Umstände zu berücksichtigen wie etwa die persönlichen und

---

106 Vgl. zu Letzteren näher K. Schmidt in Schlegelberger, HGB, § 133 Rn 11 ff.

107 BGHZ 4, 108, 113; BGHZ 31, 295, 304; OLG München NZG 1999, 590; von Gerkan in Röhricht, HGB, § 133 Rn 4, § 140 Rn 3; Emmerich in Heymann, HGB, § 133 Rn 3, § 140 Rn 5 f.; K. Schmidt in Schlegelberger, HGB, § 133 Rn 7, § 140 Rn 8; Tillmann, DB 1974, 1705; Westermann, Handbuch der Personengesellschaften, Rn 407.

108 BGH WM 1975, 774, 775; BGH WM 1977, 500, 502; Emmerich in Heymann, HGB, § 133 Rn 4 und § 140 Rn 7; K. Schmidt in Schlegelberger, HGB, § 133 Rn 19, 21; Westermann, Handbuch der Personengesellschaften, Rn 407 a.E.

109 K. Schmidt in Schlegelberger, HGB, § 133 Rn 25; Westermann, NJW 1977, 2185; vgl. BGH NJW-RR 1993, 1123, 1124 f.

110 BGH WM 1977, 500, 502; K. Schmidt in Schlegelberger, HGB, § 140 Rn 15; Piehler in Münchener Handbuch des Gesellschaftsrechts, Band 2, § 36 Rn 22; Westermann, Handbuch der Personengesellschaften, Rn 407; ders., NJW 1977, 2185, 2186.

wirtschaftlichen Folgen für den betroffenen Gesellschafter, seine Stellung in der Gesellschaft sowie die Mitverantwortlichkeit der übrigen Gesellschafter für die Zerrüttung des Vertrauensverhältnisses[111].

bb) Grundsatz der Verhältnismäßigkeit

Im Rahmen der Gestaltungsklagen bei den Personenhandelsgesellschaften gilt der Grundsatz der Verhältnismäßigkeit und des geringstmöglichen Eingriffs. Danach haben weniger einschneidende Maßnahmen den Vorrang vor der Auflösung der Gesellschaft oder der Ausschließung eines Gesellschafters, sofern sie den übrigen Gesellschaftern zuzumuten sind[112].

Bei Pflichtverletzungen des geschäftsführenden Gesellschafters kommt als milderes Mittel in diesem Sinne grundsätzlich die Entziehung der Geschäftsführungs- und Vertretungsbefugnis sowie eine vom Betroffenen angebotene und zumutbare Änderung des Gesellschaftsvertrags, etwa die Umwandlung seiner Beteiligung in die eines Kommanditisten, in Betracht. Daher sind an das Vorliegen eines wichtigen Grundes im Rahmen der §§ 133, 140 HGB strengere Anforderungen zu stellen als bei § 117 HGB. Dagegen besteht zwischen der Auflösungs- und der Ausschließungsklage ein solches generelles Vorrangverhältnis nach der heute vorherrschenden Auffassung nicht[113].

Die Subsidiarität der Auflösungs- und Ausschließungsklage gegenüber der Klage auf Entziehung der Geschäftsführungs- und Vertretungsbefugnis stößt auf Bedenken, wenn es sich bei dem betroffenen Gesellschafter um den einzigen Komplementär handelt. Denn die Entziehung der Vertretungsbefugnis ist in diesem Fall nach der herrschenden Meinung wegen des zwingenden Charakters des § 170 HGB nicht zulässig[114]; die bloße Entziehung der Geschäftsführungsbefugnis ohne eine Neuordnung der Verhältnisse hat demgegenüber praktisch die Handlungsunfähigkeit der Gesellschaft zur Folge[115].

---

111 BGH WM 1977, 500, 502; von Gerkan in Röhricht, HGB, § 140 Rn 9 ff.; Emmerich in Heymann, HGB, § 140 Rn 12; K. Schmidt in Schlegelberger, HGB, § 140 Rn 19 ff.; Piehler in Münchener Handbuch des Gesellschaftsrechts, Band 2, § 36 Rn 20 ff.

112 Von Gerkan in Röhricht, § 133 Rn 5 und § 140 Rn 6; Emmerich in Heymann, § 133 Rn 6 und § 140 Rn 15 ff.; K. Schmidt in Schlegelberger, HGB, § 133 Rn 9 und § 140 Rn 5, 18; ders., Gesellschaftsrecht, § 50 III 1 b), S. 1449; Westermann, Handbuch der Personengesellschaften, Rn 412; vgl. BGHZ 4, 108, 110 ff.; BGHZ 18, 350, 362 f.; BGH WM 1971, 20, 22; BGH WM 1977, 500, 502; BGH WM 1980, 1082, 1085.

113 Emmerich in Heymann, § 140 Rn 17; K. Schmidt in Schlegelberger, HGB, § 140 Rn 6; ders., Gesellschaftsrecht, § 50 III 1 b), S. 1449; Westermann, NJW 1977, 2185, 2186; Piehler in Münchener Handbuch des Gesellschaftsrechts, Band 2, § 36 Rn 29; vgl. BGH WM 1975, 774, 775; eingehend Stauf, Der wichtige Grund, S. 3 f., 78 ff.

114 Vgl. oben 1, S. 51 ff..

115 Vgl. oben 2 d), S. 56.

Letzteres würde auch in dem typischen Fall, daß die Komplementär-GmbH am Vermögen der KG nicht vermögensmäßig beteiligt ist, dazu führen, daß sich ihre zukünftige Funktion auf die Ermöglichung der Haftungsbeschränkung sowie auf die der Geschäftsführungsbefugnis entkleideten Hülle einer Vertretungsmacht beschränkt. Daher wird diese Möglichkeit als milderes Mittel gegenüber der Auflösungs- oder Ausschließungsklage im Regelfall ausscheiden[116]. Dies ist auch deshalb schlüssig, weil bei einer juristischen Person die Gesichtspunkte der persönlichen und wirtschaftlichen Folgen eines Ausschlusses sowie persönliche Bindungen oder Verdienste um das Wohlergehen der Gesellschaft nicht in gleichem Maße zugunsten des betroffenen Gesellschafters zu berücksichtigen sind wie bei einer natürlichen Person als Komplementär[117]. Bei der GmbH & Co. KG mit der Komplementär-GmbH als einziger persönlich haftender Gesellschafterin sind somit an das Vorliegen eines wichtigen Grundes im Sinne §§ 133, 140 HGB geringere Anforderungen zu stellen als bei sonstigen Gesellschaften. Im Ergebnis entspricht dies der oben 1 b) erörterten Gegenansicht, die zwar die Entziehung der Vertretungsmacht für zulässig hält, aber als endgültige Lösung nur mit der Folge der Auflösung der Gesellschaft.

Der Grundsatz der Verhältnismäßigkeit gilt somit nur in eingeschränkter Weise, wenn die betroffene Komplementär-GmbH die einzige persönlich haftende Gesellschafterin ist. Dennoch kann es ratsam sein, im Rahmen einer Auflösungs- oder Ausschließungsklage entsprechende Hilfsanträge zu stellen[118].

c) Prozessuale Durchsetzung

Nach dem Wortlaut des § 140 HGB ist die Ausschließungsklage ebenso wie bei § 117 HGB die Klage durch alle übrigen Gesellschafter zu erheben. In gleicher Weise wie dort muß die Mitwirkung der sich weigernden Gesellschafter durch Klage auf Zustimmung aus gesellschaftsrechtlicher Treupflicht durchgesetzt werden, die mit der Ausschließungsklage verbunden werden

---

116 Eingehend Tillmann, DB 1974, 1705, 1706; Westermann, NJW 1977, 2185, 2187 f.; in diesem Sinne auch Reichert/Winter, BB 1988, 981, 989; BGH NJW-RR 1993, 1123, 1125; vgl. aber auch BGH WM 1977, 500, 502 f., wo der Rechtsstreit aufgrund weitergehender Sonderrechte zur weiteren Sachaufklärung zurückverwiesen wurde.

117 Vgl. zur Berücksichtigung dieser Umstände bei der Abwägung im Rahmen einer Ausschließungsklage BGHZ 4, 108, 111 (im Rahmen einer Übernahmeklage nach § 142 HGB a.F.); BGHZ 6, 113, 118; BGH WM 1971, 20, 22; sowie zur Berücksichtigung der kapitalistischen oder personalistischen Struktur der Gesellschaft BGHZ 4, 108, 111; BGHZ 18, 350, 361; K. Schmidt in Schlegelberger, HGB, § 140 Rn 23.

118 Vgl. hierzu Emmerich in Heymann, HGB, § 133 Rn 19 und § 140 Rn 23; K. Schmidt in Schlegelberger, HGB, § 133 Rn 50 und § 140 Rn 57; ders., Mehrseitige Gestaltungsprozesse, S. 52; Westermann, Handbuch der Personengesellschaften, Rn 416.

kann[119].

Dagegen genügt nach dem Wortlaut des § 133 HGB der Antrag eines einzelnen Gesellschafters. Allerdings müssen auch hier sämtliche Gesellschafter an der Gestaltungsklage entweder auf der Kläger- oder auf der Beklagtenseite beteiligt sein, da sie von einem stattgebenden Gestaltungsurteil in gleicher Weise betroffen sind. Wird die Gesellschaft durch Urteil aufgelöst, so kann diese Entscheidung nur für alle Gesellschafter einheitlich gelten. Die Klage ist daher gegen alle Gesellschafter zu richten, die sich der Auflösung der Gesellschaft widersetzen[120].

Sowohl für § 133 als auch für § 140 HGB wird allgemein eine Ausnahme vom Erfordernis der Beteiligung aller Gesellschafter am Rechtsstreit zugelassen, wenn die am Rechtsstreit nicht beteiligten Gesellschafter mit dem Ziel der Gestaltungsklage einverstanden sind und dies mit verpflichtender Wirkung zum Ausdruck gebracht haben[121].

Die zu § 117 HGB angesprochene Besonderheit in der Publikumsgesellschaft, wonach keine Klage erforderlich ist, sondern ein Mehrheitsbeschluß ausreicht[122], gilt für die Auflösungs- und Ausschließungsklage in gleicher Weise[123].

d) Rechtsfolge der Ausschließung des einzigen Komplementärs

Mit der Ausschließung des einzigen Komplementärs entstünde eigentlich eine Gesellschaft, die im Gesetz nicht vorgesehen ist, nämlich eine KG ohne Komplementär, bestehend nur aus Kommanditisten. Aufgrund des Rechtsformzwangs im Gesellschaftsrecht kann es eine solche Gesellschaftsform jedoch nicht geben. Andererseits wäre es unbillig, die verbleibenden Kommanditisten

---

119 BGH WM 1975, 774, 776; BGH WM 1977, 500, 501; Emmerich in Heymann, HGB, § 140 Rn 24 f.; von Gerkan in Röhricht, HGB, § 140 Rn 16; näher Mayer, BB 1992, 1497, 1498; in der Begründung abweichend K. Schmidt, Mehrseitige Gestaltungsprozesse, S. 90 ff., der anstelle einer selbständigen Mitwirkungswirkungsklage ein einheitliches Gestaltungsverfahren annimmt.

120 BGH WM 1958, 216; OLG München NZG 1999, 590; von Gerkan in Röhricht, HGB, § 133 Rn 17; Emmerich in Heymann, HGB, § 133 Rn 16; K. Schmidt in Schlegelberger, HGB, § 133 Rn 46.

121 RGZ 146, 169, 172 f.; BGH WM 1958, 216, 217; BGH WM 1977, 500, 501; von Gerkan in Röhricht, HGB, § 133 Rn 17 und § 140 Rn 34; Emmerich in Heymann, HGB, § 133 Rn 16 und § 140 Rn 23; K. Schmidt in Schlegelberger, HGB, § 133 Rn 46 und § 140 Rn 53; Mayer BB 1992, 1497, 1499; ebenso für die Ausschließungsklage Ulmer, FS Geßler, 1971, S. 269, 274 ff.; a.A. dagegen ders., aaO, S. 276 ff, 279 zur Auflösungsklage; kritisch auch K. Schmidt, Mehrseitige Gestaltungsprozesse, S. 65 ff.

122 Vgl. oben 2 c), S. 56.

123 So ausdrücklich Schilling in Staub, Anh. § 161 Rn 39; Stimpel, FS Fischer, 1979, S. 771, 780 f.; Reichert/Winter, BB 1988, 981, 984.

kraft Gesetzes zu Gesellschaftern einer OHG zu machen, da hierdurch ohne ihren Willen die Haftungsbeschränkung der §§ 171 ff. HGB entfiele[124] [125].

Obwohl keiner der Auflösungsgründe des § 131 HGB gegeben ist, läßt sich dieses Dilemma nur in der Weise lösen, daß die KG wegen Fehlens eines persönlich haftenden Gesellschafters in das Stadium der Abwicklung tritt[126]. An dieser Liquidationsgesellschaft ist der ausgeschlossene Komplementär nicht mehr beteiligt, denn sein Ausscheiden bildet erst den Grund für die Auflösung. Die solchermaßen entstandene KG i.L. kann ohne weiteres wieder zu einer werbenden Gesellschaft werden, indem entweder ein neuer Gesellschafter anstelle der ausgeschlossenen Komplementär-GmbH als persönlich haftender Gesellschafter in die Gesellschaft eintritt oder einer der Kommanditisten die persönliche Haftung übernimmt[127].

---

124 Dieselbe Problemlage ergibt sich seit der Neuregelung der gesetzlichen Auflösungsgründe in § 131 HGB durch das Handelsrechtsreformgesetz (HRefG) vom 22.06.1998, BGBl. I S. 1474 im Fall des Todes des einzigen Komplementärs, wenn dieser eine natürliche Person ist. An die Stelle der früheren Regelung in § 131 Nr. 4 HGB a.F. ist § 131 Absatz 3 Nr. 1 HGB n.F. getreten, wonach der Tod eines Gesellschafters mangels abweichender gesellschaftsvertraglicher Regelung nicht mehr zur Auflösung der Gesellschaft, sondern nur zum Ausscheiden des betreffenden Gesellschafters und zur Fortsetzung der Gesellschafter unter den übrigen Gesellschaftern führt. Auch hier wäre eine Fortführung der Gesellschaft unter den verbleibenden Gesellschaftern wegen des zwingenden Charakters des § 170 HGB allenfalls in der Rechtsform einer OHG möglich; eine unbeschränkte Haftung der früheren Kommanditisten kann jedoch gegen deren Willen nicht kraft Gesetzes angeordnet werden. Zu diesem Problemkreis eingehend Frey/von Bredow, ZIP 1998, 1621, die in diesem Falle eine teleologische Reduktion der neuen Vorschrift und die Auflösung der KG vorschlagen.

125 Ferner tritt dieselbe Situation beim Wegfall der Komplementär-GmbH durch Vollbeendigung auf. Die gesetzliche Neuregelung in § 141a Absatz 3 FGG durch das Einführungsgesetz zur Insolvenzordnung (EGInsO) vom 05.10.1994, BGBl. I S. 2911 sowie in 131 Absatz 2 HGB durch das HRefG (vgl. Fn 124) bezieht sich ausschließlich auf wirtschaftliche Schwierigkeiten der KG und regelt damit die vorliegende Frage nicht. Sie löst damit auch nicht den Meinungsstreit über die Frage, ob nicht erst die Vollbeendigung, sondern schon die Auflösung der Komplementär-GmbH die Auflösung der GmbH & Co. KG zur Folge hat; in diesem Sinne K. Schmidt in Schlegelberger, HGB, § 131 Rn 28 ff.; ders. in Scholz, GmbHG, § 60 Rn 66; ders., GmbHR 1994, 829, 834; Westermann, Handbuch der Personengesellschaften, Rn 614; a.A. die überwiegende Ansicht, BGH NJW 1980, 233; OLG Hamburg NJW 1987, 1896, 1897; Ulmer in Hachenburg, GmbHG, § 60 Rn 115; Rasner in Rowedder, GmbHG, § 60 Rn 59.

126 BGHZ 6, 113, 116; BGH NJW 1979, 1705, 1706; K. Schmidt in Schlegelberger, HGB, § 131 Rn 43; ders., Gesellschaftsrecht, § 53 I 1 c), S. 1528 und § 53 V 1 a), S. 1553; Westermann, Handbuch der Personengesellschaften, Rn 415; Klein in Münchener Handbuch des Gesellschaftsrechts, Band 2, § 43 Rn 5; Tillmann, DB 1974, 1705, 1706; eingehend Frey, ZGR 1988, 281, 283 ff.

127 BGHZ 6, 113, 116; K. Schmidt in Schlegelberger, HGB, § 131 Rn 43; ders., Gesellschaftsrecht, § 53 I 1 c), S. 1528 und § 53 V 1 a), S. 1553; Tillmann, DB 1974, 1705, 1706; vgl. BGH NJW 1979, 1705, 1706; Frey, ZGR 1988, 281, 285 f.

In diesem Abwicklungsstadium darf die Gesellschaft nur noch zum Zwecke der Auseinandersetzung des Gesellschaftsvermögens tätig werden. Setzen die verbleibenden Kommanditisten dagegen die werbende Tätigkeit ohne neuen Komplementär fort, so führt dies kraft Gesetzes zur Entstehung einer OHG[128]. Dies hat für die Kommanditisten die unbeschränkte persönliche Haftung für Gesellschaftsverbindlichkeiten nach § 128 HGB zur Folge[129]. Um in dieser Hinsicht jedes Risiko zu vermeiden, müssen die Kommanditisten einen neuen Komplementär bereits vor Rechtskraft des Ausschließungsurteils suchen, so daß dieser die Nachfolge des persönlich haftenden Gesellschafters nahtlos übernehmen kann; eine Liquidations-KG ohne Komplementär kann dann gar nicht erst entstehen. Sollte dies nicht möglich sein, weil eine geeignete Person nicht zu finden und keiner der Kommanditisten bereit ist, die persönliche Haftung zu übernehmen, so ist den Kommanditisten zu empfehlen, klarstellend die Auflösung der Gesellschaft zu beschließen und nach § 146 Absatz 2 HGB einen gerichtlichen Antrag auf Bestellung eines Liquidators zu stellen.

Zusammenfassend besteht der Unterschied zur Auflösungsklage zum einen darin, daß den verbleibenden Kommanditisten die Fortführung der Gesellschaft ermöglicht wird, zum anderen in dem Umstand, daß im Falle einer Liquidation die Komplementär-GmbH vorab ausscheidet und an der Liquidationsgesellschaft nicht mehr beteiligt ist.

4. Vertragliche Gestaltungsmöglichkeiten

Das Recht der Personenhandelsgesellschaften läßt den Gesellschaftern bei der Gestaltung ihrer Rechtsbeziehungen in möglichst weitgehendem Maße Freiheit. Diese weite Gestaltungsfreiheit gilt auch hinsichtlich der Gestaltungsklagen nach §§ 117, 133, 140 HGB[130]. Sie findet ihre Grenze erst, wo §§ 134, 138 BGB verletzt sind oder das rechtlich zwingende Gesamthandsprinzip der Personengesellschaft beiseite geschoben wird[131]. Zwischen den verschiedenen Gestaltungsklagen ergeben sich allerdings einige Unterschiede.

---

128 BGH NJW 1979, 1705, 1706; KG NJW-RR 1995, 1442, 1443; K. Schmidt in Schlegelberger, HGB, § 131 Rn 43; ders., Gesellschaftsrecht, § 53 I 1 c), S. 1528 und § 53 V 1 a), S. 1553; ders., ZHR 153 (1989), S. 270, 279; Klein in Münchener Handbuch des Gesellschaftsrechts, Band 2, § 43 Rn 5; abweichend Frey, ZGR 1988, 281, 285, der in Anlehnung an die erbrechtliche Frist nach § 139 Absatz 3 HGB eine Übergangszeit der beschränkten Haftung von drei Monaten gewähren will.

129 BGH NJW 1979, 1705, 1706; KG NJW-RR 1995, 1442, 1443; diese unbeschränkte Haftung soll sogar rückwirkend eintreten nach K. Schmidt in Schlegelberger, HGB, § 131 Rn 43; gegen eine Rückwirkung indessen Frey, ZGR 1988, 281, 284.

130 § 127 HGB bleibt hier außer Betracht, denn aus den oben 1. genannten Gründen ist bei der GmbH & Co. KG eine Entziehung der Vertretungsmacht der Komplementär-GmbH ohnehin nicht möglich.

131 Insoweit mit allgemeiner Geltung BGH WM 1957, 1406, 1407; BGHZ 31, 295, 298 f.

a) Entziehung der Geschäftsführung nach § 117 HGB

§ 117 HGB steht fast umfassend zur Disposition der Gesellschafter im Gesellschaftsvertrag.

Die Anforderungen an das Vorliegen eines wichtigen Grundes für eine Entziehung der Geschäftsführung können konkretisiert oder gesenkt werden. Eine Erweiterung der wichtigen Gründe kommt in so weitgehendem Umfang in Betracht, daß sogar die Abberufung als Geschäftsführer ohne Vorliegen eines wichtigen Grundes überwiegend für zulässig gehalten wird[132]. Umgekehrt ist jedoch umstritten, ob die Entziehung der Geschäftsführungsbefugnis auch vollständig abbedungen werden kann. Die wohl überwiegende Meinung bejaht dies mit Rücksicht auf die verbleibende Möglichkeit der Auflösungs- oder Ausschließungsklage nach §§ 133, 140 HGB[133]. Die Gegenansicht hält demgegenüber allenfalls die Beschränkung des Entziehungsrechts auf besonders schwerwiegende Verfehlungen für zulässig[134].

In verfahrensrechtlicher Hinsicht kann vorgesehen werden, daß die Klageerhebung nicht durch sämtliche übrigen Gesellschafter erfolgen muß, sondern hierfür ein Mehrheitsbeschluß genügt. Die überstimmten Gesellschafter sind dann allein aufgrund dieses Beschlusses zur Mitwirkung an der Klage verpflichtet[135], also auch ohne Rückgriff auf die gesellschaftsrechtliche Treupflicht[136]. Die Erhebung einer Klage kann aber auch dadurch ganz entbehrlich gemacht werden, daß der Gesellschaftsvertrag die Möglichkeit der Entziehung durch Beschluß der übrigen Gesellschafter vorsieht[137]; in diesem Falle ist allerdings bei einem Mehrheitsbeschluß der Bestimmtheitsgrundsatz zu

132 BGH NJW 1973, 651; von Gerkan in Röhricht, HGB, § 117 Rn 22; Martens in Schlegelberger, HGB, § 117 Rn 53 unter Hinweis auf § 38 GmbHG; Wirth in Münchener Handbuch des Gesellschaftsrechts, Band 2, § 6 Rn 32.

133 Martens in Schlegelberger, HGB, § 117 Rn 51; Baumbach/Hopt, HGB, § 117 Rn 11; Fischer, NJW 1959, 1057, 1060 f.; Westermann, Handbuch der Personengesellschaften, Rn 354 f.; Wirth in Münchener Handbuch des Gesellschaftsrechts, Band 2, § 6 Rn 31.

134 Von Gerkan in Röhricht, HGB, § 117 Rn 22; Emmerich in Heymann, HGB, § 117 Rn 25a unter Aufgabe der Ansicht in der Vorauflage.

135 Von Gerkan in Röhricht, HGB, § 117 Rn 23; Emmerich in Heymann, HGB, § 117 Rn 26; Martens in Schlegelberger, HGB, § 117 Rn 52; Fischer, NJW 1959, 1057, 1059 f.; in der Publikumsgesellschaft genügt ein Mehrheitsbeschluß dagegen auch ohne bzw. trotz entgegenstehender gesellschaftsvertraglicher Regelung, vgl. oben 2 c), S. 56.

136 Vgl. hierzu oben 2 c), S. 55 mit Nachweisen in Fn 98.

137 BGH NJW 1983, 838, 839; von Gerkan in Röhricht, HGB, § 117 Rn 24; Emmerich in Heymann, HGB, § 117 Rn 27; Martens in Schlegelberger, HGB, § 117 Rn 52; Westermann, Handbuch der Personengesellschaften, Rn 357.

beachten[138]. Dem betroffenen Geschäftsführer bleibt in diesem Fall zwar die Möglichkeit einer Feststellungsklage gegen diesen Beschluß unbenommen. Die rechtsgestaltende Wirkung der Entziehung tritt jedoch nicht erst mit der die Rechtmäßigkeit des Beschlusses feststellenden Gerichtsentscheidung, sondern bereits im Zeitpunkt der Beschlußfassung ein[139].

Vor allem bei Publikumsgesellschaften kommt die Möglichkeit in Betracht, die Abberufung der Komplementär-GmbH einem besonderen Organ, etwa einem Beirat, zu übertragen. Dies ist jedoch wegen des Grundsatzes der Selbstorgan-schaft ebenso wie die Übertragung unmittelbarer Zustimmungs- oder Weisungsrechte[140] nur zulässig, wenn der Beirat überwiegend mit Kommanditisten besetzt ist oder zumindest das Vertrauen der Kommanditisten besitzt und von ihnen durch Wahl und Abberufung seiner Mitglieder kontrolliert werden kann[141].

b) Auflösungsklage nach § 133 HGB

Die Gestaltungsfreiheit im Hinblick auf die Auflösungsklage unterliegt engeren Grenzen. Der Ausschluß der Auflösungsklage oder deren Beschränkung ist nach § 133 Absatz 3 HGB unzulässig. Dieses Verbot umfaßt jede Erschwerung der Auflösung, da ein Gesellschafter nicht unzumutbar an die Fortführung der Gesellschaft gebunden werden soll[142]. Unter Berücksichtigung dieses Gesetzeszwecks ist es jedoch möglich, das Auflösungsrecht durch ein Austrittsrecht des auflösungswilligen Gesellschafters zu ersetzen, sofern sein Abfindungsanspruch nicht beschränkt wird[143].

---

138 Vgl. zur entsprechenden Frage bei §§ 133, 140 HGB sowie allgemein zum Bestimmtheitsgrundsatz und seiner Unanwendbarkeit in der Publikumsgesellschaft oben I. 2 b) bb), S. 37 f. mit Nachweisen in Fn 27, 28.

139 BGH NJW 1983, 838, 839; Emmerich in Heymann, HGB, § 117 Rn 26; Martens in Schlegelberger, HGB, § 117 Rn 51; Westermann, Handbuch der Personengesellschaften, Rn 357; a.A. Vollmer, BB 1984, 1774, 1775: erst mit Zugang der Erklärung beim betroffenen Gesellschafter.

140 Vgl. hierzu oben I. 2 b) bb), S. 37 Fn 25

141 Von Gerkan in Röhricht, HGB, § 117 Rn 24 a.E.; Emmerich in Heymann, HGB, § 117 Rn 29; Martens in Schlegelberger, HGB, § 117 Rn 54.

142 Emmerich in Heymann, HGB, § 133 Rn 21, 24; Ulmer in Staub, HGB, § 133 Anm. 73.

143 RGZ 162, 388, 392 ff.; von Gerkan in Röhricht, HGB, § 133 Rn 22; Emmerich in Heymann, HGB, § 133 Rn 21; K. Schmidt in Schlegelberger, HGB, § 133 Rn 67; Ulmer in Staub, HGB, § 133 Anm. 79; Westermann, Handbuch der Personengesellschaften, Rn 654.

Die Gesellschafter können die Anforderungen konkretisieren, indem sie bestimmte Tatbestände als wichtige Gründe für eine Auflösung vereinbaren[144]. Die Aufstellung eines Negativkatalogs von Umständen, die keinen Auflösungsgrund darstellen sollen, unterliegt demgegenüber Bedenken im Hinblick auf § 133 Absatz 3 HGB und dürfte durch das Gericht im konkreten Einzelfall allenfalls als Indiz zu berücksichtigen sein[145].

Die Erhebung einer Auflösungsklage kann schließlich überhaupt ersetzt werden durch eine einseitige Kündigungserklärung eines Gesellschafters mit rechtsgestaltender Wirkung[146].

c) Ausschließungsklage nach § 140 HGB

Auch das Ausschließungsrecht nach § 140 HGB hat dispositiven Charakter.

Die Gesellschafter haben die Freiheit, bestimmte Ausschließungsgründe im Gesellschaftsvertrag festzulegen und damit über das Vorliegen eines wichtigen Grundes zu bestimmen[147]. Da eine dem § 133 Absatz 3 HGB entsprechende Vorschrift bei § 140 HGB fehlt, können insoweit auch Umstände bezeichnet werden, die eine Ausschließung nicht rechtfertigen sollen[148]. Zweifelhaft ist hingegen, ob das Ausschließungsrecht insgesamt abbedungen werden kann mit der Folge, daß nur die Möglichkeit der Auflösungsklage nach § 133 HGB verbleibt. Diese Frage wird heute zunehmend nur für den Fall bejaht, daß diese Klausel durch sachliche Gründe gerechtfertigt wird[149]. Umstritten ist auch die umgekehrte Frage, ob einzelne Gesellschafter ohne Vorliegen eines wichtigen Grundes nach freiem Ermessen ausgeschlossen werden können. Dies wird von einem Teil in der Literatur ohne Einschränkung bejaht mit dem Argument, es müsse möglich sein, einzelnen Gesellschaftern nur eine Stellung minderen

---

144 Von Gerkan in Röhricht, HGB, § 133 Rn 23; Emmerich in Heymann, HGB, § 133 Rn 22; K. Schmidt in Schlegelberger, HGB, § 133 Rn 69, 71.

145 Emmerich in Heymann, HGB, § 133 Rn 25; K. Schmidt in Schlegelberger, HGB, § 133 Rn 70; Ulmer in Staub, HGB, § 133 Anm. 71; vgl. von Gerkan in Röhricht, HGB, § 133 Rn 23.

146 BGHZ 31, 295, 300; von Gerkan in Röhricht, HGB, § 133 Rn 24; Emmerich in Heymann, HGB, § 133 Rn 22; K. Schmidt in Schlegelberger, HGB, § 133 Rn 68.

147 BGH WM 1965, 1035; BGH NJW 1969, 793, 794; von Gerkan in Röhricht, HGB, § 140 Rn 22; K. Schmidt in Schlegelberger, HGB, § 140 Rn 75.

148 Emmerich in Heymann, HGB, § 140 Rn 31; K. Schmidt in Schlegelberger, HGB, § 140 Rn 76; Ulmer in Staub, HGB, § 140 Anm. 49.

149 Emmerich in Heymann, HGB, § 140 Rn 30; K. Schmidt in Schlegelberger, HGB, § 140 Rn 71 f.; vgl. von Gerkan in Röhricht, HGB, § 140 Rn 21 jedenfalls für die Publikumsgesellschaft; a.A. Ulmer in Staub, HGB, § 140 Anm. 46; Westermann, Handbuch der Personengesellschaften, Rn 420; Piehler in Münchener Handbuch des Gesellschaftsrechts, Band 2, § 36 Rn 43.

Rechts einzuräumen[150]. Die heute überwiegende Auffassung verlangt dagegen für die Wirksamkeit einer Hinauskündigungsklausel im Gesellschaftsvertrag, daß für eine solche Regelung wegen außergewöhnlicher Umstände sachlich gerechtfertigte Gründe bestehen; dies wird damit begründet, eine Willkürherrschaft über einzelne Gesellschafter und die damit verbundene Beeinträchtigung der Entschließungs- und Entscheidungsfreiheit zu verhindern[151].

Auch hinsichtlich der Ausschließungsklage kann vorgesehen werden, daß die Klageerhebung nur einen Mehrheitsbeschluß voraussetzt[152] oder daß die Klage insgesamt durch einen Mehrheitsbeschluß ersetzt wird[153].

IV. Zusammenfassung

Der Kommanditist ist nach der gesetzlichen Regelung in § 164 Satz 1 Hs. 1 HGB von der unmittelbaren Mitwirkung an der laufenden Geschäftsführung ausgeschlossen. Die Wertung dieser Vorschrift würde unterlaufen und zugleich in die innere Struktur der GmbH eingegriffen, wenn Einwirkungsrechte auf den Geschäftsführer der Komplementär-GmbH bejaht würden. Somit steht dem Kommanditisten im Hinblick auf den GmbH-Geschäftsführer weder die Teilhabe am Weisungs- oder Abberufungsrecht der GmbH-Gesellschafter zu noch kann er Unterlassung oder Rückgängigmachung einer Maßnahme der laufenden Geschäftsführung verlangen. Seine Rechtsposition hinsichtlich der Teilhaberechte an der Geschäftsleitung ergibt sich ausschließlich aus dem Recht der KG. Sie beschränkt sich danach auf das Recht zur Zustimmung zu außergewöhnlichen Geschäften und zu Grundlagengeschäften sowie auf das Recht zur Notgeschäftsführung. Diese verbleibenden Rechte können im Hinblick auf den Kernbereich der Mitgliedschaft kaum beschränkt werden. Eine Erweiterung seiner Rechte ist jedoch möglich, indem ihm durch Regelung im Gesellschaftsvertrag das Recht zur Geschäftsführung eingeräumt wird. Die organschaftliche Vertretung der Gesellschaft nach außen kann er wegen des zwingenden

---

150 So ausdrücklich Huber, ZGR 1980, 177, 194 zum Geschäftsführer-Gesellschafter ohne Kapitalanteil in der KG; ebenso Flume, DB 1986, 629, 632 ff.; vgl. ders., NJW 1979, 902 zum Ausschluß unter Abfindung nach der Buchwertklausel.

151 BGH NJW 1977, 1292; BGH NJW 1981, 2565, 2566; BGH NJW 1985, 2421, 2422; BGH NJW 1989, 834, 835; BGH NJW 1990, 2622 f.; BGH NJW 1994, 1156 f.; näher Emmerich in Heymann, HGB, § 140 Rn 34 ff.; K. Schmidt in Schlegelberger, HGB, § 140 Rn 77 ff.; ders., Gesellschaftsrecht, § 50 III 4, S. 1458 ff., je mwN; wann ein solcher sachlicher Grund vorliegen kann, ist trotz der umfangreichen Rechtsprechung und Diskussion in der Literatur hierzu noch nicht hinreichend geklärt.

152 K. Schmidt in Schlegelberger, HGB, § 140 Rn 74 a.E.; Ulmer in Staub, HGB, § 140 Anm. 53; Westermann, Handbuch der Personengesellschaften, Rn 421; Piehler in Münchener Handbuch des Gesellschaftsrechts, Band 2, § 36 Rn 41.

153 BGHZ 31, 295, 298 ff.; BGH NJW 1977, 1292, 1293; BGH NJW 1989, 2681, 2682; von Gerkan in Röhricht, HGB, § 140 Rn 24; K. Schmidt in Schlegelberger, HGB, § 140 Rn 74; Westermann, Handbuch der Personengesellschaften, Rn 422; Piehler in Münchener Handbuch des Gesellschaftsrechts, Band 2, § 36 Rn 38 ff.

Charakters des § 170 HGB nicht als Gesellschafter der KG, sondern nur als Fremdgeschäftsführer der Komplementär-GmbH ausüben.

Auch soweit dem Kommanditisten keine unmittelbaren Mitwirkungsrechte an der Geschäftsführung zustehen, kann er sich gegen eine pflichtwidrige Geschäftsführung durch ein Vorgehen gegen die Komplementär-GmbH wehren. Ein Antrag auf Entziehung der Geschäftsführung gegen die Komplementär-GmbH nach § 117 HGB dürfte wegen der durch die Entziehung entstehenden praktischen Schwierigkeiten allenfalls dann in Betracht kommen, wenn ein Zusammenarbeiten mit der Komplementär-GmbH noch möglich erscheint, auf jene aber Druck im Hinblick auf Änderungen in der Struktur der Geschäftsführung ausgeübt werden soll. Dies kann etwa sinnvoll sein, wenn sich die GmbH-Gesellschafter weigern, einen bestimmten Geschäftsführer in der GmbH zu ersetzen. Liegt die Ursache für den wichtigen Grund dagegen nicht in der Person des GmbH-Geschäftsführers begründet, sondern in der GmbH als solcher, etwa im Falle der Erteilung pflichtwidriger Weisungen durch die Gesellschafter der GmbH, so verspricht allein die Ausschließung der Komplementär-GmbH Erfolg. Ob Auflösungsklage nach § 133 HGB oder Ausschließungsklage nach § 140 HGB erhoben werden soll, hängt davon ab, ob für die Rolle als Nachfolger der ausscheidenden Komplementär-GmbH einer der Kommanditisten oder eine andere GmbH gewonnen werden kann. §§ 117, 133, 140 HGB haben dispositiven Charakter. Der Komplementär-GmbH kann eine verstärkte Rechtsstellung eingeräumt werden, indem diese Rechte in weitgehendem Maße abbedungen werden bis zur Grenze des § 133 Absatz 3 HGB. Umgekehrt geht diese Gestaltungsfreiheit jedoch nicht so weit, daß die Kommanditisten die Komplementär-GmbH aufgrund einer gesellschaftsvertraglichen Klausel auch ohne Vorliegen eines wichtigen Grundes aus der Gesellschaft ausschließen und durch einen neuen Komplementär ersetzen könnten.

§ 4 Ersatzansprüche des Kommanditisten bei pflichtwidriger Geschäftsführung

Im folgenden Abschnitt geht es um die Frage, inwieweit dem Kommanditisten Anspruch auf Schadensersatz wegen pflichtwidriger Geschäftsführung zusteht. Solche Rechte sind für den Kommanditisten umso bedeutsamer, als seine Möglichkeiten, unmittelbar auf die Geschäftsleitung Einfluß zu nehmen[1], sehr begrenzt sind. Als Anspruchsgegner kommen sämtliche Personen in Betracht, die an der Geschäftsleitung der KG beteiligt sind. Dies sind in erster Linie die Komplementär-GmbH sowie deren Geschäftsführer als mittelbarer gesetzlicher Vertreter der KG, im Falle der Einflußnahme durch Weisungen an die Geschäftsführung aber auch die GmbH-Gesellschafter.

I. Ersatzanspruch gegen die Komplementär-GmbH

1. Anspruchsgrundlage

Bei pflichtwidriger Geschäftsführung ist zweifelsfrei, daß ein Schadensersatzanspruch der KG gegen die GmbH selbst besteht. Dies ergibt sich aus dem Recht der KG, deren Komplementärin die GmbH ist. Anspruchsgrundlage ist positive Forderungsverletzung (pFV) des Gesellschaftsvertrags der KG[2], wonach die GmbH zur pflichtgemäßen Geschäftsführung (vgl. §§ 114, 161 Absatz 2 HGB) verpflichtet ist. Da sich die GmbH zur Erfüllung dieser Pflicht ihres Geschäftsführers als Organ bedient, hat sie für dessen Handlungen nach § 31 BGB einzustehen. Der Kommanditist kann diesen Sozialanspruch der KG im Wege der actio pro socio[3] im eigenen Namen geltend machen.

2. Haftungsmaßstab

Der Haftungsmaßstab im Recht der KG richtet sich über §§ 161, 105 HGB normalerweise nach §§ 708, 277 BGB. Danach würde die GmbH der KG nur für die Anwendung der Sorgfalt in eigenen Angelegenheiten haften. Dieser milde Haftungsmaßstab, der eine von persönlicher Zusammenarbeit eines überschaubaren Personenkreises geprägte Nähebeziehung unter den Gesellschaftern einer Personengesellschaft zugrunde legt, kommt jedenfalls bei einer Publikumsgesellschaft, die im Hinblick auf die unbestimmte Vielzahl von Kapitalanlegern eher körperschaftlich strukturiert ist, nicht zur Anwendung[4].

---

1 Vgl. eingehend oben § 3, S. 32 ff.

2 Baumbach/Hopt, HGB, § 114 Rn 15; Emmerich in Heymann, HGB, § 114 Rn 17; Westermann, Handbuch der Personengesellschaften, Rn 402; vgl. BGH WM 1956, 61.

3 Ulmer in Staub, HGB, § 105 Rn 262 ff.; K. Schmidt in Schlegelberger, HGB, § 105 Rn 171 ff.; ders., Gesellschaftsrecht, § 21 IV, S. 631 ff.; Wiedemann, Gesellschaftsrecht, Band I, § 8 IV 1 c); Westermann, Handbuch der Personengesellschaften, Rn 422 ff.

4 BGH NJW 1977, 2311; BGH WM 1980, 30, 31; BGH NJW 1995, 1353, 1354 f.; von Gerkan in Röhricht, HGB, § 161 Rn 58; Martens in Schlegelberger, HGB, § 164 Rn 13.

Weiter ist zu beachten, daß die GmbH nur durch ihre Organe handlungsfähig ist, letztere aber gegenüber der GmbH den strengeren Haftungsmaßstab des § 43 Absatz 1 GmbHG zu beachten haben; insoweit ist die für Fremdgeschäftsführer typische Sorgfalt eines ordentlichen Geschäftsmannes anzuwenden. Daher wird auch in der normalen GmbH & Co. KG nach überwiegender Auffassung die Sorgfalt der GmbH in eigenen Angelegenheiten durch die für ihre eigene Geschäftsführung maßgebliche Vorschrift des § 43 GmbHG bestimmt[5].

3. Probleme bei der Durchsetzung des Anspruchs

Der Ersatzanspruch gegen die GmbH ist in der Praxis häufig wertlos[6]. Als Haftungsmasse steht nämlich nur das Stammkapital zur Verfügung, das oft den gesetzlichen Mindestbetrag des § 5 Absatz 1 GmbHG nicht überschreitet.

Interessant als Gegenstand der Haftungsmasse ist dann vor allem der Anspruch der GmbH, der ihr gegen ihren eigenen Geschäftsführer nach § 43 GmbHG zusteht. Denn der Geschäftsführer hat seine Geschäftsführung so einzurichten, daß die GmbH keinen Schadensersatzansprüchen Dritter ausgesetzt wird. Auf diesen Anspruch könnte der Kommanditist Zugriff nehmen, indem er ihn sich abtreten läßt oder im Wege der Zwangsvollstreckung pfändet. Diese Vorgehensweise stellt jedoch aus den folgenden Gründen keine hinreichende Sicherung des Kommanditisten dar[7]:

Das beschriebene Verfahren ist umständlich und zeitintensiv. Im Falle der Insolvenz der GmbH vor einer Abtretung oder Pfändung durch die KG fällt der Anspruch der GmbH gegen ihren Geschäftsführer in die Insolvenzmasse. Der Anspruch der KG gegen die GmbH ist insoweit nicht vorrangig zu befriedigen, sondern wird nur nach der Quote für Massegläubiger erfüllt. Damit ist er wiederum wirtschaftlich wertlos.

Die fehlende Berücksichtigung der Schutzinteressen des Kommanditisten zeigt sich aber vor allem, wenn die GmbH-Gesellschafter eigene Interessen verfolgen, die den Belangen des Kommanditisten zuwiderlaufen. Der Anspruch gegen den Geschäftsführer steht nämlich bis zu seiner Pfändung der GmbH zu und unterliegt daher ihrem Zugriff. Eine mögliche Pfändung geht daher ins

---

5 So BGH WM 1980, 30, 31; von Gerkan in Röhricht, HGB, § 161 Rn 58; Schilling in Staub, HGB, § 164 Rn 15; Koppensteiner in Rowedder, GmbHG, § 43 Rn 56; Fleck, Anm. zu LM Nr. 8 zu § 43 GmbHG; Zoller, S. 89 f.; eingehend Krebs, S. 65 ff., 72; a.A. noch BGH WM 1956, 61, 64; Herschel, DB 1967, 2202; Müller, GmbHR 1972, 18, 22; vgl. Hüffer, ZGR 1981, 348, 361 f.; bis heute a.A. Hesselmann/Tillmann, Rn 285.

6 Kübler, Gesellschaftsrecht, § 21 III 2; Weimar/Geitzhaus, DB 1987, 2026, 2032; Fleck, Anm. zu LM Nr. 8 zu § 43 GmbHG; sowie die Nachweise in Fn 7.

7 Zum Folgenden eingehend Wilm, S. 36 ff., 67; Krebs, S. 73 ff., 78 f.; vgl. auch Grunewald, BB 1981, 581, 583 ff.

Leere, wenn die GmbH-Gesellschafter den GmbH-Geschäftsführer nach § 46 Nr. 5 GmbHG entlasten, auf andere Weise auf den Ersatzanspruch verzichten, oder von vornherein eine Haftungsbeschränkung vereinbart oder eine entlastende Weisung erteilt haben[8].

Es wurde daher in Rechtsprechung und Literatur schon früh nach Lösungen gesucht, um dem Kommanditisten gegen den GmbH-Geschäftsführer einen Direktanspruch einzuräumen, der diese Lücken im Schutz der Kommanditisten schließt und die Vorgehensweise im Rahmen der beiden gesellschaftsvertraglichen Beziehungen zwischen der KG und der GmbH einerseits und zwischen der GmbH und ihrem Geschäftsführer andererseits entbehrlich macht.

II. Direktanspruch gegen den GmbH-Geschäftsführer

Das Erfordernis eines wirksamen Direktanspruchs der KG gegen den Geschäftsführer der GmbH entspricht heute der fast einhelligen Meinung in Rechtsprechung und Literatur[9]. Obwohl die Problemlage bereits kurz nach der Anerkennung der GmbH & Co. KG erstmals diskutiert wurde und seither ein bunter Strauß möglicher Anspruchsgrundlagen erarbeitet wurde, ist die dogmatische Begründung eines solchen Direktanspruchs bis heute nicht befriedigend gelöst. In Betracht kommen deliktische Anspruchsgrundlagen, vertragliche Ansprüche oder eine gesellschaftsrechtliche Organhaftung. Die im Vertragsrecht angesiedelte Begründung der langjährigen Rechtsprechung, wonach der Anstellungsvertrag zwischen der GmbH und ihrem Geschäftsführer Schutzwirkung für die KG entfaltet, ist tiefgreifenden Einwänden ausgesetzt und kann daher nicht überzeugen[10]. Auf welche Anspruchsgrundlage ein solcher Anspruch gestützt wird, ist dabei von erheblicher Bedeutung. Danach richten sich zunächst die Anspruchsvoraussetzungen und die Beweislast. Vor allem aber wird die Frage relevant, ob der Anspruch ohne Mitwirkung des Kommanditisten eingeschränkt werden kann. Damit sind die Möglichkeiten einer Haftungsbeschränkung, eines Verzichts sowie einer entlastenden Weisung seitens der Gesellschafter der GmbH angesprochen. Die Anspruchsgrundlage für einen Direktanspruch, der dem Kommanditisten eine Inanspruchnahme des Geschäftsführers ohne den unter I. beschriebenen Umweg über die GmbH ermöglicht, muß auf diese Fragen eine angemessene Antwort finden. Besonders problematisch ist in dieser Hinsicht die zuletzt genannte Möglichkeit einer entlastenden Weisung durch die Gesellschafter der GmbH; es stellt sich nämlich sogleich die Anschlußfrage, ob in diesem Falle die anweisenden

---

8 BGH WM 1980, 30, 31; Koppensteiner in Rowedder, GmbHG, § 43 Rn 54; Grunewald, BB 1981, 581, 583.

9 A.A. noch BGH WM 1956, 61, 63 f.; Grunewald, BB 1981, 581, 585 f.; kritisch auch Koppensteiner in Rowedder, GmbHG, § 43 Rn 54 f.

10 Dazu näher unten 2 d), S. 77.

Gesellschafter gegenüber der KG haften[11].

1. Deliktische Ansprüche

Eine unmittelbare Haftung des Geschäftsführers der GmbH gegenüber der KG kommt zunächst aus dem Gesichtspunkt der unerlaubten Handlung in Betracht.

a) §§ 826, 823 Absatz 2 BGB i.V.m. § 266 StGB

Hier sind in erster Linie § 826 BGB[12] sowie §§ 823 Absatz 2 BGB i.V.m. § 266 StGB[13] zu nennen. Ein solcher Anspruch setzt jedoch jeweils den Beweis vorsätzlichen Handelns des Geschäftsführers sowie eines Treubruchs oder der Sittenwidrigkeit voraus. Er wird daher nur in seltenen Fällen zu bejahen sein.

b) § 823 Absatz 1 BGB

§ 823 Absatz 1 BGB schützt nur gegen die Verletzung absoluter Rechtsgüter, nicht auch vor reinen Vermögensschäden. Bei einer pflichtwidrigen Geschäftsführung wird jedoch in der Regel nur das Gesellschaftsvermögen als solches geschädigt. Die Mitgliedschaft in einer Gesellschaft ist zwar ein sonstiges Recht i.S. § 823 Absatz 1 BGB. Sie wird aber nur gegen Eingriffe von außen oder gegen solche pflichtwidrige Maßnahmen der Geschäftsführung geschützt, die den Bestand des Mitgliedschaftsrechts und nicht nur den Wert des Anteils beeinträchtigen[14]. Ein Anspruch unter dem Gesichtspunkt des Eingriffs in den eingerichteten und ausgeübten Gewerbebetrieb scheitert an den Anspruchsvoraussetzungen, da kein unmittelbarer betriebsbezogener Eingriff in den Geschäftsbetrieb von außen erfolgt[15]. Somit ist im Regelfall ein Anspruch aus § 823 Absatz 1 BGB bei pflichtwidriger Geschäftsführung nicht gegeben.

---

11 Diese Frage wird später unter III., S. 109, eingehend erörtert, muß jedoch bereits bei der Haftung des Geschäftsführers berücksichtigt werden.

12 BGH WM 1956, 61, 62 f.; BGH WM 1989, 1335, 1339; Wilm, S. 18 f.

13 BGH NJW 1987, 2008; Thomas in Palandt, BGB, § 823 Rn 149; Mertens in Münchener Kommentar, BGB, § 823 Rn 194; Müller, GmbHR 1972, 18, 21; vgl. BGH NJW-RR 1995, 1369, 1370; a.A. Sandberger, Die Außenhaftung des GmbH-Geschäftsführers, 1997, S. 221 f., der insoweit nur eine strafrechtliche Haftung anerkennt.

14 H.M., Zöllner in Baumbach/Hueck, GmbHG, § 43 Rn 2a a.E.; Lutter/Hommelhoff, GmbHG, § 43 Rn 25; Schneider in Scholz, GmbHG, § 43 Rn 215 f.; Wiedemann, Gesellschaftsrecht, Band I, § 8 IV 1 c), S. 464; Reuter, FS Lange, 1992, S. 707, 721 ff.; Krebs, S. 59; vgl. Hadding, FS Kellermann, 1991, S. 91, 98 ff. zum Verein;
a.A. Mertens in Hachenburg, GmbHG, § 43 Rn 105; ders. in Münchener Kommentar, BGB, § 823 Rn 131; ders., FS Fischer, 1979, S. 461, 468 ff.; vgl. auch BGH NJW 1990, 2877, 2878 f. zum Verein;
differenzierend nach der Art des Schadens Koppensteiner in Rowedder, GmbHG, § 43 Rn 40; Lutter, AcP 180 (1980), S. 84, 130 f., 140 ff.

15 Vgl. BGH WM 1956, 61, 63; Krebs, S. 58 f.; eingehend Wilm, S. 20 ff.;

c) § 823 Absatz 2 BGB i.V.m. § 43 GmbHG

Es wird erwogen, einen deliktischen Anspruch auch bei fahrlässigem Handeln zu gewähren, dadurch daß § 43 GmbHG, der den Geschäftsführer der GmbH zu sorgfältiger Geschäftsführung verpflichtet, als Schutzgesetz im Sinne § 823 Absatz 2 BGB zugunsten der KG oder der Kommanditisten anzusehen sei[16]. Der Schutzgesetzcharakter des § 43 GmbHG wird jedoch von der ganz überwiegenden Ansicht abgelehnt[17]. Diese Vorschrift gebe ausschließlich der GmbH einen Anspruch auf sorgfältige Geschäftsführung und diene daher nur ihrem Schutz. Dritte würden allenfalls insoweit in den Schutzbereich der Norm einbezogen, wie dies in § 43 Absatz 3 GmbHG ausdrücklich vorgesehen sei[18]. Zum Teil wird hierbei mit einem Vergleich zu § 93 AktG argumentiert[19], bei dem der Charakter als Schutzgesetz zugunsten Dritter ebenfalls weitgehend abgelehnt wird[20], da der besondere Anspruch der Gesellschaftsgläubiger nach § 93 Absatz 5 AktG dann überflüssig wäre.

Ob diese Begründung der herrschenden Meinung auch für den Fall der GmbH & Co. KG überzeugen kann, erscheint deshalb fraglich, weil auch die vertraglichen Begründungsansätze der Rechtsprechung[21] und die Ansätze einiger Literaturstimmen bei der Organhaftung[22] mit einer Drittwirkung zugunsten der KG arbeiten. Richtig dürfte aber sein, daß es sich bei der Direkthaftung gegenüber der KG nicht um ein Problem des Deliktsrechts, sondern des Verbandsrechts handelt. Denn die Kommanditisten sind mit der GmbH und ihrem Geschäftsführer durch eine gesellschaftsrechtliche Organisationsstruktur verknüpft und daher in dieser Eigenschaft, nicht dagegen als Teil des allgemeinen Rechtsverkehrs, vom pflichtwidrigen Handeln des Geschäftsführers betroffen. Auch weisen deliktische Ansprüche gegenüber vertraglichen Ansprüchen oder solchen aus Organhaftung Nachteile bei der Beweislast und bei der Verjährung auf, wodurch der Schutz des Kommanditisten nicht umfassend gewährleistet wäre.

---

16 Hüffer, ZGR 1981, 348, 355 f.; vgl. auch Sonnenschein, Organschaft und Konzerngesellschaftsrecht, S. 159 ff.

17 RGZ 73, 30, 32 ff.; vgl. BGH NJW 1974, 1088, 1089; BGH NJW 1990, 1725, 1730; Zöllner in Baumbach/Hueck, GmbHG, § 43 Rn 2a; Koppensteiner in Rowedder, GmbHG, § 43 Rn 40; Schneider in Scholz, GmbHG, § 43 Rn 211; K. Schmidt, GmbHR 1984, 272, 279; Krebs, S. 60 f.; Wilm, S. 26 ff.

18 Vgl. Krebs, S. 61 mit Hinweis auf die Gesetzesbegründung zu § 43 Absatz 3 GmbHG.

19 So etwa BGH NJW 1990, 1725, 1730; näher Wilm, S. 27.

20 RGZ 159, 211, 224; BGH WM 1979, 853, 854; Hüffer, AktG, § 93 Rn 11; Mertens in Kölner Kommentar, AktG, § 93 Rn 3.

21 Vgl. unten 2 d), S. 77, zum Vertrag mit Schutzwirkung für Dritte.

22 Vgl. unten 3 a), S. 83 zur Organstellung mit Schutzwirkung für Dritte.

2. Vertragliche Ansprüche

Die KG erwirbt nur dann unmittelbar eigene vertragliche Ansprüche gegen den GmbH-Geschäftsführer wegen pflichtwidriger Geschäftsführung, wenn der Anstellungsvertrag, welcher der Organstellung als Geschäftsführer zugrunde liegt, nicht mit der Komplementär-GmbH, sondern mit der KG abgeschlossen wird[23]. In diesen Fällen ist der Geschäftsführer zur sorgfältigen Geschäftsführung gegenüber der GmbH aus seiner Organstellung (§ 43 GmbHG), und zugleich gegenüber der KG aus dem Anstellungsvertrag verpflichtet. Ihm kommt dann insoweit eine Doppelfunktion zu, als er unter Umständen widerstreitende Interessen der beiden Gesellschaften berücksichtigen und miteinander in Einklang bringen muß.

Üblicherweise ist jedoch nur die Komplementär-GmbH Vertragspartner und Dienstherr des Geschäftsführers. Auch in diesen Fällen werden indes von der Rechtsprechung und einem Teil der Literatur vertragliche Ersatzansprüche der KG mit unterschiedlichen dogmatischen Konstruktionen bejaht.

a) Vertrag zugunsten Dritter

aa) Die Ansicht von Cahn und Hesselmann/Tillmann

Bereits im Jahre 1922 vertrat *Cahn*[24] die Ansicht, bei dem zwischen der GmbH und ihrem Geschäftsführer abgeschlossenen Dienstvertrag handle es sich um einen Vertrag zugunsten und zu Lasten Dritter, aus dem sich für die GmbH & Co. KG unmittelbare Rechte und Pflichten ergeben. In dieselbe Richtung geht die Auffassung von *Hesselmann/Tillmann*[25], die im Wege der Auslegung dieses Dienstvertrags und des Gesellschaftsvertrags der KG zu einer konkludenten Vereinbarung des Geschäftsführers mit der KG kommen, da den Beteiligten bewußt sei, daß der Geschäftsführer als Organ der GmbH letztlich deren Verpflichtung zur Geschäftsführung in der KG erfüllen soll; das Einverständnis der KG liege regelmäßig vor.

bb) Kritik

Gegen die Ansicht *Cahns* wurde vor allem eingewandt, ein Vertrag mit Wirkung zu Lasten Dritter sei mit dem Grundsatz der Privatautonomie nicht vereinbar[26].

---

23 BGH WM 1980, 1190; Hesselmann/Tillmann, Rn 274; Herschel, DB 1967, 2202, 2204; eingehend zu den Rechtsfolgen einer solchen Drittanstellung Fleck, ZHR 149 (1985), S. 387 ff.

24 Cahn, S. 22 f.; vgl. auch Hüffer, ZGR 1981, 348, 358 f.

25 Hesselmann/Tillmann, Rn 278, 288.

26 Herschel, FS Schmidt, 1966, S. 329, 331; ders., DB 1967, 2202; Müller, GmbHR 1972, 18; Hesselmann/Tillmann, Rn 275; vgl. auch BGH WM 1956, 61, 63.

Dies schließt allerdings nicht grundsätzlich aus, dem Vertrag nur Rechte des Dritten ohne korrespondierende Pflichten zu entnehmen. Allein aus der gesellschaftsrechtlichen Konstruktion einer GmbH & Co. KG kann jedoch noch nicht der Wille der Vertragsparteien abgeleitet werden, der GmbH & Co. KG unmittelbar vertragliche Ansprüche ohne Pflichten einzuräumen[27]. Auch müßte eine solche Auslegung als Vertrag zugunsten Dritter im Sinne § 328 BGB nahezu zwangsläufig zur Folge haben, daß der KG nicht nur Sekundäransprüche in Form des Schadensersatzes bei pflichtwidriger Geschäftsführung, sondern in gleicher Weise das Recht zur Abberufung als Teil des primären Erfüllungsanpruchs zustehen würden. Eine Vertragsauslegung mit diesem Inhalt wäre jedoch eine reine Fiktion.

b) Leiharbeitsverhältnis

aa) Die Ansicht von Herschel

Die Konstruktion einer unmittelbaren vertraglichen Beziehung zwischen der KG und dem GmbH-Geschäftsführer hat *Herschel*[28] aufgenommen. Nach seiner Ansicht können die arbeitsrechtlichen Grundsätze des Leiharbeitsverhältnisses angewandt werden. Die fehlende vertragliche Vereinbarung zwischen der GmbH als Verleiher und der KG als Entleiher könne durch die tatsächliche Einordnung des Geschäftsführers in das Gefüge der Kommanditgesellschaft ersetzt werden. Der Geschäftsführer der GmbH werde von seinem Dienstherrn, der Komplementär-GmbH, der KG zur Verfügung gestellt, so daß er sich nun in einem gespaltenen Arbeitsverhältnis befinde. Er schulde daher unmittelbar der KG die Erfüllung der arbeitsvertraglichen Pflichten.

bb) Kritik

Die Anwendung des Rechtsinstituts des Leiharbeitsverhältnisses[29] würde voraussetzen, daß der Geschäftsführer als Leiharbeiter an die KG abgeordnet wird und ausschließlich für jene tätig wird. Indes bleibt der Geschäftsführer in die Organisation der GmbH eingebunden und wird für die KG nur mittelbar tätig, da die Aufgabe der GmbH wiederum die Geschäftsführung in der KG ist[30]. Zudem wäre eine Vereinbarung zwischen der GmbH als Verleiher und der KG als Entleiher über ein solches Leiharbeitsverhältnis eine reine Fiktion. Dies gilt hier ebenso wie für die Annahme eines Vertrags zugunsten Dritter, da mit einem solchen Arbeitsvertrag notwendig das Weisungsrecht auf den Entleiher

---

27 Müller, GmbHR 1972, 18 f.; Hopt, ZGR 1979, 1, 14; Reinfeld, S. 53 ff.; Wilm, S. 133 ff.

28 Herschel, FS Schmidt, 1966, S. 329, 332 f.; ders., DB 1967, 2202, 2203.

29 Dieses Rechtsinstitut hat im Gesetz zur Regelung der gewerbsmäßigen Arbeitnehmerüberlassung (AÜG) vom 07.08.1972, BGBl. I S. 1393, gesetzliche Anerkennung gefunden.

30 Hesselmann/Tillmann, Rn 276; Reinfeld, S. 58 f.; Wilm, S. 149 f.

übergehen würde[31], was den Interessen der Vertragsparteien und der überwiegenden Meinung zur gesetzlichen Rechtslage in der GmbH & Co. KG[32] widerspricht[33].

c) Drittschadensliquidation

aa) Die Ansicht von Herschel

Als subsidiäre Möglichkeit neben dem Rechtsinstitut des Leiharbeitsverhältnisses hat *Herschel*[34] vorgeschlagen, Ersatzansprüche der KG gegen den GmbH-Geschäftsführer auf die Grundsätze der Drittschadensliquidation zu stützen. Es finde eine sogenannte Schadensverlagerung statt, da der Geschäftsführer der GmbH bei pflichtwidriger Geschäftsführung nach § 43 Absatz 2 GmbHG gegenüber der GmbH hafte, der eigentliche Schaden jedoch bei der KG entstehe. Die GmbH habe somit einen Anspruch ohne Schaden, die KG einen Schaden, aber keinen Ersatzanspruch. Die GmbH könne nun diesen Schaden der KG im Drittinteresse liquidieren. Erlange sie hierbei Ersatz, müsse sie diesen der KG herausgeben.

bb) Kritik

Gegen die Heranziehung der Grundsätze der Drittschadensliquidation bestehen mehrere Bedenken.

Die Bejahung dieser Grundsätze setzt voraus, daß der GmbH ein Anspruch zusteht, der dazugehörige Schaden dagegen bei der KG entstanden ist. Eine solche Schadensverlagerung liegt nur vor, wenn ein- und derselbe Schaden anstelle beim Berechtigten bei einem Dritten eingetreten ist[35]. In der GmbH & Co. KG hat die GmbH jedoch ein eigenes, von der KG unabhängiges Interesse an der Geschäftsführungstätigkeit und kann daher durch die pflichtwidrige Geschäftsführung einen eigenen Schaden erleiden[36]. Dies wird besonders

---

31 Vgl. Schaub, Arbeitsrechtshandbuch, § 120 IV 1; Marschall in Münchener Handbuch zum Arbeitsrecht, Band 2, § 168 Rn 69.

32 Zur Ablehnung des unmittelbaren Weisungsrechts eingehend oben § 3 II. 1 a), S. 38.

33 Hopt, ZGR 1979, 1, 14 f.; Hesselmann/Tillmann, Rn 276; Reinfeld, S. 59; vgl. auch Martens in Schlegelberger, HGB, § 161 Rn 110; Müller, GmbHR 1972, 18, 20.

34 Herschel, FS Schmidt, 1966, S. 329, 336 f.; ders., DB 1967, 2202.

35 BGHZ 41, 91, 100, 106 = NJW 1963, 2071, 2074, 2076; BGHZ 51, 91, 95 = NJW 1969, 269, 271; BGH NJW 1996, 2734, 2735; Heinrichs in Palandt, BGB, vor § 249 Rn 112 ff.; Grunsky in Münchener Kommentar, BGB, vor § 249 Rn 116 ff.; Schiemann in Staudinger, BGB, vor § 249 Rn 62 ff.; Medicus, Bürgerliches Recht, Rn 838, 842; Larenz, Schuldrecht I, § 27 IV b).

36 Müller, GmbHR 1972, 18, 23 f.; Reinfeld, S. 69 ff.; Wilm, S. 140 ff.

deutlich, wenn die GmbH zugleich einen eigenen Geschäftsbetrieb unterhält. Auch in den übrigen Fällen kann ein eigener Schaden durch die Vermögensbeteiligung der GmbH an der KG vermittelt sein. Schließlich kann bei einer Verminderung des Kapitals der KG ein eigener Schaden der GmbH auch ohne vermögensmäßige Beteiligung dadurch entstehen, daß das Risiko der persönlichen Haftung für Verbindlichkeiten der KG nach §§ 128, 161 Absatz 2 HGB nicht mehr durch einen werthaltigen Freistellungsanspruch gegen die GmbH ausgeglichen wird[37]. Es tritt also keine bloße Verlagerung des Schadensrisikos ein, sondern eine Kumulierung desselben.

Selbst wenn man dennoch eine Schadensverlagerung bejaht, so hilft die Anwendung der Grundsätze der Drittschadensliquidation dem geschädigten Kommanditisten nicht entscheidend weiter[38]. Denn zum einen bleibt er auf die Geltendmachung seines Schadens durch die GmbH und damit auf deren Mithilfe angewiesen. Zum anderen handelt es sich bei dem Anspruch gegen den Geschäftsführer nicht um einen eigenen Ersatzanspruch der KG, sondern um einen solchen der GmbH; er unterliegt daher in gleicher Weise ihrem Zugriff mit den Möglichkeiten der Entlastung, des Verzichts oder der Haftungsbeschränkung, wie dies im Falle der Pfändung oder Abtretung eines Ersatzanspruchs der GmbH[39] der Fall ist.

d) Vertrag mit Schutzwirkung für Dritte

aa) Rechtsprechung

Die ständige Rechtsprechung nimmt vertragliche Ersatzansprüche der KG gegen den GmbH-Geschäftsführer auf der Grundlage eines Vertrags mit Schutzwirkung für Dritte an. Sofern die wesentliche Aufgabe der Komplementär-GmbH darin besteht, die Geschäfte der KG zu führen, sei die KG in den vertraglichen Schutzbereich des zwischen der GmbH und ihrem Geschäftsführer geschlossenen Anstellungsvertrags einbezogen[40]. Das wohlverstandene Interesse der Komplementär-GmbH sei auf eine ordnungsgemäße Leitung der KG gerichtet. Sie müsse daher ersichtlich darauf vertrauen können, daß ihr Geschäftsführer den Angelegenheiten der KG die gleiche Sorgfalt widmet wie ihren eigenen, soweit solche überhaupt zu besorgen sind. Fehlleistungen der Geschäfts-

---

37 Vgl. zu den letzten beiden Fällen näher unten § 5 III. 1 c) aa), S. 165.

38 Wilm, S. 146 f.

39 Vgl. hierzu oben I. 3 a.E., S. 70 f.

40 BGHZ 75, 321 = WM 1980, 30; BGHZ 76, 326, 337 f. = BGH WM 1980, 589, 592; BGH WM 1980, 593; BGH WM 1980, 1190; BGH WM 1981, 440, 441; BGH NJW 1982, 2869; BGHZ 100, 190 = NJW 1987, 2008; BGH WM 1992, 691, 692 f.; OLG Düsseldorf WM 1984, 1080, 1087; vgl. OLG München DStR 1991, 1291; zur Übertragung dieser Grundsätze auf die stille Beteiligung an der GmbH BGH NJW 1995, 1353, 1357 f.

führung wirkten sich stets und in erster Linie zum Nachteil der KG aus. Das rechtfertige es, in einem solchen Fall die Verantwortlichkeit des Geschäftsführers aufgrund seines Dienstverhältnisses zur GmbH auch auf die KG zu erstrecken. Daher könne die KG im Falle einer Verletzung der Pflicht zur ordnungsgemäßen Geschäftsführung durch den Geschäftsführer der GmbH unmittelbare Ersatzansprüche gegen ihn geltend machen, ohne daß damit zugleich notwendig ein Weisungsrecht verbunden sein müsse[41].

Dieser dogmatische Ansatz für eine Direkthaftung des GmbH-Geschäftsführers wurde durch eine wissenschaftliche Ausarbeitung in der Literatur vorbereitet[42] und hat auch in der Folgezeit einige Anhänger im Schrifttum gefunden[43].

bb) Kritik

Die Anknüpfung der Direkthaftung an den Anstellungsvertrag des GmbH-Geschäftsführers als Vertrag mit Schutzwirkung für die KG kann aus zahlreichen Gründen nicht überzeugen.

(1) Verwischung der Konturen des Rechtsinstituts des Vertrags mit Schutzwirkung für Dritte

Zunächst ist festzustellen, daß die Fallgruppe der GmbH & Co. KG sich nicht nahtlos in die Dogmatik des Vertrags mit Schutzwirkung für Dritte einfügen läßt und damit die Konturen dieses Rechtsinstituts verwischt[44]. Der BGH hat mit der Rechtsprechung zur GmbH & Co. KG den Anwendungsbereich des Vertrags mit Schutzwirkung für Dritte zum einen insoweit ausgedehnt, als nicht nur die Verletzung von Fürsorge- und Obhutspflichten als Nebenpflichten zu einem Ersatzanspruch führt, sondern auch vertragliche Hauptpflichten Drittschutz entfalten können[45]. Zum anderen wurde bis zu dieser Entscheidung nahezu stets ein personenrechtliches Schutz- und Fürsorgeverhältnis in der Weise verlangt, daß der Gläubiger sozusagen für das Wohl und Wehe des Dritten als

---

41 So BGHZ 75, 321, 324 f. = WM 1980, 30 f.; vgl. auch BGH NJW 1987, 2008.

42 Grundlegend Reinfeld, S. 75 ff., 84 ff.

43 Von Gerkan in Röhricht, HGB, § 161 Rn 60; Kübler, Gesellschaftsrecht, § 21 III 2; Binz, § 9 Rn 7; Brandes, WM 1987, Sonderbeilage Nr. 1, S. 7; vgl. Zöllner in Baumbach/ Hueck, GmbHG, § 43 Rn 3; Fleck, Anm. zu LM Nr. 8 zu § 43 GmbHG.

44 Schwerdtner, Jura 1980, 493, 497 f.; Grunewald, BB 1981, 581, 582 f.; Schneider in Scholz, GmbHG, § 43 Rn 263; Martens in Schlegelberger, HGB, § 164 Rn 9; vgl. auch Hüffer, ZGR 1981, 348, 354 f.; Westermann, NJW 1982, 2870.

45 So ausdrücklich BGH WM 1980, 30, 31.

nahem Angehörigen mitverantwortlich sein müsse[46]. Dieses Erfordernis, das den geschützten Personenkreis sachgerecht eingrenzen sollte, wurde unter anderem im Zusammenhang mit der Entscheidung zur GmbH & Co. KG aufgegeben[47].

Eine weitere Voraussetzung des Vertrags mit Schutzwirkung für Dritte ist das Schutzbedürfnis des Dritten. Diese Schutzwürdigkeit fehlt, wenn das Interesse des Dritten durch inhaltsgleiche eigene vertragliche Ansprüche gegen den Gläubiger voll abgedeckt ist[48]. Es wurde bereits festgestellt, daß der KG wegen fehlerhafter Geschäftsführung ein Anpruch gegen die GmbH zusteht, dessen Haftungsmaßstab sich ebenfalls nach § 43 GmbHG richtet, und der daher inhaltsgleich ist[49]. Um auch hier zur Anwendung des Vertrags mit Schutzwirkung für Dritte zu kommen, müßte das Merkmal der Schutzwürdigkeit des Dritten bereits dann bejaht werden, wenn ein eigener vertraglicher Anspruch des Dritten zwar besteht, aber dessen Durchsetzung gefährdet erscheint. Durch eine solche Modifikation der Voraussetzungen würde aber wiederum die Einheitlichkeit des Rechtsinstituts des Vertrags mit Schutzwirkung für Dritte beeinträchtigt[50].

(2) Probleme beim Fehlen eines Anstellungsvertrags

Probleme bereitet die Annahme einer Schutzwirkung des Anstellungsvertrags vor allem dann, wenn zwischen der GmbH und ihrem Geschäftsführer ein Anstellungsvertrag gar nicht wirksam abgeschlossen wurde oder bei Abschluß dieses Vertrags die Beteiligung der GmbH an der GmbH & Co. KG noch nicht

---

46 BGHZ 51, 91, 96 = NJW 1969, 269, 272; BGH NJW 1970, 38, 40; BGHZ 56, 269, 273 = NJW 1971, 1931 f.; BGHZ 66, 51, 57 = NJW 1976, 712, 713; BGH NJW 1977, 2208, 2209; Heinrichs in Palandt, BGB, § 328 Rn 17; Gottwald in Münchener Kommentar, BGB, § 328 Rn 88; Jagmann in Staudinger, BGB, vor § 328 Rn 96, 105; Hadding in Soergel, BGB, Anh. § 328 Rn 15; grundlegend Larenz, NJW 1956, 1193, 1194.

47 Vgl. bereits zuvor ausdrücklich BGHZ 69, 82, 86 = NJW 1977, 1916 zum Lastschriftverfahren; vgl. später BGH NJW 1986, 249, 250 zum Scheckinkasso; BGH NJW 1984, 355 f. zur Käufergruppe eines Grundstücks; BGH NJW 1987, 1758, 1759 sowie BGH WM 1988, 1828, 1830 zur sog. Expertenhaftung; kritisch zur Aufgabe dieses Kriteriums Neuner, JZ 1999, 126, 128 f.

48 BGHZ 70, 327, 330 = NJW 1978, 883; BGH NJW 1987, 2510, 2511; BGHZ 129, 136, 169 = NJW 1995, 1739, 1747; Heinrichs in Palandt, BGB, § 328 Rn 18; Gottwald in Münchener Kommentar, BGB, § 328 Rn 92; Jagmann in Staudinger, BGB, vor § 328 Rn 108; a.A. Berg, NJW 1978, 2018; Neuner, JZ 1999, 126, 129.

49 Vgl. oben I., S. 69 ff.

50 Vgl. auch Krebs, S. 141 f., 145 ff., der allerdings zur Begründung zu Unrecht darauf abstellt, der Gesetzgeber habe insoweit eine abschließende Regelung getroffen, daß für das Handeln des Geschäftsführers gegenüber der KG nicht er persönlich hafte, sondern über die Organhaftung des § 31 BGB nur die GmbH. Dieser angeblich abschließenden Funktion des Anspruchs gegen die GmbH widerspricht sein eigener Ansatz für eine Direkthaftung des Geschäftsführers, vgl. hierzu unten 3 c), S. 85 ff.

abzusehen war[51]. Die Rechtsprechung hat sich mit diesem Einwand nur unter dem Gesichtspunkt auseinandergesetzt, daß in einem solchen Falle für eine Berücksichtigung des Parteiwillens im Rahmen der ergänzenden Vertragsauslegung mit dem Inhalt der drittschützenden Wirkung kein Raum ist. Eine solche Vertragsauslegung dürfte ohnehin in der Regel den Interessen sowohl des Geschäftsführers als auch der GmbH-Gesellschafter widersprechen[52]. Der Parteiwille wurde jedoch aufgrund der objektiven Interessenlage mit dem Argument als unbeachtlich angesehen, daß bei einer GmbH, deren Aufgabe sich in der Rolle als Komplementärin einer GmbH & Co. KG beschränkt, in beiden Gesellschaften Interessengleichheit vorauszusetzen sei und die Geschäfte mit jeweils derselben Sorgfalt wahrgenommen werden müßten[53]. Diese Argumentation deckt sich insoweit mit der überwiegenden Meinung im Schrifttum, wonach der drittschützende Charakter vertraglicher Beziehungen nicht mehr allein aus einer ergänzenden Vertragsauslegung nach §§ 133, 157 BGB herzuleiten, sondern als eine auf Treu und Glauben gestützte richterliche Rechtsfortbildung nach § 242 BGB anzusehen ist[54]. Damit kann aber nicht das wirksame Zustandekommen eines Anstellungsvertrags überhaupt oder aber der Zeitpunkt seines Abschlusses für unerheblich erklärt werden, wenn dieser Vertrag die Schutzwirkung für die KG gerade begründen soll. Die Schutzwirkung müßte somit bei konsequenter Anwendung in den Fällen entfallen, in denen ein Anstellungsvertrag nicht wirksam abgeschlossen wurde oder die Beteiligung der GmbH an der GmbH & Co. KG noch nicht abzusehen war.

(3) Einwendungsdurchgriff nach § 334 BGB

Ein weiterer Einwand gegen die Lösung der Rechtsprechung mit Hilfe des Vertrags mit Schutzwirkung für Dritte liegt darin, daß bei folgerichtiger Anwendung dieses Rechtsinstituts das Schutzinteresse des Kommanditisten keineswegs in befriedigender Weise berücksichtigt wird[55]. Denn es ist allgemein anerkannt, daß der Dritte beim Vertrag mit Schutzwirkung für Dritte nach dem Rechtsgedanken des § 334 BGB keine weiterreichenden Rechte als

---

51 Schneider in Scholz, GmbHG, § 43 Rn 264; Binz, § 9 Rn 10; Brandes, WM 1987, Sonderbeilage Nr. 1, S. 7; Zoller, S. 97; Krebs, S. 120; Wilm, S. 113 ff.

52 Hierzu eingehend Krebs, S. 81 ff.; Wilm, S. 83 ff.; vgl. Zoller, S. 97 f.

53 BGH WM 1980, 30, 31.

54 Gottwald in Münchener Kommentar, BGB, § 328 Rn 80; Jagmann in Staudinger, BGB, vor § 328 Rn 101 f.; Hadding in Soergel, BGB, Anh. § 328 Rn 5 ff.; Larenz, Schuldrecht I, § 17 II; die Begründung in der Rechtsprechung schwankt: Auf den Parteiwillen stellen ab BGH NJW 1984, 355; BGH NJW 1987, 1758, 1759, auf Treu und Glauben BGH NJW 1977, 1916; BGH NJW 1978, 883 und BGH NJW 1986, 249, 250; offengelassen in BGH NJW 1971, 1931, 1932 und in BGH NJW 1976, 712, 713.

55 So Konzen, NJW 1989, 2977, 2984; Hüffer, ZGR 1981, 348, 362; Zoller, S. 96; Wilm, S. 99.

der Versprechensempfänger selbst herleiten kann[56]. Bei der Anwendung des § 334 BGB verbleiben aber für den Kommanditisten in der GmbH & Co. KG Schutzlücken gerade in den bereits oben erwähnten Problemfällen einer Haftungsbeschränkung, eines Verzichts sowie einer Weisung, jeweils durch Beschluß der Gesellschafter der GmbH[57]. Soweit der Geschäftsführer diese entlastenden Maßnahmen auch der KG als Dritter entgegenhalten kann, ist eine Einschränkung des Direktanspruchs grundsätzlich ohne Mitwirkung des Kommanditisten möglich. Es handelt sich zwar um einen selbständigen Anspruch der KG, durch die Konstruktion mit einem drittschützenden Vertrag wird er jedoch aus der Rechtsstellung der GmbH abgeleitet. In den Fällen, in denen die GmbH-Gesellschafter eigene, der KG zuwiderlaufende Interessen verfolgen, und der Kommanditist daher auf einen Ersatzanspruch aus eigenem Recht zur Verwirklichung seines Schutzbedürfnisses anwiesen sind, ist der Direktanspruch somit gerade gefährdet.

Neuerdings macht die Rechtsprechung beim Vertrag mit Schutzwirkung für Dritte in der Fallgruppe der sogenannten Expertenhaftung eine Ausnahme vom Grundsatz des § 334 BGB mit der Begründung, bei der Verfolgung gegenläufiger Interessen des Versprechensempfängers und des Dritten sei der Einwendungsdurchgriff stillschweigend abbedungen, da der Dritte auf die Sachkunde des Gutachters vertraue und die unbeschränkte Haftung dem Gutachter zuzumuten sei[58]. Diese Rechtsprechung ist jedoch in der Literatur zu Recht heftig kritisiert worden, weil sie dem Willen der Vertragsparteien offensichtlich widerspricht und das Rechtsinstitut des Vertrags mit Schutzwirkung für Dritte aus Billigkeitserwägungen zu einem Sammelsurium unterschiedlichster Fallgruppen und Rechtsfolgen degradiert[59]. Es zeigt sich beim Fehlen einer Interesseneinheit zwischen dem Versprechensempfänger und dem Dritten sowohl in der Fallgruppe der Expertenhaftung als auch bei der GmbH & Co. KG, daß mit der Ablehnung des § 334 BGB und der Ausgestaltung des Ersatzanspruchs als einem Recht des Dritten, das von der Einwirkungsmöglichkeit des Versprechensempfängers unabhängig sein soll, die dogmatische Grundlage des Vertrags mit Schutzwirkung für Dritte als einem Recht des Dritten, das an den Vertrag und den Willen der Parteien angelehnt ist, verlassen wird.

---

56 BGHZ 56, 269, 272 = NJW 1971, 1931, 1932; BGH NJW 1987, 1013; BGH NJW 1995, 392, 393; Gottwald in Münchener Kommentar, BGB, § 328 Rn 99; Jagmann in Staudinger, BGB, vor § 328 Rn 112; Larenz, Schuldrecht I, § 17 II.

57 Zu diesen Fällen eingehend unten 5., S. 94 ff.

58 BGHZ 127, 378, 384 ff. = NJW 1995, 392, 393 f.; BGH NJW 1998, 1059, 1061.

59 Vgl. Canaris, JZ 1995, 441, 444; ders., JZ 1998, 603, 604 f.; ders., ZHR 163 (1999), S. 206, 216 ff., der die Expertenhaftung als Anwendungsfall der c.i.c. betrachtet; vgl. auch H. Schneider, ZHR 163 (1999), S. 246, 253; Neuner, JZ 1999, 126, 128 ff.; im Ergebnis dem BGH zustimmend dagegen Medicus, JZ 1995, 308, 309.

(4) Eigener Geschäftsbetrieb der Komplementär-GmbH

Das mögliche Fehlen einer Interesseneinheit zwischen GmbH-Gesellschaftern und Kommanditisten macht auch die Begründung der Rechtsprechung dafür zweifelhaft, daß ein Direktanspruch aus dem Vertrag mit Schutzwirkung für Dritte nur dann gegeben sein soll, wenn die Geschäftsführung in der KG die alleinige oder wesentliche Aufgabe der GmbH ist[60]. Denn dieses Erfordernis läßt sich nur schlüssig mit dem in diesem Fall einheitlichen Interesse, das auf die ordnungsgemäße Leitung der KG gerichtet ist, begründen. Diese Einschränkung des Direktanspruchs ist aber auch nicht sachgerecht[61]. Denn unabhängig davon, ob die GmbH zugleich einen eigenen Geschäftsbetrieb unterhält, müssen ihren Geschäftsführer Sorgfaltspflichten im Hinblick auf die KG treffen, da er in beiden Konstellationen über das Vermögen der KG verfügen kann, und die KG und ihre Kommanditisten jeweils in gleichem Maße schutzwürdig sind. Zu erwägen ist eher eine Modifikation dieser Schutzpflicht in der Weise, daß der Geschäftsführer bei Bestehen eines Interessenkonflikts mit dem eigenen Geschäftsinteresse der GmbH die Interessen der KG zurückstellen darf. Dies schließt eine Schutzpflicht jedoch nicht aus, sondern begrenzt lediglich ihren Umfang.

(5) Vorrang der Organstellung vor dem Anstellungsvertrag

Nach der neueren Rechtsprechung zur Haftung des Geschäftsführers der GmbH kommt dem Ersatzanspruch aus dem Geschäftsführervertrag gegenüber der gesetzlichen Organhaftung keine eigenständige Bedeutung zu; vielmehr nimmt § 43 Absatz 2 GmbHG als Spezialregelung die vertragliche Haftungsgrundlage in sich auf[62]. Daher verjährt der Ersatzanspruch nicht gemäß § 195 BGB erst nach Ablauf von 30 Jahren, sondern gemäß § 43 Absatz 4 GmbHG bereits in fünf Jahren[63]. Diese Rechtsprechung macht deutlich, daß die Haftung des Geschäftsführers und die daraus abgeleitete Schutzwirkung für die KG nicht eigentlich ein Problem des Anstellungsvertrags ist, sondern der Organstellung des Geschäftsführers, mit der zugleich die mittelbare Geschäftsführung

---

60 Zu dieser Voraussetzung zuletzt ausdrücklich BGH NJW 1995, 1353, 1357; vgl. bereits BGH WM 1980, 30; BGH WM 1980, 589, 592; BGH WM 1980, 1190; BGH WM 1980, 440, 441; OLG München DStR 1991, 1291; OLG Hamm GmbHR 1993, 295; offengelassen in BGH WM 1992, 691, 692 f.

61 Ebenso Horn in Heymann, HGB, § 161 Rn 139; Schneider in Scholz, GmbHG, § 43 Rn 268; Zoller, S. 98; Wilm, S. 116 ff.; die Frage wurde ausdrücklich offengelassen in BGH WM 1992, 691, 693.

62 BGH WM 1989, 1335, 1337; BGH NJW 1997, 741, 742; Zöllner in Baumbach/Hueck, GmbHG, § 43 Rn 1c; vgl. bereits Hüffer, ZGR 1981, 348, 356; K. Schmidt, GmbHR 1984, 272, 279; kritisch Fleck, ZHR 149 (1985), S. 387, 397; ders., ZIP 1991, 1269 f., allerdings im Hinblick auf die vorliegende Schutzwirkung des Anstellungsvertrags.

63 BGH WM 1989, 1335, 1337; Zöllner in Baumbach/Hueck, GmbHG, § 43 Rn 1c mwN.

in der KG verbunden ist[64]. Insoweit ist in der jüngsten Entscheidung des Bundesgerichtshofs zur GmbH & Co. KG auch eine gewisse Zurückhaltung gegenüber der Anknüpfung an den Anstellungsvertrag zu erkennen[65], die ebensogut eine Deutung im Sinne einer Anknüpfung an die Organstellung zuläßt.

3. Ansprüche aus Organhaftung

Die GmbH & Co. KG hat als Personenhandelsgesellschaft kein Fremdorgan. Ihre Geschäfte werden vielmehr nach §§ 164, 161 Absatz 2, 114 HGB vom persönlich haftenden Gesellschafter geführt. Der GmbH-Geschäftsführer ist nicht Organ der KG, sondern nur Organ der Komplementär-GmbH als persönlich haftende Gesellschafterin der KG. Dennoch erlangt er über diese gesellschaftsrechtliche Verknüpfung Einwirkungsmöglichkeiten auf das Vermögen der KG, die denen eines unmittelbaren Geschäftsführers ähnlich sind. Auf diesen Gedanken stützen sich die Ansätze in der Literatur, die eine Direkthaftung des Geschäftsführers der GmbH gegenüber der KG nach den Grundsätzen der Organhaftung annehmen.

a) Organstellung in der GmbH mit Schutzwirkung für die KG

aa) Befürwortende Ansicht

Eine Literaturmeinung will aufgrund des Vorrangs der Organhaftung vor dem Anstellungsvertrag die Schutzwirkung nicht an diesen Vertrag, sondern an die Organstellung des Geschäftsführers anknüpfen[66]. *K. Schmidt* spricht insoweit von einer "GmbH & Co.-spezifischen Fortbildung des § 43 GmbHG zu einem

---

64 Ebenso Mertens in Hachenburg, GmbHG, § 43 Rn 109; K. Schmidt, GmbHR 1984, 272, 279; ders., Gesellschaftsrecht, § 56 IV 3 b), S. 1651; Hüffer, ZGR 1981, 348, 356; Schneider, WuB II. C. § 43 GmbHG 2.92, S. 971, 973; Zoller, S. 96 ff.; Krebs, S. 120; in diese Richtung auch Fleck, Anm. zu LM Nr. 8 zu § 43 GmbHG; Brandes, WM 1987, Sonderbeilage Nr. 1, S. 7.

65 So heißt es in BGH NJW 1995, 1353, 1357 f. zur Übertragung der Grundsätze auf die stille Gesellschaft: "Der Anspruch der stillen Gesellschafter unter dem Gesichtspunkt der Einbeziehung in den Schutzbereich des zwischen der GmbH und ihrem Geschäftsführer bestehenden Schuldverhältnisses folgt aus § 43 Absatz 2 GmbHG und verjährt deshalb binnen fünf Jahren seit Entstehung des Anspruchs."; vgl. auch bereits OLG München DStR 1991, 1291: "... erstreckte sich der Schutzbereich des zwischen der Komplementär-GmbH und ihrem Geschäftsführer bestehenden Dienstverhältnisses hinsichtlich einer Haftung des letzteren aus § 43 Absatz 2 GmbHG auch auf die KG."

66 Schilling in Staub, HGB, § 164 Rn 16; Mertens in Hachenburg, GmbHG, § 43 Rn 109; Hüffer, ZGR 1981, 348, 356; K. Schmidt, Gesellschaftsrecht, § 56 IV 3 b), S. 1651; ebenso bereits ders., GmbHR 1984, 272, 279; Brandes, WM 1987, Sonderbeilage Nr. 1, S. 7; vgl. Schneider in Scholz, GmbHG, Anh. § 45 Rn 8; Fleck, Anm. zu LM Nr. 8 zu § 43 GmbHG; Reusch, S. 118 f. zur stillen Publikumsgesellschaft.

Sonderrechtsverhältnis mit Schutzwirkung zugunsten der KG"[67]. Auch die Rechtsprechung neigt trotz der formalen Begründung anhand des Vertrags mit Schutzwirkung für Dritte im Ergebnis dieser Ansicht zu, da sie die Rechtsfolge der Schutzwirkung stets in einer Haftung analog § 43 Absatz 2 GmbHG gesehen hat[68].

bb) Kritik

Gegen diese Ansicht wird eingewandt, es sei widersprüchlich, den Charakter des § 43 GmbHG als Schutzgesetz i.S. § 823 Absatz 2 BGB abzulehnen, andererseits aber ein Organverhältnis mit Schutzwirkung für Dritte anzunehmen; die drittschützende Wirkung könne nur einheitlich für das Deliktsrecht und die Organhaftung abgelehnt werden[69]. Soweit man diese Schutzwirkung bejahe, gewähre sie der KG nur einen abgeleiteten Anspruch, der in gleicher Weise wie beim Vertrag mit Schutzwirkung für Dritte dem Zugriff der GmbH, insbesondere dem Einwendungsdurchgriff nach § 334 BGB unterliegen müsse[70]. Schließlich fehle in gleicher Weise wie beim Vertrag mit Schutzwirkung für Dritte die Schutzwürdigkeit der KG als Dritter, da ihr wegen der fehlerhaften Geschäftsführung ein Anspruch gegen die GmbH zustehe[71].

b) § 43 GmbHG analog

aa) Befürwortende Ansicht

Von anderen Stimmen in der Literatur wird ein eigenständiger Anspruch in Analogie zu § 43 GmbHG befürwortet[72]. Dabei wird zum Teil an die Rechtsfigur des faktischen Geschäftsführers angeknüpft[73]. Der Geschäftsführer der GmbH sei zwar nicht ein von der KG angestelltes Organ; da er mittelbar auch deren Geschäfte führe, müsse er jedoch aufgrund der tatsächlichen Ausübung der unternehmerischen Leitung auch ihr gegenüber die Sorgfalt eines ordentlichen und gewissenhaften Geschäftsmannes beachten.

---

67 K. Schmidt, Gesellschaftsrecht, § 56 IV 3 b), S. 1651.

68 Vgl. die Nachweise oben Fn 40.

69 Weimar/Geitzhaus, DB 1987, 2026, 2032.

70 Wilm, S. 155 f.

71 Krebs, S. 150 f.

72 Horn in Heymann, HGB, § 161 Rn 137; Weimar/Geitzhaus, DB 1987, 2026, 2032; Konzen, NJW 1989, 2977, 2984; Zoller, S. 129 ff.; vgl. OLG München DStR 1991, 1291; Schneider in Scholz, GmbHG, § 43 Rn 265; eingehend Wilm, S. 168 ff., 208 ff. mit einer Gesamtanalogie zu §§ 43 GmbHG, 93 AktG, 34 GenG.

73 Zoller, S. 129 ff; Wilm, S. 168 ff.; vgl. Schneider in Scholz, GmbHG, § 43 Rn 265.

bb) Kritik

Ausdrückliche Ablehnung hat diese Ansicht bislang nur von *Krebs*[74] erfahren. Er kritisiert zum einen, daß die Übertragung des § 43 GmbHG auf eine Personenhandelsgesellschaft nicht passe, da dort keine Organhaftung, sondern nur die - nach § 708 BGB beschränkte - Haftung des geschäftsführenden Gesellschafters bestehe. Die GmbH & Co. KG sei eben nicht einfach eine einheitliche Kapitalgesellschaft. Zum anderen könne die rechtliche Ähnlichkeit zum faktischen Geschäftsführer der GmbH deshalb nicht angenommen werden, weil in der GmbH & Co. KG der Geschäftsführer der GmbH nicht als Nichtorgan anstelle der GmbH, sondern als deren Organ tätig werde, und hierfür bereits eine Haftung der GmbH nach §§ 164, 161 Absatz 2, 114 HGB i.V.m. § 31 BGB eingreife. Dieser Kritik ist zuzugeben, daß der Begriff des faktischen Geschäftsführers in der Tat nicht viel weiter hilft, da die Voraussetzungen einer solchen Haftung noch wenig geklärt sind[75]. In der GmbH & Co. KG übt der Geschäftsführer seine tatsächliche Leitungsmacht über die KG jedenfalls nicht kraft rechtswidriger Anmaßung einer Organstellung aus, sondern mittelbar als Organ der gesetzlich zur Vertretung berufenen Komplementär-GmbH und damit legitimiert durch die gesellschaftsrechtliche Struktur der GmbH & Co. KG. Da er nicht neben oder anstelle des eigentlich zuständigen Organs tätig wird, ist dies somit kein Problem der Rechtsfigur des faktischen Geschäftsführers. Schon an dieser Stelle soll jedoch angedeutet werden, daß die Kritik insoweit vor allem die Bezeichnung des GmbH-Geschäftsführers als faktisches Organ der KG trifft, aber nicht gegen eine analoge Anwendung des § 43 GmbHG spricht[76].

c) Prinzip der Haftung für sorgfaltswidrige Leitung analog §§ 309, 317 AktG

aa) Die Ansicht von Krebs

Einen konzernrechtlichen Ansatz wählt *Krebs*[77]. Zur Begründung einer unmittelbaren Haftung des Geschäftsführers zieht er §§ 309 Absatz 2, 317 Absatz 3, 323 Absatz 1 Satz 2 i.V.m. § 309 Absatz 2 AktG heran. Diese Vorschriften aus dem Aktienkonzernrecht begründen eine Haftung der Organe des herrschenden Unternehmens bei sorgfaltswidriger Leitung des abhängigen Unternehmens. *Krebs* sieht nun die Voraussetzungen einer Analogie als gegeben

---

74 Krebs, S. 152 f.

75 Vgl. Zöllner in Baumbach/Hueck, GmbHG, § 43 Rn 1b; Mertens in Hachenburg, GmbHG, § 43 Rn 7; K. Schmidt, ZIP 1988, 1497, 1500 f.; Roth, ZGR 1989, 421, 424 f.; Stein, ZHR 148 (1984), S. 207, 212 ff.; eingehend dies., Das faktische Organ, S. 143 ff.

76 Dazu näher unten 4 c) cc), S. 90 ff.

77 Krebs, S. 155 ff.; der Gedanke einer Haftung nach Konzernrecht war bereits vorher erarbeitet und in die Diskussion eingebracht worden von Schneider in Scholz, GmbHG, § 43 Rn 256 ff., 265; vgl. ders., WuB II.C. § 43 GmbHG 2.92, S. 971, 973; ders., GmbHR 1993, 10, 19 f.; vgl. auch bereits ders., BB 1981, 249 ff. zur GmbH.

an, da der Geschäftsführer der GmbH in gleicher Weise die Unternehmensleitung in der KG ausübe wie die Organe des herrschenden Unternehmens im Konzern. Er bleibt nicht bei dieser Gesamtanalogie stehen, sondern leitet aus diesen Konzernrechtsvorschriften ein umfassendes Prinzip der Haftung für sorgfaltswidrige Leitung als allgemeinen organisationsrechtlichen Rechtssatz, der unserer Rechtsordnung zugrunde liege, ab.

bb) Kritik

Soweit eine Auseinandersetzung mit dieser neueren Ansicht bereits erfolgt ist, wird gegen sie eingewandt, daß sich ein solcher Rechtssatz nur punktuell im Konzernrecht nachweisen lasse[78]. Er weise keine hinreichend klaren Tatbestandsmerkmale auf, um einer Subsumtion zugänglich zu sein[79]. Es fehle an der Vergleichbarkeit zum Konzernrecht, da der GmbH-Geschäftsführer nicht nur Organ einer die KG beherrschenden Dritt-Gesellschaft, sondern mittelbarer Geschäftsführer der KG sei[80].

4. Würdigung und eigene Stellungnahme

Diese Darstellung der zahlreichen dogmatischen Begründungsversuche zeigt, daß eine Direkthaftung des Geschäftsführers der GmbH gegenüber der KG nicht dem vorhandenen gesetzlichen System entspricht. Konsequent wäre danach die strikte Trennung zwischen der KG und ihrer Komplementär-GmbH als zweier rechtlich selbständiger Gesellschaften, wie sie in der früheren Rechtsprechung zur Geschäftsführerhaftung[81] und in den obigen Ausführungen zu den Kontroll- und Informationsrechten des Kommanditisten[82] sowie zu den Teilhaberechten des Kommanditisten an der Geschäftsleitung[83] zum Ausdruck gekommen ist. Die Schutzlücke für den Kommanditisten, die mit einer solchen strikten Durchführung des Trennungsprinzips geöffnet würde[84], wurde von der Rechtsprechung im Ergebnis zu Recht geschlossen. Eine Direkthaftung des GmbH-Geschäftsführers ohne den Umweg über die Komplementär-GmbH ist rechtspolitisch sinnvoll und wünschenswert. Auch wenn die Rechtsordnung hierfür keine naheliegende Lösung bereithält, da die GmbH & Co. KG bis heute nur bruchstückhaft gesetzlich geregelt ist, so muß diese Direkthaftung, die sich

78 Martens in Schlegelberger, HGB, § 164 Rn 10; Koppensteiner in Rowedder, GmbHG, § 43 Rn 55; vgl. Wilm, S. 162 f.

79 Martens in Schlegelberger, HGB, § 164 Rn 10; vgl. Wilm, S. 162 f.

80 K. Schmidt, Gesellschaftsrecht, § 56 IV 3 b), S. 1651 Fn 98; Wilm, S. 163 f.

81 BGH WM 1956, 61, 63 f.

82 Vgl. eingehend oben § 2, S. 6 ff.

83 Vgl. eingehend oben § 3, S. 32 ff.

84 Vgl. hierzu oben I. 3, S. 70 f.

mittlerweile gewohnheitsrechtlich verfestigt hat, doch dogmatisch an der richtigen Stelle eingeordnet werden.

a) Ungeeignetheit deliktsrechtlicher Ansprüche

Deliktische Ansprüche werden dem Schutzinteresse des Kommanditisten nicht gerecht, denn sie räumen ihm lediglich dieselbe Rechtsstellung ein wie einem außenstehenden Drittgläubiger, dem der Geschäftsführer nach den Grundsätzen der Außenhaftung einzustehen hat[85], beziehen ihn jedoch in keiner Weise in die gesellschaftsrechtliche Struktur der GmbH mit ein. Die KG ist von den Folgen der Handlungen des Geschäftsführers der GmbH nicht nur als Teil des allgemeinen Rechtsverkehrs, sondern aufgrund der besonderen gesellschaftsrechtlichen Verknüpfung der beiden Gesellschaften betroffen. Soll der Kommanditist wirksam gegen die pflichtwidrige Geschäftsführung seiner KG geschützt werden, so ist die Lösung hierfür nicht im Deliktsrecht zu suchen.

b) Ungeeignetheit der Anknüpfung an den Anstellungsvertrag des GmbH-Geschäftsführers mit der GmbH

Die Anknüpfung der Geschäftsführerhaftung an den Anstellungsvertrag steht im Widerspruch dazu, daß diesem Anstellungsvertrag neben der Organhaftung nur eine untergeordnete Bedeutung zukommt. Die Konstruktion vertraglicher Ansprüche läuft weiter Gefahr, das Instrument der Vertragsauslegung und der ergänzenden Vertragsauslegung zu überdehnen, indem eine dem wirklichen Parteiwillen widersprechende Interessenlage unterstellt wird. Dies zeigt sich besonders in der vorliegenden Konstellation der nicht personengleichen GmbH & Co. KG, da hier keineswegs stets Interesseneinheit der GmbH und der KG vorausgesetzt werden kann. Sofern unmittelbare vertragliche Beziehungen zwischen dem Geschäftsführer und der KG angenommen werden, ist kaum zu erklären, warum trotz eines so umfassenden Vertragsverhältnisses der KG kein Weisungs- und Abberufungsrecht zustehen soll. Die Annahme abgeleiteter vertraglicher Ansprüche aus dem zwischen der GmbH und ihrem Geschäftsführer bestehenden Dienstverhältnis, sei es mittels der Drittschadensliquidation oder des Vertrags mit Schutzwirkung für Dritte, müßte dagegen systemwidrig den Einwendungsdurchgriff des § 334 BGB überwinden, um dem Kommanditisten den gewünschten Schutz vor pflichtwidriger Geschäftsführung zukommen zu lassen. Zudem läßt sich die Fallgruppe der GmbH & Co. KG unter diese Rechtsinstitute zwischen Vertrags- und Deliktsrecht nicht widerspruchsfrei einordnen.

---

85 Vgl. zur Außenhaftung Koppensteiner in Rowedder, GmbHG, § 43 Rn 65 ff.; Schneider in Scholz, GmbHG, § 43 Rn 217 ff.; Mertens in Hachenburg, GmbHG, § 43 Rn 110 ff.; K. Schmidt, Gesellschaftsrecht, § 36 II 5; eingehend Sandberger, Die Außenhaftung des GmbH-Geschäftsführers, 1997.

c) Ansatzpunkt einer institutionalisierten Organhaftung

Zutreffend ist daher die Ansicht einer starken Literaturmeinung, die Lösung für die dogmatische Begründung der Direkthaftung unmittelbar im Verbandsrecht zu suchen und den Geschäftsführer ähnlich einem Organ haftbar zu machen.

aa) Einwände gegen ein Sonderrechtsverhältnis mit Schutzwirkung für Dritte

Die Annahme, die Organstellung des Geschäftsführers in der GmbH entfalte zugleich Schutzwirkung für die KG, bietet gegenüber dem Vertrag mit Schutzwirkung für Dritte einige Vorzüge. Auch würde es der künftigen Rechtsprechung möglich, die bisherige Rechtsprechung mit einer nur geringfügigen Änderung der Bezeichnung nahtlos fortzuführen. Allerdings legt die Ähnlichkeit der Bezeichnung als Sonderrechtsverhältnis mit Schutzwirkung für Dritte nahe, daß dieses Rechtsinstitut an den Vertrag mit Schutzwirkung für Dritte angelehnt sei und daher dieselben Voraussetzungen und Rechtsfolgen habe. Dann setzt sich dieser Ansatz jedoch zum einen in Widerspruch mit dem Erfordernis der Schutzwürdigkeit des Dritten. Zum anderen dürfte dann auf der Rechtsfolgenseite der Schutz des Dritten nicht weiter reichen als der Schutz dessen, von dem er seine Rechtsstellung ableitet (Rechtsgedanke des § 334 BGB), womit der Anspruch wiederum dem Zugriff der GmbH ausgesetzt wäre. Sofern ein neues Rechtsinstitut mit anderen Voraussetzungen und Rechtsfolgen geschaffen werden soll, sollte es in der Bezeichnung nicht an den Vertrag mit Schutzwirkung für Dritte angelehnt werden. Wie sogleich gezeigt werden soll[86], bedarf es aber der Schaffung eines neuen Rechtsinstituts überhaupt nicht, weil das angemessene Ergebnis einer Haftung nach § 43 Absatz 2 GmbHG im Wege der Analogie erreicht werden kann.

bb) Einwände gegen eine Analogie zum Konzernrecht

(1) Keine Herleitung eines allgemeinen Rechtsgrundsatzes aus §§ 309, 317 AktG

Entgegen der Ansicht von *Krebs* läßt sich aus den Vorschriften zum Aktienkonzern kein allgemeingültiges Prinzip der Haftung für sorgfaltswidrige Leitung, das unserer Rechtsordnung innewohne, deduktiv ableiten. §§ 309, 317 AktG betreffen ebenso wie §§ 43 GmbHG, 93 AktG, 34 GenG jeweils nur die Haftung von Organen einer juristischen Person. Soweit *Krebs* auf diesen Grundsatz nicht nur die Haftung des GmbH-Geschäftsführers, sondern auch die Haftung anderer Personen, insbesondere der anweisenden GmbH-Gesellschafter stützen will, fehlt einem allgemeinen Rechtsgrundsatz somit eine hinreichende positivrechtliche Grundlage[87].

---

86 Unten cc), S. 90 ff.

87 Vgl. hierzu eingehend unten III. 2 b) aa), S. 116 ff.

(2) Keine Analogie zu §§ 309, 317 AktG

Erwägenswert erscheint aber eine Analogie zu §§ 309, 317 AktG, beschränkt auf den Geschäftsführer als Organ der GmbH. Das Vorliegen einer entsprechenden gesetzlichen Regelungslücke dürfte unschwer zu bejahen sein angesichts des Umstands, daß der Gesetzgeber die GmbH & Co. KG zunächst völlig unberücksichtigt ließ und später nur vereinzelte Vorschriften zum Schutz von Gesellschaftsgläubigern ohne abschließenden Charakter einfügte. Die Stellung des GmbH-Geschäftsführers in der GmbH & Co. KG kann man durchaus als vergleichbar einem Organ der herrschenden Gesellschaft im Konzern ansehen. Seine Leitungsmacht im Hinblick auf die KG ist sogar noch intensiver als im Konzern. Denn ihm steht nicht nur ein Weisungsrecht (§ 308 AktG) zu, sondern er leitet die KG sogar kraft gesetzlicher Vertretungsmacht. Während also im Konzern das abhängige Unternehmen noch eigene Organe hat, welche die Weisung noch ausführen müssen, übernimmt der Geschäftsführer der GmbH die Leitung der KG unmittelbar und umfassend.

Das Konzernrecht als Sonderrecht der verbundenen Unternehmen hat seinen Grund jedoch in dem für Konzernverhältnisse typischen Interessenkonflikt zwischen dem herrschenden und dem abhängigen Unternehmen. Der Begriff des herrschenden Unternehmens i.S. des Konzernrechts setzt daher voraus, daß anderweitige wirtschaftliche Interessenbindungen bestehen, die nach Art und Intensität die ernsthafte Sorge begründen, es könne aufgrund dieser Bindungen ein nachteiliger Einfluß auf das abhängige Unternehmen ausgeübt werden[88]. Für die GmbH & Co. KG wird folglich ganz überwiegend nur ein Konzernverhältnis bejaht, wenn die Komplementär-GmbH einen eigenen Geschäftsbetrieb unterhält, andere Unternehmensbeteiligungen hat, oder in weiteren KG Komplementärin ist[89]. Der konzernrechtliche Ansatz kann somit für den Fall einer GmbH, deren Funktion sich in der Rolle als Komplementärin der KG erschöpft, keine Lösung anbieten.

Die Leitungsmacht des GmbH-Geschäftsführers über das Vermögen der KG wird aber auch gar nicht durch einen Beherrschungsvertrag oder eine Mehrheitsbeteiligung vermittelt, wie dies für das Konzernrecht typisch ist, sondern über § 35 GmbHG i.V.m. § 125 HGB durch eine Verknüpfung von Leitungsbefugnissen nach allgemeinem Gesellschaftsrecht. Diese mittelbare Geschäftsführung besteht unabhängig davon, ob die GmbH einen eigenen Geschäftsbetrieb unterhält oder weitere Unternehmensbeteiligungen hat.

---

88 St.Rspr., BGH NJW 1978, 104; BGH NJW 1986, 188, 189 f.; BGH NJW 1993, 1200, 1202; BGH NJW 1997, 1855, 1856; Hüffer, AktG, § 15 Rn 8; Windbichler in Großkommentar, AktG, § 15 Rn 11; Ulmer in Hachenburg, GmbHG, Anh. § 77 Rn 19; Emmerich in Scholz, GmbHG, Anh. Konzernrecht, Rn 28; Martens in Schlegelberger, HGB, Anh. § 105 Rn 5.

89 OLG Celle BB 1979, 1577, 1578; Emmerich in Scholz, GmbHG, Anh. Konzernrecht, Rn 53b; ders./Sonnenschein, Konzernrecht, § 26 II 1; Martens in Schlegelberger, HGB, Anh. § 105 Rn 6; K. Schmidt, ZGR 1981, 455, 478; Ulmer, NJW 1986, 1579, 1585 f.

Obwohl sich der Umfang der Leitungsmacht dem des herrschenden Unternehmens im Konzern als vergleichbar oder sogar noch intensiver darstellt, ist daher als richtiger dogmatischer Anknüpfungspunkt für die Direkthaftung des Geschäftsführers nicht eine Analogie zum Konzernrecht, sondern zur allgemeinen Organhaftung zu wählen.

cc) § 43 GmbHG analog als richtige Haftungsgrundlage

(1) Leitungsmacht eines GmbH-Geschäftsführers

Die Leitungsmacht des GmbH-Geschäftsführers über das Vermögen der KG wird vermittelt über die Geschäftsführung in der GmbH (§ 35 GmbHG) und deren Geschäftsführung in der KG (§§ 114, 125 HGB). Der Umfang dieser Einwirkungsmöglichkeit, aus der eine Verantwortlichkeit resultieren kann, ist nahezu inhaltsgleich mit seiner Einwirkungsmöglichkeit auf die GmbH selbst. Denn jeweils führt er als Fremdgeschäftsführer die Geschäfte der Gesellschaft, ist aber intern an Weisungen gebunden. Daß im Fall der GmbH & Co. KG eine GmbH zwischengeschaltet ist, die unmittelbar Komplementärin der KG ist, während der Geschäftsführer nur mittelbar als deren Geschäftsführer tätig wird, ist für den Umfang dieser Einwirkungsmöglichkeit unerheblich.

(2) Vergleich zum faktischen Geschäftsführer

Eine Organhaftung nach § 43 GmbHG kann nicht nur den formal bestellten Geschäftsführer einer Gesellschaft treffen, sondern auch denjenigen, der ohne dazu berufen zu sein, wie ein Geschäftsführer handelt (faktischer Geschäftsführer)[90]. Der Geschäftsführer in der GmbH & Co. KG ist nicht als Organ der KG bestellt, aber doch aufgrund der gesellschaftsrechtlichen Verknüpfung von GmbH und KG bestimmungsgemäß mit der Leitung der Geschäfte der KG betraut. In der Wahrnehmung dieser Aufgabe handelt er für die Komplementär-GmbH, die nur durch ihr eigenes Organ tätig werden kann. Da er nicht neben oder anstelle des eigentlich zuständigen Organs tätig wird, sondern in gesetzlich legitimierter Ausübung der Zuständigkeit der Komplementär-GmbH, ist er nicht faktischer Geschäftsführer der KG; er steht aber aufgrund der mittelbaren Organstellung einem ordnungsgemäß bestellten Organ noch näher als das faktische Organ[91]. Es ist daher gerechtfertigt, aus der Rechtsprechung zum faktischen Geschäftsführer einen erst-recht-Schluß auf die Organhaftung des Geschäftsführers der GmbH & Co. KG zu ziehen.

(3) Haftung nach dem Recht der Komplementärin

Unter Zugrundelegung dieser Einordnung als mittelbares Organ der KG läge es

---

[90] BGHZ 104, 44, 47 f. = WM 1988, 756, 757; OLG Düsseldorf GmbHR 1994, 317, 318; vgl. auch die Nachweise oben Fn 75.

[91] So zutreffend Wilm, S. 186 ff.

nun näher, den Geschäftsführer der GmbH nicht nach § 43 GmbHG, sondern nach den Regeln des persönlich haftenden Gesellschafters der KG, also nach positiver Forderungsverletzung i.V.m. § 114 HGB mit dem milderen Haftungsmaßstab des § 708 BGB zur Verantwortung zu ziehen. In der Ausübung der Leitung der KG setzt er sich an die Stelle der Komplementärin. Daß dennoch die Haftung nach dem Recht der GmbH geboten ist, ergibt sich aus Folgendem:

Die gesetzliche Ausgestaltung der Personenhandelsgesellschaften legt den Grundsatz der Selbstorganschaft zugrunde. Der mildere Haftungsmaßstab des § 708 BGB ist deshalb gerechtfertigt, weil der persönlich haftende Gesellschafter beim Handeln für die Gesellschaft stets zugleich in eigener Sache tätig wird. Daher muß er auch nur für die Sorgfalt in eigenen Angelegenheiten (diligentia quam in suis) einstehen. Die Besonderheit der Rechtsform der GmbH & Co. liegt in einer Typenvermischung dergestalt, daß trotz des Charakters der Personenhandelsgesellschaft die Fremdorganschaft durch einen Nichtgesellschafter ermöglicht wird. Die Fremdorganschaft, die nur im Recht der Kapitalgesellschaften zulässig ist, zieht aber jeweils den strengen Haftungsmaßstab eines treuhänderisch, d.h. in Wahrnehmung fremder Interessen, handelnden Geschäftsführers oder Vorstands nach §§ 43 GmbHG, 93 AktG, 34 GenG nach sich[92]. Daß die Direkthaftung des Geschäftsführers sich nach dem Recht der Komplementärin richtet, liegt somit darin begründet, daß die mittelbare Organschaft in der KG nach dem durch das Recht der Komplementärin als Kapitalgesellschaft ermöglichten Grundsatz der Fremdorganschaft ausgeübt wird.

Zweifelhaft ist nur, ob dieser strengere Haftungsmaßstab auch dann zu gelten hat, wenn der Geschäftsführer der GmbH zugleich eine Kommanditbeteiligung an der KG hat, also selbst Gesellschafter ist. Folgte man konsequent der hier vertretenen Konzeption eines eigenen Anspruchs der KG ohne Anlehnung an einen Haftungsanspruch der Komplementärin, so wäre diese Frage eigentlich zu verneinen; denn die Abweichung vom Grundsatz der Selbstorganschaft als Rechtfertigung für die Haftung nach dem Recht der Kapitalgesellschaften ist nicht gegeben. Dies würde aber zu dem seltsamen Ergebnis führen, daß der Geschäftsführer gegenüber der GmbH einen strengeren Sorgfaltsmaßstab zu beachten hätte als gegenüber der KG. Auch muß man sich vor Augen führen, daß der Direktanspruch den Weg entlang der gesellschaftsvertraglichen Beziehungen nur abkürzen, nicht aber erschweren soll, der von den Kommanditisten eigentlich beschritten werden müßte. Die Komplementär-GmbH unterliegt aber gegenüber der KG stets dem strengen Haftungsmaßstab des § 43 GmbHG, unabhängig von der Person ihres Geschäftsführers[93]; nichts anderes kann daher für die Direkthaftung des Geschäftsführers gelten. Auch seine

---

92 OLG Zweibrücken NZG 1999, 506 f.; OLG Düsseldorf AG 1997, 231, 135 zur AG; Hüffer, AktG, § 93 Rn 4; Mertens in Hachenburg, GmbHG, § 43 Rn 16; Wiedemann, Gesellschaftsrecht, Band I, § 6 IV 1 b); eingehend Wilm, S. 223 ff.

93 Vgl. oben I. 2, S. 69 f.

Haftung richtet sich somit stets nach dem Recht der Komplementärin, bei einer GmbH also nach § 43 GmbHG.

(4) Einwände gegen eine rechtsformunabhängige Organhaftung

Wilm nimmt im Ergebnis eine Organhaftung des Geschäftsführers gegenüber der KG an, will hierfür aber nicht die jeweilige Haftungsnorm der Komplementärin, sondern eine Gesamtanalogie zu §§ 43 GmbHG, 93 AktG, 34 GenG heranziehen[94]. Dadurch soll vor allem vermieden werden, daß bei einer ausländischen Komplementär-Gesellschaft das ausländische Haftungsrecht zum Zuge kommt[95]. Es ist aber nicht einzusehen, warum der Geschäftsführer einer ausländischen Kapitalgesellschaft zwei unterschiedlichen Sorgfaltsmaßstäben ausgesetzt sein und gegenüber seiner Gesellschaft nach den Regeln dieser ausländischen Gesellschaft, gegenüber der deutschen KG, deren Komplementärin diese ausländische Kapitalgesellschaft ist, dagegen nach §§ 43 GmbHG, 93 AktG, 34 GenG analog haften soll. Es ist gegenüber den Kommanditisten auch dann nicht unbillig, die Haftungsnorm für die ausländische Kapitalgesellschaft anzuwenden, wenn diese dem Geschäftsführer im Vergleich mit der deutschen Organhaftung geringere Sorgfaltspflichten auferlegt. Denn wer Gesellschafter etwa einer französischen S.A.R.L. ist, weiß, daß das Geschäftsführungsorgan ihm gegenüber nur nach dem französischen Recht der S.A.R.L. haften kann. Dasselbe muß für den Gesellschafter einer S.A.R.L. & Co. KG gelten. Ist der Kommanditist mit der Bestellung einer ausländischen Kapitalgesellschaft als Komplementärin nicht einverstanden, so stehen ihm nach deutschem Recht der KG Möglichkeiten zur Verfügung, diese Bestellung zu verhindern. Ob allerdings die Eigenschaft als ausländische Kapitalgesellschaft allein einen wichtigen Grund i.S. §§ 117, 133, 140 HGB für eine nachträgliche Abberufung oder Ausschließung bilden kann[96], darf selbst dann bezweifelt werden, wenn das ausländische Haftungsrecht hinter den Sorgfaltsanforderungen der §§ 43 GmbHG, 93 AktG, 34 GenG zurückbleibt. Ein Bedürfnis nach dem Schutz vor ausländischem Haftungsrecht, das *Wilm* unterstellt, ist nicht anzuerkennen.

(5) Keine Rückwirkungen auf das Weisungs- und Abberufungsrecht

Einem Einwand muß sich jede Begründung einer Direkthaftung des Geschäftsführers stellen. Müßte mit einer solchen unmittelbaren Haftung gegenüber der KG nicht konsequenterweise ein Weisungs- und Abberufungsrecht der KG

---

94 Wilm, S. 160, 228, 249.

95 Wilm, S. 119 ff., 156 f., 159 f.

96 Vgl. zum Vorgehen gegen die Komplementär-GmbH allgemein oben § 3 III., S. 50 ff.

korrespondieren, das doch oben[97] abgelehnt wurde[98]? Die Bejahung dieser Frage erscheint umso naheliegender, als mit der vorliegenden Konzeption nicht nur die drittschützende Wirkung einer Haftung in der GmbH, sondern eine eigenständige Haftung aus mittelbarer Geschäftsführung in der KG analog § 43 GmbHG angenommen wird. Unzweifelhaft bleibt aber die Organstellung des Geschäftsführers in der GmbH trotz der Sorgfaltspflicht gegenüber der KG unberührt. Nur aufgrund dieser Organstellung wird er zugleich für die KG tätig. Eine Stellung als Doppelorgan für die GmbH und für die KG ist nicht praktikabel. Zu welch kuriosen Folgeerscheinungen dies führen könnte, soll nur an zwei Beispielen aufgezeigt werden: Zum einen kommt es im Fall widersprüchlicher Weisungen zu Schwierigkeiten, wenn etwa die GmbH-Gesellschafter die Weisung zur Durchführung eines bestimmten Geschäfts erteilen, die Kommanditisten dieses Geschäft dagegen verbieten. An den Rand der Handlungsunfähigkeit führt zum anderen der Fall der Unstimmigkeiten über die Person des Geschäftsführers, wenn die GmbH-Gesellschafter jeweils einen neuen Geschäftsführer bestellen, den die Kommanditisten sofort wieder abberufen. Der Geschäftsführer ist somit nur Organ in der GmbH. Daß er auch gegenüber der KG einer Sorgfaltspflicht und der Organhaftung unterliegt, hat seinen Grund darin, daß ihm mit der Organstellung in der GmbH zugleich die Verfügungsbefugnis über das Vermögen der KG eingeräumt wird, und beruht auf einer nur analogen Anwendung des § 43 GmbHG.

(6) Haftung auch bei eigenem Geschäftsbetrieb der GmbH

Der Umfang der Leitungsmacht hinsichtlich des Vermögens der KG ist unabhängig davon, ob die GmbH zugleich einen eigenen Geschäftsbetrieb unterhält, weitere Unternehmensbeteiligungen hat oder zugleich in anderen KG die Rolle der Komplementarin übernommen hat. Das Schutzbedürfnis des Kommanditisten ist jeweils in gleichem Maße zu bejahen. Die Beschränkung des Direktanspruchs in der Rechtsprechung auf die Fälle, in der die wesentliche Aufgabe der GmbH und ihres Geschäftsführers darin besteht, die Geschäfte der KG zu führen, ist somit abzulehnen[99]. Zwar besteht bei Vorliegen anderweitiger Interessenbindungen der GmbH ein konzernrechtlicher Interessenkonflikt. Der Geschäftsführer der GmbH darf nach konzernrechtlichen Grundsätzen jedoch auch bei legitimen widerstreitenden Interessen der GmbH die Interessen der KG nicht zurückstellen. Selbst im Falle der Schädigung der KG zugunsten des Interesses der herrschenden Gesellschaft ist die Organhaftung des Geschäftsführers somit nicht ausgeschlossen.

---

97 § 3 II. 1 a), S. 38 ff., zum Weisungsrecht; § 3 II. 3, S. 47 ff., zum Abberufungsrecht.

98 Vgl. zu dieser Frage auch BGH NJW 1980, 30, 31; Hopt, ZGR 1979, 1, 14 ff.; Hüffer, ZGR 1981, 348, 357 ff.; Weimar/Geitzhaus, DB 1987, 2026, 2032; im Falle des Abschlusses des Anstellungsvertrags mit der KG Fleck, ZHR 149 (1985), S. 387, 392.

99 Vgl. bereits oben 2 d) bb) (4), S. 82, mit Nachweisen in Fn 60, 61.

5. Auswirkung von Haftungsbeschränkungen und -ausschlüssen

Als Prüfstein einer sachgerechten Lösung wurde oben[100] zum Schutz des außenstehenden Kommanditisten gefordert, daß der Direktanspruch der KG gegen den GmbH-Geschäftsführer nicht ohne Mitwirkung der Kommanditisten allein durch die Gesellschafter der GmbH ausgeschlossen oder beschränkt werden kann. Als Möglichkeiten hierfür kommen eine Haftungsbeschränkung, ein Entlastungsbeschluß der GmbH-Gesellschafter nach § 46 Nr. 5 GmbHG, ein Verzicht sowie die Erteilung einer entlastenden Weisung in Betracht.

a) Haftungsbeschränkung

aa) Abdingbarkeit der Geschäftsführerhaftung in der GmbH

Ob die Haftung des Geschäftsführers nach § 43 GmbHG überhaupt durch Regelung im Anstellungsvertrag, in der GmbH-Satzung oder durch Gesellschafterbeschluß abgemildert werden kann, ist außerordentlich umstritten. Eine Ansicht bejaht den zwingenden Charakter des § 43 GmbHG generell, da der Geschäftsführer bei der Verwaltung des Gesellschaftsvermögens nicht nur die Interessen der Gesellschaft, sondern auch die Interessen der Gläubiger zu berücksichtigen habe[101]. Die überwiegende Meinung hält dem jedoch entgegen, daß der zwingende Charakter der Haftung zum Schutz der Gläubiger in §§ 43 Absatz 3, 30, 9b GmbHG abschließend geregelt ist, und somit nur zur Erhaltung des Stammkapitals eingreift[102]. Danach kann im übrigen der Sorgfaltsmaßstab herabgesetzt und jedenfalls die Haftung für einfache Fahrlässigkeit ausgeschlossen werden[103]. Zum Teil wird allerdings zum Schutz der Minderheitsgesellschafter für die Begründung der Haftungsbeschränkung ein einstimmiger Beschluß gefordert[104].

---

100 Vgl. oben II. vor 1, S. 71.

101 Lutter/Hommelhoff, GmbHG, § 43 Rn 2, 17; Ebenroth/Lange, GmbHR 1992, 69, 76; Heisse, Die Beschränkung der Geschäftsführerhaftung, S. 107 ff.; vgl. auch Koppensteiner in Rowedder, GmbHG, § 43 Rn 4 f.

102 Zöllner in Baumbach/Hueck, GmbHG, § 43 Rn 1d; Mertens in Hachenburg, GmbHG, § 43 Rn 5; Schneider in Scholz, GmbHG, § 43 Rn 184 f.; ders., GmbHR 1993, 10, 20; Fleck, GmbHR 1974, 224, 229; Kion, BB 1984, 864, 867; Konzen, NJW 1989, 2977, 2984.

103 Umstritten ist nun weiter, ob dies nur durch Satzungsregelung erfolgen kann, so Zöllner in Baumbach/Hueck, GmbHG, § 43 Rn 1d; Koppensteiner in Rowedder, GmbHG, § 43 Rn 4; a.A. Schneider in Scholz, GmbHG, § 43 Rn 186; Mertens in Hachenburg, GmbHG, § 43 Rn 5; Fleck, GmbHR 1974, 224, 229; vgl. Heisse, Die Beschränkung der Geschäftsführerhaftung, S. 133 ff.

104 Koppensteiner in Rowedder, GmbHG, § 43 Rn 4; vgl. Ebenroth/Lange GmbHR 1992, 69, 76; a.A. Mertens in Hachenburg, GmbHG, § 43 Rn 5 im Hinblick auf die Treupflicht als Korrektiv.

Unter Beachtung des zwingenden Charakters des § 43 Absatz 3 GmbHG können die Gesellschafter der GmbH somit nach herrschender Meinung - jedenfalls einstimmig - die Haftung des Geschäftsführers beschränken.

bb) Wirkung einer Haftungsbeschränkung gegenüber der KG

Die Auswirkung einer Haftungsbeschränkung auf den Direktanspruch der KG hängt maßgeblich von dessen dogmatischer Konstruktion ab.

Sofern die Drittwirkung einer vertraglichen oder organschaftlichen Beziehung zwischen dem Geschäftsführer und der GmbH zugunsten der KG angenommen wird, müßte sich eine wirksam vereinbarte Haftungsbeschränkung nach dem Rechtsgedanken des § 334 BGB auch gegenüber der begünstigten KG auswirken[105]. Der zwingende Charakter des § 43 Absatz 3 GmbHG hilft der KG insoweit nicht weiter, da er sie unter Verweisung auf das Stammkapital nur außenstehenden Drittgläubigern gleichstellt und somit der besonderen Verknüpfung der Gesellschaften nicht gerecht wird. In Betracht käme dann allenfalls, mit der oben genannten Ansicht die Zustimmung der Minderheitsgesellschafter zu verlangen[106], und die KG einem solchen Minderheitsgesellschafter gleichzustellen, obwohl weder sie noch ihre Kommanditisten an der GmbH beteiligt sind.

Unabhängig von der Streitfrage um den zwingenden Charakter der Geschäftsführerhaftung wird der Schutz der Kommanditisten vor einer Haftungsbeschränkung seitens der GmbH-Gesellschafter verwirklicht, wenn mit der hier vertretenen Ansicht nicht ein aus der Rechtsstellung der GmbH abgeleiteter, sondern ein eigenständiger Direktanspruch der KG analog § 43 GmbHG angenommen wird[107]. Denn dann ist zweifelsfrei, daß sich eine Haftungsbeschränkung im Verhältnis zur GmbH nicht zu Lasten der KG auswirken kann. Es bedarf zur Milderung der Haftung ihr gegenüber vielmehr eines eigenen Beschlusses der Gesellschafter der KG oder einer Haftungsbeschränkung im Gesellschaftsvertrag der KG.

b) Entlastung, Verzicht

aa) Präklusion von Ersatzansprüchen der GmbH

Der Beschluß der GmbH-Gesellschafter über die Entlastung des Geschäftsführers nach § 46 Nr. 5 GmbHG hat die Wirkung, daß die Gesellschaft fortan mit sämtlichen Ansprüchen gegen den entlasteten Geschäftsführer ausgeschlossen ist, die bei sorgfältiger Prüfung aller Unterlagen und Berichte des

---

105 Vgl. hierzu näher oben 2 d) bb) (3), S. 80 f.

106 Oben Fn 104.

107 Vgl. oben 4 c) cc), S. 90 ff.

Geschäftsführers erkennbar waren[108]. Die Entlastung hat somit dieselbe Wirkung wie ein nachträglicher Verzicht auf Ersatzansprüche durch Gesellschafterbeschluß. Die Wirkungen eines solchen Verzichts sind zum Schutz der Gläubiger durch die Vorschriften zur Aufbringung und Erhaltung des Stammkapitals beschränkt[109]. Der Schutz der Minderheitsgesellschafter wird dagegen allein über die Möglichkeit der Beschlußanfechtung analog §§ 243 ff. AktG verwirklicht, die unter Umständen auf einen Verstoß gegen die gesellschaftsrechtliche Treupflicht gestützt werden kann.

bb) Präklusionswirkung gegenüber der KG

Die Entlastung und der Verzicht können nur Ansprüche der GmbH, nicht auch Ansprüche Dritter gegen den Geschäftsführer der GmbH ausschließen. Soweit mit der hier vertretenen Ansicht ein eigenständiger Direktanspruch der KG gegen den GmbH-Geschäftsführer angenommen wird, haben solche Beschlüsse der Gesellschafterversammlung der GmbH somit keine Wirkung gegenüber der KG. Selbst wenn man mit der Gegenansicht die Drittwirkung eines aus der Rechtsstellung der GmbH abgeleiteten Anspruchs zugrunde legt, steht der Rechtsgedanke des § 334 BGB demselben Ergebnis nicht im Wege[110]. Denn zu § 334 ist allgemein anerkannt, daß der Versprechende dem Dritten solche Einwendungen des Versprechensempfängers nicht entgegenhalten kann, die erst nach dem Entstehen des Anspruchs begründet worden sind[111]. Ansonsten könnte der Versprechensempfänger einseitig zu Lasten des Dritten auf Ansprüche verzichten.

Ein möglicher Einwand gegen diese Lösung ergibt sich allerdings daraus, daß die Entlastung als Gegenstück zur Organfunktion des Geschäftsführers zugleich der Gesellschafterversammlung der GmbH eine Organkompetenz zuweist[112]. Die Entlastung ist mehr als ein bloßer Verzicht auf Ersatzansprüche.

---

108 BGH NJW 1959, 192, 193 f.; BGH NJW 1986, 129, 130; BGH NJW 1986, 2250; BGH NJW 1995, 1353, 1356 f.; OLG Hamm GmbHR 1992, 802, 803; OLG München NJW-RR 1993, 1507, 1508; Koppensteiner in Rowedder, GmbHG, § 46 Rn 24; Hüffer in Hachenburg, GmbHG, § 46 Rn 62; K. Schmidt in Scholz, GmbHG, § 46 Rn 89, 94; ders., ZGR 1978, 425, 426; Fleck, GmbHR 1974, 224, 228; Ebenroth/Lange, GmbHR 1992, 69, 75.

109 Insbesondere §§ 43 Absatz 3, 9b, 30 Absatz 1, 57 Absatz 4, 64 Absatz 2 GmbHG, vgl. BGH NJW 1959, 192, 194; BGH NJW 1986, 2250, 2251; Hüffer in Hachenburg, GmbHG, § 46 Rn 64; K. Schmidt, ZGR 1978, 425, 426 f.; Fleck, GmbHR 1974, 224, 228.

110 Ebenso Wilm, S. 97; unklar, aber im Ergebnis wohl a.A. K. Schmidt in Scholz, GmbHG, Anh. § 45 Rn 8.

111 OLG Hamburg MDR 1982, 1017; Hadding in Soergel, BGB, § 334 Rn 3; Jagmann in Staudinger, BGB, § 334 Rn 9; Gottwald in Münchener Kommentar, BGB, § 328 Rn 99.

112 Mit Bedenken in dieser Richtung K. Schmidt in Scholz, GmbHG, Anh. § 45 Rn 8.

In einer GmbH & Co. KG, in der die Komplementär-GmbH ausschließlich die Geschäfte der KG führt, betreffen normalerweise sämtliche möglichen Ersatzansprüche zugleich die KG. Soweit die Entlastung gegenüber der KG keine Wirkung hat, wäre sie somit ihrer Funktion, dem Geschäftsführer das umfassende Vertrauen für die Vergangenheit auszusprechen, weitgehend beraubt. Darin liegt zugleich ein Eingriff in die Kompetenz der GmbH-Gesellschafterversammlung nach § 46 Nr. 5 GmbHG. Anders als im Hinblick auf das Weisungsrecht[113] ist dieser Eingriff in die innere Organisationsstruktur der GmbH jedoch hinzunehmen. Denn bei der Ausübung von Weisungen geht es um die Gestaltung der künftigen Unternehmensentwicklung in Form der unmittelbaren Einwirkung auf die laufende Geschäftsführung, von der die Kommanditisten gemäß der gesetzlichen Wertung in § 164 Satz 1 Hs. 1 HGB gerade ausgeschlossen sein sollen. Demgegenüber beschränkt sich die Organkompetenz der Entlastung auf den Umgang mit bereits entstandenen Ersatzansprüchen. Wenn man schon der KG aufgrund ihrer besonderen Schutzwürdigkeit eine Sonderstellung gegenüber sonstigen Drittgläubigern in Form eines Direktanspruchs gegen den GmbH-Geschäftsführer einräumt, dann muß man konsequenterweise den Eingriff in die Organkompetenz der Gesellschafterversammlung der GmbH zulassen, soweit diese Kompetenz zugleich eine Verfügung über diese fremden vermögensrechtlichen Ansprüche der KG enthält.

Der Verzicht auf den unmittelbaren Ersatzanspruch der KG gegen den Geschäftsführer bedarf somit eines Gesellschafterbeschlusses in der KG.

c) Handeln auf Weisung der GmbH-Gesellschafter

aa) Grenzen der Entlastungswirkung der Weisung in der GmbH

Der Geschäftsführer der GmbH ist nach § 37 Absatz 1 GmbHG verpflichtet, Weisungen der Gesellschafterversammlung zu beachten und zu befolgen. Soweit er auf eine solche bindende Weisung der Gesellschafter handelt, ist seine Haftung aus dem Gesichtspunkt der pflichtwidrigen Geschäftsführung nach § 43 GmbHG ausgeschlossen[114]. Diese haftungsbefreiende Wirkung folgt aus einem Umkehrschluß zu § 43 Absatz 3 Satz 3 GmbHG sowie aus der Überlegung, daß rechtmäßiges, weisungsgemäßes Verhalten keinen Sorgfaltsverstoß darstellen kann. Da rechtswidrige Weisungen für den Geschäftsführer keine Folgepflicht begründen, unterliegt auch die Entlastungswirkung folgenden Grenzen:

---

113 Ein unmittelbares Weisungsrecht der Kommanditisten wurde mit der Begründung abgelehnt, daß es einen Eingriff in die innere Organisationsstruktur der GmbH darstellen würde, vgl. oben § 3 II. 1 a) aa), S. 38 f.

114 BGH GmbHR 1974, 131, 132; BGH NJW 1993, 193, 194; Koppensteiner in Rowedder, GmbHG, § 43 Rn 26; Schneider in Scholz, GmbHG, § 43 Rn 95; Mertens in Hachenburg, GmbHG, § 43 Rn 69; Fleck, GmbHR 1974, 224, 226; Ebenroth/Lange, GmbHR 1992, 69, 72 f.

(1) Unzuständigkeit des Anweisenden

Die Folgepflicht und somit auch die Haftungsbefreiung entfällt, wenn die Weisung durch ein unzuständiges Organ erfolgte[115]. In der GmbH ist vorbehaltlich einer abweichenden vertraglichen Regelung die Gesellschafterversammlung zuständig, die hierüber durch Beschluß entscheidet.

Eine Besonderheit gilt insoweit in der Einmann-GmbH. Da der Wille des Alleingesellschafters dem Willen der Gesellschaft entspricht, bedarf es für die Wirksamkeit der Weisung keines förmlichen Weisungsbeschlusses[116]. Dies gilt entsprechend, wenn der Alleingesellschafter zugleich als Geschäftsführer der Gesellschaft handelt[117], denn dann führt er seinen Willen als Alleingesellschafter in eigener Person als Geschäftsführer aus.

Dagegen genügt eine formlose Weisung des Mehrheitsgesellschafters auch dann nicht, wenn er aufgrund seiner Stimmrechtsmacht einen entsprechenden Beschluß selbst gegen den Widerstand der übrigen Gesellschafter herbeiführen könnte. Denn den Minderheitsgesellschaftern steht insoweit ein Mitwirkungsrecht an der Beschlußfassung zu[118].

(2) Nichtigkeit wegen Verstoßes gegen zwingende Vorschriften

Der Geschäftsführer darf Weisungen nicht beachten, die gegen zwingende, im öffentlichen Interesse oder zum Schutz der Gläubiger erlassene Vorschriften verstoßen[119]. Insoweit ist nämlich schon die Verfügungsmacht der Gesellschafter über das wirtschaftlich ihnen gehörende Gesellschaftsvermögen zum Schutz übergeordneter Interessen eingeschränkt. Da dieser Schutz nicht den Minderheitsgesellschaftern dient, sondern außenstehenden Gläubigern, gilt diese Einschränkung unabhängig davon, ob die Gesellschaft mehrere Gesellschafter hat. Als Beispiele für solche Vorschriften sind vor allem die Grundsätze zur Erhaltung des Stammkapitals nach §§ 30, 43 Absatz 3 GmbHG sowie

---

115 Koppensteiner in Rowedder, GmbHG, § 43 Rn 27 f.; Schneider in Scholz, GmbHG, § 43 Rn 97; Mertens in Hachenburg, GmbHG, § 43 Rn 76; Ebenroth/Lange, GmbHR 1992, 69, 73.

116 BGH NJW 1993, 193, 194; BGH NJW 1993, 1922; Koppensteiner in Rowedder, GmbHG, § 43 Rn 28; Fleck, GmbHR 1974, 224, 226.

117 BGH NJW 1993, 193, 194; BGH GmbHR 1994, 459, 460; OLG Köln GmbHR 1995, 449, 450; Koppensteiner in Rowedder, GmbHG, § 43 Rn 28; Schneider in Scholz, GmbHG, § 43 Rn 108.

118 Vgl. BGH NJW 1993, 193, 194; Koppensteiner in Rowedder, GmbHG, § 43 Rn 28; Schneider in Scholz, GmbHG, § 43 Rn 97 a.E.; Mertens in Hachenburg, GmbHG, § 43 Rn 71; Ebenroth/Lange, GmbHR 1992, 69, 72.

119 BGH GmbHR 1974, 131, 132; Schneider in Scholz, GmbHG, § 43 Rn 98; Mertens in Hachenburg, GmbHG, § 43 Rn 77; vgl. Ebenroth/Lange, GmbHR 1992, 69, 73.

der Schutz vor einer Insolvenzverschleppung nach § 64 Absatz 2 Satz 3 GmbHG zu nennen[120]. Ob diese Einschränkung schon dann eingreift, wenn bei Ausführung der Weisung ohne einen Verstoß gegen diese gesetzlichen Vorschriften die wirtschaftliche Existenz der Gesellschaft gefährdet würde, ist bislang umstritten[121].

(3) Nichtigkeit wegen Verstoßes gegen die guten Sitten

Als Grund für die Nichtigkeit einer Weisung wird schließlich auch ein Verstoß gegen die guten Sitten genannt[122]. Dabei rechtfertigt nicht schon ein Verstoß gegen die Treupflicht unter den Gesellschaftern der GmbH, etwa bei Verfolgung eines gesellschaftsfremden Interesses, den Vorwurf der Sittenwidrigkeit[123]. Denn es kann dem Geschäftsführer nicht zugemutet werden, bei der Ausführung von Mehrheitsbeschlüssen zugleich die Interessen der Minderheitsgesellschafter berücksichtigen zu müssen. Der Schutz der überstimmten Minderheit wird vielmehr durch die Möglichkeit der Beschlußanfechtung analog §§ 243 ff. AktG[124] sowie durch Schadensersatzansprüche gegen die Mehrheitsgesellschafter aus Treupflichtverletzung[125] in ausreichendem Maße gewährleistet. Nicht nur Anfechtbarkeit, sondern Nichtigkeit der Weisung wegen Sittenwidrigkeit wurde bislang, soweit ersichtlich, nur im Fall der bewußten Schädigung der KG in einer GmbH & Co. KG durch den Alleingesellschafter-Geschäftsführer der GmbH in Betracht gezogen[126]. Dort besteht die Besonderheit, daß die Kommanditisten der GmbH aufgrund der gesellschaftsrechtlichen Verknüpfung der GmbH näher stehen als außenstehende Drittgläubiger, andererseits aber kein Recht zur Beschlußanfechtung haben. Die Frage, ob die

---

120 BGH GmbHR 1974, 131, 132; Schneider in Scholz, GmbHG, § 43 Rn 98; Mertens in Hachenburg, GmbHG, § 43 Rn 77.

121 Offengelassen von BGH NJW 1993, 1922; BGH GmbHR 1994, 459, 460; OLG Köln GmbHR 1995, 449, 450; näher hierzu Schneider in Scholz, GmbHG, § 37 Rn 52; Fleck, ZGR 1990, 31, 36 ff.; Priester, ZGR 1993, 512, 521 ff.; Winter, ZGR 1994, 570, 585 ff.

122 BGH WM 1980, 30, 31; Scholz in Schneider, GmbHG, § 43 Rn 98; Koppensteiner in Rowedder, GmbHG, § 43 Rn 31; Mertens in Hachenburg, GmbHG, § 43 Rn 77; Fleck, GmbHR 1974, 224, 227; Ebenroth/Lange, GmbHR 1992, 69, 72.

123 Mertens in Hachenburg, GmbHG, § 43 Rn 79; Ebenroth/Lange, GmbHR 1992, 69, 73; differenzierend Konzen, NJW 1989, 2977, 2981.

124 Vgl. zur eingeschränkten Folgepflicht bis zum Ablauf der Anfechtungsfrist, falls mit einer Anfechtungsklage zu rechnen ist, Koppensteiner in Rowedder, GmbHG, § 43 Rn 33; Schneider in Scholz, GmbHG, § 43 Rn 101 ff.; Mertens in Hachenburg, GmbHG, § 43 Rn 81 ff.; Fleck, GmbHR 1974, 224, 227 f.

125 Hierzu eingehend unten III. 3 a) aa) und bb), S. 123 ff.

126 BGHZ 75, 321, 326 f. = WM 1980, 30, 31; die weiteren Literaturstellen (oben Fn 122) nehmen auf diese Entscheidung Bezug.

Entlastungswirkung einer Weisung der GmbH-Gesellschafter über die zwingenden Vorschriften des Gläubigerschutzes hinaus der außenstehenden KG nicht entgegengehalten werden kann, wird sogleich als Besonderheit der GmbH & Co. KG näher erörtert (unten bb (3)).

bb) Grenzen der Entlastungswirkung gegenüber der KG

Die Befugnis zur Erteilung von Weisungen an den Geschäftsführer der GmbH liegt in der GmbH & Co. KG grundsätzlich bei den GmbH-Gesellschaftern. Den Kommanditisten steht ein solches Weisungsrecht nur zu, wenn es gesellschaftsvertraglich ausdrücklich eingeräumt wurde[127]. Das Weisungsrecht der GmbH-Gesellschafter erstreckt sich dabei auch dann auf die Angelegenheiten der KG, wenn sie an ihr nicht vermögensmäßig beteiligt sind[128]. Anders als bei internen Haftungsbeschränkungen der GmbH[129] muß sich die KG diese Weisungsbefugnis der GmbH-Gesellschafter unabhängig davon entgegenhalten lassen, ob man die Direkthaftung des Geschäftsführers auf die Schutzwirkung des Anstellungsvertrags oder auf eine Analogie zu § 43 GmbHG stützt[130]. Denn mit der Beauftragung der GmbH als Komplementärin ist aufgrund der gesellschaftsrechtlichen Struktur der GmbH & Co. KG dieses Weisungsrecht notwendig verbunden.

(1) Unzuständigkeit des Anweisenden

Unzuständig zur Erteilung von Weisungen ist die Gesellschafterversammlung der GmbH nur, wenn die Weisung die Vornahme eines außergewöhnlichen Geschäfts für die KG betrifft, denn dafür ist nach §§ 164 Satz 1 Hs. 2, 116 Absatz 2 HGB die Zustimmung der Kommanditisten erforderlich[131]. In diesem Fall entfällt somit auch die Folgepflicht des Geschäftsführers.

Der Sonderfall des Alleingesellschafter-Geschäftsführers war Gegenstand der bereits erwähnten Entscheidung des Bundesgerichtshofs[132]. Dabei wurde dem Geschäftsführer die Berufung auf die entlastende Wirkung seiner eigenen Weisung als Alleingesellschafter mit der Begründung versagt, die Pflichtverletzung beruhe allein auf seiner persönlichen Entschließung und seine

---

127 Eingehend oben § 3 II. 1, S. 38 ff.

128 Vgl. oben § 3 II. 1 a) bb), S. 39 f.

129 Vgl. oben a), S. 94 f.

130 Zum Fall eines unmittelbaren Anstellungsvertrags mit der KG Fleck, ZHR 149 (1985), S. 387, 410 f.; vgl. auch Konzen, NJW 1989, 2977, 2985; Wilm, S. 235 f.

131 Vgl. oben § 3 II. 1 a) bb) a.E., S. 40 unten; vgl. auch Wilm, S. 235.

132 BGHZ 75, 321 = WM 1980, 30; vgl. oben Fn 126.

Verantwortung hierfür sei nicht teilbar[133]. Dies steht scheinbar in gewissem Widerspruch zu der oben dargestellten Rechtsprechung[134], wonach der Alleingesellschafter-Geschäftsführer zu seiner Entlastung gegenüber der GmbH überhaupt keiner Weisung bedarf, da er seinen Willen als Alleingesellschafter in eigener Person als Geschäftsführer ausführt und hierbei keine Minderheitsinteressen berücksichtigen muß. Die Richtigkeit dieser Entscheidung wird aber deutlich, wenn man sich vor Augen hält, daß der Geschäftsführer in der GmbH & Co. KG bei der Ausübung der Geschäftsführung eben nicht nur Eigeninteressen der GmbH, sondern daneben auch diejenigen der KG wahrzunehmen hat. Er schuldet hierbei aufgrund der durch die analoge Anwendung des § 43 GmbHG begründeten besonderen Rechtsbeziehung auch gegenüber der KG die Sorgfalt eines ordentlichen Geschäftsführers[135]. Dieser Sorgfaltspflicht kann er sich nicht durch seine zusätzliche Stellung als Gesellschafter und die Berufung auf eine fiktiv erteilte Weisung an sich selbst entziehen.

(2) Nichtigkeit wegen Verstoßes gegen zwingende Vorschriften

Die Nichtigkeit eines Weisungsbeschlusses wegen eines Verstoßes gegen zwingende Vorschriften im öffentlichen Interesse gilt gegenüber der KG natürlich in gleicher Weise, bietet dem Kommanditisten aber keinen hinreichenden Schutz. Denn insoweit würde er lediglich außenstehenden Drittgläubigern gleichgestellt.

(3) Nichtigkeit wegen Verstoßes gegen die guten Sitten

Die Frage ist aber, ob es in einer GmbH & Co. KG darüber hinaus Fälle geben kann, in denen dem Geschäftsführer der GmbH gegenüber der KG die Berufung auf eine entlastende Weisung der GmbH-Gesellschafter versagt ist.

Bereits aus der grundsätzlichen Bejahung einer Direkthaftung gegenüber der KG analog § 43 GmbHG als Innenhaftung für pflichtwidrige Geschäftsführung folgt, daß der Geschäftsführer ohne Vorliegen einer Weisung neben den Eigeninteressen der Gesellschaft nicht nur die zwingenden Vorschriften zum Schutz der Gläubiger, sondern darüber hinaus die Interessen der KG in angemessener Weise zu berücksichtigen hat, sofern die Geschäftsführung zugleich Angelegenheiten der KG betrifft. Die weitere Frage ist nun, ob ihn eine entsprechende Pflicht trotz entgegenstehender Weisung der GmbH-Gesellschafter trifft.

---

133 BGHZ 75, 321, 326 f. = WM 1980, 30, 31.

134 Vgl. oben aa) (1), S. 98, Fn 116, 117.

135 Zur Einmann-GmbH insbesondere Schneider in Scholz, GmbHG, § 43 Rn 109; vgl. Wilm, S. 48 f., der nicht eine Haftung als Geschäftsführer, sondern als anweisender Gesellschafter bejaht.

Diese Frage wurde bereits bejaht für den Fall des Alleingesellschafter-Geschäftsführers, da hier die Verantwortlichkeit für eine Weisung aufgrund der Personenidentität nicht teilbar ist[136]. Zu erörtern bleibt der Fall, in dem diese Personenidentität nicht vorliegt. In der Entscheidung zum Alleingesellschafter-Geschäftsführer gab der Bundesgerichtshof zu erkennen, daß der Geschäftsführer jedenfalls eine sittenwidrige Weisung nicht beachten darf[137]. Die schwierige Abgrenzung zwischen einer sittenwidrigen und damit unverbindlichen Weisung einerseits[138] und einer sachlich vertretbaren und damit verbindlichen Weisung andererseits ließ er dabei offen, da die Weisung bereits aufgrund der Personenidentität von Geschäftsführer und Alleingesellschafter für unbeachtlich gehalten wurde. Diese Nichtigkeit wegen Sittenwidrigkeit aufgrund einer Schädigung der KG ergibt sich bei einer konsequenten Anwendung der Vorschriften über die Fehlerhaftigkeit von Beschlüssen, hier aus § 241 Nr. 4 AktG analog[139]. Diese Vorschrift ist in gleicher Weise neben § 43 Absatz 3 Satz 3 GmbHG anwendbar wie neben der inhaltsgleichen Regelung in § 241 Nr. 3 AktG. Abschließenden Charakter hat § 43 Absatz 3 Satz 3 GmbHG insoweit nicht.

(4) Keine Erweiterung auf Fälle fahrlässiger Pflichtwidrigkeit

Dieser Schutz des Kommanditisten ist jedoch auf sittenwidrige Weisungen und damit auf Fälle einer bewußten Schädigung der KG beschränkt. Auch bei einer Benachteiligung der KG aufgrund einer nur fahrlässig pflichtwidrigen Weisung wird sein Vermögen jedoch durch eine Handlung, an der ihm kein Mitwirkungsrecht zusteht, geschädigt. Die gesellschaftsrechtliche Verknüpfung in der GmbH & Co. KG gewährt nicht nur dem Geschäftsführer der GmbH die Verfügungsbefugnis über das Vermögen der KG, sondern aufgrund des Weisungsrechts nach § 37 GmbHG in ähnlicher Weise dem GmbH-Gesellschafter. In dem vom Bundesgerichtshof entschiedenen Fall[140] hätte der Alleingesellschafter-Geschäftsführer somit nicht nur seine Haftung als Geschäftsführer, sondern die Haftung gegenüber der KG überhaupt auf krasse Fälle der Sittenwidrigkeit beschränken können, indem er als Geschäftsführer eine weitere Person einsetzt, die er durch seine Weisung als Alleingesellschafter zu der pflichtwidrigen Geschäftsführungsmaßnahme veranlaßt.

---

136 Vgl. oben (1), S. 100 f.

137 BGHZ 75, 321, 326 f. = WM 1980, 30, 31.

138 In der Entscheidung wird als Beispiel die bewußte Schädigung der KG genannt.

139 Abweichend Krebs, S. 295 f., der für die Frage der Sittenwidrigkeit analog § 241 Nr. 4 AktG zu Unrecht allein auf die Interessen der GmbH abstellt.

140 BGHZ 75, 321 = WM 1980, 30.

Die Stellung des Kommanditisten steht dabei hinter der eines Minderheitsgesellschafters in der GmbH[141] zurück. Ein wesentlicher Unterschied zum Minderheitsgesellschafter besteht nämlich darin, daß der Kommanditist nicht Gesellschafter der GmbH ist und er somit nicht die Möglichkeit hat, einen pflichtwidrigen Weisungsbeschluß analog §§ 243 ff. AktG anzufechten. Denn ihm steht bei der Beschlußfassung über die Weisung nicht einmal ein Mitwirkungsrecht zu, da er nach der gesetzlichen Wertung des § 164 HGB im Recht der KG von jeglicher Mitwirkung an der laufenden Geschäftsführung ausgeschlossen ist[142]. Ob ihm aus einer pflichtwidrigen Weisung gegen die GmbH-Gesellschafter in gleicher Weise wie dem Minderheitsgesellschafter Anspruch auf Schadensersatz zusteht, ist bislang nicht hinreichend geklärt. Für den Kommanditisten kann sich nun eine empfindliche Lücke im System seines Rechtsschutzes ergeben, wenn der Geschäftsführer aufgrund einer pflichtwidrigen, aber nicht sittenwidrigen Weisung entlastet, andererseits aber keine Haftung der anweisenden Gesellschafter begründet wird. Diese Haftungslücke ist nicht sachgerecht, da doch der Kommanditist von pflichtwidrigen Weisungen in gleicher Weise betroffen ist wie ein Minderheitsgesellschafter der GmbH. Diese Vergleichbarkeit der Einwirkungsmöglichkeit auf sein Vermögen aufgrund der mittelbaren Geschäftsführung der KG ist beim Geschäftsführer ja gerade der tragende Grund der Analogie zu § 43 GmbHG[143].

Für eine Lösung, die dem Umstand gerecht wird, daß der Kommanditist von Weisungen des GmbH-Gesellschafters in gleichem Maße betroffen wird wie ein Minderheitsgesellschafter der GmbH, kommen zwei Ansätze in Betracht: Entweder man behandelt den Geschäftsführer trotz seiner grundsätzlichen Weisungsgebundenheit haftungsrechtlich als Doppelorgan beider Gesellschaften, indem man ihn verpflichtet, trotz einer entgegenstehenden Weisung der GmbH-Gesellschafter, auch soweit sie nicht den Vorwurf der Sittenwidrigkeit rechtfertigt, die Interessen der KG angemessen zu berücksichtigen und sich gegebenenfalls der Weisung zu widersetzen. Oder man wendet die oben ausführlich geschilderten Grundsätze über die Weisungsbindung in der GmbH mit einem um die Fälle der Sittenwidrigkeit erweiterten Schutz der KG unverändert an, gewährt den Kommanditisten aber in Fällen nur fahrlässig pflichtwidriger Weisungen eine Haftungsgrundlage, um gegen die anweisenden GmbH-Gesellschafter vorzugehen.

Die erste Lösung würde dem Geschäftsführer eine verschärfte Prüfungspflicht auferlegen, ob die Befolgung einer Weisung zu einem Nachteil für die KG führen kann. Die Entwicklung der Ausweitung der Berufspflichten eines GmbH-Geschäftsführers in der jüngeren Zeit gibt ohnehin schon Anlaß zur Kritik, denn

---

141 Vgl. zur Möglichkeit der Beschlußanfechtung und zum Anspruch auf Schadensersatz aus Treupflicht oben aa) (3), S. 99.

142 Vgl. hierzu auch oben § 3 I. 2 a), S. 33 und § 3 II.1 a) aa), S. 38 f.

143 Vgl. oben 4 c) cc) (1) und (2), S. 90.

durch eine weitreichende persönliche Haftung wird das Unternehmensrisiko zunehmend auf die Mitglieder der Geschäftsführung verlagert[144]. Gerade bei Weisungen der GmbH-Gesellschafter befindet sich der Geschäftsführer in einer wenig beneidenswerten Lage. Befolgt er die Weisung, so kann ihm eine Außenhaftung gegenüber Drittgläubigern oder gar eine strafrechtliche Haftung drohen. Lehnt er die Weisung dagegen zu Unrecht ab, so handelt er im Hinblick auf seine Folgepflicht rechtswidrig. Im Spannungsfeld zwischen Berufspflichten einerseits und Interessen der Gesellschaft andererseits zu entscheiden, kann schon für ein eigenverantwortliches Organ ohne Weisungsbindung[145] schwierig sein. Beim Geschäftsführer der GmbH kommt die unmittelbare Abhängigkeit seiner Stellung von den GmbH-Gesellschaftern als Herren der Gesellschaft[146] erschwerend hinzu. Im Hinblick auf die grundsätzliche Folgepflicht und die persönliche Abhängigkeit seiner Anstellung kann ihm nicht zugemutet werden, entgegen den Weisungen der GmbH-Gesellschaftern die mehr oder weniger eindeutigen[147] Interessen der KG zu berücksichtigen[148]. Daher sind nur solche Weisungen als unbeachtlich anzusehen, die bewußt auf eine Schädigung der KG gerichtet und daher sittenwidrig sind[149], und wenn dies für den Geschäftsführer erkennbar ist.

Dem Charakter des Weisungsrechts und der tatsächlichen Machtverteilung in der typischen GmbH entspricht vielmehr die zweite Lösung, die für den Kommanditisten bestehende Haftungslücke dadurch zu schließen, daß bei pflichtwidrigen, aber nicht sittenwidrigen Weisungen der anweisende GmbH-Gesellschafter zur Verantwortung gezogen und hierfür nach einer Haftungsgrundlage gesucht wird (dazu eingehend unten III.).

---

144 Sehr deutlich in diese Richtung Schneider in Scholz, GmbHG, § 43 Rn 10, der im Hinblick auf die zum Teil strafrechtlich sanktionierten öffentlich-rechtlichen Pflichten von einer Kriminalisierung der Unternehmensleitungen spricht; näher hierzu Sandberger, Die Außenhaftung des Geschäftsführers, 1997, insbesondere S. 144 ff.

145 Der Vorstand einer AG bedarf bei Maßnahmen der laufenden Geschäftsleitung nur im Falle des § 111 Absatz 4 Satz 2 AktG der Zustimmung des Aufsichtsrats; ein Weisungsrecht der Aktionäre besteht überhaupt nicht, wie sich im Umkehrschluß aus § 119 Absatz 2 AktG ergibt.

146 Neben dem Weisungsrecht ist hier vor allem die Möglichkeit der Abberufung zu erwähnen, die bei Fehlen einer gesellschaftsvertraglichen Regelung i.S. § 37 Absatz 2 GmbHG auch ohne wichtigen Grund durch Mehrheitsbeschluß erfolgen kann.

147 Denn anders als bei den übrigen Berufspflichten aufgrund zwingender Vorschriften im öffentlichen Interesse oder zum Schutz der Gläubiger wäre bei Bejahung einer zusätzlichen Berufspflicht zum Schutze der KG die Einordnung einer Handlung als pflichtwidrig nicht an klare Tatbestandsmerkmale geknüpft, sondern erforderte eine wertende Betrachtung.

148 So zutreffend Grunewald, BB 1981, 581, 583 f.

149 Ebenso Fleck, ZHR 149 (1985), S. 387, 410 f. sogar für den Fall, daß der Anstellungsvertrag unmittelbar mit der KG geschlossen wurde; vgl. auch BGH WM 1980, 30, 31.

6. Verjährung

Der Direktanspruch der KG gegen den Geschäftsführer der GmbH verjährt nach § 43 Absatz 4 GmbHG in fünf Jahren[150].

Bei einer Anknüpfung der Haftung an eine Schutzwirkung des Anstellungsvertrags, wie sie von der ständigen Rechtsprechung bisher vertreten wird, liegt zunächst die Anwendung der 30-jährigen Frist nach § 195 BGB nahe. Die Anwendung des § 43 Absatz 4 GmbHG durch die Rechtsprechung wird jedoch verständlich vor dem Hintergrund, daß bereits nach den Grundsätzen zum Recht der normalen GmbH dem Ersatzanspruch aus dem Anstellungsvertrag gegenüber der gesetzlichen Organhaftung keine eigenständige Bedeutung zukommt, vielmehr § 43 GmbHG als Spezialregelung die vertragliche Haftungsgrundlage in sich aufnimmt[151]. Eine Differenzierung der Verjährung danach, ob die Geschäftsführerhaftung gegenüber der GmbH aufgrund der Organstellung oder gegenüber der KG aufgrund des Anstellungsvertrags besteht, wäre mit dem Zweck des § 43 Absatz 4 GmbHG nicht zu vereinbaren. Denn die kurze Verjährung nach dieser Vorschrift rechtfertigt sich daraus, daß Organmitglieder als Verwalter fremden Vermögens ein berechtigtes Interesse daran haben, nach Ablauf einer bestimmten Zeit Gewißheit darüber zu erlangen, ob im Zusammenhang mit ihrer Organtätigkeit Ansprüche gegen sie erhoben werden[152]. Dieses Interesse des Geschäftsführers ist in gleichem Maße schutzwürdig, wenn die Geschäftsführung nicht nur Angelegenheiten der GmbH betrifft, sondern als Folge der mittelbaren Geschäftsführung zugleich solche der KG. Die Rechtsprechung ist allerdings insoweit inkonsequent, als sie einerseits bislang den Charakter des Direktanspruchs der KG gegen den Geschäftsführer als Organhaftung nicht anerkennt, andererseits aber doch stillschweigend § 43 Absatz 4 GmbHG als verdrängende Spezialregelung anwendet.

Diese Widersprüchlichkeit wird vermieden, wenn man die Direkthaftung des Geschäftsführers insgesamt als Organhaftung ansieht. Nach dem hier vertretenen dogmatischen Ansatzpunkt einer analogen Anwendung des § 43

---

150 AllgM, BGH NJW 1987, 2008, 2010; BGH NJW 1995, 1353, 1358; Schneider in Scholz, GmbHG, § 43 Rn 266; Mertens in Hachenburg, GmbHG, § 43 Rn 109; Schilling in Staub, HGB, § 164 Rn 16; K. Schmidt, GmbHR 1984, 272, 279; Fleck, ZHR 149 (1985), S. 387, 409 f.; vgl. BGH NJW 1982, 2869 f. m. Anm. Westermann; BGH NJW 1995, 1960, 1962.

151 BGH WM 1989, 1335, 1337; BGH NJW 1997, 741, 742; vgl. oben 2 d) bb) (5), S. 82.

152 BGH WM 1971, 350; BGH WM 1999, 224; die Erwägung einer teleologischen Reduktion äußert vorsichtig Westermann, NJW 1982, 2870, wonach die lange Verjährungsfrist bei der KG im Hinblick darauf gerechtfertigt sein könnte, daß die Inanspruchnahme unmittelbar nach der Rechnungslegung den außenstehenden Kommanditisten nicht möglich und zumutbar sei. Dieser Gedanke würde auch durch einen Fristlauf erst ab Kenntnis berücksichtigt, was in BGH NJW 1995, 1353, 1358 jedoch ausdrücklich abgelehnt wurde.

GmbHG als Haftungsgrundlage folgt die Verjährung nämlich ohne weiteres der kurzen Frist gemäß § 43 Absatz 4 GmbHG.

Soweit daneben konkurrierende deliktische Ansprüche aus §§ 823, 826 BGB bestehen[153], findet auf deren Verjährung § 852 BGB Anwendung[154].

7. Einzelklagebefugnis des Kommanditisten

Bei dem Ersatzanspruch gegen den Geschäftsführer handelt es sich nicht um einen solchen der GmbH, sondern um einen solchen der KG. Es bedarf daher zur Geltendmachung dieses Anspruchs keines Beschlusses der Gesellschafterversammlung der GmbH nach § 46 Nr. 8 GmbHG[155].

Es liegt auf der Hand, daß die Geltendmachung des Ersatzanspruchs nicht durch den gesetzlichen Vertreter der KG erfolgen kann, denn dann müßte der Geschäftsführer der GmbH den Anspruch gegen sich selbst verfolgen[156].

Problematisch ist aber die Frage, ob es zur Durchsetzung des Ersatzanspruchs eines Beschlusses in der KG bedarf, der bei Fehlen einer abweichenden Regelung im Gesellschaftsvertrag i.S. § 119 Absatz 2 HGB dem Einstimmigkeitsprinzip unterliegen würde. In Betracht kommt auch, jedem einzelnen Kommanditisten die Möglichkeit der Gesellschafterklage zuzugestehen.

Entgegen einer vereinzelt vertretenen Ansicht[157] kann die Möglichkeit der Gesellschafterklage nicht auf das Recht zur Notgeschäftsführung nach § 744 Absatz 2 BGB[158] gestützt werden. Denn es geht nicht um die Abwendung eines drohenden Schadenseintritts, sondern um die Geltendmachung eines Ersatzanspruchs aus einem bereits entstandenen Schaden.

Die Gesellschafterklage jedes einzelnen Gesellschafters könnte aber in Anwendung der Grundsätze der actio pro socio gegeben sein. Nach den Grundsätzen der actio pro socio, die im Recht der Personengesellschaften entwickelt wurden, mittlerweile aber auch bei den Kapitalgesellschaften anerkannt sind, hat jeder Gesellschafter als Einzelmitglied die Befugnis, Sozialansprüche der Gesellschaft in eigenem Namen zur Leistung an die

---

153 Vgl. hierzu oben 1., S. 72 f.

154 BGH NJW 1987, 2008, 2010; BGH WM 1989, 1335, 1341 f.; Koppensteiner in Rowedder, GmbHG, § 43 Rn 52.

155 BGH NJW 1980, 1524, 1526 f.; BGH WM 1992, 691, 693; Schneider in Scholz, GmbHG, § 43 Rn 266.

156 Zoller, S. 137; Krebs, S. 306 f.

157 Emde, WM 1990, 1205, 1207; vgl. auch zur GmbH Verhoeven, BB 1978, 335, 336.

158 Zu dessen Anwendbarkeit in der GmbH & Co. KG oben § 3 I. 2 a) bb), S. 34 mit Fn 8.

Gesellschaft geltend zu machen[159]. Sozialansprüche sind Ansprüche der Gesellschaft gegen ein Verbandsmitglied aus der Mitgliedschaft, nicht dagegen Ansprüche gegen außenstehende Dritte[160]. Im Fall der Direkthaftung des Geschäftsführers in der GmbH & Co. KG ist es zweifelhaft, ob es sich um einen solchen Sozialanspruch handelt, da doch der Geschäftsführer der GmbH weder Gesellschafter noch Organ der KG ist.

Wäre er unmittelbar Geschäftsführer der KG, so wäre die actio pro socio aufgrund seiner gleichzeitigen Gesellschafterstellung ohne weiteres zu bejahen[161]. Er ist jedoch Organ der GmbH. Im Recht der GmbH ist die Geltung der Einzelklagebefugnis jedenfalls gegen Mitgesellschafter als Instrument des Minderheitenschutzes einhellig anerkannt[162]. Darüber hinaus räumt die heute überwiegende Auffassung trotz der Regelung in § 46 Nr. 8 GmbHG, wonach die Geltendmachung von Ersatzansprüchen eines Mehrheitsbeschlusses der Gesellschafterversammlung bedarf, die Befugnis der Gesellschafterklage auch gegen Organmitglieder, insbesondere gegen den Fremdgeschäftsführer, ein[163]. Dabei wird sie im Hinblick auf § 46 Nr. 8 GmbHG allerdings zumeist als subsidiäre Möglichkeit angesehen, die voraussetzt, daß eine Schadensersatzklage der Gesellschaft aufgrund der Machtverhältnisse in der Gesellschaft so erschwert ist, daß es für den Minderheitsgesellschafter ein unzumutbarer Umweg wäre, müßte er die anderen Gesellschafter erst zu einem Zustimmungs-

---

159 Ulmer in Staub, HGB, § 105 Rn 262 ff.; K. Schmidt in Schlegelberger, HGB, § 105 Rn 171 ff.; ders., Gesellschaftsrecht, § 21 IV, S. 631 ff.; Wiedemann, Gesellschaftsrecht, Band I, § 8 IV 1 c) aa); Westermann, Handbuch der Personengesellschaften, Rn 422 ff.; eingehend Raiser, ZHR 153 (1989), S. 1 ff.; Grunewald, Gesellschafterklage, 1990.

160 Vgl. Ulmer in Staub, HGB, § 105 Rn 263; K. Schmidt in Schlegelberger, HGB, § 105 Rn 173; ders., Gesellschaftsrecht, § 19 III 2 b), S. 556; Wiedemann, Gesellschaftsrecht, Band I, § 8 IV 1 c) aa); Westermann, Handbuch der Personengesellschaften, Rn 417 f.

161 Die Komplementär-Stellung in der KG kann nämlich nur ein Gesellschafter übernehmen (Grundsatz der Selbstorganschaft). Die actio pro socio ist daher unproblematisch für den Ersatzanspruch gegen die GmbH selbst als Komplementärin der KG (vgl. oben I. 1, S. 69 mit Fn 3).

162 Grundlegend BGHZ 65, 15, 21 = NJW 1976, 191 (ITT); OLG Düsseldorf GmbHR 1994, 172; Hueck in Baumbach/Hueck, GmbHG, § 13 Rn 32 f.; Lutter/Hommelhoff, GmbHG, § 13 Rn 3; Rowedder in Rowedder, GmbHG, § 13 Rn 18; Raiser in Hachenburg, GmbHG, § 14 Rn 44 f., 54; K. Schmidt in Scholz, GmbHG, § 46 Rn 161; Wiedemann, JZ 1976, 392, 395 f.; näher Gehrlein, ZIP 1993, 1525 ff.; Winter, Mitgliedschaftliche Treubindungen, S. 307 ff.

163 OLG Köln GmbHR 1993, 816; Koppensteiner in Rowedder, GmbHG, § 43 Rn 43; Raiser in Hachenburg, GmbHG, § 14 Rn 46; ders., ZHR 153 (1989), S. 1, 25 f.; Martens, GmbHR 1984, 265, 271; von Gerkan, ZGR 1988, 441, 444; Gehrlein, ZIP 1993, 1525, 1526; vgl. BGH WM 1982, 928; a.A. Hueck in Baumbach/Hueck, GmbHG, § 13 Rn 34; Lutter/Hommelhoff, GmbHG, § 13 Rn 5; Emmerich in Scholz, GmbHG, § 13 Rn 44.

beschluß zwingen[164]. Im Grundsatz kommt im Recht der GmbH die Gesellschafterklage damit auch dann in Betracht, wenn der Geschäftsführer nicht zugleich Gesellschafter ist.

In der GmbH & Co. KG sollte im Hinblick auf diese Entwicklung im GmbH-Recht, dem unter Geltung des Grundsatzes der Fremdorganschaft ebenfalls nicht die persönliche Verbundenheit zwischen Gesellschaftern und dem Geschäftsführer zugrunde liegt, die Befugnis der Gesellschafterklage gegen den GmbH-Geschäftsführer auch dann zugestanden werden, wenn er nicht zugleich Gesellschafter der KG ist. Der zweite Einwand, daß er nicht einmal Organ der KG ist, wiegt schwerer. Die Konstruktion einer gesellschaftsrechtlich begründeten Direkthaftung des Geschäftsführers zeigt aber, daß die KG haftungsrechtlich kein außenstehender Dritter ist, sondern aufgrund der gesellschaftsrechtlichen Verknüpfung mit der GmbH enge Verbindungen zu deren Geschäftsführer aufweist. Erstreckt man danach die organschaftlichen Sorgfaltspflichten des Geschäftsführers analog § 43 GmbHG auf die KG, so muß umgekehrt die Gesellschafterklage in der KG auf den GmbH-Geschäftsführer erstreckt werden, auch wenn er nicht Organ der KG, sondern nur mittelbarer Geschäftsführer ist[165]. Dabei handelt es sich jedoch nicht nur um eine subsidiäre Notzuständigkeit unter der Voraussetzung, daß ein Beschlußantrag des Gesellschafters bereits abgelehnt wurde oder das Bemühen um einen Gesellschafterbeschluß aufgrund der Machtverhältnisse in der Gesellschaft von vornherein aussichtslos erscheint[166], denn im Recht der KG gibt es keine dem § 46 Nr. 8 GmbHG entsprechende Vorschrift, welche die Zuständigkeit zur Geltendmachung von Ersatzansprüchen grundsätzlich der Gesellschafterversammlung zuweist[167]. Der außenstehende Kommanditist hätte aufgrund fehlender Mitwirkungsrechte auch gar keine Möglichkeit, einen entsprechenden Beschluß in der GmbH herbeizuführen oder einen ablehnenden Beschluß durch Anfechtungsklage anzugreifen.

Somit kann der Anspruch auf Schadensersatz gegen den GmbH-Geschäftsführer wegen pflichtwidriger Geschäftsführung analog § 43 GmbHG unmittelbar durch den einzelnen Kommanditisten im Wege der actio pro socio geltend gemacht werden.

---

[164] BGH WM 1982, 928, 929; OLG Köln GmbHR 1993, 816 f.; Koppensteiner in Rowedder, GmbHG, § 43 Rn 44; Hüffer in Hachenburg, GmbHG, § 46 Rn 112 f.; Martens, GmbHR 1984, 265, 271; von Gerkan, ZGR 1988, 441, 448 ff.; Zöllner, ZGR 1988, 392, 409 f.; Kowalski, ZIP 1995, 1315, 1316;
a.A. Raiser, ZHR 153 (1989), S. 1, 25 f.

[165] Im Ergebnis wie hier Zoller, S. 138 f.; ohne Begründung Krebs, S. 307; vgl. auch Horn in Heymann, HGB, § 161 Rn 137; a.A. Emde, WM 1990, 1205, 1207; unklar insoweit K. Schmidt in Scholz, GmbHG, Anh. § 45 Rn 10 und § 46 Rn 176 f.; Hesselmann/Tillmann, Rn 324.

[166] Vgl. zu diesem Erfordernis im Recht der GmbH oben Fn 164.

[167] So BGH NJW 1980, 1524, 1527.

III. Direktanspruch gegen GmbH-Gesellschafter wegen pflichtwidriger Weisung

Wurde das pflichtwidrige Handeln des Geschäftsführers der GmbH im Hinblick auf die KG durch eine Weisung der GmbH-Gesellschafter veranlaßt, so wird der Geschäftsführer durch die entlastende Wirkung einer solchen Weisung bis zur Grenze der Sittenwidrigkeit von der Haftung gegenüber der KG befreit[168]. Es stellt sich dann aus der Sicht des Kommanditisten die Frage nach einer Haftung der GmbH-Gesellschafter. Dabei ist zu differenzieren zwischen der Außenhaftung gegenüber Drittgläubigern und der Innenhaftung gegenüber der Gesellschaft oder Mitgesellschaftern.

Behandelt man die KG im Verhältnis zu ihrer Komplementär-GmbH als außenstehende Dritte, so scheidet eine persönliche Haftung der GmbH-Gesellschafter aufgrund der Verselbständigung der GmbH als juristischer Person (§ 13 Absatz 2 GmbHG) grundsätzlich aus. Eine Haftung kommt dann nur ausnahmsweise bei einer sittenwidrigen Schädigung nach § 826 BGB oder in den Fallgruppen der Durchgriffshaftung[169] in Betracht[170]. Die KG wird jedoch von einer pflichtwidrigen Weisung der GmbH-Gesellschafter ebenso wie bei eigenverantwortlichem pflichtwidrigem Handeln des Geschäftsführers nicht nur zufällig im Einzelfall als Teil des allgemeinen Rechtsverkehrs betroffen, sondern strukturbedingt durch die gesellschaftsrechtliche Verknüpfung der beiden Gesellschaften. Die Außenhaftung ist daher nicht geeignet, den Schutz der KG angemessen zu gewährleisten, dessen diese aufgrund der strukturellen Einwirkungsmöglichkeit der GmbH-Organe auf ihr Vermögen bedarf. Setzt man sich bei der Haftung des Geschäftsführers aufgrund seiner Einflußmöglichkeiten über die rechtliche Selbständigkeit der beiden Gesellschaften hinweg, indem man eine gesellschaftsrechtliche Organhaftung bejaht[171], so wäre es ein Widerspruch, bei der Frage nach der Haftung der GmbH-Gesellschafter die KG lediglich als Drittgläubiger zu behandeln.

Daher soll im Folgenden die Außenhaftung der GmbH-Gesellschafter außer Betracht bleiben und nur die Frage näher untersucht werden, ob eine Direkthaftung gegenüber der KG als gesellschaftsrechtliche Innenhaftung begründet ist, mit anderen Worten, ob der Kommanditist haftungsrechtlich einem Minderheitsgesellschafter in der GmbH gleichgestellt werden kann.

---

168 Vgl. oben II. 5 c) bb), S. 100 ff.

169 Allgemein zur Durchgriffshaftung K. Schmidt, Gesellschaftsrecht, § 9 IV, S. 241 ff.; eingehend Mertens in Hachenburg, GmbHG, Anh. § 13 Rn 1 ff. mit umfassenden Nachweisen; als Fallgruppen ihrer Anwendung werden vor allem die Sphärenvermischung, die Unterkapitalisierung sowie die Haftung als herrschendes Unternehmen im qualifizierten faktischen GmbH-Konzern diskutiert.

170 Vgl. zur GmbH & Co. KG insbesondere Geitzhaus, DB 1987, 2026, 2032; Esch, NJW 1988, 1553, 1556.

171 Vgl. eingehend oben II. 4, S. 86 ff.

Die Rechtsprechung hat die Frage der Direkthaftung der GmbH-Gesellschafter gegenüber der KG, soweit ersichtlich, bislang nicht bejaht, aber auch noch nicht ausdrücklich abgelehnt[172]. In der Literatur begann die Diskussion über eine solche mögliche Haftung mit der Entscheidung des Bundesgerichtshofs zur GmbH & Co. KG, in der die Haftung des Geschäftsführers der GmbH für pflichtwidrige Geschäftsführung auf die KG erstreckt wurde[173]. Als Anspruchsgrundlage für eine Haftung der GmbH-Gesellschafter werden insbesondere eine Organhaftung als faktischer Geschäftsführer der GmbH (unten 1.), das Prinzip der Haftung für sorgfaltswidrige Leitung in Analogie zum Konzernrecht (unten 2.) sowie eine Haftung als Gesellschafter wegen Verletzung der mitgliedschaftlichen Treupflicht (unten 3.) genannt. Die Unterschiedlichkeit dieser Ansätze beruht unter anderem darauf, daß bereits in der normalen GmbH keineswegs Einigkeit über die Grundlage und die Reichweite einer Gesellschafterhaftung für sorgfaltswidrige Weisungen besteht. Dabei ist die Entscheidung über die Haftungsgrundlage als Organhaftung oder als bloße Gesellschafterhaftung aus Treupflichtverletzung von erheblicher praktischer Bedeutung für den Sorgfaltsmaßstab, für die Verteilung der Beweislast und für die Verjährung.

1. Haftung als faktischer Geschäftsführer analog § 43 GmbHG

a) Die Ansicht von Zoller und die Organhaftungslehre von Wilhelm

Nach der Ansicht von *Zoller*[174] ist in der GmbH & Co. KG jede Person faktischer Geschäftsführer, die Aufgaben übernimmt, die in den Kompetenzbereich des Komplementärs fallen, ohne selbst Geschäftsführer der KG zu sein. Jeder, der an die Stelle der für die originäre Geschäftsführung als Komplementärin zuständigen GmbH tritt, unterliege daher derselben Haftung für fehlerhafte Geschäftsführung wie die GmbH[175]. Dieser Haftung als faktischer Geschäftsführer analog § 43 GmbHG seien nicht nur der Geschäftsführer der GmbH als mittelbarer Geschäftsführer der KG[176], sondern in gleicher Weise die Gesellschafter der GmbH bei der Erteilung von Weisungen unterworfen[177]. Von einer

---

172 BGHZ 65, 15 = NJW 1976, 191 (ITT) betraf zwar eine GmbH & Co. KG, die Kommanditisten waren aber zugleich an der GmbH beteiligt, weshalb die Frage der Direkthaftung nicht ausdrücklich entschieden werden mußte. Vgl. aber zur Bedeutung dieser Entscheidung auch für die hier zu beurteilende Fallgruppe unten 3 a) cc) (1), S. 129.

173 BGHZ 75, 321 = WM 1980, 30; vgl. die weiteren Nachweise zur Fortführung dieser Rechtsprechung oben Fn 40.

174 Zoller, S. 110 ff.; im Ergebnis ähnlich Wilm, S. 237 ff.

175 Zoller, S. 113 f.

176 Zoller, S. 129 ff.

177 Zoller, S. 132 ff.

Übernahme von Geschäftsführungsmaßnahmen durch die Gesellschafter könne generell dann ausgegangen werden, wenn die Weisung zur Entlastung des Geschäftsführers geeignet sei[178]. Allerdings setze die Haftung voraus, daß der Gesellschafter dem Weisungsbeschluß zugestimmt habe. Eine weitere Einschränkung bestehe darin, daß nicht jede gesellschaftsrelevante Betätigung eines Gesellschafters eine Haftung aus faktischer Geschäftsführung zur Folge haben könne, die Einflußnahme vielmehr organtypisch der Geschäftsführung zurechenbar sein müsse[179].

Diesem Ansatz sehr nahe steht die zum allgemeinen GmbH-Recht durch *Wilhelm* begründete Organhaftungslehre[180], wonach mit jeder Einflußnahme des Gesellschafters auf die Geschäftsführung der GmbH die Inanspruchnahme von Organmacht verbunden sei, weshalb die Einflußnahme eine Organhaftung nach dem Sorgfaltsmaßstab fremdgebundener Machtausübung auslösen müsse. Daß auch die Einflußnahme des Gesellschafters über das wirtschaftlich ihm gehörende GmbH-Vermögen fremdbezogen sei, folge aus der konsequent verstandenen Selbständigkeit der GmbH als juristische Person. Die Ausübung von Weisungsmacht auf die Geschäftsführung müsse die Verschiebung der Verantwortlichkeit von der Geschäftsführung auf den anweisenden Gesellschafter zur Folge haben. *Wilhelm* geht insoweit über den Ansatz von *Zoller* hinaus, als er eine Haftung nicht nur im Falle einer positiven Weisungserteilung, sondern auch im Falle der Untätigkeit der Gesellschafter bei Anzeichen für eine pflichtwidrige Geschäftsführung bejaht[181].

b) Kritik

Gegen die Folgerung der Organhaftungslehre, der GmbH-Gesellschafter unterliege kraft seines Weisungsrechts in Fragen der Geschäftsführung der Organhaftung nach § 43 GmbHG, spricht die gesetzliche Kompetenzverteilung zwischen dem Geschäftsführer als Organ und den Gesellschaftern[182]. Nach der Regelung des GmbHG trifft die Organhaftung des § 43 GmbHG gegenüber

---

178 Zoller, S. 133 f.

179 Eine nähere Konkretisierung dieser Abgrenzung oder beispielhafte Benennung von Fallgruppen nimmt Zoller leider nicht vor, sondern verweist auf S. 135 pauschal auf das Erfordernis einer Einzelfallbetrachtung.

180 Wilhelm, Rechtsform und Haftung, S. 285 ff., 336 ff.; ders., DB 1986, 2113, 2117; im Anschluß daran Schulze-Osterloh, ZGR 1983, 123, 158 f.; Geitzhaus, GmbHR 1989, 397, 403 f.

181 Wilhelm, Rechtsform und Haftung, S. 355 f.; ders., DB 1986, 2113, 2118.

182 BGHZ 93, 146, 150 = NJW 1985, 1030, 1031; Koppensteiner in Rowedder, GmbHG, § 43 Rn 58; Lutter/Hommelhoff, GmbHG, § 43 Rn 46; Schneider in Scholz, GmbHG, § 43 Rn 17 f.; Mertens, FS Fischer, 1979, S. 461, 464 ff.; Vonnemann, BB 1990, 217, 218; Konzen, NJW 1989, 2977, 2985; Winter, Mitgliedschaftliche Treubindungen, S. 117 ff.; vgl. Flume, ZHR 144 (1980), S. 18, 28 ff.; dezidiert gegen die Organhaftungslehre Ulmer, ZHR 148 (1984), S. 391, 413 ff.; ders., GmbHR 1984, 256, 262.

der GmbH nur den Geschäftsführer. Bei einer Weisung der Gesellschafter in Angelegenheiten der Geschäftsführer handelt es sich dagegen um die gesetzlich legitimierte Ausübung von Gesellschafterrechten, die den Geschäftsführer von der Haftung befreit, ohne daß die Gesellschafter dadurch an die Stelle des Geschäftsführers als Organ treten[183]. Denn der Haftung des Geschäftsführers mit dem strengen Sorgfaltsmaßstab des § 43 Absatz 2 GmbHG liegt der Gedanke der Fremdorganschaft in der Kapitalgesellschaft zugrunde und damit die Stellung als selbständiger treuhänderischer Verwalter fremder Vermögensinteressen[184]. Anders als der Geschäftsführer handeln die Gesellschafter nicht für ein fremdes, sondern für ihr eigenes Unternehmen und dürfen daher bei der Wahrnehmung ihrer unternehmerischen Belange durch Erteilung von Weisungen ihre eigenen wirtschaftlichen Interessen verfolgen[185]. Sie unterliegen insoweit nur einerseits den Grenzen des zwingenden Gläubigerschutzes und haben andererseits im Rahmen ihrer mitgliedschaftlichen Treupflicht[186] Rücksicht auf die schutzwürdigen Interessen ihrer Mitgesellschafter zu nehmen[187]. Diese Grenzen in Form einer Pflichtbindung können aber nicht den strengen Berufspflichten des Geschäftsführers als Fremdorgan gleichgestellt werden. Würde man die Ausübung der Mitverwaltungsrechte durch die Gesellschafter dem Sorgfaltsmaßstab des § 43 GmbHG unterwerfen, so könnten nur noch entsprechend ausgebildete und erfahrene Personen Gesellschafter einer GmbH werden[188]. Der einzelne Gesellschafter, der nicht in eigener Person die Geschäftsführung übernimmt, hat daher im Verhältnis zur Gesellschaft keine organschaftliche Pflicht, die Unternehmenspolitik mit der Sorgfalt eines ordentlichen Geschäftsmannes zu bestimmen oder gar die Geschäftsführer zu überwachen.

Von dieser legitimen Ausübung der Mitverwaltungsrechte als Gesellschafter in Form des Weisungsrechts zu unterscheiden ist die Anmaßung der Befugnisse eines Geschäftsführers[189]. Letzteres ist etwa dann der Fall, wenn der Gesellschafter neben oder anstelle des dazu berufenen Geschäftsführers unmittelbar als Handelnder für die Gesellschaft in Erscheinung tritt. Dann handelt er nicht

---

183 Ulmer, ZHR 148 (1984), S. 391, 414 f.; ders., GmbHR 1984, 256, 262.

184 OLG Zweibrücken NZG 1999, 506 f.; Mertens in Hachenburg, GmbHG, § 43 Rn 16; Wiedemann, Gesellschaftsrecht, Band I, § 6 IV 1 b); vgl. auch oben Fn 92.

185 Koppensteiner in Rowedder, GmbHG, § 43 Rn 58; Mertens, FS Fischer, 1979, S. 461, 464 f.; Flume, ZHR 144 (1980), S. 18, 28 f.

186 Dazu eingehend unten 3., S. 123 ff.

187 Flume, ZHR 144 (1980), S. 18, 29; Vonnemann, BB 1990, 217, 218 f.; vgl. auch BGH NJW 1985, 1030, 1031 zu § 30 GmbHG.

188 So zutreffend Schneider in Scholz, GmbHG, § 43 Rn 16; ähnlich Lutter/Hommelhoff, GmbHG, § 43 Rn 46.

189 Schneider in Scholz, GmbHG, § 43 Rn 18 f.; vgl. bereits ders., BB 1981, 249, 257.

mehr als Gesellschafter, da er als solcher zu einer Vertretung der Gesellschaft nicht befugt ist, sondern organtypisch als faktischer Geschäftsführer und unterliegt aufgrund der Anmaßung der Organstellung der Haftung nach § 43 GmbHG[190]. Ob dasselbe zu gelten zu hat, wenn der Gesellschafter zwar nicht unmittelbar nach außen tätig wird, aber durch dauerhafte interne Einwirkung auf den Geschäftsführer die Geschicke der Gesellschaft faktisch lenkt, ist umstritten[191]. Eine Haftung als faktischer Geschäftsführer aufgrund einer solchen indirekten, aber dauerhaften Unternehmensleitung dürfte richtigerweise nur dann zu bejahen sein, wenn dem formal bestellten Geschäftsführer kein eigener Entscheidungs- und Verantwortungsspielraum in wichtigen Fragen verbleibt, sondern er weitgehend durch Weisungen des Mehrheitsgesellschafters gelenkt wird, der den Geschäftsführer zur Begrenzung seiner Verantwortlichkeit vorgeschoben hat.

Diese Grundsätze finden in gleicher Weise Anwendung in der GmbH & Co. KG. Der Gesellschafter der GmbH wird bei der Ausübung seines Weisungsrechts in der GmbH auch nicht allein dadurch, daß die Funktion der GmbH auf ihre Rolle als Komplementärin in der KG beschränkt ist, zum faktischen Fremdgeschäftsführer der KG neben dem formal bestellten Geschäftsführer. Zwar ist richtig, daß sich in diesem Fall der Gesellschaftszweck der GmbH weitgehend mit dem Geschäftsinteresse der KG deckt. Es ist aber nicht etwa so, daß Maßnahmen der Geschäftsführung nur Auswirkungen auf das Gesellschaftsvermögen der KG hätten. Denn für Verbindlichkeiten der KG haftet stets als Komplementärin zugleich die GmbH. Der Gesellschafter der GmbH wird also im Gegensatz zum Geschäftsführer selbst dann, wenn er nicht zugleich an der KG unmittelbar beteiligt ist, nicht im Sinne eines Fremdorgans ausschließlich als Verwalter fremden Vermögens tätig, sondern stets zugleich im eigenen Unternehmensinteresse als Gesellschafter der GmbH. Ein solches legitimes eigenes Unternehmensinteresse ist aufgrund der rechtlichen Trennung der beiden Gesellschaften auch dann anzuerkennen, wenn es aufgrund der gesellschaftsrechtlichen Verknüpfung inhaltlich weitgehend mit dem der KG übereinstimmt. Seine Stellung innerhalb der GmbH & Co. KG entspricht daher, sofern er nicht unmittelbar nach außen in Erscheinung tritt oder dem tatsächlichen Geschäftsführer aufgrund einer massiven Weisungsdichte keinerlei eigenen Entscheidungsspielraum läßt, insgesamt nicht der eines faktischen GmbH-Geschäftsführers, sondern der eines Gesellschafters.

---

190 BGHZ 104, 44, 47 f. = WM 1988, 756, 757; OLG Düsseldorf GmbHR 1994, 317, 318; Vgl. Zöllner in Baumbach/Hueck, GmbHG, § 43 Rn 1b; Mertens in Hachenburg, GmbHG, § 43 Rn 7; ders., FS Fischer, 1979, S. 461, 464, 466; Roth, ZGR 1989, 421, 423 f.; Stein, ZHR 148 (1984), S. 207, 212 ff.; eingehend dies., Das faktische Organ, S. 143 ff.

191 Dafür Schneider in Scholz, GmbHG, § 43 Rn 18 f.; ders., BB 1981, 249, 257; vgl. auch Konzen, NJW 1989, 2977, 2985; ablehnend Zöllner in Baumbach/Hueck, GmbHG, § 43 Rn 1b; Koppensteiner in Rowedder, GmbHG, § 43 Rn 58; Mertens, FS Fischer 1979, S. 461, 464 ff.

2. Prinzip der Haftung für sorgfaltswidrige Leitung analog §§ 309, 317 AktG

a) Die Ansicht von Krebs und die Herleitung des Prinzips

aa) Rechtsgrundlage und Reichweite des Prinzips

Das bei einer Analogie zu den Vorschriften des Aktienkonzernrechts (§§ 309 Absatz 2, 317 Absatz 3, 323 Absatz 1 Satz 2 i.V.m. § 309 Absatz 2 AktG) ansetzende Prinzip der Haftung für sorgfaltswidrige Leitung zieht *Krebs* in der GmbH & Co. KG nicht nur zur Begründung einer Direkthaftung des GmbH-Geschäftsführers heran[192], sondern wendet die daraus resultierende Organhaftung im Falle von Weisungen ebenso auf die anweisenden Gesellschafter der GmbH an[193]. Grundgedanke der Übertragung dieses Prinzips auf den GmbH-Gesellschafter ist, daß dieser kraft seines Weisungsrechts die GmbH leiten kann, die GmbH ihrerseits als Komplementärin die KG leitet.

Ausgangspunkt der Überlegungen von *Krebs* ist die wertungsmäßig begründete Einsicht, daß mit jeder Form der Ausübung von Leitungsmacht eine Gefährdung des Geleiteten hinsichtlich der Integrität seines fremdverwalteten Vermögens verbunden ist, die als Gegenstück zu dieser Leitungsmacht einer Haftung für pflichtwidrige Leitung bedarf[194]. Dieser Gedanke einer Verbindung von Leitungsbefugnis und Verantwortlichkeit wurde nicht von *Krebs* "erfunden" oder "entdeckt"[195], sondern bereits zuvor im Schrifttum vor allem im Zusammenhang mit dem GmbH-Konzernrecht mehrfach erörtert[196]. Dieser Rechtsgedanke ist nicht zu verwechseln mit dem von der ganz überwiegenden Meinung abgelehnten Grundsatz des Gleichklangs von Herrschaft und Haftung[197]. Denn während jener Grundsatz die Außenhaftung eines Leitenden gegenüber Drittgläubigern postuliert, geht es bei dem hier angesprochenen Prinzip ausschließlich um die Innenhaftung gegenüber der Gesellschaft und

---

192 Hierzu bereits oben II. 3 c), S. 85 f.

193 Vgl. Krebs, S. 211 ff., 232 ff.

194 Krebs, S. 55 ff. zum Geschäftsführer der GmbH & Co. KG sowie S. 233 zur Generalisierung des Prinzips.

195 So zutreffend die Selbsteinschätzung bei Krebs, S. 278 ff.

196 Immenga, Die personalistische Kapitalgesellschaft, S. 278 ff., 282; Wiedemann, JZ 1976, 392, 393; Rehbinder, ZGR 1977, 581, 640; Wilhelm, Rechtsform und Haftung, S. 336 ff., 349 ff.; Schneider, BB 1981, 249, 257; ders. in Scholz, GmbHG, § 43 Rn 265; vgl. Grunewald, BB 1981, 581, 586;
im Anschluß an Krebs wurde dieser Gedanke als umfassendes Rechtsprinzip fortgeführt von Abeltshauser, Leitungshaftung, 1998, insbesondere S. 160 f.
Vgl. zur Verallgemeinerung des in §§ 309, 317 AktG enthaltenen Rechtsgedankens in prozessualer Hinsicht Schilling, BB 1975, 1451, 1452; Rehbinder, ZGR 1976, 386, 394.

197 Vgl. BGHZ 45, 204, 205 ff. = NJW 1966, 1309 sowie näher unten § 5 IV. 2 b), S. 183, mit zahlreichen Nachweisen in Fn 155, 156.

gegenüber Mitgesellschaftern[198].

Neu ist der Ansatz von *Krebs* aber insoweit, als der Rechtsgedanke einer Kongruenz von Leitung und Innenhaftung erstmals als umfassendes Rechtsprinzip aus Vorschriften des geltenden Rechts abgeleitet wird, und als auf die Anwendung dieses Prinzips die Haftung des anweisenden GmbH-Gesellschafters in der konzernfreien GmbH und in der GmbH & Co. KG gestützt wird[199].

Dieses Prinzip habe zwar bislang nur im Aktienkonzernrecht in den §§ 309, 317 AktG eine positivrechtliche Ausformung erhalten[200], es finde seine Bestätigung als geltendes Rechtsprinzip jedoch daneben in der Rechtsfigur des faktischen Geschäftsführers, in der Direkthaftung des GmbH-Geschäftsführers in der GmbH & Co. KG, in der Haftung anweisender Gesellschafter im GmbH-Recht sowie in der Haftung im mehrstufigen GmbH-Konzern[201].

bb) Rechtsfolgen der Anwendung des Prinzips

Weniger ausführlich als die dogmatische Herleitung des Prinzips behandelt *Krebs* die genauen Voraussetzungen und Modalitäten eines Schadensersatzanspruchs hinsichtlich der Anwendung des Prinzips auf die GmbH & Co. KG. In konsequenter Analogie zu §§ 309, 317 AktG bejaht er sowohl für die Haftung des GmbH-Geschäftsführers als auch für die der anweisenden Gesellschafter den Sorgfaltsmaßstab eines ordentlichen und gewissenhaften Geschäftsleiters mit einer Umkehr der Beweislast auf den Geschäftsleiter[202]; systemwidrig gesteht er allerdings für die Leitung einer Personengesellschaft, soweit sie nicht GmbH & Co. KG ist, durch den geschäftsführenden Gesellschafter den milderen Haftungsmaßstab der Sorgfalt in eigenen Angelegenheiten zu[203], wie er sich aus einer Anwendung von §§ 161, 114, 105 HGB, 708, 277 BGB[204] ergibt. Konsequent ist wiederum die Anwendung der kurzen Verjährung nach

---

198 So klarstellend Wilhelm, Rechtsform und Haftung, S. 306 f., 338 f.; Krebs, S. 233.

199 Krebs, S. 250 ff. zur konzernfreien GmbH sowie S. 273 f. zur GmbH & Co. KG.

200 Krebs, S. 282 f. räumt selbst ein, daß diese Rechtsgrundlage für ein so weitreichendes Prinzip sehr schmal ist. Er übersieht dabei allerdings, daß sich auch die Organhaftung von Fremdorganen juristischer Personen in §§ 43 GmbH, 93 AktG, 34 GenG (vgl. hierzu oben II. 4 c) cc) (3), S. 91, mit Fn 92) mit einem solchen Prinzip erklären ließe.

201 Krebs, S. 239 ff. mit einer Subsumtion der hier angesprochenen Fallgruppen unter das Prinzip und S. 278 ff. zur Entstehungsgeschichte des Prinzips mit Nachweisen aus Gesetzgebung, Rechtsprechung und Literatur.

202 Krebs, S. 303 ff.

203 Krebs, S. 304, S. 246 ff.

204 Vgl. oben I. 2, S. 89, zu diesem Sorgfaltsmaßstab des Komplementärs in der KG, wenn er eine natürliche Person ist.

§ 309 Absatz 5 AktG, die sich insoweit mit der Verjährung der Geschäftsführerhaftung nach §§ 43 GmbHG, 93 AktG inhaltlich deckt[205]; anders als beim Haftungsmaßstab bejaht *Krebs* hier allerdings keine Ausnahme für den geschäftsführenden Gesellschafter einer Personengesellschaft, die nicht GmbH & Co. KG ist, sondern unterwirft auch ihn nur der fünfjährigen Verjährungsfrist, da Anspruchsgrundlage für die Haftung entgegen der herrschenden Meinung nicht positive Forderungsverletzung des Gesellschaftsvertrags der KG i.V.m. § 114 HGB[206], sondern das Prinzip der (Organ-) Haftung für sorgfaltswidrige Leitung sei[207]. Dagegen finde die subsidiäre Außenhaftung des § 309 Absatz 4 Satz 3 AktG, wonach Gesellschaftsgläubigern ein unmittelbares Klagerecht zusteht, auf die GmbH & Co. KG wiederum keine Anwendung, da dies eine Besonderheit des Aktienrechts sei[208].

b) Kritik

aa) Keine Herleitung eines allgemeinen Rechtsgrundsatzes aus §§ 309, 317 AktG

(1) Charakter der §§ 309, 317 AktG als Organhaftung

Im Vertragskonzern hat die Konzernleitung die Befugnis, auch eine solche Weisung an die Untergesellschaft zu erteilen, die für letztere nachteilig ist, wenn nur die Weisung durch das übergeordnete Konzerninteresse legitimiert ist (§ 308 Absatz 1, 2 AktG). § 309 Absatz 1, 2 AktG bestimmt allerdings eine Haftung des gesetzlichen Vertreters der herrschenden Gesellschaft gegenüber der abhängigen Gesellschaft, die an die Verletzung der Sorgfalt eines ordentlichen und gewissenhaften Geschäftsleiters bei der Weisungserteilung anknüpft. Diese Haftung überträgt § 317 AktG auf den faktischen Konzern, bei dem das beherrschende Unternehmen auch ohne Bestehen eines Beherrschungsvertrags maßgeblichen Einfluß auf die Unternehmensleitung des abhängigen Unternehmens ausüben kann.

Der Ansatzpunkt von *Krebs*, in diesen Vorschriften die Kodifizierung eines Prinzips der Haftung für sorgfaltswidrige Leitung zu sehen, ist im Grundsatz zutreffend. Eine solche Haftung hat in der Tat nicht nur im Aktienkonzernrecht, sondern darüber hinaus seine Rechtfertigung. Die Analogiebasis für ein solches Prinzip ist allerdings breiter als von *Krebs* dargelegt. Denn gerade die Haftung der Leitungsorgane sämtlicher juristischer Personen als Fremdorgane kann als Ausdruck eines solchen Prinzips angesehen werden. §§ 43 GmbHG, 93 AktG, 34 GenG sind deckungsgleich mit den Haftungsvorschriften im

---

205 Krebs, S. 309 f.

206 Baumbach/Hopt, HGB, § 114 Rn 15; Emmerich in Heymann, HGB, § 114 Rn 17; Westermann, Handbuch der Personengesellschaften, Rn 402; vgl. BGH WM 1956, 61.

207 Krebs, S. 311, S. 246 ff.

208 Krebs, S. 306 f.

Aktienkonzernrecht hinsichtlich des Sorgfaltsmaßstabs eines ordentlichen und gewissenhaften Geschäftsleiters, hinsichtlich der Umkehr der Beweislast auf den Geschäftsleiter und hinsichtlich der fünfjährigen Verjährungsfrist. Die Vergleichbarkeit der Einflußmöglichkeiten eines Geschäftsführers mit der des herrschenden Unternehmens im Konzern läßt es auch gerechtfertigt erscheinen, diese inhaltlich identischen Haftungsvorschriften auf ein umfassendes Rechtsprinzip zurückzuführen.

Den Ansatzpunkt dieser Analogiebasis verläßt *Krebs* jedoch, indem er die Organhaftung auf den Gesellschafter der GmbH, gestützt auf dessen Leitungsbefugnis kraft Ausübung des Weisungsrechts, erstreckt. Denn die Ausübung der Weisungsrechts durch einen GmbH-Gesellschafter begründet nicht als solche eine Organhaftung nach § 43 GmbHG, sondern nur bei Anmaßung der Organfunktionen als faktischer Geschäftsführer[209]. In der Gleichstellung der Gesellschafterhaftung mit der Organhaftung eines Fremdgeschäftsführers gelangt *Krebs* zum selben Ergebnis wie die Organhaftungslehre und setzt sich damit in gleicher Weise über die Trennung der Kompetenzen und Verantwortlichkeiten in der GmbH zwischen Gesellschaftern und Geschäftsleitern hinweg[210].

Gerade in den aktienrechtlichen Vorschriften kommt die klare Unterscheidung zwischen Organen und Aktionären im Zusammenspiel der konzernrechtlichen Vorschriften mit § 117 AktG zum Ausdruck. Nach § 117 Abs. 7 Nr. 1 AktG ist die Haftung des Aktionärs für pflichtwidrige Stimmrechtsausübung in der konzernfreien Gesellschaft überhaupt ausgeschlossen. Für sonstige Einflußnahmen auf die Geschäftsführung ist sie dagegen nach § 117 Absatz 1 AktG auf vorsätzliches Handeln beschränkt[211]. §§ 309, 317 AktG sind daher nicht gesetzlicher Ausdruck eines allgemeinen Prinzips der Haftung für sorgfaltswidrige Leitung, sondern allenfalls eines Prinzips der Haftung von Fremdorganen für sorgfaltswidrige Leitung[212], das in Ausdehnung der §§ 43 GmbHG, 93 AktG, 34 GenG über die Grenzen der eigenen Gesellschaft konzernweit erstreckt wird, soweit die Einflußmöglichkeit reicht.

Das AktG hatte auch keinen Anlaß, die Frage des Einflusses einfacher Gesellschafter auf die Geschäftsführung über § 117 AktG hinaus zu regeln, denn

---

209 Vgl. eingehend oben 1 b), S. 111 ff.

210 Vgl. zur Kritik eingehend oben 1 b), S. 112, mit Nachweisen zur h.M. in Fn 182 bis 188.

211 Vgl. zum problematischen Regelungsgehalt dieser Vorschrift Wiedemann, JZ 1976, 392, 394; Martens, GmbHR 1984, 265, 267; Flume, ZHR 144 (1980), S. 18, 30; Immenga, Die personalistische Kapitalgesellschaft, S. 280; Wilhelm, Rechtsform und Haftung, S. 350 mit Nachweisen zur BegrRegE; den abschließenden Charakter des § 117 AktG verneint neuerdings Mertens in Kölner Kommentar, AktG, § 117 Rn 10 im Hinblick auf die Treupflicht des Aktionärs.

212 Deutlich in diesem Sinne Schneider in Scholz, § 43 Rn 265 und § 43 Rn 16 bis 20.

nach der gesetzlichen Ausgestaltung ist der Aktionär von der Mitwirkung an der Geschäftsleitung ausgeschlossen. Der Vorstand leitet die Aktiengesellschaft unter eigener Verantwortung (§ 76 Absatz 1 AktG). Er unterliegt somit keiner Weisungsbindung, sondern bedarf nur im Rahmen des § 111 Absatz 4 Satz 2 AktG der Zustimmung des Aufsichtsrats. Die Hauptversammlung kann über Fragen der Geschäftsführung nicht aus eigener Zuständigkeit entscheiden, sondern nur dann, wenn der Vorstand es verlangt (§ 119 Absatz 2 AktG).

Ganz anders ist die Rechtslage in der GmbH, in der den GmbH-Gesellschaftern ein Weisungsrecht in Fragen der Geschäftsführung zusteht. Für die Frage, ob die GmbH-Gesellschafter bei Ausübung dieses Weisungsrechts derselben Organhaftung unterliegen wie ein herrschendes Unternehmen im Konzern, kann das Aktienrecht daher keine Aussage treffen.

Im Vergleich zur AG ist bei der GmbH mit dem Weisungsrecht der Gesellschafter in der Tat ein erhöhtes Einflußpotential vorhanden, das eine Haftung für die Erteilung pflichtwidriger Weisungen auch über den Regelungsgehalt des § 117 AktG hinaus nicht nur bei vorsätzlichem Handeln als denkbar und plausibel erscheinen läßt[213]. Das GmbHG trifft keine Aussage zu einer solchen Haftung für pflichtwidrige Weisungen, enthält damit aber umgekehrt keine positivistische Beschränkung der Ersatzpflicht auf vorsätzliches Handeln. Es war somit Aufgabe der Rechtsprechung und Literatur, die Grundsätze einer solchen Haftung herauszuarbeiten. Wegen der unterschiedlichen Struktur der GmbH im Vergleich zur AG lehnte die Rechtsprechung im faktischen GmbH-Konzern eine Analogie zum Aktienkonzernrecht, insbesondere zum Nachteilsausgleich in § 311 AktG ab[214], entwickelte vielmehr auf der Grundlage der mitgliedschaftlichen Treupflicht ein eigenständiges GmbH-Konzernrecht[215]. Erst recht können die Vorschriften zum Aktienkonzern-recht bei Weisungen der GmbH-Gesellschafter in der konzernfreien GmbH nicht im Wege der Analogie herangezogen werden. Mit dieser vom Aktienkonzernrecht abweichenden Rechtsgrundlage für die Haftung der anweisenden GmbH-Gesellschafter wird deutlich, daß es sich hierbei nicht um eine Organhaftung für treuhänderische Fremdverwaltung, sondern um eine Gesellschafterhaftung unter dem Gesichtspunkt der Verletzung mitgliedschaftlicher Pflichten handelt.

---

213 Martens, GmbHR 1984, 265, 268; Flume, ZHR 144 (1980), S. 18, 30 f.; Immenga, Die personalistische Kapitalgesellschaft, S. 281 f.; Wilhelm, Rechtsform und Haftung, S. 353 f.

214 So nun ausdrücklich BGHZ 95, 330, 340 = NJW 1986, 188, 190 und bereits vorher die überwiegende Deutung des ITT-Urteils, BGHZ 65, 15 = NJW 1976, 192, durch die Literatur, vgl. Ulmer, NJW 1976, 192; Wiedemann, JZ 1976, 392, 394 f.; Ulmer, ZHR 148 (1984), S. 391, 411 f.; Stimpel, AG 1986, 117 f.; Assmann, JZ 1986, 928; Lutter/Hommelhoff, GmbHG, Anh. § 13 Rn 12 f. mwN; a.A. Bälz, AG 1992, 277, 293 f.

215 Dazu eingehend unten 3 a) bb) (1), S. 126 f.;
im Bereich des Aktienkonzerns tritt neuerdings Zöllner, ZHR 162 (1998), S. 235 für die Anwendung des Treupflichtmodells neben §§ 311 ff. AktG ein.

Zusammenfassend spricht gegen die Ableitung eines umfassenden Prinzips der Haftung für sorgfaltswidrige Leitung aus Vorschriften des Aktienkonzernrechts, daß sich ein solches Prinzip in Anwendung auf die anweisenden GmbH-Gesellschafter über die Unterscheidung zwischen Organhaftung und Gesellschafterhaftung hinwegsetzen würde.

(2) Aktienkonzernrecht als Sonderrecht der verbundenen Unternehmen

Innerhalb des Aktienrechts stellen die Konzernvorschriften in §§ 291 ff. AktG ein Sonderrecht der verbundenen Unternehmen dar. Für die Anwendung dieser Vorschriften genügt nicht ein Abhängigkeitsverhältnis irgendwelcher Art. Herrschendes Unternehmen i.S. §§ 15 ff. AktG ist vielmehr nur, wer neben seiner Beteiligung an der AG anderweitige Interessenbindungen aufweist, die nach Art und Intensität ernsthaft die Sorge begründen, er könne wegen dieser Bindungen seinen aus der Mitgliedschaft folgenden Einfluß auf die AG nachteilig ausüben[216]. Grundgedanke für das Konzernrecht als Sonderrecht der verbundenen Unternehmen ist somit das Bestehen eines konzerntypischen Konflikts unterschiedlicher Unternehmensinteressen. Damit trifft das deutsche Konzernrecht in den §§ 15 ff. AktG bezogen auf die Mehrheitsbeteiligung eines Gesellschafters eine klare Unterscheidung zwischen dem Unternehmensgesellschafter, der anderweitige Unternehmensinteressen verfolgt, und dem bloßen Privatgesellschafter.

Diese Unterscheidung gilt in gleicher Weise für den GmbH-Konzern, sofern man Rechtsgedanken des Aktienkonzernrechts für übertragbar hält[217]. Auch dort ist nur bei Vorliegen eines konzerntypischen Interessenkonflikts die erhöhte Gefahr einer Überlagerung der Interessen der abhängigen Gesellschaft durch Fremdinteressen des herrschenden Unternehmens gegeben.

Die generelle Anwendung des Prinzips der Haftung für sorgfaltswidrige Leitung auf den GmbH-Gesellschafter bei Ausübung des Weisungsrechts ohne Rücksicht auf das Vorliegen eines konzerntypischen Interessenkonflikts setzt sich über diese Unterscheidung des geltenden Rechts zwischen Unternehmensgesellschafter und Privatgesellschafter ohne rechtfertigenden Grund hinweg.

---

216 St.Rspr., BGHZ 69, 334 = NJW 1978, 104; BGH NJW 1997, 1855, 1856; Hüffer, AktG, § 15 Rn 8; Windbichler in Großkommentar, AktG, § 15 Rn 11; Koppensteiner in Kölner Kommentar, AktG, § 15 Rn 19.

217 So ausdrücklich BGHZ 115, 187, 190 = NJW 1991, 3142, 3143; Emmerich in Scholz, GmbHG, Anh. Konzernrecht, Rn 163; Ulmer in Hachenburg, GmbHG, Anh. § 77 Rn 19; vgl. BGHZ 95, 330, 337 = NJW 1986, 188, 189 f.; BGHZ 122, 123, 127 = NJW 1993, 1200, 1202; Koppensteiner in Rowedder, GmbHG, Anh. § 52 Rn 8; Assmann, JZ 1986, 881, 885; Vonnemann, BB 1990, 217, 220 f.

bb) Keine analoge Anwendung der §§ 309, 317 AktG auf den anweisenden GmbH-Gesellschafter in der GmbH & Co. KG

Läßt sich somit ein allgemeines Haftungsprinzip aus §§ 309, 317 AktG nicht ableiten, das generell die Haftung des anweisenden GmbH-Gesellschafters nach Organgrundsätzen bestimmt, so ist nicht von vornherein ausgeschlossen, daß speziell für den Fall der GmbH & Co. KG eine vergleichbare Interessenlage wie im Konzern besteht, die eine analoge Anwendung der §§ 309, 317 AktG rechtfertigt.

Als Anknüpfungspunkt für eine solche Analogie kommen zwei Möglichkeiten in Betracht[218]: Entweder man betrachtet den GmbH-Gesellschafter als Organ und stellt ihn als solchen dem gesetzlichen Vertreter der beherrschenden GmbH i.S. § 309 Absatz 1 AktG gleich (unten (1)). Oder man zieht den mehrstufigen Konzern als Vergleich heran, wobei der GmbH-Gesellschafter als Mutterunternehmen die GmbH als Tochterunternehmen beherrscht, welcher wiederum die KG als Enkelunternehmen unterworfen ist (unten (2)).

(1) GmbH-Gesellschafter als Organ der beherrschenden GmbH

Bereits bei der Erörterung einer Rechtsgrundlage für die Haftung des GmbH-Geschäftsführers in der GmbH & Co. KG wurde festgestellt, daß die Leitungsmacht der GmbH im Hinblick auf die KG nicht nur vergleichbar, sondern sogar noch intensiver ist als im Konzern; denn anders als ein abhängiges Unternehmen im Konzern hat die KG kein eigenes Leitungsorgan, das eine Weisung noch ausführen müßte, sondern der GmbH-Geschäftsführer übernimmt die Leitung der KG unmittelbar und umfassend[219].

Dennoch wurde die Direkthaftung des Geschäftsführers nicht auf eine Analogie zu §§ 309, 317 AktG, sondern zu § 43 GmbHG gestützt, denn die Eigenschaft der GmbH als herrschendes Unternehmen i.S. §§ 15 ff. AktG kann nur dann bejaht werden, wenn sie einen eigenen Geschäftsbetrieb unterhält, andere Unternehmensbeteiligungen hat, oder in weiteren KG Komplementärin ist[220].

Die Frage, auf welche Analogiebasis die Leitungshaftung gestützt werden soll, spielt beim Geschäftsführer der GmbH wegen der inhaltlich weitgehenden Deckung der §§ 309, 317 AktG mit § 43 GmbHG nur eine geringe Rolle. Entscheidend wird dieser Unterschied aber für die subsidiäre Außenhaftung gegenüber den Gesellschaftsgläubigern, wie sie in § 309 Absatz 4 Satz 3 AktG, nicht aber in § 43 GmbHG vorgesehen ist. Daß *Krebs* die Anwendung genau

---

218 Krebs erläutert diese beiden Möglichkeiten nicht näher, da er nach der Abstraktion eines generellen Haftungsprinzips aus den Vorschriften des Konzernrechts zur Subsumtion unter dieses Prinzip nur noch das Vorliegen von Leitung feststellt.

219 Vgl. oben II. 4 c) bb) (2), S. 89.

220 Vgl. oben II. 4 c) bb) (2), S. 89, mit Nachweisen in Fn 89.

dieser Rechtsfolge des Aktienkonzernrechts als Besonderheit des Aktienrechts ablehnt[221], ist allerdings bezeichnend. Die Anwendung dieser Rechtsfolge auf den GmbH-Gesellschafter hätte denn auch eine unmittelbare Außenhaftung des anweisenden GmbH-Gesellschafters zur Folge, die der Haftungsbeschränkung der GmbH in § 13 Absatz 2 GmbHG zuwiderliefe.

Selbst wenn man mit *Krebs* unter Vernachlässigung der Unterscheidung zwischen einer GmbH, die selbst unternehmerisch tätig ist, und einer solchen, deren Rolle sich in der Komplementärfunktion in der KG erschöpft, eine Leitungshaftung in Analogie zu §§ 309, 317 AktG bejahen würde, so könnte diese Analogie doch nur eine Haftung des Geschäftsführers der herrschenden GmbH, nicht aber eine Haftung der GmbH-Gesellschafter begründen. Denn die Gesellschafter des herrschenden Unternehmens sind nach allgemeiner Auffassung keine gesetzlichen Vertreter i.S. §§ 309 Absatz 1, 317 Absatz 3 AktG[222].

Das Aktienrecht kennt ein dem GmbH-Recht vergleichbares Weisungsrecht der Gesellschafter nicht, weshalb insoweit kein Regelungsbedarf bestand. Die Ausübung des Weisungsrechts begründet aber nach GmbH-Recht gerade keine Organpflichten, die eine generelle Gleichstellung des anweisenden GmbH-Gesellschafters mit einem gesetzlichen Vertreter i.S. §§ 309, 317 AktG rechtfertigen könnten. Eine Organhaftung des GmbH-Gesellschafters kommt vielmehr nur ausnahmsweise bei Vorliegen von faktischer Geschäftsführung in Betracht[223]. Die Bejahung einer generellen Organhaftung des anweisenden GmbH-Gesellschafters analog §§ 309, 317 AktG würde sich damit denselben zutreffenden Einwänden aussetzen, die außerhalb des Konzerns gegen die Organhaftungslehre sprechen, nämlich die Trennung von Kompetenzen und Verantwortlichkeiten in der GmbH zwischen der Geschäftsführung und den weisungsberechtigten Gesellschaftern[224].

(2) GmbH-Gesellschafter als Mutterunternehmen im mehrstufigen Konzern

§§ 309, 317 AktG sind nicht nur im einstufigen Konzern, sondern in gleicher Weise im mehrstufigen Konzern anwendbar[225]. Der Vergleich der GmbH & Co. KG mit einem mehrstufigen Konzern setzt aber eine Unternehmensverbindung

---

221 Krebs, S. 306 f.

222 Hüffer, AktG, § 309 Rn 3 und § 317 Rn 13; Koppensteiner in Kölner Kommentar, AktG, § 309 Rn 15 und § 317 Rn 32; Emmerich/Habersack, Aktienkonzernrecht, § 309 Rn 12 und § 317 Rn 15 f.

223 Vgl. hierzu oben 1 b), S. 112 f., mit Nachweisen in Fn 190.

224 Vgl. oben 1 b), S. 111 ff., sowie 2 b) aa) (1), S. 116 ff.

225 Koppensteiner in Kölner Kommentar, AktG, § 309 Rn 19; Emmerich/Habersack, Aktienkonzernrecht, § 309 Rn 7 bis 9; Rehbinder ,ZGR 1977, 581, 591 ff.; Paschke, AG 1988, 196, 200.

auf beiden Stufen voraus. Auf der ersten Stufe im Verhältnis der GmbH zur KG wurde dies bereits verneint für den Fall, daß die Rolle der GmbH sich in der Komplementärfunktion in der KG erschöpft[226]. An dieser Stelle ist daher nur die zweite Stufe im Verhältnis des GmbH-Gesellschafters zur GmbH näher zu untersuchen.

Das Weisungsrecht des GmbH-Gesellschafters nach § 37 GmbHG ist nach Art und Umfang durchaus dem konzernrechtlichen Weisungsrecht aufgrund eines Beherrschungsvertrags in § 308 AktG vergleichbar. Denn in beiden Fällen ermöglicht das Weisungsrecht punktuelle Einzelweisungen bis hin zur umfassenden Leitungsmacht. Eine Haftung des GmbH-Gesellschafters nach §§ 309, 317 AktG setzt jedoch seine Behandlung als herrschendes Unternehmen i.S. des Konzernrechts voraus. Dem steht nicht entgegen, daß der GmbH-Gesellschafter häufig eine natürliche Person ist; denn als herrschendes Unternehmen i.S. §§ 15 ff. AktG kommen nicht nur juristische Personen, sondern auch natürliche Einzelpersonen in Betracht[227]. Maßgeblich ist jedoch auch hier, daß der Gesellschafter sich zugleich außerhalb der Gesellschaft unternehmerisch betätigt, da nur dann der konzerntypische Interessenkonflikt vorliegt. Damit hindert die bereits angesprochene Unterscheidung zwischen Unternehmensgesellschaftern und Privatgesellschaftern[228] die generelle Anwendung des in §§ 309, 317 AktG enthaltenen Rechtsgedankens auf den anweisenden GmbH-Gesellschafter in der GmbH & Co. KG.

cc) Treupflichtmodell als richtiger Ansatz für eine Gesellschafterhaftung

Aufgrund der notwendigen Trennung von Kompetenzen und Verantwortlichkeiten zwischen Fremdorganen und Gesellschaftern kann eine Haftung der anweisenden Gesellschafter nicht generell mit den Grundsätzen zur Organhaftung begründet werden. Da eine gesetzliche Haftungsgrundlage für dieses rechtspolitisch erforderliche Korrelat zu den Einflußmöglichkeiten von Mehrheitsgesellschaftern nicht zur Verfügung steht, hat die Rechtsprechung als Instrument des Minderheitenschutzes eine Gesellschafterhaftung wegen Verletzung der mitgliedschaftlichen Treupflicht entwickelt[229].

---

226 Vgl. oben II. 4 c) bb) (2), S. 89, und soeben (1); die GmbH ist dann mangels Vorliegen eines konzerntypischen Interessenkonflikts kein beherrschendes Unternehmen.

227 BGHZ 69, 334, 338 = NJW 1978, 104; BGHZ 95, 330, 337 = NJW 1986, 188, 190; BGHZ 115, 186, 189 = NJW 1991, 3142, 3143; BGH NJW 1993, 1200, 1202; Koppensteiner in Rowedder, GmbHG, Anh. § 52 Rn 8; ders. in Kölner Kommentar, AktG, § 15 Rn 31 f.; Windbichler in Großkommentar, AktG, § 15 Rn 15 f.; Martens in Schlegelberger, HGB, Anh. § 105 Rn 5; Assmann, JZ 1986, 881, 885; Ulmer, NJW 1986, 1579, 1581.

228 Vgl. bereits oben aa) (2), S. 119.

229 Dazu sogleich unten 3., S. 123 ff.

Das Bestehen einer Treupflicht ist unabhängig von der konzernrechtlichen Unterscheidung zwischen Unternehmensgesellschafter und Privatgesellschafter, da sie allein an die Mitgliedschaft in einem Verband anknüpft. Sie besteht daher in gleicher Weise für den Unternehmensgesellschafter im faktischen GmbH-Konzern wie für den Privatgesellschafter in der konzernfreien GmbH. Die Unterscheidung kann aber aufgrund der im GmbH-Konzern erhöhten Gefährdung von Minderheitsinteressen durch konkurrierende Konzerninteressen im Rahmen des Sorgfaltsmaßstabs Bedeutung erlangen[230].

c) Zusammenfassung

Zusammenfassend läßt sich festhalten, daß unserer Rechtsordnung in der Tat das von *Krebs* dargestellte Prinzip der (Innen-) Haftung für sorgfaltswidrige Leitung zugrunde liegt. Das Verdienst seiner Arbeit liegt darin, die zahlreichen Anwendungsbereiche dieses Prinzips im Gesellschaftsrecht aufgezeigt zu haben. Dieses Prinzip ist allerdings als Anspruchsgrundlage zu unbestimmt und würde bei einer analogen Anwendung der §§ 309, 317 AktG auf die anweisenden GmbH-Gesellschafter die Unterscheidung zwischen Organen und Gesellschaftern einerseits sowie die Unterscheidung zwischen Unternehmensgesellschaftern im Konzern und Privatgesellschaftern andererseits unterlaufen. Das Prinzip der Haftung für sorgfaltswidrige Leitung findet seine gesetzliche Grundlage in §§ 43 GmbHG, 93 AktG, 34 GenG sowie für das Aktienkonzernrecht in §§ 309, 317 AktG nur im Hinblick auf die Haftung von Fremdorganen. Für die Gesellschafterhaftung im GmbH-Konzern und in der konzernfreien GmbH ist der tragende Haftungsgrund dagegen die Verletzung der mitgliedschaftlichen Treupflicht.

3. Verletzung der mitgliedschaftlichen Treupflicht

a) Haftungsbegründende Treupflicht

Das Treupflichtmodell als Grundlage einer Gesellschafterhaftung wurde in der Rechtsprechung auf die GmbH & Co. KG bereits in Fällen angewandt, in denen die Kommanditisten zugleich an der GmbH als Gesellschafter beteiligt sind[231] oder in denen umgekehrt der GmbH-Gesellschafter zugleich Kommanditist ist[232]. In diesen Fällen besteht jeweils eine gemeinsame Mitgliedschaft entweder in der GmbH oder in der KG, die das Band der Treupflicht vermittelt. In der nicht personengleichen GmbH & Co. KG, in der die GmbH-Gesellschafter und die Kommanditisten in keiner Gesellschaft gemeinsam Gesellschafter sind, bereitet die Annahme einer Treupflicht dagegen Probleme. Denn die Treupflicht wurde entwickelt als besondere Rechtsbeziehung unter Mitgesellschaftern, die

---

230 Vgl. hierzu eingehend unten 3 b), S. 138 ff.

231 So die Fallgestaltung in BGHZ 65, 15 = NJW 1976, 191 (ITT).

232 So BGH NJW 1982, 2869 mit Anmerkung H.P. Westermann.

in einem gesellschaftsrechtlichen Verband einen gemeinsamen Zweck verfolgen. Die GmbH & Co. KG ist jedoch nicht ein einheitliches Unternehmen, sondern besteht aus zwei rechtlich selbständigen Gesellschaften, der GmbH und der KG. Im Folgenden soll nun untersucht werden, ob es aufgrund der gesellschaftsrechtlichen Verknüpfung der beiden Gesellschaften gerechtfertigt ist, die Treupflicht über die Grenzen des Verbands hinaus dergestalt zu erstrecken, daß sie im Falle der Erteilung pflichtwidriger Weisungen eine Haftung der GmbH-Gesellschafter gegenüber der KG und ihren außenstehenden Kommanditisten begründen kann. Dabei wird zunächst die Entwicklung und Anwendung der Treupflicht in Rechtsprechung und Literatur allgemein dargestellt.

aa) Allgemeine Treupflicht

(1) Entwicklung im Recht der Personengesellschaften

Die Treupflicht des Gesellschafters wurde von der Rechtsprechung des Reichsgerichts[233] im Recht der Personengesellschaften entwickelt und durch den Bundesgerichtshof[234] fortgeführt[235]. Ihre Grundlage wurde meist in der durch den schuldrechtlichen Gesellschaftsvertrag begründeten engen persönlichen Verbundenheit der Mitglieder einer Personengesellschaft als "Haftungs- und Arbeitsgemeinschaft" und dem daraus resultierenden besonderen Vertrauensverhältnis gesehen[236].

(2) Erstreckung des Anwendungsbereichs auf Kapitalgesellschaften

Die Geltung der mitgliedschaftlichen Treupflicht ist jedoch nach heute allgemeiner Ansicht nicht auf Personengesellschaften beschränkt, sondern wurde fortentwickelt zu einem allgemeinen Prinzip des Gesellschaftsrechts, das

---

233 RGZ 142, 212, 215 f.; RGZ 162, 388, 394; vgl. auch bereits RG JW 1913, 429 f.

234 BGHZ 4, 108, 112 f.; BGHZ 12, 308, 320; BGHZ 25, 47, 53 f. = NJW 1957, 1358, 1359; BGH NJW 1962, 859; BGHZ 38, 306, 312.

235 Vgl. Hadding in Soergel, BGB, § 705 Rn 58 ff.; Ulmer in Münchener Kommentar, BGB, § 705 Rn 181 ff.; ders. in Staub, HGB, § 105 Rn 232 ff.; Wiedemann, Gesellschaftsrecht, Band I, § 8 II 3; Raiser, ZHR 151 (1987), S. 422; Winter, Mitgliedschaftliche Treubindungen, S. 9 ff.; erstmals dogmatisch herausgearbeitet von A. Hueck, FS Hübner, 1935, S. 72 ff.; ders., Der Treuegedanke im modernen Privatrecht, 1947.

236 So insbesondere BGHZ 38, 306, 312; vgl. auch BGHZ 4, 108, 113; BGHZ 25, 47, 53 = NJW 1957, 1358, 1359; Hadding in Soergel, BGB, § 705 Rn 58; vgl. Winter, Mitgliedschaftliche Treubindungen, S. 9 f., 15 f. mwN.

auch auf die Kapitalgesellschaften anwendbar ist[237]. Im Zusammenhang mit dieser Ausdehnung des Anwendungsbereichs hat sich zunehmend die Erkenntnis durchgesetzt, daß Rechtsgrund der Treupflicht weniger das besondere persönliche Vertrauensverhältnis unter den Mitgesellschaftern ist, als vielmehr die durch den Gesellschaftsvertrag dem einzelnen Gesellschafter eingeräumte Einwirkungsmöglichkeit auf die Gesellschaft als Träger des gemeinsam betriebenen Unternehmens[238].

(3) Inhalt und Rechtswirkungen der Treupflicht

Die dauernde Verbundenheit in einer Zweckgemeinschaft erfordert eine besondere Treupflicht der Gesellschafter. Diese Treupflicht verlangt von jedem einzelnen Gesellschafter, den gemeinschaftlichen Gesellschaftszweck zu fördern, Schaden von der Gesellschaft abzuwenden und auf die Belange der übrigen Gesellschafter Rücksicht zu nehmen[239]. Dabei wird zumeist unterschieden zwischen uneigennützigen Rechten wie etwa Befugnissen im Hinblick auf die Geschäftsführungsbefugnis, bei denen der Gesellschafter sich ausschließlich am Gesellschaftsinteresse auszurichten und eigene Interessen zurückzustellen hat, und eigennützigen Rechten wie Gewinnbezugs- oder Kontrollrechten, bei denen er eigene Interessen berücksichtigen darf und nur den Grundsatz der Verhältnismäßigkeit im Rahmen einer Interessenabwägung beachten muß[240].

Diese mitgliedschaftliche Treupflicht hat weitreichende Wirkungen in sämtlichen Angelegenheiten der Gesellschaft. Sie begründet Unterlassungs- und

---

237 Zur GmbH BGHZ 9, 157, 163 = NJW 1953, 780, 781; BGHZ 14, 25, 38; BGHZ 65, 15 = NJW 1976, 191 (ITT); BGH GmbHR 1991, 362; Hueck in Baumbach/Hueck, GmbHG, § 13 Rn 21 ff; Raiser in Hachenburg, GmbHG, § 14 Rn 52 ff.; ders., ZHR 151 (1987), S. 422 ff.; Winter in Scholz, GmbHG, § 14 Rn 50 ff.; umfassend ders., Mitgliedschaftliche Treubindungen, 1988;
zur AG BGHZ 103, 184 = NJW 1988, 1579 (Linotype); BGHZ 129, 136 = NJW 1995, 1739 (Girmes); Hüffer, AktG, § 53a Rn 12 ff.; Lutter, ZHR 153 (1989), S. 446; Henze, FS Kellermann, 1991, S. 141; ders., BB 1996, 489;
allgemein zu Kapitalgesellschaften Wiedemann, Gesellschaftsrecht, Band I, § 8 II 3; K. Schmidt, Gesellschaftsrecht, § 20 IV, S. 588 ff.; Henze, ZHR 162 (1998), S. 186 ff.

238 BGH NJW 1976, 191; Lutter/Hommelhoff, GmbHG, § 14 Rn 15; Raiser in Hachenburg, GmbHG, § 14 Rn 52; Wiedemann, JZ 1976, 392, 393; Immenga, Die personalistische Kapitalgesellschaft, S. 264, 268 ff.; Winter, Mitgliedschaftliche Treubindungen, S. 16; grundlegend Zöllner, Schranken mitgliedschaftlicher Stimmrechtsmacht, S. 335 ff.

239 BGHZ 9, 157, 163 = NJW 1953, 780, 781; BGH NJW 1962, 859; Ulmer in Münchener Kommentar, BGB, § 705 Rn 182; Raiser in Hachenburg, GmbHG, § 14 Rn 52; Hueck in Baumbach/Hueck, GmbHG, § 13 Rn 22; Lutter, AcP 180 (1980), S. 84, 102 ff.; vgl. Hadding in Soergel, BGB, § 705 Rn 58; Winter in Scholz, GmbHG, § 14 Rn 51.

240 Hadding in Soergel, BGB, § 705 Rn 59; Ulmer in Münchener Kommentar, BGB, § 705 Rn 184, 186 f.; ders. in Staub, HGB, § 105 Rn 237; Hueck in Baumbach/Hueck, GmbHG, § 13 Rn 27 f.; Raiser in Hachenburg, GmbHG, § 14 Rn 55; Winter, Mitgliedschaftliche Treubindungen, S. 19 ff. sowie eingehend S. 95 ff., 121 ff.

Mitwirkungspflichten der Gesellschafter[241]. Ihre Verletzung führt insbesondere zur Anfechtbarkeit treuwidriger Gesellschaftsbeschlüsse sowie zu Schadensersatzansprüchen der Gesellschaft und der Mitgesellschafter[242].

Im vorliegenden Zusammenhang ist insoweit nur der Ersatzanspruch wegen pflichtwidriger Einwirkung auf die Geschäftsführung von Interesse. In der GmbH, in der die Gesellschafter in Form ihres Weisungsrechts Einfluß auf die Geschäftsführung nehmen können, wurde die Haftung für die Erteilung pflichtwidriger Weisungen wegen Verletzung der mitgliedschaftlichen Treupflicht durch die Rechtsprechung zur Grundlage eines Minderheitenschutzes im GmbH-Konzern gemacht[243]. Diese Haftung ist aber keine Besonderheit des Konzernrechts, sondern greift auch in der konzernfreien GmbH zu Lasten des Privatgesellschafters ein, der keine anderweitigen Unternehmensinteressen verfolgt[244].

bb) Konzernrechtliche Treupflicht

(1) Treupflicht als Grundlage des GmbH-Konzernrechts

Das Rechtsinstitut der mitgliedschaftlichen Treupflicht hat der Bundesgerichtshof zur Grundlage eines eigenständigen, vom Aktienkonzernrecht abweichenden GmbH-Konzernrecht gemacht[245]. Der Schutz der Minderheitsgesellschafter vor nachteiligen Einflußnahmen des herrschenden Unternehmensgesellschafters im faktischen GmbH-Konzern wurde nicht auf eine

---

241 Vgl. näher hierzu Hadding in Soergel, BGB, § 705 Rn 61; Ulmer in Münchener Kommentar, BGB, § 705 Rn 183; ders. in Staub, HGB, § 105 Rn 235; Hueck in Baumbach/Hueck, GmbHG, § 13 Rn 29 f.; Lutter/Hommelhoff, GmbHG, § 14 Rn 16 ff.

242 Hueck in Baumbach/Hueck, GmbHG, § 13 Rn 31; Raiser in Hachenburg, GmbHG, § 14 Rn 61; Winter in Scholz, GmbHG, § 14 Rn 61 f.; vgl. Ulmer in Münchener Kommentar, BGB, § 705 Rn 197 ff.

243 Dazu sogleich unten bb)

244 BGHZ 93, 146, 150 = NJW 1985, 1030, 1031; Winter in Scholz, GmbHG, § 14 Rn 56; Koppensteiner in Rowedder, GmbHG, § 43 Rn 58 f.; Mertens, GmbHR 1984, 265, 267 f.; Konzen, NJW 1989, 2977, 2985; vgl. die "konzernunabhängige" Begründung in BGH NJW 1976, 191 m. Anm. Ulmer; Westermann, GmbHR 1976, 77, 79; Stimpel, AG 1986, 117.
Auch für die Aktiengesellschaft wird zunehmend anerkannt, daß § 117 AktG im Falle der faktischen Einflußnahme auf die Geschäftsführung keine abschließende Regelung für die Haftung des Aktionärs nur bei vorsätzlichem Handeln darstellt, sondern daß auch bei Fahrlässigkeit daneben eine Haftung wegen Treupflichtverletzung in Betracht kommt; so bereits Wiedemann, JZ 1976, 392, 394; Mertens in Kölner Kommentar, AktG, § 117 Rn 10 mwN; vgl. auch Zöllner, ZHR 162 (1998), S. 235, 242.

245 BGHZ 65, 15 = NJW 1976, 191 (ITT); hierzu Ulmer, NJW 1976, 192; Schilling, BB 1975, 1451; Westermann, GmbHR 1976, 77; Wiedemann, JZ 1976, 392; Rehbinder, ZGR 1976, 386; vgl. Emmerich in Scholz, GmbHG, Anh. Konzernrecht, Rn 155 ff.; Ulmer in Hachenburg, GmbHG, Anh. § 77 Rn 71 ff.

Analogie zu §§ 311 ff. AktG, sondern auf einen verschuldensabhängigen Ersatzanspruch aus der Verletzung der mitgliedschaftlichen Treupflicht gestützt[246]. Dabei bestehe eine solche Treupflicht nicht nur gegenüber der Gesellschaft, sondern auch unmittelbar gegenüber den Mitgesellschaftern. Die aufgrund des weitreichenden Weisungsrechts in der GmbH für eine Gesellschaftermehrheit bestehende Möglichkeit, durch Einflußnahme auf die Geschäftsführung die gesellschaftsbezogenen Interessen der Mitgesellschafter zu beeinträchtigen, verlange als Gegengewicht die gesellschaftsrechtliche Pflicht, auf diese Interessen Rücksicht zu nehmen[247].

(2) Gesteigerte Treupflicht des Unternehmensgesellschafters

Die Treupflicht zwischen den GmbH-Gesellschaftern besteht zwar dem Grunde nach unabhängig davon, ob ein konzernrechtlicher Sachverhalt mit dem typischen Konflikt konkurrierender Unternehmensinteressen vorliegt. Die Unterscheidung zwischen Unternehmens- und Privatgesellschafter ist aber insoweit von Bedeutung, als das herrschende Unternehmen i.S. §§ 15 ff. AktG eine im Vergleich zum Privatgesellschafter gesteigerte Treupflicht trifft[248]. Dies liegt zum einen begründet in der überragenden Einflußmöglichkeit auf die abhängige GmbH, ohne auf die Mitwirkung anderer Mitgesellschafter angewiesen zu sein. Vor allem aber verstärken sich die Gefahren, die von der Mehrheitsherrschaft in einer Gesellschaft ausgehen, regelmäßig dann, wenn der herrschende Gesellschafter außerhalb der Gesellschaft unternehmerisch tätig ist und anderweitige Unternehmensinteressen verfolgt[249]. Relevant wird diese Verstärkung der Treupflicht insbesondere für den Sorgfaltsmaßstab sowie für die Beweislast[250].

(3) Gläubigerschutz als bloßer Reflex des Minderheitenschutzes

Probleme bereitet der Ansatz des GmbH-Konzernrechts bei der mitglied-

---

246 Vgl. neben den in Fn 245 Genannten BGHZ 95, 330, 340 = NJW 1986, 188, 190; Ulmer, ZHR 148 (1984), S. 391, 411 f.; Stimpel, AG 1986, 117 f.; Assmann, JZ 1986, 928; Lutter/Hommelhoff, GmbHG, Anh. § 13 Rn 12 f. mwN.

247 BGHZ 65, 15, 18 = NJW 1976, 191.

248 So ausdrücklich Emmerich in Scholz, GmbHG, Anh. Konzernrecht Rn 181; Ulmer in Hachenburg, GmbHG, Anh. § 77 Rn 73; vgl. Zöllner in Baumbach/Hueck, GmbHG, Anh. Konzernrecht, Rn 53; Winter, Mitgliedschaftliche Treubindungen, S. 81 f.

249 Zu dieser typischen Konzerngefahr als Regelungsgrund des Konzernrechts BGHZ 69, 334, 337 = NJW 1978, 104 (zur AG); BGHZ 95, 330, 334 f. = NJW 1986, 188, 189; BGHZ 122, 123, 126 f. = NJW 1993, 1200, 1202; Ulmer, NJW 1986, 1579, 1580; Assmann, JZ 1986, 928, 930 (je zur GmbH); vgl. im Zusammenhang mit der Entwicklung eines Konzernrechts für die Personengesellschaften näher BGH NJW 1980, 231; BGH NJW 1984, 1351, 1352; Raiser, FS Stimpel, 1985, S. 853, 859; Emmerich, FS Stimpel, 1985, S. 743, 747.

250 Vgl. hierzu näher unten b) cc), S. 140 ff., und c), S. 146 f.

schaftlichen Treupflicht, soweit darauf nicht nur der Schutz der Minderheitsgesellschafter, sondern zugleich der Schutz von Drittgläubigern der abhängigen Gesellschaft verwirklicht werden soll, wie er im Aktienkonzernrecht in §§ 303, 309 Absatz 4 Satz 3, 317 Absatz 4 AktG angelegt ist. Die Treupflicht unter den Gesellschaftern dient in erster Linie dem Minderheitenschutz, der Gläubigerschutz ist nur Reflex dieses Schutzes[251]. Denn dem Gläubigerschutz wird nach dem Treupflichtmodell die Grundlage entzogen, wenn es sich um eine Einmanngesellschaft ohne Minderheitsgesellschafter handelt, oder wenn sämtliche Gesellschafter der gläubigerschädigenden Geschäftsführungsmaßnahme zugestimmt haben. Die ganz überwiegende Ansicht lehnt es nämlich ab, in der GmbH einen über die §§ 30, 43 Absatz 3, 64 GmbHG hinausreichenden Gläubigerschutz anzuerkennen, dadurch daß eine Treupflicht gegenüber der GmbH als selbständiges, vom Willen der Gesellschafter unabhängiges Rechtssubjekt anerkannt würde[252].

Rechtsprechung und Literatur haben aber zur Verwirklichung eines eigenständigen, von der mitgliedschaftlichen Treupflicht unabhängigen Gläubigerschutzes im GmbH-Konzern eine verschuldensunabhängige Verlustausgleichspflicht in Analogie zu §§ 302, 303 AktG in den Fällen entwickelt, in denen der Gesellschafter als herrschendes Unternehmen die Geschäfte der abhängigen GmbH dauernd und umfassend führt (sog. qualifizierter faktischer GmbH-Konzern)[253]. Auf diese Rechtsgrundlage, die neben die verschuldensabhängige Haftung aus Treupflichtverletzung tritt[254], soll im folgenden nicht näher eingegangen werden. Denn sie greift für den Fall der GmbH & Co. KG zum einen nur dann ein, wenn diese überhaupt nach konzernrechtlichen Grundsätzen zu

---

251 So insbesondere Lutter/Hommelhoff, GmbHG, Anh. § 13 Rn 30; Koppensteiner in Rowedder, GmbHG, Anh. § 52 Rn 56; Ulmer, NJW 1986, 1579, 1581; Assmann, FS 100 Jahre GmbHG, 1992, S. 657, 706 f.; vgl. Zöllner in Baumbach/Hueck, GmbHG, Anh. Konzernrecht, Rn 73; Ulmer in Hachenburg, GmbHG, Anh. § 77 Rn 75.

252 BGHZ 95, 330, 340 = NJW 1986, 188, 190; BGH NJW 1993, 192, 193; BGH NJW 1993, 1922; zuletzt BGH ZIP 1999, 1352, 1353; vgl. Lutter/Hommelhoff, GmbHG, Anh. § 13 Rn 30; Koppensteiner in Rowedder, GmbHG, Anh. § 52 Rn 56; Ulmer in Hachenburg, GmbHG, Anh. § 77 Rn 75; eingehend Winter, ZGR 1994, 570 ff; ders., Mitgliedschaftliche Treubindungen, S. 190 ff., 195 ff.; etwas abweichend Priester, ZGR 1993, 512, 521;
a.A. noch Ulmer, ZHR 148 (1984), S. 391, 418 ff.; Assmann, JZ 1986, 928, 931; vgl. a.A. auch die Organhaftungslehre bei Wilhelm, Rechtsform und Haftung, S. 336 ff.; ders., DB 1986, 2113, 2117 ff.

253 BGHZ 95, 330 = NJW 1986, 188 (Autokran); BGHZ 107, 7 = NJW 1989, 1800 (Tiefbau); BGHZ 115, 187 = NJW 1991, 3142 (Video); BGHZ 122, 123 = NJW 1993, 1200 (TBB); näher Hommelhoff, ZGR 1994, 395 ff.; vgl. auch Emmerich in Scholz, GmbHG, Anh. Konzernrecht, Rn 193 ff.; Lutter/Hommelhoff, GmbHG, Anh. § 13 Rn 15 ff., je mwN; didaktisch aufbereitet von Pöggeler, JA 1995, 438.

254 So Lutter, ZIP 1985, 1425, 1432; K. Schmidt, ZIP 1986, 146, 149; ders., ZIP 1989, 545, 551; Konzen, NJW 1989, 2977, 2986.

beurteilen ist[255]. Zum anderen ist diese Verlustausgleichspflicht zugleich ein Anwendungsfall der unmittelbaren Außenhaftung, die zugunsten der KG als Gläubiger unabhängig davon eingreift, ob der Kommanditist einem Minderheitsgesellschafter in der GmbH gleichgestellt werden kann.

cc) Erstreckung der Treupflicht über die Grenzen der GmbH hinaus auf die KG

In der nicht personengleichen GmbH & Co. KG ist problematisch, ob sich die mitgliedschaftliche Treupflicht in der GmbH dergestalt auf die KG und deren außenstehende Kommanditisten erstreckt, daß sie eine Haftung für pflichtwidrige Weisungen in Geschäftsführungsangelegenheiten begründen kann.

(1) Meinungsstand zur GmbH & Co. KG

Dem ITT-Urteil des Bundesgerichtshofs[256] lag der Fall einer personengleichen GmbH & Co. KG zugrunde. Die Bejahung der Treupflicht zwischen den GmbH-Gesellschaftern als solche war daher unproblematisch. Die Besonderheit des Falles lag aber darin, daß der Schaden des Mitgesellschafters nicht im GmbH-Vermögen, sondern in seiner Kommanditbeteiligung eingetreten war. Der Bundesgerichtshof erstreckte hier die Wirkung der Treupflicht insoweit über die Grenzen des Verbands der GmbH hinaus, als er auch diesen Schaden für ersatzfähig hielt. Er führte dazu aus[257]: "Die gesellschaftsrechtliche Treupflicht ist zwar stets Inhalt eines bestimmten einzelnen Gesellschaftsverhältnisses und deshalb auch nur auf Rechte, Pflichten und Interessen innerhalb dieser Gesellschaft bezogen. Bei einem Fall der vorliegenden Art muß aber von einer Treupflicht ausgegangen werden, die über die Gesellschaft hinausweist, deren gemeinsame Mitglieder die Beteiligten sind. Denn die GmbH ist gerade zur Leitung des Verbundes von (rechtlich selbständigen) Unternehmen eingesetzt, an denen die Parteien unmittelbar oder mittelbar beteiligt sind, so daß sich der wesentliche Teil ihrer Geschäftstätigkeit in den angeschlossenen Gesellschaften verwirklicht. Die beiden Kommanditgesellschaften sind organisatorisch von der GmbH abhängig und unter deren einheitlicher Leitung in der Weise zusammengefaßt, daß die GmbH in ihnen die ausschließliche Geschäftsführungsbefugnis innehat."

Als erste Reaktion in der Literatur meldete *H.P. Westermann*[258] jedenfalls für den Fall der nicht personengleichen GmbH & Co. KG Zweifel an einer "Treuebindung ohne Rechtsverhältnis" an. Er meinte, die Rechte der Kommanditisten

---

255 Zur Bejahung des konzerntypischen Interessenkonflikts nur im Falle eines eigenen Geschäftsbetriebs der GmbH, anderweitiger Unternehmensbeteiligungen oder weiterer Komplementärfunktionen oben II. 4 c) bb) (2), S. 89, mit Nachweisen in Fn 89.

256 BGHZ 65, 15 = NJW 1976, 191.

257 BGHZ 65, 15, 20 f. = NJW 1976, 191, 192.

258 Westermann, GmbHR 1976, 77, 78.

sollten nach dem Recht der KG wahrzunehmen sein, erkannte aber andererseits bereits das Bedürfnis nach einer Direkthaftung des GmbH-Gesellschafters aufgrund dessen Leitungsmacht durch das Weisungsrecht. Im Ergebnis stimmte er der Entscheidung daher zu.

Die mit der nicht personengleichen GmbH & Co. KG verbundene Problematik erörterte näher *Grunewald*[259]. Den Anlaß ihrer Ausführungen bildete jedoch nicht das ITT-Urteil, sondern die damals neue Rechtsprechung zur Geschäftsführerhaftung aus Vertrag mit Schutzwirkung zugunsten Dritter[260]. Dabei entdeckte sie den Zusammenhang zwischen der Direkthaftung des Geschäftsführers und der Haftung des GmbH-Gesellschafters für pflichtwidrige Weisungen. Insbesondere wies sie deutlich auf die Möglichkeit einer entlastenden Weisung hin, die bei Fehlen einer Direkthaftung des GmbH-Gesellschafters die Haftung des Geschäftsführers entwerten würde[261]. Daraus zog sie den Schluß, daß die Treupflicht als haftungsbegründender Tatbestand sich nicht nur wie im ITT-Urteil hinsichtlich des Schadens auf die KG erstreckt, sondern auch dann als unmittelbare Sonderverbindung zwischen dem GmbH-Gesellschafter und dem Kommanditisten zu bejahen ist, wenn der Kommanditist an der GmbH nicht beteiligt ist, oder es sich sogar um eine Einmann-GmbH ohne Minderheitsgesellschafter handelt[262].

Die Diskussion um die Reichweite der Treupflicht nahm später nochmals *Stimpel*[263] auf. Dabei stellte er die im ITT-Urteil aufgeworfene Frage, ob man es rechtfertigen könne, die Treupflicht des Mehrheitsgesellschafters allgemein so weit reichen zu lassen, wie sich die GmbH in einer von ihr geleiteten Unternehmensgruppe kraft Geschäftsführungs- oder sonstigen Gesellschaftsrechts durchsetzen kann[264]. Diese Frage bejahte er sowohl im Hinblick auf die GmbH & Co. KG als auch für das Konzernrecht. Für die GmbH & Co. KG nahm auch er Bezug auf die Direkthaftung des Geschäftsführers und die dort angewandte Rechtsfigur des Anstellungsvertrags mit Schutzwirkung für die KG. Aus dem bereits von *Grunewald* herausgearbeiteten Zusammenhang zwischen Geschäftsführer- und Gesellschafterhaftung leitete er aus dieser Rechtsprechung ab, daß auch die Treupflicht des GmbH-Gesellschafters in der GmbH Schutzwirkung zugunsten der KG entfalte[265].

---

259 Grunewald, BB 1981, 581 ff.

260 BGHZ 75, 321 = WM 1980, 30 = NJW 1980, 589; vgl. oben II. 2 d) aa), S. 77 f.

261 Grunewald, BB 1981, 581, 583 ff.

262 Grunewald, BB 1981, 581, 586.

263 Stimpel, AG 1986, 117 ff.

264 Stimpel, AG 1986, 117, 118.

265 Stimpel, AG 1986, 117, 118 f.

Gegen diese Ansicht, die sich für eine Treupflicht auch in der nicht personengleichen GmbH & Co. KG ausspricht[266], wenden sich einzelne Stimmen in der neueren Literatur. So meint insbesondere *Zoller*[267], eine Treupflicht, die lediglich an die Tatsache anknüpft, daß es sich bei dem Berechtigten und dem Verpflichteten um Personen handelt, die in irgendeiner Form an einem der verbundenen Unternehmen beteiligt sind, wäre uferlos. In gleicher Weise stellt *Krebs*[268] auf den höchstpersönlichen Charakter der Mitgliedschaft und der durch sie begründeten Treupflicht ab, der einer Erstreckung auf gesellschaftsfremde Personen entgegenstehe.

Gegen eine unmittelbare Treupflicht sprach sich in einem obiter dictum zuletzt auch der Bundesgerichtshof[269] aus. Im Rahmen der Direkthaftung des GmbH-Geschäftsführers gegenüber einer atypischen stillen Gesellschaft, auf welche die Grundsätze der GmbH & Co. KG angewandt wurden, führte das Urteil zur Frage der Verjährung aus[270]: "[Ein Verstoß des Alleingesellschafter-Geschäftsführers gegen ihm im Verhältnis zu den stillen Gesellschaftern obliegende Gesellschafterpflichten] ist schon deshalb zu verneinen, weil er den stillen Gesellschaftern gesellschaftsrechtlich nicht verbunden ist und ihn unmittelbare Treuepflichten diesen gegenüber nicht treffen."

(2) Parallelproblem im mehrstufigen Konzern

Dasselbe Problem einer Erstreckung der Treupflicht auf gesellschaftsfremde Dritte stellt sich im mehrstufigen GmbH-Konzern. Die Frage lautet, ob die Verletzung der Treupflicht eine Haftung des Mutterunternehmens gegenüber dem Enkelunternehmen begründen kann, obwohl beide in keinerlei unmittelbarer Rechtsbeziehung stehen, die Einflußmöglichkeit der Muttergesellschaft auf das Vermögen der Enkelgesellschaft vielmehr nur über die Beteiligung an der dazwischengeschalteten Tochtergesellschaft vermittelt wird.

Über die Bejahung einer solchen Haftung im Ergebnis besteht in der Literatur weitgehende Einigkeit[271]. Streit besteht nur über die dogmatische Begründung

---

266 Neben den soeben Genannten ausdrücklich Horn in Heymann, HGB, § 161 Rn 135; Kübler, Gesellschaftsrecht, § 21 III 2.

267 Zoller, S. 108 f.

268 Krebs, S. 212 ff.

269 BGH NJW 1995, 1353.

270 BGH NJW 1995, 1353, 1358.

271 Vgl. hierzu nur Emmerich in Scholz, GmbHG, Anh. Konzernrecht, Rn 170; Koppensteiner in Rowedder, GmbHG, Anh. § 52 Rn 54; Ulmer in Hachenburg, GmbHG, Anh. § 77 Rn 74.

dieser Haftung[272]. Ein Teil der Literatur lehnt eine konzernweite Geltung der Treupflicht ab, da eine solche Begründung den Ausgangspunkt der gemeinsamen Mitgliedschaft in einer Gesellschaft verlasse[273]. Diese Stimmen stützen die Haftung im mehrstufigen Konzern auf eine faktische Geschäftsführung analog § 43 GmbHG[274] oder auf einen allgemeinen Grundsatz der Haftung für sorgfaltswidrige Leitung[275]. Die wohl überwiegende Meinung bejaht dagegen den Ansatz bei der Treupflicht, entweder in Form der Ableitung einer Schutzwirkung der Treupflicht zugunsten der Enkelgesellschaft[276] oder als unmittelbare Treupflicht über die Grenzen der Gesellschaft hinaus[277].

In die Richtung einer erweiterten Geltung der Treupflicht in mehrstufigen Unternehmensverbindungen weist auch eine Entscheidung des Bundesgerichtshofs zum Wettbewerbsverbot[278]. Dort heißt es zur Begründung des Wettbewerbsverbots der Muttergesellschaft als Ausfluß der mitgliedschaftlichen Treupflicht[279]: "Den mit dem Erwerb der Beteiligungen verbundenen Pflichten kann sich die Beklagte deshalb nicht mit dem Argument entziehen, daß nicht sie, sondern eine (100%ige) Tochter Gesellschafterin geworden ist."

(3) Würdigung und eigene Stellungnahme

Gegen die Ausdehnung der Treupflicht über die Grenzen des Verbands hinweg spricht zunächst die Grundlage dieser Rechtsfigur in der durch die Mitgliedschaft begründeten Zweckgemeinschaft. Sodann besteht die Gefahr einer Aufweichung der Konturen der Treupflicht. Die Treupflicht kann eben nicht auf sämtliche Personen erstreckt werden, die mit der Gesellschaft in engeren Kontakt treten. Bei einer Ausdehnung der Treupflicht stellt sich sofort die Frage,

---

272 Offengelassen von Emmerich in Scholz, GmbHG, Anh. Konzernrecht, Rn 170; unklar Koppensteiner in Rowedder, GmbHG, Anh. § 52 Rn 54.

273 Diese Bedenken äußern auch Vertreter, die für den einstufigen Konzern dem Treupflichtmodell folgen, vgl. Koppensteiner in Rowedder, GmbHG, Anh. § 52 Rn 54; Rehbinder, ZGR 1977, 581, 639 f.

274 So insbesondere Rehbinder, ZGR 1977, 581, 640 f.; Schneider, ZGR 1980, 511, 534; ders. in Scholz, GmbHG, § 43 Rn 20.

275 So Krebs, S. 217.

276 Stimpel, AG 1986, 117, 119 f.; ihm folgend Paschke, AG 1988, 196, 202 f.

277 Ulmer in Hachenburg, GmbHG, Anh. § 77 Rn 74; ders. in Staub, HGB, Anh. § 105 Rn 53; neuerdings dezidiert Lakner, Der mehrstufige Konzern (Arbeitstitel), passim.

278 BGHZ 89, 162 = NJW 1984, 1351 (Heumann/Ogilvy); hierzu zustimmend Ulmer in Staub, HGB, Anh. § 105 Rn 52 f.; Wiedemann/Hirte, ZGR 1986, 163, 165; Reuter, AG 1986, 130, 131; eingehend Emmerich, FS Stimpel, 1985, S. 743, 749, 751.

279 BGH NJW 1984, 1351, 1352.

wie die Abgrenzung zwischen außenstehenden Drittgläubigern und gesellschaftsnahen Personen, die noch von der Treupflicht umfaßt sind, erfolgen soll.

Bei der GmbH & Co. KG steht die KG jedoch aufgrund der gesellschaftsrechtlichen Verknüpfung der GmbH so nahe, daß sich für zahlreiche Problemkreise die Frage stellt, ob die Kommanditisten einem GmbH-Gesellschafter gleichstellt werden können[280]. Für die Frage der Innenhaftung des Geschäftsführers wurde dies mit der Annahme einer Direkthaftung bereits bejaht, zugleich aber dargelegt, daß sich gerade im Falle der Erteilung entlastender Weisungen an den GmbH-Geschäftsführer durch die GmbH-Gesellschafter für den außenstehenden Kommanditisten eine empfindliche Haftungslücke öffnen würde, diese Lücke aber nicht durch eine verschärfte Haftung des Geschäftsführers, sondern nur durch eine Haftung der anweisenden GmbH-Gesellschafter sachgerecht geschlossen werden kann[281]. Die vertragliche Anknüpfung einer solchen Direkthaftung der GmbH-Gesellschafter, wie sie die Rechtsprechung für die Haftung des GmbH-Geschäftsführers mit der Konstruktion des Anstellungsvertrags mit Schutzwirkung für die KG annimmt, müßte die Schutzwirkung konsequent an den Gesellschaftsvertrag der GmbH und die hierdurch begründete Treupflicht der Gesellschafter anbinden[282]. Nach der hier vertretenen Auffassung einer Direkthaftung des GmbH-Geschäftsführers aufgrund einer unmittelbaren gesellschaftsrechtlichen Organhaftung[283] kann auch die Gesellschafterhaftung nur durch eine unmittelbare gesellschaftsrechtliche Sonderbeziehung begründet werden. Eine Organhaftung analog § 43 GmbHG, wie sie für den GmbH-Geschäftsführer befürwortet wurde, kommt für den GmbH-Gesellschafter aufgrund der Trennung der Kompetenzen und Verantwortlichkeiten in der GmbH nur ausnahmsweise bei einer Anmaßung der Befugnisse eines Geschäftsführers in Betracht[284]. Das Äquivalent für die Geschäftsführerhaftung nach § 43 GmbHG stellt auf der Ebene der Gesellschafterhaftung vielmehr die mitgliedschaftliche Treupflicht dar. Sie ist daher der zutreffende Ansatzpunkt einer Haftung für die gesellschaftsrechtlich legitimierte, aber pflichtwidrige Ausübung des Weisungsrechts auch im Hinblick auf die außenstehende KG.

---

280 Vgl. sämtliche in dieser Arbeit angesprochenen Problemkreise der Kontroll- und Mitwirkungsrechte (oben §§ 2 und 3) sowie die Frage nach der Finanzierungsverantwortung im Rahmen des Eigenkapitalersatzrechts (unten § 5).

281 Vgl. eingehend oben II. 5 c), insbesondere unter bb) (4), S. 102.

282 So insbesondere Stimpel, AG 1986, 117, 119.

283 Zur Ablehnung des Vertrags mit Schutzwirkung Dritter und einer Analogie zu § 43 GmbHG als vorzugswürdige dogmatische Grundlage oben II. 2 d) bb), S. 78 ff., und oben II. 4 c) cc), S. 90 ff.

284 Sog. faktische Geschäftsführung, vgl. oben 1., S. 110 ff.

Es wird hier nicht verkannt, daß die Begründung einer unmittelbaren haftungsbegründenden Treupflicht zwischen GmbH-Gesellschaftern und der KG dogmatische Probleme aufwirft. Wie sogleich zu zeigen ist, weist die Fortentwicklung der Treupflicht in dieser Richtung jedoch nicht in gleichem Maße Unstimmigkeiten mit gesetzgeberischen Wertungen auf, wie dies für die Annahme einer generellen Organhaftung wegen faktischer Geschäftsführung oder im Rahmen eines Prinzips für sorgfaltswidrige Leitung festgestellt wurde. Denn da die haftungsbegründende Treupflicht in der GmbH ohnehin ein Produkt der Rechtsfortbildung durch Rechtsprechung und Lehre in Ergänzung des gesetzlichen GmbH-Rechts ist, hält sich auch eine Fortentwicklung dieser Grundsätze im Rahmen des Zulässigen, sofern sie durch sachliche Gründe gerechtfertigt ist.

Die Treupflicht hatte in der Tat ihre Grundlage ursprünglich in der persönlichen Verbundenheit einer Personengesellschaft. Mit der Anwendung der Grundsätze zur Treupflicht auch in der Kapitalgesellschaft, insbesondere im GmbH-Konzern, hat sich der Rechtsgrund der Treupflicht allerdings insoweit verändert, als nun maßgebliches Kriterium für die Treupflicht nicht mehr die besondere persönliche Verbundenheit der Mitglieder in einer Arbeits- und Haftungsgemeinschaft, die jedenfalls in der typischen AG nicht bejaht werden kann, sondern die durch die Mitgliedschaft in der Gesellschaft ermöglichte Einflußmöglichkeit auf (auch) fremdes Vermögen ist[285]. *Wiedemann* sprach schon in der Anmerkung zum ITT-Urteil von einer neuen Art der Treupflicht des herrschenden Gesellschafters, die mit der Treupflicht in der Personengesellschaft nicht zu verwechseln sei[286]. Diese Treupflicht ist also eine durch Einflußmöglichkeiten vermittelte Sonderverbindung zwischen den Gesellschaftern, eine Sonderverbindung kraft Herrschaft. *Krebs* machte sich auch nur deshalb auf die Suche nach einem umfassenden Prinzip der Haftung für sorgfaltswidrige Leitung, weil er die Treupflicht als eine solche Sonderverbindung über die Grenzen des Verbands hinweg im mehrstufigen Konzern oder in der GmbH & Co. KG strikt ablehnt. Damit verläßt er indes zugleich den Charakter als Gesellschafterhaftung und begründet eine qualitativ andere Organhaftung, die aus den oben genannten Gründen[287] nicht überzeugen kann.

Die Verletzung der mitgliedschaftlichen Treupflicht ist durchaus geeignet, die unmittelbare Haftung der GmbH-Gesellschafter auch gegenüber dem außenstehenden Kommanditisten, der nicht an der GmbH beteiligt ist, zu begründen. Dies zeigt zum einen ein Vergleich zur Problematik im mehrstufigen Konzern, zum anderen ein Vergleich zur Direkthaftung des GmbH-Geschäftsführers:

---

285 Vgl. die Nachweise oben Fn 238.

286 Wiedemann, JZ 1976, 392, 393.

287 Vgl. oben 1 b) , S. 111 ff., und 2 b), S. 116 ff.

α) Vergleichbarkeit der GmbH & Co. KG mit dem mehrstufigen Konzern

Die Einwirkungsmöglichkeit des GmbH-Gesellschafters auf die Geschäftsführung in der KG wird vermittelt durch das Weisungsrecht des Gesellschafters in der GmbH, die ihrerseits als Komplementärin die Geschäfte der KG führt. Nach Art und Umfang ist diese Einwirkungsmöglichkeit durchaus vergleichbar mit der Leitung der Enkelgesellschaft durch die Muttergesellschaft im mehrstufigen faktischen Konzern. Ein Unterschied zum Konzernrecht besteht lediglich in der konzernrechtlichen Unterscheidung zwischen Unternehmergesellschafter und Privatgesellschafter[288], die indes für das Band der Treupflicht dem Grunde nach unerheblich ist, da die Treupflicht zwischen den GmbH-Gesellschaftern auch in der konzernfreien GmbH besteht.

Wie bereits oben dargestellt[289], tendiert die wohl überwiegende Auffassung beim mehrstufigen GmbH-Konzern zur Annahme einer haftungsbegründenden Treupflicht als unmittelbare Sonderverbindung zwischen der Konzernmutter und dem Enkelunternehmen, indem sie sich über das traditionelle Verständnis der Treupflicht hinwegsetzt und Bindungen über die Grenzen der Gesellschaft hinweg konzernweit begründet. Es wird eine Schutzwirkung bzw. ein Zurechnungsdurchgriff der Treupflicht zumindest insoweit bejaht, als es um die Rechtsfolge der Schadensersatzpflicht geht. Die durch die Mitgliedschaft in der Tochtergesellschaft begründete Pflicht zur Rücksichtnahme auf fremde Interessen kann im Konzern nicht auf die eigene Gesellschaft begrenzt bleiben, sondern reicht ebensoweit wie die Einflußmöglichkeit, die durch diese Mitgliedschaft vermittelt wird[290].

β) Vergleichbarkeit des außenstehenden Kommanditisten mit einem Minderheitsgesellschafter in der GmbH

Die Vergleichbarkeit des außenstehenden Kommanditisten mit einem Minderheitsgesellschafter in der GmbH besteht unabhängig davon, ob die GmbH & Co. KG aufgrund eines konzerntypischen Interessenkonflikts nach den Grundsätzen eines mehrstufigen Konzerns beurteilt werden kann. Denn in beiden Fällen ist die Schutzwürdigkeit im Hinblick auf die Einflußmöglichkeiten des GmbH-Geschäftsführers und der GmbH-Gesellschafter auf das Vermögen der KG in gleichem Maße gegeben. Dies ist auch der maßgebliche Grund dafür, daß im Hinblick auf die (Innen-) Haftung des GmbH-Geschäftsführers die im Ergebnis einhellige Meinung die Grenzen des Verbands überschritten und eine Direkthaftung des GmbH-Geschäftsführers gegenüber der KG bejaht

---

288 Näher hierzu oben 2 b) aa) (2), S. 119.

289 Vgl. oben (2), S. 131 f., mit Nachweisen in Fn 273 bis 279.

290 So ausdrücklich Stimpel, AG 1986, 117, 120; Paschke, AG 1988, 196, 203; vgl. ebenso Koppensteiner in Rowedder, GmbHG, Anh. § 52 Rn 54; Ulmer in Hachenburg, GmbHG, Anh. § 77 Rn 74; ders. in Staub, HGB, Anh. § 105 Rn 53; Grunewald, BB 1981, 581, 586; Reuter, AG 1986, 130, 131; Emmerich, FS Stimpel, 1985, S. 743, 751.

hat[291]. Obwohl der Geschäftsführer also nicht Organ der KG ist, wird nach der hier vertretenen Ansicht eine gesellschaftsrechtlich begründete Organhaftung analog § 43 GmbHG befürwortet. Damit wird der außenstehende Kommanditist, bezogen auf diese Haftung für pflichtwidrige Geschäftsführung nicht als Drittgläubiger behandelt, sondern es wird eine Innenhaftung bejaht, die ihn dem Minderheitsgesellschafter in der GmbH haftungsrechtlich gleichstellt. Für diese Abkürzung des haftungsrechtlichen Umwegs über die GmbH, der eigentlich der rechtlichen Selbständigkeit der GmbH und der KG entsprechen würde, sprechen beachtliche Gründe[292].

Diese Gründe lassen sich jedoch in gleicher Weise wie beim GmbH-Geschäftsführer auch für eine Direkthaftung der GmbH-Gesellschafter im Falle der Erteilung pflichtwidriger Weisungen anführen. Meint man es ernst mit dem Schutz des außenstehenden Kommanditisten, der durch diese Direkthaftung des Geschäftsführers erreicht wird, so muß man konsequenterweise auch den zweiten Schritt tun, und die rechtliche Trennung von GmbH und KG auch im Hinblick auf die Haftung des anweisenden GmbH-Gesellschafters durchbrechen[293]. Besonders deutlich wird dieser Zusammenhang bei *Stimpel*[294], der gerade deshalb eine Schutzwirkung der Treupflicht des GmbH-Gesellschafters zugunsten der KG annimmt, weil dies der Schutzwirkung des Anstellungsvertrags mit dem GmbH-Geschäftsführer, wie sie die Rechtsprechung bis heute befürwortet, auf der Ebene der Gesellschafterhaftung inhaltlich entspricht. Die dogmatischen Probleme, die bei der Begründung der Direkthaftung des GmbH-Geschäftsführers bewältigt werden mußten, setzen sich somit unverändert bei der Direkthaftung der GmbH-Gesellschafter fort. Daß dies aufgrund der klaren Trennung von Kompetenzen und Verantwortlichkeiten in der GmbH kein Grund ist, die Haftung jeweils auf ein- und dieselbe Grundlage einer Organhaftung zu stützen, wurde bereits dargelegt[295]. Die Erstreckung der Treupflicht der GmbH-Gesellschafter auf die KG ist jedoch auf der Ebene der Gesellschafterhaftung die genaue Fortsetzung der Direkthaftung des GmbH-Geschäftsführers auf der Ebene der Organhaftung. Ebenso wie der GmbH-Geschäftsführer als Fremdorgan auf die schutzwürdigen Interessen der KG Rücksicht zu nehmen hat, obwohl er nicht ihr Organ ist, trifft die GmbH-Gesellschafter bei der Erteilung von Weisungen im Hinblick auf die Geschäftführung eine ebensolche Pflicht, obwohl sie nicht Mitgesellschafter des Kommanditisten sind.

---

291 Vgl. die umfassenden Ausführungen oben II., S. 71 ff.

292 Vgl. oben I. 3, S. 70 f.

293 Vgl. erstmals zu diesem Zusammenhang Grunewald, BB 1981, 581 ff.

294 Stimpel, AG 1986, 117, 119.

295 Zur Ablehnung dieser Gegenansichten oben 1 b), S. 111 ff., und 2 b), S. 116 ff.

Gäbe es eine gesetzliche Regelung über die Haftung der GmbH-Gesellschafter gegenüber den Minderheitsgesellschaftern für die Erteilung pflichtwidriger Weisungen[296], so müßte die Lösung in einer Analogie zu dieser Vorschrift liegen. Da die Treupflicht zur Haftungsbegründung ohne gesetzliche Grundlage von der Rechtsprechung entwickelt wurde, bleibt nur, die Wirkung dieser Treupflicht durch Fortbildung dieser Rechtsprechungsregeln über die Grenzen der Gesellschaft auf die KG zu erstrecken. Der Rechtsgrund für die Erstreckung dieser Treupflicht über die Grenzen des Verbands hinaus ist ebenso wie im mehrstufigen Konzern die durch die Mitgliedschaft vermittelte Einflußmöglichkeit auf das Vermögen einer anderen Gesellschaft.

Die Rechtsfolge der solchermaßen auf die KG erstreckten Treupflicht betrifft jedoch als Gegengewicht zu den Einflußmöglichkeiten nur die haftungsrechtliche Seite der Treupflicht[297]. Diese Erstreckung begründet dagegen keinerlei weitergehenden Mitwirkungsrechte der Kommanditisten bei Entscheidungen in der GmbH, die etwa auch bei der Auswahl der Person des GmbH-Geschäftsführers relevant werden könnten[298]. *Stimpel* begründet dies nach seinem Ansatz zutreffend damit, daß eine drittschützende Wirkung immer nur haftungsrechtliche Folgen, nicht dagegen positive Handlungs- und Leistungspflichten begründen kann[299]. Der Ansatz der Schutzwirkung für Dritte ist jedoch abzulehnen, weil er Schwächen im Falle einer Einmann-GmbH aufweist, bei der eine Treupflicht in der GmbH mangels Minderheitsgesellschafter ausscheiden müßte. Nach der hier vertretenen Ansicht einer unmittelbaren Treupflicht folgt die Beschränkung der Rechtsfolgen auf die haftungsrechtliche Seite daraus, daß eine bloße Analogie zur Geschäftsführer- und Gesellschafterhaftung in der GmbH gezogen wird, die den Charakter der GmbH und der KG als rechtlich selbständige Gesellschaften unberührt läßt.

(4) Zusammenfassung

In der nicht personengleichen GmbH & Co. KG trifft die GmbH-Gesellschafter eine haftungsbegründende Treupflicht unmittelbar gegenüber dem außenstehenden Kommanditisten. Tragender Gedanke dieser Erstreckung der Treupflicht über die Grenzen der GmbH hinaus ist die gesellschaftsrechtlich legitimierte Einflußmöglichkeit, die durch die Stellung als GmbH-Gesellschafter vermittelt wird. Die Treupflicht als haftungsbegründende Sonderverbindung ist nicht auf die Grenzen des Verbands beschränkt, dem der Verpflichtete angehört, sondern erstreckt sich ebenso weit wie die Einflußmöglichkeit, die

---

296 Wie dies für den Geschäftsführer als Organ in § 43 GmbHG bestimmt ist.

297 Man könnte insoweit von einer "Treupflicht kraft Herrschaft" sprechen, um sie von der durch die Zweckgemeinschaft in einem Verband begründeten umfassenden Treupflicht aufgrund des besonderen persönlichen Vertrauensverhältnisses zu unterscheiden.

298 Vgl. hierzu bereits oben § 3 II. 3, insbesondere unter b) a.E., S. 49 f.

299 So ausdrücklich Stimpel, AG 1986, 117, 120.

durch die Mitgliedschaft eröffnet wird. Im GmbH-Konzern erstreckt sich diese Treupflicht damit konzernweit auf sämtliche abhängigen Gesellschaften, in der konzernfreien GmbH & Co. KG auf den außenstehenden Kommanditisten. Diese Sonderverbindung kraft Herrschaft bzw. als Ausfluß eines Prinzips der Haftung für sorgfaltswidrige Leitung wird im Falle des anweisenden GmbH-Gesellschafters nicht durch eine Stellung als Fremdorgan, sondern durch seine Mitgliedschaft in der GmbH begründet, weshalb insoweit die Treupflicht als Gesellschafterhaftung dogmatisch der richtige Anknüpfungspunkt ist. Diese Treupflicht vermittelt nicht nur eine Schutzwirkung im Sinne einer abgeleiteten Rechtsstellung des Dritten, sondern besteht jedenfalls bei der GmbH & Co. KG unmittelbar zwischen den GmbH-Gesellschaftern und dem außenstehenden Kommanditisten.

b) Sorgfaltsmaßstab

Ist die haftungsbegründende Treupflicht somit dem Grunde nach zu bejahen, so stellt sich nun die weitere Frage, welcher Sorgfaltsmaßstab auf diese Haftung anzuwenden ist. Die Beantwortung dieser Frage hängt maßgeblich davon ab, nach welchen Regeln die Gesellschafterhaftung gegenüber Mitgesellschaftern in der GmbH zu beurteilen wäre. Denn der Sorgfaltsmaßstab hinsichtlich der Ersatzansprüche des außenstehenden Kommanditisten muß sich an einer Gleichstellung mit einem Minderheitsgesellschafter orientieren, sofern in der GmbH & Co. KG nicht besondere Gesichtspunkte für eine davon abweichende Haftung sprechen. Da die Sanktionen einer Treupflichtverletzung nicht gesetzlich geregelt sind, sind zahlreiche Möglichkeiten für den Sorgfaltsmaßstab denkbar.

aa) Keine Beschränkung auf vorsätzliches Handeln nach § 117 AktG

Zunächst ist klarzustellen, daß jedenfalls die Vorschrift des § 117 AktG, wonach die Haftung sonstiger Personen, die Einfluß auf die Geschäftsführung der AG nehmen, auf vorsätzliches Handeln beschränkt ist, für die Haftung des anweisenden GmbH-Gesellschafters nicht gilt[300]. Die Rechtsstellung des GmbH-Gesellschafters im Hinblick auf die Geschäftsführung ist aufgrund des ihm zustehenden Weisungsrechts deutlich stärker ausgestaltet als die des Aktionärs, da bei der AG der Vorstand eigenverantwortlich tätig wird[301]. Selbst bei der AG findet jedoch die Haftung aus Treupflichtverletzung im Falle faktischer Einflußnahme des Aktionärs auf die Geschäftsführung neuerdings

---

300 Wiedemann, JZ 1976, 392, 394; Flume, ZHR 144 (1980), S. 18, 30 f.; Martens, GmbHR 1984, 265, 268; Immenga, Die personalistische Kapitalgesellschaft, S. 275 ff.; Wilhelm, Rechtsform und Haftung, S. 352 f.; vgl. auch zum mehrstufigen Konzern Rehbinder, ZGR 1977, 581, 640;
die noch weitergehende Beschränkung auf sittenwidriges Handeln nach § 826 BGB, wie sie noch in BGHZ 31, 258, 278 vertreten wurde, hat der Bundesgerichtshof im ITT-Urteil ausdrücklich aufgegeben, vgl. BGHZ 65, 15, 21 = NJW 1976, 191, 192.

301 Vgl. hierzu bereits näher oben 2 b) aa) (1) a.E., S. 117 f.

neben § 117 AktG Anwendung[302], weshalb diese Haftung nicht durch den Haftungsmaßstab des § 117 AktG wieder ausgehöhlt werden darf.

bb) Keine Beschränkung auf die Sorgfalt in eigenen Angelgenheiten nach §§ 277, 708 BGB

Die nächste Stufe auf der "Leiter der Verschuldensgrade" wäre eine Beschränkung der Haftung auf die Sorgfalt in eigenen Angelegenheiten nach §§ 277, 708 BGB und damit gegebenenfalls auf grobe Fahrlässigkeit. Dieser Sorgfaltsmaßstab wird etwa auf den geschäftsführenden Gesellschafter einer Personengesellschaft angewandt[303]. Der anweisende GmbH-Gesellschafter wird ähnlich wie jener als Gesellschafter in eigener Sache tätig. Daher wird in der Literatur vorgeschlagen, auch für diese Haftung aus Treupflichtverletzung den Sorgfaltsmaßstab des Personengesellschaftsrechts heranzuziehen[304]. Dagegen spricht jedoch bereits der Umstand, daß die Vorschriften der §§ 277, 708 BGB überwiegend als rechtpolitisch problematisch gelten[305], und daher in der Rechtsprechung ihre Anwendung in kapitalistisch strukturierten Personengesellschaften, bei denen es an dem besonderen persönlichen Vertrauensverhältnis fehlt, abgelehnt wird[306]. Dasselbe gilt in der GmbH als Kapitalgesellschaft selbst dann, wenn der Geschäftsführer zugleich Gesellschaftsanteile hält[307].

Unabhängig davon, ob man die Anwendung des abgemilderten Sorgfaltsmaßstab der §§ 277, 708 BGB auf die personalistische GmbH generell ablehnt,

---

302 Mertens in Kölner Kommentar, AktG, § 117 Rn 10 f. mwN; so auch bereits Wiedemann, JZ 1976, 392, 394; vgl. ferner Hüffer, AktG, § 53a Rn 14.

303 Dies gilt nicht nur für die Gesellschaft bürgerlichen Rechts, sondern über §§ 161, 105 HGB auch für die OHG und für die gesetzestypische KG. Bei der GmbH & Co. KG setzt sich dagegen der strengere Sorgfaltsmaßstab eines Fremdorgans nach dem Recht der Kapitalgesellschaften durch, vgl. näher oben I. 2, S. 69 f.

304 So eingehend Thöni, GmbHR 1989, 187, 191 f.; vgl. auch Rowedder in Rowedder, GmbHG, § 13 Rn 20.

305 So die h.M., Hadding in Soergel, BGB, § 708 Rn 1; Keßler in Staudinger, BGB, § 708 Rn 4; K. Schmidt, Gesellschaftsrecht, § 59 III 2 a), S. 1747; Hoffmann, NJW 1967, 1207, 1208; a.A. Ulmer in Münchener Kommentar, BGB, § 708 Rn 2.

306 Zur Publikums-Personengesellschaft BGH NJW 1977, 2311; BGH WM 1980, 30, 31; BGH NJW 1995, 1353, 1354 f.; näher Ulmer in Münchener Kommentar, BGB, § 708 Rn 5; K. Schmidt, Gesellschaftsrecht, § 59 III 2 b), S. 1747 f.; vgl. auch von Gerkan in Röhricht, HGB, § 161 Rn 58; Martens in Schlegelberger, HGB, § 164 Rn 13; vgl. zur Unanwendbarkeit auf die Haftung des herrschenden Unternehmens im Personengesellschaftskonzern BGH NJW 1980, 231, 232; Ulmer in Staub, HGB, Anh. § 105 Rn 51 mwN.

307 KG GmbHR 1959, 257; OLG Bremen GmbHR 1964, 8, 9; Schneider in Scholz, GmbHG, § 43 Rn 166; Mertens in Hachenburg, GmbHG, § 43 Rn 55; Lindacher, JuS 1984, 672, 674; in diese Richtung auch BGH WM 1980, 30, 31.

ist sie jedenfalls dann ausgeschlossen, wenn es sich nicht um die Pflichtwidrigkeit innerhalb einer geschlossenen Gesellschaftergruppe, sondern um den Verstoß gegen eine im Drittinteresse geschaffene Schutznorm geht[308]. Gerade die Treupflicht in der nicht personengleichen GmbH & Co. KG erstreckt sich über die Grenzen der Gesellschaft hinaus und erfordert insoweit die Rücksichtnahme auf Drittinteressen, weshalb die Anwendung der §§ 277, 708 BGB jedenfalls für Treupflichtverletzungen im Hinblick auf die KG abzulehnen ist.

cc) Reichweite des Sorgfaltsmaßstabs eines Fremdorgans nach § 43 Absatz 1 GmbHG

Ernsthaft in Betracht zu ziehen ist es dagegen, die anweisenden GmbH-Gesellschafter den Sorgfaltsanforderungen des Geschäftsführers nach § 43 Absatz 1 GmbHG zu unterwerfen. Dies hätte für den von der pflichtwidrigen Geschäftsführungsmaßnahme betroffenen Kommanditisten insbesondere den Vorteil, daß es für seinen Ersatzanspruch keinerlei Unterschied macht, ob der Geschäftsführer aus eigener Entscheidung gehandelt hat, oder ob die pflichtwidrige Handlung durch die GmbH-Gesellschafter veranlaßt wurde.

(1) Anwendung des § 43 GmbHG auf die konzernrechtliche Treupflicht

Bereits in seiner Grundsatzentscheidung zur haftungsbegründenden Treupflicht des Mehrheitsgesellschafters in der GmbH im ITT-Urteil vom 5. Juni 1975[309] ging der Bundesgerichtshof von der entsprechenden Anwendung des § 43 GmbHG für den Sorgfaltsmaßstab aus. Die Begründung hierfür lautet recht knapp wie folgt[310]: "Das Berufungsgericht hat zu Unrecht Zweifel daran gelassen, daß die Anwendung des § 708 BGB zu keinem abgemilderten Verschuldensmaßstab führt; die Beklagte, selbst ein Großunternehmen, hatte entsprechend § 43 GmbHG in bezug auf die individuellen Verhältnisse der von der GmbH geleiteten Firmengruppe die Sorgfalt eines ordentlichen Kaufmanns anzuwenden, wenn sie für ihre eigenen Zweck die Geschäftsführung der GmbH beeinflußte."

Der Anwendung des Sorgfaltsmaßstabs in § 43 Absatz 1 GmbHG auf das herrschende Unternehmen im faktischen GmbH-Konzern ist die Literatur mit

---

308 So ausdrücklich BGHZ 93, 146, 150 = NJW 1985, 1030, 1031 zur Anweisung des GmbH-Gesellschafters, Auszahlungen aus dem zur Erhaltung des Stammkapitals erforderlichen Gesellschaftsvermögen vorzunehmen; vgl. bereits in diese Richtung BGH NJW 1976, 191, 192; ebenso Thöni, GmbHR 1989, 187, 193; vgl. auch Koppensteiner in Rowedder, GmbHG, § 43 Rn 59.

309 BGHZ 65, 15 = NJW 1976, 191 betraf den Fall einer personengleichen GmbH & Co. KG als abhängiges Unternehmen.

310 BGH NJW 1976, 191, 192, insoweit nicht abgedruckt in BGHZ 65, 15.

überwältigender Mehrheit gefolgt[311]. Als Rechtsgrundlage für die Anwendung des Sorgfaltsmaßstabs eines ordentlichen und gewissenhaften Geschäftsleiters käme anstelle des § 43 GmbHG auch die inhaltlich übereinstimmende gesetzliche Regelung im Aktienkonzern nach §§ 309 Absatz 1, 317 Absatz 2 AktG in Betracht[312]. Daß die Rechtsprechung und die ganz überwiegende Lehre diese Vorschrift mit keinem Wort erwähnen, dürfte darin begründet liegen, daß die Eigenständigkeit des Treupflichtmodells im GmbH-Konzernrecht aufgrund der Strukturunterschiede zur AG verdeutlicht werden soll.

(2) § 276 BGB als Sorgfaltsmaßstab beim Privatgesellschafter außerhalb eines Konzerns

Problematisch und umstritten ist dagegen, ob der Sorgfaltsmaßstab eines ordentlichen und gewissenhaften Geschäftsführers nach § 43 Absatz 1 GmbHG bei Fehlen eines konzernrechtlichen Sachverhalts auf den Privatgesellschafter, der keine anderweitigen Unternehmensinteressen verfolgt, anwendbar ist.

Eine starke Literaturmeinung hält auch beim Privatgesellschafter die Anwendung des § 43 GmbHG für geboten und stützt dies darauf, daß der GmbH-Gesellschafter der Sache nach Geschäftsführungsaufgaben übernehme, indem er Weisungen an die Geschäftsführung erteilt[313]. Da er sich durch die Weisung also an die Stelle des geschäftsführenden Organs setze, nehme er die Leitungsmacht eines Organs in Anspruch und müsse daher denselben Sorgfaltsanforderungen unterliegen[314]. Dieser Ansicht kommt im Ergebnis die Organhaftungslehre nahe, die nicht nur den Sorgfaltsmaßstab, sondern bereits die Anspruchsgrundlage in § 43 GmbHG erblickt[315].

---

311 OLG Saarbrücken AG 1980, 26, 28; Emmerich in Scholz, GmbHG, Anh. Konzernrecht Rn 182; Lutter/Hommelhoff, GmbHG, Anh. § 13 Rn 13; Westermann, GmbHR 1976, 77, 79 f.; Schilling, BB 1975, 1451, 1452; ders., FS Hefermehl, 1976, S. 383, 385 f.; Martens, GmbHR 1984, 265, 268; Vonnemann, BB 1990, 217, 218; Immenga, FS 100 Jahre GmbHG, 1992, S. 189, 197; einschränkend Koppensteiner in Rowedder, GmbHG, Anh. § 52 Rn 55; a.A. Ulmer, ZHR 148 (1984), S. 391, 421: § 276 BGB.

312 Vgl. Krebs, S. 303 ff., der diese Analogie nicht nur für die Ausgestaltung des Sorgfaltsmaßstabs, sondern als Rechtsgrundlage für sein haftungsbegründendes Prinzip der Haftung für sorgfaltswidrige Leitung heranzieht.

313 Winter in Scholz, GmbHG, § 14 Rn 62; Raiser in Hachenburg, GmbHG, § 14 Rn 61; Immenga, FS 100 Jahre GmbHG, 1992, S. 189, 199; ders., Die personalistische Kapitalgesellschaft, S. 278, 283; vgl. Hueck in Baumbach/Hueck, GmbHG, § 13 Rn 31; wohl auch Schilling in Staub, HGB, § 164 Rn 16 a.E. zur GmbH & Co. KG.

314 So insbesondere Immenga, FS 100 Jahre GmbHG, 1992, S. 189, 199; ders., Die personalistische Kapitalgesellschaft, S. 283.

315 Grundlegend Wilhelm, Rechtsform und Haftung, S. 337 ff., 349 ff.; ders., DB 1986, 1113, 1117 ff.; ihm folgend Schulze-Osterloh, ZGR 1983, 123, 158 f.; Geitzhaus, GmbHR 1989, 397, 403 f.; ähnlich Zoller, S. 110 ff. unter dem Gesichtspunkt der faktischen Geschäftsführung; vgl zum Ganzen näher oben 1 a), S. 110 f.

Demgegenüber differenzieren der Bundesgerichtshof und die Gegenansicht in der Literatur hinsichtlich der Anforderungen an die Sorgfalt zwischen dem Unternehmensgesellschafter und dem Privatgesellschafter; bei Letzterem wird eine Haftung aus Treupflichtverletzung in Anwendung des allgemeinen Verschuldensmaßstabs nur nach Maßgabe des § 276 BGB bejaht[316]. Gerade die Begründung zur entsprechenden Anwendung des § 43 GmbHG im ITT-Urteil erfaßt nur den Fall, daß der GmbH-Gesellschafter seinerseits ein Unternehmen in der Rechtsform einer Kapitalgesellschaft ist[317]. Denn der strenge Sorgfaltsmaßstab eines Fremdgeschäftsführers, dem die Geschäftsführung dieser Kapitalgesellschaft im Innenverhältnis unterliegt, setzt sich dann trotz ihrer Stellung als Mitgesellschafterin aus denselben Erwägungen durch wie dies bei der Komplementär-GmbH in einer GmbH & Co. KG der Fall ist[318]. Für eine natürliche Person als GmbH-Gesellschafter stellte der Bundesgerichtshof dagegen ausdrücklich fest, daß sie mit einer pflichtwidrigen Weisung an den Geschäftsführer keine organschaftliche, sondern eine Gesellschafterpflicht verletzt, für die sie nicht nach § 43 GmbHG, sondern nach den allgemeinen Voraussetzungen des § 276 BGB zu haften hat[319].

Die zuletzt genannte Ansicht verdient den Vorzug, da sie die Verteilung der Kompetenzen und Verantwortlichkeiten in der GmbH angemessen berücksichtigt[320]. Der GmbH-Gesellschafter wird bei der Ausübung der ihm kraft Gesetzes zustehenden Mitverwaltungsrechte in Form der Weisungserteilung nicht als selbständiger treuhänderischer Verwalter fremder Vermögensinteressen tätig, wie dies für das Fremdorgan einer Kapitalgesellschaft zutrifft. Er handelt vielmehr vorwiegend im eigenen Interesse als Mitunternehmer und darf als solcher auch eigene Vermögensinteressen berücksichtigen[321]. Die Pflicht zur Rücksichtnahme auf die Interessen der Mitgesellschafter und gegebenenfalls auf die Interessen schutzwürdiger Dritter im Rahmen der mitgliedschaftlichen Treupflicht unterliegt daher qualitativ geringeren Anforderungen als

---

316 BGHZ 93, 146, 150 = NJW 1985, 1030, 1031; Koppensteiner in Rowedder, GmbHG, § 43 Rn 59 sowie Anh. § 52 Rn 55; Schneider in Scholz, GmbHG, § 43 Rn 16 bis 20; ders., BB 1981, 249, 257; Martens, GmbHR 1984, 265, 268; Ulmer, ZGR 1985, 598, 606; Vonnemann, BB 1990, 217, 218; in diesem Sinne zur Treupflicht in der AG bereits Zöllner, Schranken mitgliedschaftsrechtlicher Stimmrechtsmacht, S. 326 mit Fn 35a, der diesen milderen Sorgfaltsmaßstab des Gesellschafters als "selbstverständlich" bezeichnet.

317 So zutreffend Westermann, GmbHR 1976, 77, 79 f.; vgl. auch Konzen, NJW 1989, 2977, 2985.

318 Schilling, BB 1975, 1451, 1452; vgl. auch oben I. 2, S. 69 f., mit Nachweisen in Fn 5.

319 BGHZ 93, 146, 150 = NJW 1985, 1030, 1031.

320 Vgl. hierzu bereits oben 1 b), S. 111 ff.

321 Koppensteiner in Rowedder, GmbHG, § 43 Rn 58; Schneider in Scholz, GmbHG, § 43 Rn 16 f.; Mertens, FS Fischer, 1979, S. 461, 464 f.; vgl. auch Ulmer, ZHR 148 (1984), S. 391, 414; ders., GmbHR 1984, 256, 262 f.; Flume, ZHR 144 (1980), S. 18, 31.

die Rücksichtnahmepflicht des GmbH-Geschäftsführers auf dieselben Interessen. Der Gesellschafter unterliegt somit auch bei der Ausübung von Mitwirkungsrechten im Hinblick auf die Geschäftsführung aufgrund seiner Gesellschafterstellung innerhalb der GmbH nicht den strengen Berufspflichten eines Fremdorgans. Die oben dargestellte Ansicht, die insoweit eine Organhaftung befürwortet, hätte in der Praxis zur Folge, daß GmbH-Gesellschafter ohne die entsprechende Ausbildung und Erfahrung eines Geschäftsführers durch das Haftungsrisiko von der Ausübung ihrer Mitverwaltungsrechte abgehalten würden[322]. Dies widerspräche der gesetzlichen Ausgestaltung der GmbH als einer Gesellschaftsform, in der eine unternehmerische Betätigung durch den GmbH-Gesellschafter auch ohne die für einen Geschäftsführer erforderlichen besonderen Kenntnisse ermöglicht wird[323]. Als Konsequenz hieraus ergibt sich zwar eine Haftungslücke im Falle von Geschäftsführungsmaßnahmen, welche die in eigener Verantwortung agierende Geschäftsführung schadensersatzpflichtig machen würde, bei Deckung durch einen Gesellschafterbeschluß aber sowohl den Geschäftsführer als auch die Gesellschaftermehrheit entlastet. Dies ist jedoch nur die Folge der gesetzlichen Kompetenzverteilung zwischen Geschäftsführern und Gesellschaftern[324]. Eine Anwendung des § 43 GmbHG auf die Haftung des Gesellschafters kommt nur ausnahmsweise in Betracht bei der Anmaßung einer Organstellung durch unmittelbares Handeln für die Gesellschaft im Rechtsverkehr (sog. faktische Geschäftsführung)[325].

Die Begründung für die Differenzierung zwischen Unternehmensgesellschafter und Privatgesellschafter hinsichtlich des Sorgfaltsmaßstabs liegt bei näherer Betrachtung im Konzernrecht[326]. Würde man allein darauf abstellen, ob es sich beim GmbH-Gesellschafter um eine natürliche Person oder um eine Kapitalgesellschaft handelt, dann wäre nämlich im Falle einer natürlichen Person als herrschendes Unternehmen ein krasser Widerspruch zwischen dem GmbH-Konzern und dem Aktienkonzern die Folge. Während im Aktienrecht der strenge Sorgfaltsmaßstab nach §§ 309, 317 AktG anzuwenden ist, unterläge die Haftung im GmbH-Recht nur dem allgemeinen Sorgfaltsmaßstab des § 276 BGB, obwohl die Rechtsstellung des GmbH-Gesellschafters durch das Weisungsrecht stärker ausgestaltet wurde. Maßgeblich für die Anwendung des strengeren Sorgfaltsmaßstabs beim Unternehmensgesellschafter ist daher

322 Vgl. Lutter/Hommelhoff, GmbHG, § 43 Rn 46; Schneider in Scholz, GmbHG, § 43 Rn 16.

323 Ulmer, ZHR 148 (1984), S. 391, 414.

324 So zutreffend Koppensteiner in Rowedder, GmbHG, § 43 Rn 58.

325 Konzen, NJW 1989, 2977, 2985; Mertens, FS Fischer, 1979, S. 461, 466; vgl. hierzu eingehend oben 1 b), S. 111 ff.

326 In diese Richtung bereits Westermann, GmbHR 1976, 77, 79 f.: "in Unternehmensgruppen".

richtigerweise, ob die Eigenschaft als Unternehmen im Sinne der §§ 15 ff. AktG zu bejahen ist, wie dies auch bei natürlichen Personen bei Verfolgung anderweitiger Unternehmensinteressen in Betracht kommt[327]. Denn der Grund für die gesteigerte Treupflicht und damit für die Anwendung eines strengeren Sorgfaltsmaßstabs liegt in der typischen Konzerngefahr. Dieser Begriff bezeichnet die besondere Gefährdungslage, wenn ein herrschender Gesellschafter zugleich außerhalb der Gesellschaft unternehmerisch tätig ist[328]. Während nämlich bei einer selbständigen Gesellschaft von einem Gleichlauf der Interessen der Gesellschaft, der Gesellschafter und der Gesellschaftsgläubiger an einer erfolgreichen Geschäftstätigkeit der Gesellschaft gesprochen werden kann, ist dieses für den Rechtsverkehr erforderliche Regulativ nicht mehr ohne weiteres vorhanden, wenn einer der Gesellschafter noch anderweitige Unternehmensinteressen verfolgt und innerhalb der Gesellschaft die Einwirkungsmöglichkeiten besitzt, um deren Geschäftstätigkeit an seinen anderen unternehmerischen Interessen auszurichten[329]. In diesen Fällen besteht aufgrund der kollidierenden eigenen Unternehmensinteressen in besonderem Maße die Gefahr, daß das herrschende Unternehmen bei der Ausübung seiner Mitverwaltungsrechte nicht eigene Unternehmensinteressen als Mitgesellschafter, sondern vorwiegend diese fremden Unternehmensinteressen verfolgt. Damit ist die Rechtsstellung des herrschenden Unternehmens im Konzern derjenigen eines Fremdorgans in einer Kapitalgesellschaft, das keinerlei eigene Vermögensinteressen verfolgt, sondern ausschließlich treuhänderisch tätig wird, stark angenähert. Dies rechtfertigt es, in Konzernverhältnissen eine gesteigerte Treupflicht anzunehmen und in der Konsequenz hieraus auf die Haftung wegen Treupflichtverletzung den strengen Sorgfaltsmaßstab eines Fremdorgans anzuwenden[330]. Dieser Zusammenhang würde besser verdeutlicht, wenn als Rechtsgrundlage für den Sorgfaltsmaßstab im Rahmen einer Treupflichtverletzung des herrschenden Unternehmens im GmbH-Konzern nicht § 43 GmbHG, sondern die inhaltsgleichen §§ 309, 317 AktG bezeichnet würden. Denn trotz der Eigenständigkeit des Treupflichtmodells strahlt die hinter diesen Vorschriften stehende Wertung des Aktienkonzernrechts insoweit auch auf das GmbH-Recht aus, als sie den Sorgfaltsmaßstab für die Verletzung der gesteigerten Treupflicht im Konzern bestimmt. Außerhalb solcher Konzernverhältnisse ist dagegen nicht dieser strenge Sorgfaltsmaßstab, sondern der allgemeine Verschuldensmaßstab des § 276 BGB anzuwenden.

---

327 Vgl. hierzu die Nachweise oben Fn 227.

328 Vgl. BGH NJW 1980, 231 f.; BGH NJW 1984, 1351, 1352; BGH NJW 1986, 188, 189; Ulmer, ZHR 148 (1984), S. 391, 400 f.

329 BGHZ 95, 330, 334 f. = NJW 1986, 188, 189 zur Begründung der Analogie zu §§ 303, 322 AktG im qualifizierten faktischen Konzern; ebenso BGH NJW 1980, 231 f.

330 Vgl. Emmerich in Scholz, GmbHG, Anh. Konzernrecht Rn 181 f.; Winter, Mitgliedschaftliche Treubindungen, S. 81 f.

(3) Die besondere Interessenlage in der nicht personengleichen GmbH & Co. KG

In der nicht personengleichen GmbH & Co. KG tritt nun die Besonderheit auf, daß sich die Weisungen des GmbH-Gesellschafters nicht nur in der GmbH auswirken, sondern vor allem das Vermögen der KG betreffen. Sofern er nicht zugleich an der KG vermögensmäßig beteiligt ist, kommt ihm also eine mittelbare Verfügungsbefugnis über fremdes Vermögen zu. Daher könnte man erwägen, daß ihm in der besonderen Struktur dieser Konstellation auch dann die Rolle eines Fremdgeschäftsführers zufällt, welche die Anwendung des strengen Sorgfaltsmaßstabs nach § 43 GmbHG rechtfertigen würde, wenn kein konzerntypischer Interessenkonflikt vorliegt.

Dabei ist jedoch zu berücksichtigen, daß der GmbH-Gesellschafter zwar unmittelbar nur an der GmbH beteiligt, diese jedoch ihrerseits als Komplementärin Gesellschafterin der KG ist. In gleicher Weise wie ihm die Möglichkeit zu mittelbarer Einwirkung auf das Vermögen eingeräumt wird, hat er somit als mittelbarer Gesellschafter der KG auch ein eigenes Interesse an deren wirtschaftlichem Wohlergehen. Dabei beeinträchtigt die Verminderung des Vermögens der KG auch das Stammkapital der GmbH, und zwar vermittelt auf zweierlei Weise[331]: Ist die GmbH selbst durch eine Kapitaleinlage an der KG beteiligt, so verringert sich der Wert dieser Beteiligung bei einer Verminderung des Vermögens der KG. Unabhängig von einer vermögensmäßigen Beteiligung an der KG haftet die GmbH als Komplementärin nach §§ 128, 161 HGB für die Verbindlichkeiten der KG akzessorisch. Dabei ist die Haftung der GmbH zwar auf das Stammkapital beschränkt; dieses Stammkapital mußte jedoch durch den GmbH-Gesellschafter aufgebracht werden und ist daher wirtschaftlich als sein Vermögen anzusehen. Aufgrund dieser Verknüpfung der Vermögensinteressen in der GmbH & Co. KG wird der GmbH-Gesellschafter bei der Erteilung von Weisungen in Angelegenheiten der KG somit nicht ausschließlich im Fremdinteresse tätig, sondern stets zugleich im eigenen Interesse als Gesellschafter der GmbH. Seine Rechtsstellung innerhalb der GmbH & Co. KG entspricht daher nicht der eines Fremdgeschäftsführers, sondern der eines (mittelbaren) Gesellschafters in der KG.

Dies wird besonders deutlich, wenn die GmbH einen eigenen Geschäftsbetrieb unterhält. Denn hier kann es Geschäftsführungsmaßnahmen geben, die sowohl das Vermögen der KG als auch den eigenen Geschäftsbetrieb der GmbH betreffen. Die Stellung als GmbH-Gesellschafter bleibt durch die zusätzliche Funktion der GmbH als Komplementärin in der KG unberührt. Zu beachten ist, daß in dieser Konstellation auch nicht notwendigerweise ein konzernrechtlicher Sachverhalt vorliegt, der aufgrund der Wertung in §§ 309, 317 AktG eine Anwendung des strengen Sorgfaltsmaßstabs erforderlich macht. Denn bei Unterhaltung eines eigenen Geschäftsbetriebs der GmbH ist herrschendes Unternehmen im Sinne §§ 309, 317 AktG nur die GmbH selbst. Als Fremd-

331 Hierzu näher im Zusammenhang mit der Beeinträchtigung des Stammkapitals der GmbH im Rahmen des Kapitalersatzrechts unten § 5 III. 1 c) aa), S. 165 f., mwN.

geschäftsführer im Sinne dieser Vorschriften haften jedoch nur ihre Organe, nicht auch ihre weisungsbefugten Gesellschafter[332]. Die Behandlung des GmbH-Gesellschafters selbst als herrschendes Unternehmen im Sinne eines mehrstufigen Konzerns setzt dagegen voraus, daß er in eigener Person neben seiner GmbH-Beteiligung anderweitige Unternehmensinteressen verfolgt[333]. Ist dies der Fall, dann greift allerdings aufgrund der durch die Kollision unterschiedlicher Unternehmensinteressen begründeten besonderen Gefährdungslage[334] die konzernrechtliche Wertung der §§ 309, 317 AktG durch, und damit der Sorgfaltsmaßstab eines Fremdorgans.

(4) Zusammenfassung

Als Sorgfaltsmaßstab im Rahmen der Haftung des GmbH-Gesellschafters wegen einer Verletzung der Treupflicht gegenüber der KG in Form der Erteilung pflichtwidriger Weisungen ist grundsätzlich § 276 BGB anzuwenden. Die strengen Berufspflichten eines ordentlichen und gewissenhaften Geschäftsführers nach § 43 Absatz 1 GmbHG bzw. §§ 309 Absatz 1, 317 Absatz 2 AktG treffen den GmbH-Gesellschafter nur, wenn er als herrschendes Unternehmen der GmbH weitere Unternehmensinteressen verfolgt, oder wenn er als faktischer Geschäftsführer der GmbH anzusehen ist, weil er im Namen der GmbH unmittelbar nach außen in Erscheinung tritt oder dem tatsächlichen Geschäftsführer aufgrund einer massiven Weisungsdichte keinerlei eigenen Entscheidungsspielraum läßt. Dem außenstehenden Kommanditisten werden damit im Ergebnis keine weitergehenden Rechte eingeräumt als ihm zustünden, wenn er unmittelbar Minderheitsgesellschafter in der GmbH wäre.

c) Beweislast

Die Frage der Beweislast ist eng mit der Anwendung des Sorgfaltsmaßstabs verknüpft. Denn sofern der strenge Sorgfaltsmaßstab eines Geschäftsführers nach § 43 GmbHG zugrunde gelegt wird, ist es nur konsequent, auch die im Rahmen dieser Vorschrift regelmäßig geltende Beweislastumkehr analog § 93 Absatz 2 Satz 2 AktG zu übernehmen[335]. Dies gilt jedoch aus den oben

---

332 Vgl. oben 2 b) bb) (1), S. 121 mit Fn 222.

333 Vgl. oben 2 b) bb) (2), S. 122.

334 In der vorliegenden Konstellation droht regelmäßig, daß der GmbH-Gesellschafter die GmbH & Co. KG zugunsten einer weiteren von ihm beherrschten Gesellschaft benachteiligt.

335 Zur konzernrechtlichen Treupflicht Lutter/Hommelhoff, GmbHG, Anh. § 13 Rn 13; Emmerich in Scholz, GmbHG, Anhang Konzernrecht, Rn 182; Wiedemann, JZ 1976, 392, 393; Westermann, GmbHR 1976, 77, 80; Schilling, BB 1975, 1451, 1452; ders., FS Hefermehl, 1976, S. 383, 386; allgemein Thöni, GmbHR 1989, 187, 192; vgl. Schneider, ZGR 1980, 511, 535 f.; a.A. Mertens, FS Fischer, 1979, 461, 464.

genannten Erwägungen[336] für den GmbH-Gesellschafter nicht generell, sondern nur dann, wenn er selbst herrschendes Unternehmen im konzernrechtlichen Sinne ist. In diesem Fall dürfte sich die Anwendung der Beweislastumkehr auf die GmbH-Gesellschafter jedoch eher aus der gesetzlichen Wertung in §§ 309 Absatz 2 Satz 2, 317 Absatz 2 AktG ergeben[337]. Denn maßgeblich für das Eingreifen dieser Verschuldensvermutung auch bei Nichtorganen ist der Umstand, daß das Unternehmensinteresse der abhängigen GmbH durch die Interessen des herrschenden Unternehmens überlagert wird.

Beim Privatgesellschafter ohne anderweitige Unternehmensinteressen neben der GmbH-Beteiligung ist nach der hier vertretenen Auffassung die Anwendung des strengen Sorgfaltsmaßstabs nach §§ 43 GmbHG bzw. §§ 309, 317 AktG nicht gerechtfertigt. Ebensowenig kann dann auf die durch diese Vorschriften begründete Beweislastumkehr zurückgegriffen werden. Dies führt jedoch für den außenstehenden Kommanditisten im Ergebnis nicht zu einer wesentlichen Erschwerung der Rechtsverfolgung. Denn auf den Ersatzanspruch aus der Verletzung der Treupflicht sind die für die positive Forderungsverletzung analog § 282 BGB geltenden Grundsätze über die Beweislastverteilung nach Gefahrenbereichen anzuwenden[338]. Fällt danach dem Schuldner eine Pflichtverletzung zur Last oder ist die Schadensursache in sonstiger Weise aus seinem Verantwortungsbereich hervorgegangen, so muß er beweisen, daß er die Pflichtverletzung nicht zu vertreten hat.

In prozessualer Hinsicht kommt für die außenstehenden Kommanditisten zudem die Möglichkeit in Betracht, zunächst den Geschäftsführer der GmbH zu verklagen, solange nicht fest steht, ob er auf Weisung oder anderweitige Veranlassung des GmbH-Gesellschafters gehandelt hat. Zu seiner Entlastung muß der Geschäftsführer dann die Erteilung der Weisung darlegen und beweisen, was mit Hilfe der Interventionswirkung des Rechtsinstituts der Streitverkündung[339] dann grundsätzlich auch im Folgeprozeß gegen den GmbH-Gesellschafter als bewiesen gilt.

---

336 Vgl. soeben b) cc), S. 140 ff.

337 Vgl. zur Beweislastumkehr unter diesem Gesichtspunkt Lutter/Hommelhoff, GmbHG, Anh. § 13 Rn 13; Schilling, FS Hefermehl, 1976, S. 383, 386; Schneider, ZGR 1980, 511, 535 f.; Winter, Mitgliedschaftliche Treubindungen, S. 113 f.; Krebs, S. 303; vgl. auch K. Schmidt, ZIP 1986, 146, 149; ders., ZIP 1989, 545, 549; zum herrschenden Unternehmen im Personengesellschaftskonzern BGH NJW 1980, 231, 232.

338 Ebenso Ulmer, ZHR 148 (1984), S. 391, 421; Winter, Mitgliedschaftliche Treubindungen, S. 111 f.; vgl. auch Assmann, JZ 1986, 928, 932 unter dem Gesichtspunkt des Gläubigerschutzes; allgemein Larenz, Schuldrecht I, § 24 I b), S. 371 ff.; ausdrücklich offengelassen von BGHZ 93, 146, 150 = NJW 1985, 1030, 1031.

339 Vgl. §§ 72, 74 Absatz 3, 68 ZPO.

d) Verjährung

Ersatzansprüche aus der Verletzung von Treupflichten verjähren nach § 195 BGB in 30 Jahren seit ihrer Entstehung[340]. Nach der Gegenansicht, die das Treupflichtmodell generell ablehnt und auch die Gesellschafterhaftung nach den Grundsätzen der Haftung eines Fremdorgans beurteilt, greift dagegen die für die Organhaftung maßgebliche kurze Verjährungsfrist von fünf Jahren nach §§ 43 Absatz 4 GmbHG, 309 Absatz 5, 317 Absatz 4 AktG ein[341]. Diese Ansicht steht jedoch im klaren Widerspruch zur Rechtsprechung des Bundesgerichtshofs, wonach für die Verjährung aus Treupflichtverletzung selbst dann § 195 BGB gilt, wenn der Gesellschafter zugleich Geschäftsführer ist[342].

Nach der hier vertretenen Auffassung stellt sich die Frage der kurzen Verjährungsfrist ohnehin nur in den Fällen, in denen aufgrund eines konzerntypischen Interessenkonflikts der strenge Sorgfaltsmaßstab nach §§ 309, 317 AktG angelegt wird. Wäre in diesen Fällen hinsichtlich der Verjährung § 309 Absatz 5 AktG maßgeblich, so stünde dem herrschenden Unternehmensgesellschafter gegenüber dem Privatgesellschafter ein nicht erklärbares Privileg zu. Der Zweck der kurzen Verjährung, einem Fremdorgan als Verwalter von fremdem Vermögen nach absehbarer Zeit Gewißheit über mögliche Ersatzansprüche zu verschaffen[343], rechtfertigt deren Anwendung auch im Konzern nur auf Fremdorgane des herrschenden Unternehmens, nicht dagegen auf das herrschende Unternehmen selbst, sofern es Gesellschafter des abhängigen Unternehmens ist. Dies verdeutlicht, daß auch im Konzern §§ 309, 317 AktG für die Gesellschafterhaftung nicht im Sinne einer Analogie als Haftungsgrundlage herangezogen werden können. Auf die dort enthaltenen gesetzlichen Wertungen kann aufgrund der besonderen Gefährdungslage für das abhängige Unternehmen vielmehr nur zur Konkretisierung der tatbestandlichen Konturen der Treupflichtverletzung hinsichtlich des Sorgfaltsmaßstabs und der Beweislast zurückgegriffen werden.

---

340 BGH NJW 1982, 2869 f.; BGH NJW 1995, 1353, 1358; BGH NJW 1995, 1960, 1961 f.; BGH WM 1999, 224; Schilling in Staub, HGB, § 164 Rn 16; Koppensteiner in Rowedder, GmbHG, § 43 Rn 64; Raiser in Hachenburg, GmbHG, § 14 Rn 61 a.E.; Winter, Mitgliedschaftliche Treubindungen, S. 116 f.

341 So Krebs, S. 309 f., vgl. auch ders., S. 226.

342 BGH NJW 1982, 2869 f.; BGH NJW 1995, 1353, 1358; BGH NJW 1995, 1960, 1961 f.; BGH WM 1999, 224.

343 BGH WM 1999, 224; vgl. auch oben Fn 152.

e) Einzelklagebefugnis des Kommanditisten

Ebenso wie bei der Geschäftsführerhaftung[344] stellt sich auch bei der Gesellschafterhaftung die Frage, ob der Ersatzanspruch unmittelbar durch den einzelnen Kommanditisten geltend gemacht werden kann.

Für den Fall der personengleichen GmbH & Co. KG hat der Bundesgerichtshof entschieden, daß der Minderheitsgesellschafter in der GmbH den Schadensersatzanspruch gegen den Mehrheitsgesellschafter selbst einklagen kann, ohne zunächst dessen Geltendmachung durch die GmbH veranlassen zu müssen[345]. Für Ansprüche gegen den GmbH-Geschäftsführer wird überwiegend eine Subsidiarität dieser Einzelklagebefugnis angenommen, wonach zunächst versucht werden muß, einen Gesellschafterbeschluß nach § 46 Nr. 8 GmbHG herbeizuführen und einen ablehnenden Beschluß gegebenenfalls mit der Anfechtungsklage anzugreifen; nur ausnahmsweise darf ohne vorherige Ablehnung eines solchen Beschlusses unmittelbar Gesellschafterklage erhoben werden[346]. Ob dies in gleicher Weise für Ansprüche gegen Mitgesellschafter wegen einer Verletzung der mitgliedschaftlichen Treupflicht gilt, ist umstritten[347]. Die Subsidiarität wird von denjenigen bejaht, die eine Treupflicht nur gegenüber der GmbH bejahen und somit den Rechtsgrund der Gesellschafterklage in einer gesetzlichen Prozeßstandschaft für die GmbH sehen[348]; dagegen wird sie von anderen Stimmen abgelehnt, die einen Anspruch des Minderheitsgesellschafters aus eigenem Recht annehmen[349].

Soweit man mit der hier vertretenen Ansicht eine unmittelbare Treupflicht des Mehrheitsgesellschafters nicht nur gegenüber den Minderheitsgesellschaftern in der GmbH, sondern auch gegenüber dem außenstehenden Kommanditisten annimmt, kann diese Subsidiarität jedenfalls hier keine Geltung beanspruchen.

---

344 Vgl. oben II. 7, S. 106 ff.

345 BGHZ 65, 15, 21 = NJW 1976, 191, 192; vgl. zur Anwendung der Einzelklagebefugnis gegen Mitgesellschafter die weiteren Nachweise oben Fn 162.

346 Vgl. näher oben II. 7, S. 107 f., mit Nachweisen in Fn 164.

347 Offengelassen von Stimpel, AG 1986, 117, 118; eingehend zum Streitstand Gehrlein, ZIP 1993, 1525, 1527 ff.; Winter, Mitgliedschaftliche Treubindungen, S. 312 ff.

348 OLG Düsseldorf GmbHR 1994, 172, 173 f.; Lutter/Hommelhoff, GmbHG, § 13 Rn 6; Hueck in Baumbach/Hueck, GmbHG, § 13 Rn 34a; Rowedder in Rowedder, GmbHG, § 13 Rn 18; Koppensteiner in Rowedder, GmbHG, § 43 Rn 62; K. Schmidt in Scholz, GmbHG, § 46 Rn 161; Martens, GmbHR 1984, 265, 271; Zöllner, ZGR 1988, 392, 409; Grunewald, Gesellschafterklage, S. 72 ff.

349 In diese Richtung BGHZ 65, 15, 21 = NJW 1976, 191, 192; ebenso Raiser in Hachenburg, GmbHG, § 14 Rn 54; Wiedemann, JZ 1976, 392, 395 f.; von Gerkan, ZGR 1988, 441, 445 f.; Raiser, ZHR 153 (1989), S. 1, 20 ff.; Gehrlein, ZIP 1993, 1525, 1530 f.; vgl. auch Berger, ZHR 149 (1985), S. 599, 607 trotz Annahme gesetzlicher Prozeßstandschaft.

Denn der Nur-Kommanditist hat keine Möglichkeit, einen Gesellschafterbeschluß in der GmbH herbeizuführen, da er nicht GmbH-Gesellschafter ist und ihm daher die Minderheitsrechte eines GmbH-Gesellschafters auf Einberufung der Gesellschafterversammlung (§ 50 Absatz 1 GmbHG) und auf Beeinflussung der Tagesordnung (§ 50 Absatz 2 GmbHG) nicht zustehen. Einen ablehnenden Beschluß zur Geltendmachung kann er nicht mit Hilfe der Anfechtungsklage analog §§ 243 ff. AktG angreifen. Der Ersatzanspruch ist für den außenstehenden Kommanditisten vielmehr nur dann überhaupt prozessual durchsetzbar, wenn er unmittelbar Schadensersatzklage gegen den anweisenden GmbH-Gesellschafter erheben kann[350]. Eines Beschlusses in der KG bedarf es hierfür nicht, denn entweder man sieht die Einzelklagebefugnis des Kommanditisten als Geltendmachung aus eigenem Recht an, oder aber sie ergibt sich aus den Grundsätzen der actio pro socio nach dem Recht der KG, gerichtet auf Leistung an die Gesellschaft. Daß die actio pro socio hier faktisch über die Grenzen der KG auf eine Geltendmachung gegen den GmbH-Gesellschafter ausgedehnt wird, ist die Folge dessen, daß dieser durch die gesellschaftsrechtliche Verknüpfung der Gesellschaften und durch das GmbH-rechtliche Weisungsrecht Einflußmöglichkeiten auf die Geschäftsführung der KG erhält, die normalerweise dem Innenrecht der KG vorbehalten sind, und daß er hierfür einer Direkthaftung unterliegt.

f) Zusammenfassung

Die Haftung der GmbH-Gesellschafter für die Erteilung pflichtwidriger Weisungen ist unter dem Gesichtspunkt der Verletzung der mitgliedschaftlichen Treupflicht begründet. Diese Treupflicht erstreckt sich ausnahmsweise über die Grenzen der GmbH auf die KG, da durch die gesellschaftsrechtliche Verknüpfung der Gesellschaften in Verbindung mit dem Weisungsrecht in der GmbH eine Einwirkungsmöglichkeit der GmbH-Gesellschafter auf das Vermögen der KG begründet wird. Das durch diese Einwirkungsmöglichkeit geschaffene Verhältnis zwischen GmbH-Gesellschaftern und Kommanditisten unterliegt daher denselben Regeln der Treupflicht wie dasjenige zwischen Mehrheits- und Minderheitsgesellschaftern in der GmbH. Der Sorgfaltsmaßstab richtet sich nur dann nach den strengen Bestimmungen der §§ 43 GmbHG, 309, 317 AktG für Fremdorgane, wenn die anweisenden GmbH-Gesellschafter als herrschendes Unternehmen im konzernrechtlichen Sinne anzusehen sind. Für Privatgesellschafter ohne anderweitige Unternehmensinteressen gilt dagegen der allgemeine Sorgfaltsmaßstab nach § 276 BGB. Die Beweislastumkehr zu Lasten des anweisenden GmbH-Gesellschafters folgt im Konzern aus §§ 309, 317 AktG, im übrigen aus der Beweislastverteilung nach Gefahrenbereichen analog § 282 BGB. Es gilt die Verjährungsfrist von 30 Jahren nach § 195 BGB, und zwar unabhängig davon, ob ein konzernrechtlicher Sachverhalt gegeben ist. Der Ersatzanspruch kann von jedem einzelnen Kommanditisten im Wege der Einzelklagebefugnis prozessual durchgesetzt werden.

---

[350] Ebenso Stimpel, AG 1986, 117, 119; im Ergebnis auch Krebs, S. 306 f., allerdings ausgehend von den Vorschriften des Aktienkonzerns in §§ 309, 317 AktG.

§ 5 Finanzierungsverantwortung des Kommanditisten im Rahmen des Kapitalersatzrechts

I. Einführung in die Problematik

Die Besonderheit der GmbH & Co. KG besteht darin, daß sie sowohl Elemente einer Personenhandelsgesellschaft als auch einer Kapitalgesellschaft aufweist. Diese Grundtypenvermischung äußert sich im Bereich der Haftung für Gesellschaftsverbindlichkeiten gegenüber Dritten darin, daß bei dieser Gesellschaftsform keine natürliche Person unbeschränkt haftet, vielmehr die Haftung der GmbH als der einzigen Komplementärin wiederum auf deren Stammkapital beschränkt ist. Somit tritt insgesamt an die Stelle der unbeschränkten persönlichen Haftung einer natürlichen Person als Komplementär die beschränkte Haftung des GmbH-Rechts. In dieser Überschaubarkeit des Haftungsrisikos liegt ein wesentlicher Vorzug der GmbH & Co. KG für ihre Gesellschafter.

Das GmbH-Recht sieht zum Schutz der Gesellschaftsgläubiger zahlreiche Vorschriften über die Sicherstellung der vollständigen Aufbringung und Erhaltung des Stammkapitals vor[1]. Zentrale Bedeutung kommt hier insbesondere dem Verbot von Rückzahlungen an die Gesellschafter aus dem Stammkapital nach §§ 30, 31 GmbHG zu. Die Rechtsprechung hat den Anwendungsbereich dieser Vorschriften zunehmend ausgedehnt und zum Ausgangspunkt ihrer Grundsätze über kapitalersetzende Leistungen gemacht. Danach tragen die Gesellschafter der GmbH die Verantwortung für die ordnungsgemäße Kapitalausstattung der GmbH[2].

In diesem Zusammenhang stellt sich die Frage, ob auch der Nur-Kommanditist der GmbH & Co. KG, dessen Haftung als Kommanditist in der KG nach §§ 171, 172 HGB summenmäßig auf die Höhe seiner Einlage beschränkt ist, für die Erhaltung des Stammkapitals der Komplementär-GmbH in der Weise verantwortlich ist, daß auch seine Finanzierungsleistungen gemäß den Grundsätzen zum GmbH-Recht in der Krise dem Eigenkapital der GmbH gleichgestellt werden, obwohl er nicht Gesellschafter der GmbH ist. Daneben kommt auch die unmittelbare Anwendung des Kapitalersatzrechts auf die KG in Betracht.

II. Regeln zum Eigenkapitalersatz bei der GmbH

Das Kapitalersatzrecht bei der GmbH ist gekennzeichnet durch seine Zweispurigkeit: Neben die Grundsätze, die die Rechtsprechung in Anlehnung zu §§ 30, 31 GmbHG entwickelt hatte, trat im Jahre 1980 eine gesetzliche Regelung in §§ 32a, 32b GmbHG für den Insolvenzfall.

---

1 So §§ 5, 7 Absatz 2 und 3, 19 bis 25, 30, 31, 57 bis 58 f. GmbHG.

2 Eingehend hierzu sogleich unten II.

1. Rechtsprechungsgrundsätze über kapitalersetzende Gesellschafterleistungen in Anlehnung an §§ 30, 31 GmbHG

a) Verbot der Rückzahlung von Gesellschaftereinlagen

§§ 30, 31 GmbHG enthalten zunächst ein Verbot der Einlagenrückgewähr. Das zur Erhaltung des Stammkapitals erforderliche Vermögen der Gesellschaft darf an die Gesellschafter nicht ausgezahlt werden. Zahlungen, die diesem Verbot zuwider geleistet worden sind, müssen der Gesellschaft erstattet werden.

Der Begriff der Auszahlung ist weit zu verstehen. Er umfaßt Leistungen aller Art, denen kein wirtschaftlich gleichwertiges Äquivalent als Gegenleistung gegenübersteht, und die daher das Gesellschaftsvermögen verringern[3]. Das Verbot erfaßt jedoch nur solche Auszahlungen, die ihre Grundlage im Gesellschaftsverhältnis haben[4]. Die Auszahlung muß zudem das zur Erhaltung des Stammkapitals der Gesellschaft erforderliche Vermögen schmälern. Diese Voraussetzung ist gegeben, wenn durch die Auszahlung das Reinvermögen der Gesellschaft unter die nach § 3 Absatz 1 Nr. 3 GmbHG maßgebliche Ziffer des Stammkapitals gedrückt wird[5].

§§ 30, 31 GmbHG finden ebenso Anwendung auf solche Auszahlungen, die nach Aufzehrung des Stammkapitals und damit im Stadium echter Überschuldung der Gesellschaft erfolgen. Umstritten ist lediglich, inwieweit die Solidarhaftung der übrigen Gesellschafter nach § 31 Absatz 3 GmbHG im Hinblick darauf begrenzt ist, daß sich für jene das Risiko in kalkulierbaren Grenzen halten muß[6].

---

3 RGZ 136, 260, 264; BGHZ 31, 258, 276; BGH NJW 1973, 1036; BGH NJW 1987, 1194,1195; Hueck in Baumbach/Hueck, GmbHG, § 30 Rn 12; Rowedder in Rowedder, GmbHG, § 30 Rn 17.

4 Eingehend zur Abgrenzung von sog. Drittgeschäften Rowedder in Rowedder, GmbHG, § 30 Rn 17; Goerdeler/Müller in Hachenburg, GmbHG, § 30 Rn 59.

5 BGHZ 31, 258, 276; Rowedder in Rowedder, GmbHG, § 30 Rn 6; Goerdeler/Müller in Hachenburg, GmbHG, § 30 Rn 20; vgl. zur insoweit umfangreicheren Vermögensbindung im Aktienrecht Westermann in Scholz, GmbHG, § 30 Rn 5 f.

6 Die frühere Rechtsprechung, wonach die Solidarhaftung insgesamt ausschied, (vgl. BGH NJW 1973, 1036, 1038; BGH NJW 1980, 1524) wurde in BGH NJW 1990, 1730, 1732 aufgegeben; offengelassen wurde jedoch, ob die Haftung auf den Betrag des Stammkapitals (so Ulmer, FS 100 Jahre GmbHG, 1992, S. 363, 370 ff.; Rowedder in Rowedder, GmbHG, § 31 Rn 23 mwN) oder auf den Betrag der Stammeinlage des Empfängers (so Westermann in Scholz, GmbHG, § 31 Rn 30; K. Schmidt, BB 1995, 529) begrenzt ist;
vgl. hierzu auch die Meinungsübersicht bei von Gerkan, ZGR 1997, 173, 202.

b) Gleichstellung von Gesellschafterleistungen in der Krise mit haftendem Eigenkapital

Über diesen unmittelbaren Schutz des Stammkapitals hinaus hat die Rechtsprechung Grundsätze über kapitalersetzende Gesellschafterdarlehen und ähnliche Leistungen entwickelt, deren Rückzahlung in gleicher Weise dem Anwendungsbereich der §§ 30, 31 GmbHG unterfällt.

aa) Grundgedanke

Nach dieser Rechtsprechung sind Leistungen des Gesellschafters an die Gesellschaft wie haftendes Eigenkapital zu behandeln, wenn sie zu einem Zeitpunkt gewährt wurden, in dem die Gesellschaft von dritter Seite keinen Kredit zu marktüblichen Bedingungen hätte erhalten können und deshalb ohne die Leistung hätte liquidiert werden müssen[7]. Dieser Rechtsprechung liegt folgender Gedanke zugrunde: Die Gleichstellung solcher Leistungen mit einer Einlage des Gesellschafters ist deshalb gerechtfertigt, weil ohne die Leistung die Eröffnung des Insolvenzverfahrens über das Vermögen der Gesellschaft beantragt werden müßte (vgl. § 64 Abs. 1 GmbHG). Der Abwendung der Insolvenzantragspflicht können die Leistungen jedoch nur dann dienen, wenn sie nicht als neue Schulden, sondern zunächst als haftendes Eigenkapital bilanziert werden. Solche Leistungen dürfen dem Gesellschafter erst dann zurückerstattet werden, wenn ihr Zweck, nämlich Abwendung der Zahlungsunfähigkeit und Erreichung des satzungsmäßigen Stammkapitals, erfüllt ist. Denn andernfalls könnte die insolvenzreife Gesellschaft zu Lasten der Drittgläubiger, die über die wirtschaftliche Lage der Gesellschaft nicht ebenso gut informiert sind und daher Zufuhr und Abzug von Mitteln nicht so gezielt steuern können[8], auf Zeit fortgeführt werden. Die Gesellschafter trifft zwar keine Pflicht in dem Sinne, daß sie die Gesellschaft mit einem nach ihrer Geschäftstätigkeit angemessenen Stammkapital ausstatten müßten, also im Falle der Krise weitere Teile ihres Privatvermögens in die Gesellschaft nachschießen müßten; entschließen sie sich jedoch angesichts der Krise zu einem solchen Nachschuß, so ist das Kapital in Form von Eigenkapital aufzubringen[9].

---

7 Grundlegend BGHZ 31, 258, 272 ff. = NJW 1960, 285; vgl. BGH NJW 1977, 104; BGH NJW 1980, 1524, 1525; BGH NJW 1981, 2570, 2571; BGH NJW 1995, 326; OLG Stuttgart GmbHR 1994, 620, 622.

8 Vgl. BGH NJW 1980, 1524, 1525; BGH NJW 1984, 1893, 1895.

9 BGH NJW 1981, 2570, 2571; BGH NJW 1984, 1893, 1895; BGH DB 1988, 2141; BGH NJW 1990, 516; BGH NJW 1995, 326, 329; Ulmer, ZIP 1984, 1163, 1166 spricht insoweit von der unbeschränkten Freiheit des Finanzierungs-Ob und einer Einschränkung der Freiheit des Finanzierungs-Wie in der Krise durch das Kapitalersatzrecht; ebenso von Gerkan/Hommelhoff, Rn 1.11 und Rn 1.26 ff.

Die Rechtsprechung hat diese Überlegungen in dem Begriff der Finanzierungsverantwortung, d.h. der Verantwortung des Gesellschafters für eine ordnungsgemäße Unternehmensfinanzierung, zusammengefaßt[10].

bb) Sachliche Voraussetzungen

Als Gegenstand der Gesellschafterleistungen stehen Darlehen an die Gesellschaft im Vordergrund[11]. Der sachliche Anwendungsbereich umfaßt jedoch jede Art von Leistungen, die wirtschaftlich einem kapitalersetzenden Darlehen entsprechen und der Gesellschaft in der Krise das Fortbestehen ermöglichen[12]. Als Kreditsicherheiten spielen vor allem Bürgschaften[13], die Einräumung von beschränkten dinglichen Rechten an Grundeigentum[14] sowie die Sicherungsübereignung und -abtretung eine Rolle; andere Gestaltungen zur Sicherung von Krediten fallen darunter, soweit sie einen Geldwert haben[15]. Weiter sind insbesondere Sachleistungen zu nennen wie etwa die Nutzungsüberlassung von Gegenständen im Rahmen von Miet- und Pachtverhältnissen[16]. Im übrigen kommen auch sonstige Finanzierungshilfen als kapitalersetzende Leistungen in Betracht, wie etwa die Stundung von fälligen Forderungen im Hinblick auf stehengelassene Gewinne, Geschäftsführergehälter oder Spesen und Tantiemen[17]. Ob auch Dienstleistungen wie etwa die Geschäftsführertätigkeit darunter fallen, ist umstritten[18].

---

10 BGHZ 90, 381, 389 = NJW 1984, 1893, 1895; in neuerer Zeit spricht der BGH von "Finanzierungsfolgenverantwortung", vgl. BGHZ 127, 336, 344 = NJW 1995, 326, 329.

11 Goette, DStR 1997, 2027, 2033; hierzu ergingen die ersten Entscheidungen der Rechtsprechung, vgl. BGHZ 31, 258; BGH NJW 1977, 104; so ist auch zu erklären, daß § 32a GmbHG (hierzu unten 2.) vom Darlehen als Regelfall ausgeht.

12 K. Schmidt in Scholz, GmbHG, §§ 32a, 32 b Rn 100; Goette, DStR 1997, 2027, 2033.

13 BGH NJW 1981, 2570; BGH WM 1986, 447; BGH DB 1988, 2141, 2142; BGH NJW 1995, 326.

14 OLG Hamburg ZIP 1984, 584 zur Grundschuld; vgl. OLG Hamburg ZIP 1986, 1113.

15 Hierzu mit Beispielen aus der Rechtsprechung Goette, DStR 1997, 2027, 2033.

16 Grundlegend BGH NJW 1990, 516; vgl. BGH ZIP 1990, 1593, 1595; BGH NJW 1993, 392; BGH NJW 1993, 2179; BGH NJW 1994, 2349; BGH NJW 1994, 2760; BGH NJW 1995, 658; Rowedder in Rowedder, GmbHG, § 32a Rn 55 bis 57; eingehend hierzu Goette, DStR 1994, 1658; von Gerkan, ZGR 1997, 173, 189 ff; kritisch K. Schmidt in Scholz, GmbHG, §§ 32a, 32b Rn 106 bis 117, je mwN.

17 Vgl. BGH NJW 1980, 592; BGH NJW 1980, 1524; BGH NJW 1981, 2570; BGH NJW 1982, 386; OLG Celle GmbHR 1998, 1131; K. Schmidt in Scholz, GmbHG, §§ 32a, 32b Rn 101 f.; Goette, DStR 1997, 2027, 2033.

18 Für eine Einbeziehung OLG Hamm GmbHR 1992, 607, 608; vgl. Rowedder in Rowedder, GmbHG, § 32a Rn 59; a.A. K. Schmidt, ZIP 1990, 69, 72 f.; Priester, DB 1993, 1173.

cc) Personelle Voraussetzungen

Während die Grundsätze über kapitalersetzende Gesellschafterleistungen zunächst dem Wortlaut der §§ 30, 31 GmbHG entsprechend auf Gesellschafter zugeschnitten waren, hat die Rechtsprechung den betroffenen Personenkreis zunehmend ausgedehnt. Erfaßt sind neben der Treuhand am Gesellschaftsanteil[19] auch atypische stille Gesellschafter und Pfandgläubiger, d.h. solche, die am Vermögen und am Ertrag der Gesellschaft beteiligt sind und ähnlich wie ein Gesellschafter die Geschicke der Gesellschaft mitbestimmen können[20]. Familienangehörige werden den Gesellschaftern nicht generell gleichgestellt, sondern haften nur dann nach den Regeln des Kapitalersatzes, wenn das Darlehen aus den Mitteln des Gesellschafters stammt, was bei Ehegatten und minderjährigen Kindern häufig zutreffen dürfte[21]. Die Reichweite der Anwendung des Kapitalersatzrechts auf verbundene Unternehmen ist bislang noch nicht umfassend geklärt[22].

Vergleicht man diese verschiedenen Personengruppen, so stellt sich die Frage nach dem maßgeblichen Kriterium für ihre Gleichstellung mit einem Gesellschafter und somit für die Umqualifizierung ihrer Leistungen an die Gesellschaft in haftendes Eigenkapital. Dies ist insbesondere mit Blick auf die später zu erörternde Frage der Einbeziehung des Nur-Kommanditisten in der nicht personengleichen GmbH & Co. KG[23] interessant. Von Bedeutung ist vor allem der Gesichtspunkt einer besonders einflußreichen Position, die im Hinblick auf ein Interesse an den Geschicken der Gesellschaft und auf die Einwirkungsmöglichkeiten auf die Geschäftsleitung derjenigen eines Gesellschafters vergleichbar ist. Daneben spielt auch - hauptsächlich bei Darlehen naher Angehöriger - das Ziel eine Rolle, Umgehungsmöglichkeiten im Interesse eines umfassenden Gläubigerschutzes weitestgehend zu vermeiden.

---

19 BGHZ 31, 258, 266 f.; BGH NJW 1980, 592; BGH NJW 1985, 2947, 2948; BGH DB 1988, 2141; BGH NJW 1989, 1800; Rowedder in Rowedder, GmbHG, § 32a Rn 33; K. Schmidt in Scholz, GmbHG, §§ 32a, 32b Rn 123.

20 Zum stillen Gesellschafter BGH NJW 1989, 982; Reusch, BB 1989, 2358; Rowedder in Rowedder, GmbHG, § 32a Rn 34; richtungsweisend bereits Rümker, FS Stimpel, 1985, S. 673, 691; zum Pfandgläubiger BGH NJW 1992, 3035; Rowedder in Rowedder, GmbHG, § 32a Rn 33 a.E.; eingehend Dreher, ZGR 1994, 144; Priester, FS Helmrich, 1994, S. 721 ff. spricht insoweit zusammenfassend von "Quasigesellschaftern".

21 BGH NJW 1982, 386, 387; BGH NJW 1993, 2179, 2180; vgl. BGH WM 1986, 237, 239; BGH GmbHR 1991, 155; K. Schmidt in Scholz, GmbHG, §§ 32a, 32b Rn 119; Goerdeler/Müller in Hachenburg, GmbHG, § 32a, b Rn 120; Fleck, FS 100 Jahre GmbHG, 1992, S. 391, 412 ff.

22 Die Anwendbarkeit bejahend BGH NJW 1982, 383; BGH NJW 1982, 386; BGH WM 1986, 237, 239; BGH DB 1988, 2141, 2142; BGH ZIP 1990, 1593, 1595; kritisch Lutter, ZIP 1989, 477, 479 f.; vgl. zum aktuellen Meinungsstand von Gerkan, ZGR 1997, 173, 182 f.; vgl. auch Claussen, GmbHR 1996, 316, 318.

23 Vgl. hierzu unten IV., S. 169 ff.

dd) Zeitliche Voraussetzungen

Ausgangspunkt der Rechtsprechungsgrundsätze war die Gewährung einer kapitalersetzenden Leistung zu einem Zeitpunkt, in dem die Gesellschaft bereits kreditunwürdig ist; maßgeblich hierfür ist nicht der Zeitpunkt der Auszahlung, sondern derjenige der bindenden Zusage[24]. Ein späteres Ausscheiden des Gesellschafters hebt den kapitalersetzenden Charakter der Leistung nicht mehr auf[25].

Später wurde diese Rechtsprechung erweitert auf das Stehenlassen von Krediten, d.h. ein Darlehen wird der Gesellschaft in gesunden Verhältnissen gewährt und in der Krise trotz der Möglichkeit einer Rückforderung belassen. Sofern der Verlängerung des Darlehens über den ursprünglichen Fälligkeitszeitpunkt hinaus keine ausdrückliche Prolongationsabrede zugrunde liegt, wird in neuerer Zeit als subjektives Element die Erkennbarkeit der Krise für den Leistenden verlangt; an die Erkennbarkeit werden jedoch bei Gesellschaftern keine hohen Anforderungen gestellt[26].

ee) Rechtsfolgen

Kapitalersetzende Leistungen dürfen erst zurückbezahlt werden, wenn bei der Gesellschaft trotz der Rückzahlung ein Aktivvermögen in Höhe des satzungsmäßigen Stammkapitals verbleibt, also durch die Rückzahlung keine Unterbilanz eintritt oder eine bereits vorhandene Unterbilanz nicht noch weiter vertieft wird. Auch Zins-, Miet- oder Pachtzahlungen unterliegen dem Ausschüttungsverbot[27]. Hinsichtlich der Leistungen, die vor diesem Zeitpunkt zurückgezahlt worden sind, steht der Gesellschaft ein entsprechender Erstattungsanspruch zu[28], der gemäß § 31 Absatz 5 GmbHG nach fünf Jahren verjährt. Die übrigen Gesellschafter haften nach § 31 Absatz 3 GmbHG bei Uneinbringlichkeit des Rückerstattungsanspruchs solidarisch nach dem Verhältnis ihrer Geschäftsanteile[29].

---

24 BGH NJW 1996, 3203; Goette, DStR 1997, 2027, 2031.

25 BGH NJW 1985, 2719, 2720; BGH NJW 1987, 1080; BGH NJW 1994, 2349, 2350; Ulmer in Hachenburg, GmbHG, § 32a, b Rn 40; von Gerkan/Hommelhoff, Rn 3.13.

26 BGH NJW 1995, 326, 329; BGH NJW 1995, 658; BGH NJW 1998, 3200, 3201; vgl. bereits BGH NJW 1980, 592; hierzu Rowedder in Rowedder, GmbHG, § 32a Rn 43; Goette, DStR 1997, 2027, 2032; von Gerkan, ZGR 1997, 173, 184 f.

27 BGH NJW 1990, 516; BGH NJW 1994, 2349, 2350; K. Schmidt in Scholz, GmbHG, §§ 32a, b Rn 77; Goette, DStR 1997, 2027, 2033 f.; von Gerkan, ZGR 1997, 173, 200.

28 Vgl. zum Umfang des Erstattungsanspruchs bei Kreditsicherheiten oder Gebrauchsüberlassungen als Gegenstand der Leistung Goette, DStR 1997, 2027, 2033.

29 Zum Haftungsumfang im Falle von Auszahlungen nach Eintritt der Überschuldung vgl. oben 1 a), S. 152, mit Fn 6.

2. Gesetzesregelung für den Insolvenzfall, §§ 32a, 32b GmbHG

Der Gesetzgeber wollte diesen Rechtsprechungsgrundsätzen Gesetzeskraft verleihen und zugleich den Schutz der Gesellschaftsgläubiger verbessern. Zu diesem Zweck wurden durch die GmbH-Novelle im Jahre 1980 die §§ 32a, 32b GmbHG, 129a, 172a HGB, 32a KO, 3b AnfG, 107 Absatz 2 VerglO eingefügt[30].

a) Unterschiede der gesetzlichen Regelung zu den Rechtsprechungsgrundsätzen

Diese gesetzliche Neuregelung weist jedoch gegenüber den in Anlehnung an §§ 30, 31 GmbHG entwickelten Rechtsprechungsgrundsätzen (oben 1.) Unterschiede sowohl in den Voraussetzungen als auch in den Rechtsfolgen auf. Identisch sind lediglich die Anknüpfung der Norm an die Insolvenzreife der Gesellschaft sowie im wesentlichen die sachlichen und personellen Voraussetzungen[31]. Im übrigen bestehen jedoch folgende wichtige Unterschiede[32]:

Die Neuregelung knüpft an die Eröffnung eines Insolvenzverfahrens[33] sowie außerhalb dieser Verfahren an eine Gläubigeranfechtung im Rahmen einer Einzelzwangsvollstreckung an; sie erfaßt damit insbesondere nicht die Fälle einer "stillen Liquidation" der Gesellschaft[34] sowie die Fälle, in denen ein Insolvenzverfahren mangels Masse nicht eröffnet oder wieder eingestellt wird. Wurde die kapitalersetzende Leistung bereits zurückgezahlt, so gilt für den Rückgewähranspruch aufgrund einer Insolvenzanfechtung (§§ 129 ff. InsO) oder aufgrund einer Gläubigeranfechtung (§§ 1 ff. AnfG) jeweils eine einjährige Ausschlußfrist (§§ 135 Nr. 2 InsO, 6 Nr. 2 AnfG). Insoweit sind die Rechtsprechungsgrundsätze für den Gläubiger günstiger, da sie eine Umqualifizierung der Leistungen in Eigenkapital ohne eine solche Anfechtungshandlung anordnen mit der Folge eines Auszahlungsverbots; unabhängig von einer Anfechtung binnen Jahresfrist verjähren die Ansprüche zudem erst nach fünf Jahren (§ 31 Absatz 5 GmbHG).

---

30 Gesetz zur Änderung des Gesetzes betreffend die Gesellschaften mit beschränkter Haftung und anderer handelsrechtlicher Vorschriften vom 04.07.1980, BGBl. I S. 836; vgl. zum Gesetzeszweck BegrRegE, BT-Drucks. 8/1347, S. 38 bis 41.

31 So enthält § 32a Absatz 2 GmbHG eine Regelung über Kreditsicherheiten und § 32a Absatz 3 Satz 1 GmbHG eine Generalklausel für Tatbestände, die in personeller und sachlicher Hinsicht einem Gesellschafterdarlehen wirtschaftlich entsprechen.

32 Hierzu eingehend BGH NJW 1984, 1891, 1892 f.; Hommelhoff/Kleindiek, FS 100 Jahre GmbHG, 1992, S. 421, 428 ff.; vgl. Ulmer in Hachenburg, GmbHG, § 32a, b Rn 14 f.; Horn in Heymann, HGB, § 172a Rn 35; Schilling in Staub, HGB, § 172a Rn 20; Hesselmann/Tillmann, Rn 545; von Gerkan/Hommelhoff, Rn 2.21 f.

33 Mit Wirkung zum 1.1.1999 trat an die Stelle des früheren Konkurs- oder Vergleichsverfahrens das Insolvenzverfahren, vgl. Insolvenzordnung vom 05.10.1994, BGBl. I S. 2866, insbesondere § 135 InsO über die Insolvenzanfechtung bei Rückgewähr kapitalersetzender Darlehen.

34 D.h. es wurde kein Antrag auf Eröffnung eines Insolvenzverfahrens gestellt.

Umgekehrt reicht die Neuregelung weiter, da sie die gewährten Leistungen unabhängig von der Stammkapitalziffer auch bei einem darüber hinausgehenden Kapitalbedarf in voller Höhe der Rückgewährpflicht unterwirft. Die an §§ 30, 31 GmbHG angelehnten Grundsätze zum Eigenkapitalersatz setzen dagegen eine Verminderung des Stammkapitals oder Überschuldung voraus; der Rückgewähranspruch ist folglich auf die Wiederherstellung des Stammkapitals begrenzt.

Zusammenfassend läßt sich sagen, daß die Rechtsprechungsgrundsätze einen vorsorglichen Schutz bis zum Sockel der Stammkapitalziffer bilden, die gesetzliche Neuregelung demgegenüber den Aufbau über diesem Sockel als Reaktion für den Fall der Insolvenz oder Einzelzwangsvollstreckung darstellt[35].

b) Fortgeltung der Rechtsprechungsgrundsätze neben der Neuregelung

In einem Grundsatzurteil entschied der Bundesgerichtshof, daß die Rechtsprechungsgrundsätze über kapitalersetzende Darlehen neben den Vorschriften der GmbH-Novelle von 1980 weiterhin auch auf solche Darlehen anzuwenden sind, die nach dem 1.1.1981 gewährt worden sind[36]. Begründet wurde diese Entscheidung vor allem mit dem Bedürfnis eines umfassenden Gläubigerschutzes, der allein durch die Neuregelung nicht gewährleistet sei, da sie in wesentlichen Punkten hinter dem Stand der Rechtsprechung zurückbleibe. Das Ziel des Gesetzgebers, den Schutz der Gesellschaftsgläubiger zu verbessern, werde gerade durch die Fortgeltung dieser Grundsätze verwirklicht. Zudem habe der Gesetzgeber weder im Wortlaut der neuen Vorschriften noch in der Gesetzesbegründung deutlich erkennen lassen, daß eine abschließende Regelung gewollt sei.

Diese Entscheidung wurde in der Literatur weitgehend mit Zustimmung aufgenommen[37]. Somit ist das Kapitalersatzrecht seither durch seine Zweispurigkeit gekennzeichnet. Die Rechtsprechungsgrundsätze in Anlehnung an §§ 30, 31 GmbHG gelten neben §§ 32a, 32b GmbHG fort.

---

35 So die anschauliche Formulierung von Hommelhoff/Kleindiek, FS 100 Jahre GmbHG, S. 421, 429, 432 f.; ebenso von Gerkan/Hommelhoff, Rn 2.6.

36 Leitsatz 2 in BGHZ 90, 370 = NJW 1984, 1891 (Nutzfahrzeuge).

37 Vgl. nur Ulmer in Hachenburg, GmbHG, § 32a, b Rn 14; K. Schmidt in Scholz, GmbHG, §§ 32a, 32b Rn 13; von Gerkan, GmbHR 1986, 218, 219; Rümker, ZGR 1988, 494, 497; Hommelhoff/Kleindiek, FS 100 Jahre GmbHG, 1992, S. 421, 428.

III. Anwendbarkeit der Regeln zum Eigenkapitalersatz auf die GmbH & Co. KG bei Auszahlungen aus dem Vermögen der KG an Kommanditisten, die zugleich GmbH-Gesellschafter sind

Zur Beantwortung der Frage, inwieweit die oben II. dargestellten Regeln auch auf die GmbH & Co. KG Anwendung finden, soll zunächst nur der Fall behandelt werden, bei dem die Kommanditisten zugleich Gesellschafter der Komplementär-GmbH sind. Im Rahmen der vorliegenden Untersuchung interessiert zwar in erster Linie der andere Fall, daß die Kommanditisten nur an der KG, nicht auch an der GmbH beteiligt sind (hierzu unten eingehend IV.). Die Regeln zur Anwendbarkeit des Kapitalersatzrechts auf den Nur-Kommanditisten wurden jedoch in Anlehnung an die personengleiche GmbH & Co. KG entwickelt, weshalb die Darstellung der Rechtslage insoweit zum Verständnis der nicht personengleichen GmbH & Co. KG geboten erscheint.

1. Rechtsprechungsgrundsätze in Anlehnung an §§ 30, 31 GmbHG

Bei der GmbH & Co. KG findet das Kapitalersatzrecht, wie es oben II. 1. dargestellt wurde, nur unproblematisch Anwendung, soweit es um Auszahlungen der Komplementär-GmbH an ihre Gesellschafter geht. Bei solchen Auszahlungen ist es unerheblich, ob die GmbH-Gesellschafter daneben zugleich Kommanditisten der KG sind, denn die Anwendung der §§ 30, 31 GmbHG (und in gleicher Weise der §§ 32a, 32b GmbHG) auf diese Personen erfolgt in ihrer Eigenschaft als GmbH-Gesellschafter[38].

Anders ist die Sachlage bei Auszahlungen der KG an dieselben Personen. Hier bereitet die Anwendung des Kapitalersatzrechts Schwierigkeiten, denn es liegt nicht eine Auszahlung aus dem GmbH-Vermögen, sondern aus dem Vermögen der KG vor. Das Recht der KG kennt keine Regeln über den Eigenkapitalersatz, denn die entsprechenden GmbH-Vorschriften dienen der Erhaltung des Stammkapitals, das es in dieser Form bei der KG nicht gibt. Eine Haftung der Kommanditisten ist vielmehr nur nach Maßgabe der §§ 171 ff. HGB vorgesehen.

Um die GmbH & Co. KG in dieser Fallgruppe in gleicher Weise wie die GmbH dem Kapitalersatzrecht zu unterstellen, wird von einer Literaturmeinung eine erweiternde Auslegung der §§ 171, 172 HGB vorgeschlagen (unten a), eine andere Ansicht in der Literatur will die GmbH-Regeln unmittelbar auf die KG anwenden (unten b), die ganz überwiegende Ansicht wendet dagegen die Kapitalersatzregeln zur GmbH nur insoweit auf die GmbH & Co. KG an, als das Stammkapital der Komplementär-GmbH beeinträchtigt wird (unten c).

---

[38] Rowedder in Rowedder, GmbHG, § 30 Rn 42; Goerdeler/Müller in Hachenburg, GmbHG, § 30 Rn 86; Westermann in Scholz, GmbHG, § 30 Rn 39; OLG Köln GmbHR 1992, 182.

a) Keine erweiternde Auslegung der §§ 171, 172 HGB

Eine Möglichkeit, bei der GmbH & Co. KG insoweit einen der GmbH vergleichbaren Kapitalschutz zu gewährleisten, liegt in einer erweiternden Auslegung der §§ 171, 172 HGB als Vorschriften zum Kapitalersatzrecht.

Nach dem Wortlaut der §§ 171, 172 HGB haftet der Kommanditist den Gläubigern gegenüber unmittelbar bis zur Höhe seiner Einlage[39], sofern er die Einlage noch nicht erbracht hat. Diese Haftung erlischt, sobald er die Einlage geleistet hat, und lebt bei deren Rückzahlung wieder auf (§§ 171 Absatz 1, 172 Absatz 4 HGB). Dieses Haftungsmodell weist deutliche Unterschiede im Vergleich mit dem Kapitalersatzrecht der GmbH auf. So besteht die Haftung nicht nur gegenüber der Gesellschaft, sondern unmittelbar gegenüber den Gläubigern. Weiter lösen Rückzahlungen auch dann die Haftung nur bis zum Betrag der Einlage aus, wenn die Summe der Rückzahlung den Betrag der Einlage übersteigt. Schließlich lebt die Haftung bei Rückzahlungen unabhängig vom Vorliegen einer Unterbilanz auf, denn bei der KG gibt es gerade kein gesetzlich geschütztes Stammkapital.

aa) Auslegung der §§ 171, 172 HGB als Kapitalersatzregel

Eine Ansicht in der Literatur[40] schlägt nun vor, §§ 171, 172 HGB so auszulegen, daß zum Kapitalersatzrecht der GmbH keine wesentlichen Unterschiede mehr auftreten; für eine Anwendung der §§ 30 ff. GmbHG auf die GmbH & Co. KG bestehe dann kein Bedürfnis mehr. Sie legt den Gedanken zugrunde, daß die Einlage des Kommanditisten zum Zwecke des Gläubigerschutzes bei der KG in gleicher Weise einem Schutz der Kapitalerhaltung unterliege wie das Stammkapital der GmbH. Es bestehe derselbe Wertdeckungszusammenhang zwischen Gesellschaftsvermögen und Stammkapital bei der GmbH einerseits und Gesellschaftsvermögen und Kommanditeinlage bei der KG andererseits[41]. Demnach sei § 172 Absatz 4 HGB dahin erweiternd auszulegen, daß bei einer Rückzahlung über den Betrag der Einlage hinaus die Haftung nicht nur bis zur Höhe der Einlage, sondern in voller Höhe der Rückzahlung wiederauflebe[42].

---

39 Maßgeblich für die Haftung ist nicht die sog. Pflichteinlage, zu deren Erbringung der Kommanditist im Innenverhältnis zu den anderen Gesellschaftern verpflichtet ist, sondern allein die Höhe der sog. Haftsumme, die als Haftungsbetrag gegenüber den Gesellschaftsgläubigern im Handelsregister eingetragen wird, vgl. § 172 Absatz 1 HGB; diese beiden Einlagebeträge müssen nicht identisch sein.

40 Joost, ZGR 1987, 370, 381 ff., 401; ähnlich bereits Wilhelm, FS Flume, 1978, S. 337, 366 Fn 109 mit einem bereicherungsrechtlichen Ansatz; vgl. auch Werner, WuB II. G. § 30 GmbHG 3.91, S. 881 f.; Wiedemann, JZ 1986, 855, 857.

41 So Joost, ZGR 1987, 370, 390.

42 Joost, ZGR 1987, 370, 390 f.; Werner, WuB II. G. § 30 GmbHG 3.91, S. 881, 882; zur Rückzahlung kapitalersetzender Darlehen als Einlagerückgewähr i.S. § 172 Absatz 4 vgl. Wiedemann, JZ 1986, 855, 857; ebenso Joost, ZGR 1987, 370, 393 ff.

Umgekehrt sei § 172 Absatz 4 HGB insoweit restriktiv auszulegen, daß ein Aufleben der Außenhaftung des Kommanditisten erst bei Eintreten oder Vertiefung einer Unterbilanz, d.h. wenn die Kommanditisteneinlage zur Begleichung von Gesellschaftsschulden erforderlich wäre, in Betracht kommt[43]. Der Kapitalschutz der KG betreffe jedoch im Unterschied zur GmbH nicht das Verhältnis der Kommanditisten gegenüber der Gesellschaft, sondern nur das Verhältnis zu den Gesellschafts-gläubigern, da §§ 171, 172 HGB eine unmittelbare Außenhaftung vorsehen.

Nach dieser Auslegung unterscheiden sich §§ 171, 172 HGB vom Rückzahlungsverbot der §§ 30 ff. GmbHG nicht mehr im Hinblick auf ihren Regelungsgehalt, sondern nur noch bezüglich der rechtstechnischen Ausgestaltung. §§ 171, 172 HGB werden damit im Ergebnis zu Vorschriften des Kapitalersatzrechts umfunktioniert.

bb) Kritik und h.M.

Nach der ganz überwiegenden Meinung ist dagegen der Begriff der Rückzahlung der Einlage i.S. § 172 Absatz 4 HGB der Höhe nach auf den Betrag der nach §§ 171 Absatz 1, 172 Absatz 1 geleisteten Einlage beschränkt[44].

Dies ergibt sich schon aus dem Wortlaut und dem systematischen Zusammenspiel von § 172 Absatz 1 HGB einerseits und § 172 Absatz 4 HGB andererseits[45]. Die Rückzahlung stellt sich damit nur als Rückgängigmachung der Haftungsbefreiung nach § 171 Absatz 1 HGB dar[46], und kann daher keine Haftung über den Betrag eben dieser Einlage begründen. Der gesetzlichen Ausgestaltung der Kommanditistenhaftung liegt gerade der Gedanke einer Haftungsbeschränkung des Kommanditisten auf den Betrag seiner Einlage zugrunde; diesem Gedanken widerspräche ein Aufleben seiner Haftung bei Rückzahlungen über den Betrag seiner Einlage hinaus.

---

43 Joost, ZGR 1987, 370, 389; a.A. hierzu Werner, WuB II. G. § 30 GmbHG 3.91, S. 881.

44 BGH NJW 1973, 1036, 1037; BGH NJW 1990, 1725, 1729; OLG Celle GmbHR 1998, 1131; Horn in Heymann, HGB, § 172 Rn 15; K. Schmidt in Schlegelberger, HGB, §§ 171, 172 Rn 65; ders., DB 1973, 2227, 2228; Huber, ZGR 1988, 1, 14 f.; Rümker, ZGR 1988, 494, 509 f.; Groß, BB 1991, 2386, 2388, 2390 f.; Zanner, S. 35 ff.; vgl. aber bei der KG zur Rechtsfigur der sog. gesplitteten Pflichteinlage, die in den Rechtsfolgen einem kapitalersetzenden Darlehen sehr nahe kommt, eingehend unten V., S. 206 ff.

45 Eingehend Zanner, S. 35 f.; vgl. Groß, BB 1991, 2386, 2388.

46 Zanner, S. 36 sowie Huber, ZGR 1988, 1, 13 sprechen insoweit vom actus contrarius zur Bewirkung der Einlage.

Der Gedanke des Gläubigerschutzes ist bei der KG und der GmbH in unterschiedlicher Weise ausgestaltet[47]. Stets bedarf es zum Schutz der Gesellschaftsgläubiger als Gegengewicht zu einer Haftungsbeschränkung eines Korrektivs. Die Haftungsbeschränkung der GmbH trägt diesem Gedanken des Gläubigerschutzes Rechnung durch die Garantie eines gesetzlichen Stammkapitals und durch den Schutz der vollständigen Kapitalaufbringung und -erhaltung; in diesem Zusammenhang spielen die §§ 30 ff. GmbHG eine ganz entscheidende Rolle. Die Haftungsbeschränkung des Kommanditisten trägt ihre Rechtfertigung nach der gesetzlichen Konzeption dagegen darin, daß in der KG mindestens ein Komplementär vorhanden ist, der den Gesellschaftsgläubigern gegenüber persönlich unbeschränkt haftet[48]. Diese unbeschränkte persönliche Haftung des Komplementärs übernimmt damit in der KG dieselbe Funktion wie das Stammkapital in der GmbH. Der Begriff der Unterbilanz, der an das Vorliegen eines Stammkapitals anknüpft, paßt daher bei der KG nicht. Ein Wertzusammenhang der Hafteinlage des Kommanditisten besteht bei der KG nicht zum Gesellschaftsvermögen der KG, sondern allenfalls zum Kapitalkonto des jeweiligen Kommanditisten[49].

Bei der KG ist es auch aus Gründen des Gläubigerschutzes nicht erforderlich, eine Mindestausstattung an Gesellschaftsvermögen im Sinne eines Stammkapitals wie bei der GmbH zu schützen und sich damit über die gesetzliche Regelung in §§ 171, 172 HGB hinwegzusetzen[50]. Der unbeschränkt haftende Komplementär bei der KG hat nämlich in der Regel die Geschäftsführung und Vertretung[51] und damit zugleich die Entscheidung über Rückzahlungen an den Kommanditisten in der Hand. Aufgrund seiner persönlichen Haftung wird er sich hüten, dem Kommanditisten überhöhte Rückzahlungen zukommen zu lassen[52]. Atypische Fallgestaltungen, bei denen ein vermögensloser Komple-

---

47 Eingehend hierzu Hunscha, GmbHR 1973, 257, 260 f.; vgl. Wilhelm, FS Flume, 1978, S. 337, 363 f.

48 BGH NJW 1973, 1036, 1037; BGH NJW 1990, 1725, 1729; Hunscha, GmbHR 1973, 257, 260; Immenga, ZGR 1975, 487, 489; Wilhelm, FS Flume, 1978, S. 337, 363; Lutter/Hommelhoff, ZGR 1979, 31, 45; Groß, BB 1991, 2386, 2387.

49 Gegen Joost, ZGR 1987, 370, 389 eingehend Zanner, S. 37 ff.; vgl. auch Huber, ZGR 1988, 1, 14 f., insbesondere Fn 37; Schön, ZGR 1990, 220, 244.

50 Richtungsweisend Winkler, NJW 1969, 1009, 1013 f.; vgl. BGH NJW 1973, 1036, 1037; BGH NJW 1990, 1725, 1729; Hunscha, GmbHR 1973, 257, 260; Groß, BB 1991, 2386, 2388; Zanner, S. 43 ff.

51 Vgl. §§ 164, 170 HGB.

52 BGHZ 60, 324, 332 = NJW 1973, 1036, 1039 spricht in einer vielzitierten Formulierung sehr anschaulich von der "Bremsfunktion" der unbeschränkten Komplementärhaftung; ebenso BGH NJW 1990, 1725, 1729; vgl. OLG Celle GmbHR 1998, 1131; eingehend Hunscha, GmbHR 1973, 257, 260; Huber, ZGR 1988, 1, 16 f.; Wiedemann, JZ 1969, 470 f. drückt dies plastisch in dem Gleichnis vom Piloten aus, dessen Mitfliegen im Cockpit uns die Zuversicht einer gefahrlosen Reise einflößt.

mentär vorgeschoben wird und der Kommanditist faktisch die Geschicke der Gesellschaft bestimmt, können gegebenenfalls über eine unbeschränkte Haftung des Kommanditisten nach §§ 242, 826 BGB erfaßt werden[53].

Eine Besonderheit ergibt sich insoweit bei der GmbH & Co. KG, denn hier tritt an die Stelle einer natürlichen Person als Komplementär eine GmbH, deren Haftung wiederum auf das Gesellschaftsvermögen beschränkt ist. Somit haftet der Kommanditist nach §§ 171, 172 HGB nur beschränkt bis zur Höhe seiner Einlage, obwohl in diesem Falle keine natürliche Person mit ihrem Privatvermögen unbeschränkt haftet. Damit entfällt die "Bremsfunktion" des persönlich haftenden Komplementärs[54]. Dies ist jedoch im Sinne des Gläubigerschutzes wiederum unschädlich, denn an die Stelle der persönlichen unbeschränkten Haftung einer natürlichen Person tritt nun das Stammkapital der Komplementär-GmbH, das seinerseits dem Schutz der §§ 30 ff. GmbHG unterliegt[55]. Einen eigenen, über §§ 171, 172 HGB hinausgehenden Kapitalschutz der KG sieht das Gesetz auch in diesem Falle nicht vor, sondern vermittelt einen Schutz nur über das Stammkapital der Komplementär-GmbH.

b) Keine unmittelbare Anwendung der Regeln zum Eigenkapitalersatz auf die KG

aa) Kapitalersatzrecht als rechtsformübergreifender Rechtsgedanke

Eine Ansicht in der Literatur befürwortet die Übertragung des Kapitalersatzrechts auf die KG[56]. Die gesetzlichen Vorschriften zum Eigenkapitalersatz nach §§ 32a, 32b GmbHG, 172a HGB seien nur unvollkommener Ausdruck einer unabhängig vom Gesetzgeber angelegten und noch nicht abgeschlossenen Rechtsentwicklung. Das Problem des Eigenkapitalersatzes stelle sich nicht nur bei der GmbH, sondern bei allen Handelsgesellschaften, bei denen zwischen Eigen- und Fremdkapital unterschieden wird. Da es für die KG an einer entsprechenden gesetzlichen Regelung fehle, müsse für die Sanktionsseite

---

53 Dies wurde verneint im "Rektorfall", BGHZ 45, 204 = NJW 1966, 1309; eingehend hierzu Westermann, Vertragsfreiheit und Typengesetzlichkeit, S. 262 ff; Hofmann, NJW 1969, 577; vgl. K. Schmidt, Gesellschaftsrecht, § 53 IV 3 d), S. 1550 f.; Wiedemann, FS Bärmann, 1975, S. 1037, 1049 f.; Spies, S. 83 ff.

54 Vgl. zu dieser Bremsfunktion oben Fn 52; Wiedemann, JZ 1986, 855, 857 spricht in Fortführung seines Pilotengleichnisses von einem Bordcomputer (GmbH), der den mitfliegenden Piloten (natürlicher Komplementär) ersetzen soll; dies müsse die Rechtsingenieure dazu veranlassen, für ein automatisches Sicherheitssystem zu sorgen, mit dem der Ausfall des persönlich steuernden Gesellschafters wettgemacht wird.

55 Zanner, S. 48 ff.; hierzu eingehend unten c), S. 164 ff.

56 K. Schmidt in Schlegelberger, HGB, § 172a Rn 54; ders., Gesellschaftsrecht, § 18 III 4, S. 529 f.; ders., ZHR 147 (1983), S. 165, 171 ff:; ders., AG 1984, 12; ders., GmbHR 1986, 337 f., 341 f.; ders., ZIP 1991, 1 ff.; vgl. ebenso Zacher, S. 207 ff.

insoweit § 237 HGB analog gelten[57]. Das Recht der kapitalersetzenden Gesellschafterleistungen sei somit ein allgemeines Rechtsinstitut, das bislang nur in den GmbH-Vorschriften seinen Ausdruck gefunden habe, in gleicher Weise jedoch auch unmittelbar auf die GmbH & Co. KG und sogar auf die gesetzestypische KG mit einer natürlichen Person als Komplementär anwendbar sei.

bb) Kritik und h.M.

Die ganz überwiegende Ansicht lehnt diesen Ansatz eines eigenständigen Kapitalschutzes der KG de lege lata zu Recht ab[58]. Denn der Gesetzgeber hat in der GmbH-Novelle 1980 bewußt die Neuregelung in § 172a HGB auf die GmbH & Co. KG ohne natürlichen Komplementär beschränkt. Für die GmbH & Co. KG ist dies nicht im Sinne einer unmittelbaren Anwendung auf die KG zu verstehen. Zwar hat die Rechtsprechung bereits kurz nach der Novelle die Regeln zum Eigenkapitalersatz in modifizierter Form auf die AG übertragen[59]. Im Gegensatz zu den Kapitalgesellschaften existiert jedoch bei der KG als Personenhandelsgesellschaft kein Stammkapital, und ein Rückzahlungsverbot im Hinblick auf die Beeinträchtigung des Gesellschaftsvermögens ist zum Gläubigerschutz nicht erforderlich[60].

c) Anwendbarkeit der Regeln zum Eigenkapitalersatz in Anlehnung an §§ 30, 31 GmbHG auf die Komplementär-GmbH

In der GmbH & Co. KG kommen nach ständiger Rechtsprechung und ganz überwiegender Auffassung neben der Anwendung der §§ 171, 172 HGB auf die KG, die allerdings keinen Schutz über den Betrag der Kommanditisteneinlage hinaus vermitteln[61], die §§ 30, 31 GmbHG für die Erhaltung der Kapitalgrundlage in der Komplementär-GmbH zum Zuge[62]. Dies wirkt sich nicht nur

---

57 K. Schmidt, GmbHR 1986, 337, 342; ders., ZIP 1991, 1, 3.

58 BGH GmbHR 1985, 51, 52; Elsing, GmbHR 1978, 103 f.; Claussen, ZHR 147 (1983), S. 195, 201 ff.; Huber, ZGR 1988, 1, 40; Rümker, ZGR 1988, 494, 511 ff.; Groß, BB 1991, 2386, 2388 f. sowie 2390; Habersack, ZHR 162 (1998), S. 201, 213 f.; Zanner, S. 128 ff.; vgl. in diesem Sinne bereits Winkler, NJW 1969, 1009, 1014;
dagegen bringen von Gerkan/Hommelhoff, Rn 10.22 diesem Anliegen Sympathie entgegen und bezeichnen die Rechtsentwicklung insoweit als offen.

59 BGHZ 90, 381 = NJW 1984, 1893 (BuM/WestLB);
vgl. hierzu näher unten IV. 2 c), S. 184, mit Fn 159, und IV. 2 e) bb), S. 189 f.

60 Insoweit kann auf die Argumentation oben a) bb), S. 161 ff., verwiesen werden.

61 Vgl. oben a) bb), S. 161 ff.

62 BGH NJW 1973, 1036; BGH NJW 1990, 1725, 1729; OLG Celle GmbHR 1998, 1131; von Gerkan in Röhricht, HGB, § 172 Rn 63; Rowedder in Rowedder, GmbHG, § 30 Rn 42; Hunscha, GmbHR 1973, 257, 259; Immenga, ZGR 1975, 487, 491; a.A. noch Winkler, NJW 1969, 1009, 1012, der einen Vorrang der §§ 30, 31 GmbHG annahm.

dann aus, wenn die Zahlung aus dem GmbH-Vermögen stammt und somit unmittelbar das Stammkapital der GmbH beeinträchtigt, sondern auch dann, wenn Kapitalmittel aus dem Vermögen der KG ausbezahlt werden. In diesem letzteren Falle kann nämlich aufgrund der rechtlichen und wirtschaftlichen Verknüpfung der beiden Gesellschaften mittelbar das Stammkapital der Komplementär-GmbH beeinträchtigt werden[63].

aa) Beeinträchtigung des Stammkapitals der Komplementär-GmbH durch Auszahlungen aus dem Vermögen der KG

Eine für die Anwendung der §§ 30, 31 GmbHG relevante Beeinträchtigung des Stammkapitals der Komplementär-GmbH durch Auszahlungen aus dem Vermögen der KG kann auf zweierlei Weise vermittelt werden[64]:

Ist die Komplementär-GmbH durch eine Kapitaleinlage an der KG vermögensmäßig beteiligt, so erscheint diese Kapitaleinlage in der Bilanz der GmbH als Posten des Anlagevermögens (Aktivum). Der Bilanzwert dieser KG-Beteiligung verringert sich nun bei einer Verminderung des Vermögens der KG durch Abschreibungen oder Wertberichtigungen. Ist außer der KG-Beteiligung im übrigen kein oder kein nennenswertes Vermögen bei der GmbH vorhanden, so kann bereits diese Wertminderung das GmbH-Vermögen unter die Stammkapitalziffer drücken.

Ist die Komplementär-GmbH dagegen an der KG nicht vermögensmäßig beteiligt[65], so ist sie zwar von einer Beteiligung am Gewinn und Verlust der KG ausgeschlossen, sie bleibt aber Komplementärin. Als solche trägt sie das Risiko der Inanspruchnahme aus ihrer persönlichen Haftung nach §§ 128, 161 Absatz 2 HGB. Je geringer das Vermögen der KG wird, desto größer wird nun die Gefahr, daß sich der Freistellungsanspruch nach § 110 HGB im Innen-

---

63 BGH NJW 1977, 104, 105; BGH NJW 1978, 160, 161; BGH NJW 1980, 1524, 1526; BGH NJW 1990, 1725, 1729; OLG Celle GmbHR 1998, 1131; Rowedder in Rowedder, GmbHG, § 30 Rn 42; Goerdeler/Müller in Hachenburg, GmbHG, § 30 Rn 82; Horn in Heymann, HGB, § 172a Rn 36; Schilling in Staub, HGB, § 172a Rn 17; Winkler, NJW 1969, 1009, 1010 f.; Hunscha, GmbHR 1973, 257, 259 f.; Immenga, ZGR 1975, 487, 490; Groß, BB 1991, 2386, 2387; Fleck, FS 100 Jahre GmbHG, 1992, S. 391, 418; auf diesen Zusammenhang hat zuerst Kuhn, Ehrengabe Heusinger, 1968, S. 203, 213 ff., aufmerksam gemacht, der allerdings noch etwas unscharf auf Umgehungsgesichtspunkte und Rechtsmißbrauch abstellte.

64 Grundlegend BGHZ 60, 324, 328 f. = NJW 1973, 1036, 1038; st. Rspr., vgl. BGH NJW 1980, 1524, 1526; BGH NJW 1990, 1725, 1729; ausführlich Hunscha, GmbHR 1973, 257, 258 f.; Zanner, S. 55 ff.; vgl. Rowedder in Rowedder, GmbHG, § 30 Rn 42; Goerdeler/Müller in Hachenburg, GmbHG, § 30 Rn 82; Westermann in Scholz, GmbHG, § 30 Rn 39; Schilling in Staub, HGB, § 172a Rn 17 f.; Immenga, ZGR 1975, 487, 490 f.; Groß, BB 1991, 2386, 2387; Häuselmann/Rümker/Westermann, S. 18.

65 Diese Gestaltung dürfte in der Praxis den Regelfall bilden.

verhältnis gegen die KG[66] nicht durchsetzen läßt; bei Überschuldung der KG kann sie gar keinen Regreß mehr nehmen. Dieses Haftungsrisiko kann bei der GmbH zu entsprechenden Rückstellungen als Posten der Passivseite der Bilanz führen, die das zur Erhaltung des Stammkapitals erforderliche Vermögen beeinträchtigen und auf diese Weise die Anwendbarkeit der §§ 30, 31 GmbHG auslösen.

Es ist nochmals darauf hinzuweisen, daß es hierbei nicht um eine analoge Anwendung der §§ 30, 31 GmbHG auf die GmbH & Co. KG geht, sondern um deren unmittelbare Anwendung auf die Komplementär-GmbH, die aber mittelbare Auswirkungen auf die KG hat.

bb) Gläubigerschutz

Als stützendes Argument für eine solche Anwendung der §§ 30, 31 GmbHG führt der Bundesgerichtshof eine Lücke im System des Gläubigerschutzes bei der GmbH & Co. KG an[67]: Die Haftungsbeschränkung der Kommanditisten in der gesetzestypischen KG rechtfertigt sich durch die unbeschränkte Haftung einer natürlichen Person als Komplementär. Diesem kann die Entscheidung über etwaige Verfügungen zugunsten eines Kommanditisten ohne weiteres überlassen bleiben, weil er das volle Risiko einer Überschuldung der Gesellschaft trägt. Ein über die §§ 171 ff. HGB hinausgehender Gläubigerschutz ist daher nicht erforderlich. Tritt an die Stelle einer natürlichen Person als Komplementär dagegen eine GmbH, so hat die "Bremsfunktion", die eine unbeschränkte Gesellschafterhaftung in der KG hat[68], bei der GmbH kein ausreichendes Äquivalent, da deren Haftung wiederum auf das Vermögen beschränkt ist, das sie im Zeitpunkt ihrer Liquidation hat. Daher müssen zum Schutz der Gesellschaftsgläubiger §§ 30, 31 GmbHG entsprechend angewandt werden auf Auszahlungen aus dem KG-Vermögen, die mittelbar das Stammkapital der Komplementär-GmbH mindern.

cc) Aktivlegitimation

Problematisch ist, ob der Rückzahlungsanspruch nach § 31 Absatz 1 GmbHG der Komplementär-GmbH oder der KG zusteht.

---

66 BGHZ 39, 319, 324; BGH WM 1985, 455, 456; BGH NJW 1993, 663; Martens in Schlegelberger, HGB, § 110 Rn 15; von Gerkan in Röhricht, HGB, § 110 Rn 8; Emmerich in Heymann, HGB, § 110 Rn 15; K. Schmidt, Gesellschaftsrecht, § 49 V 1

67 BGH NJW 1973, 1036, 1038 f.

68 Vgl. eingehend zur Bremsfunktion sowie zur unterschiedlichen gesetzlichen Konzeption des Gläubigerschutzes bei der KG einerseits und der GmbH andererseits oben a) bb), S. 162 f., mit Fn 52 und 54.

Die Rechtsprechung und überwiegende Lehre haben sich für eine Aktivlegitimation der KG ausgesprochen[69]. Begründet wird dies zum einen mit einer Verantwortung der KG für die Erhaltung des Stammkapitals der Komplementär-GmbH, zum anderen damit, daß den übrigen Kommanditisten - ob sie zugleich der GmbH angehören oder nicht - aufgrund ihres wirtschaftlichen Interesses am Wohlergehen der KG die Möglichkeit der Geltendmachung des Anspruchs im Wege der actio pro socio auch gegen den Willen der Geschäftsführung oder der übrigen Gesellschafter zustehen müsse[70]. Ausschlaggebend dürfte sein, daß durch die Auszahlung in erster Linie das KG-Vermögen und nur mittelbar das Stammkapital der GmbH angegriffen wird. Somit beruht in diesem Fall, anders als bei einer Auszahlung aus dem GmbH-Vermögen, das wirtschaftliche Interesse des Kommanditisten nicht nur auf der gesellschaftsrechtlichen Verknüpfung zweier Gesellschaften, sondern auf seiner Stellung als Gesellschafter der KG.

Es ergibt sich indes ein dogmatischer Bruch, denn die GmbH & Co. KG wird in ihrem Vermögen nur mittelbar durch das Stammkapital der GmbH geschützt; andererseits soll ihr aber unter Überwindung der rechtlichen Trennung von KG und GmbH der Rückzahlungsanspruch nach § 31 GmbHG aus eigenem Recht zustehen[71]. Damit nähert sich die Rechtsprechung im Ergebnis einem eigenen Kapitalschutz der GmbH & Co. KG, wie er von *K. Schmidt* vertreten wird[72].

2. Anwendbarkeit der §§ 32a, 32b GmbHG

Mit der GmbH-Novelle 1980[73] fügte der Gesetzgeber in § 172a HGB eine neue Vorschrift ein, welche die Anwendung der ins GmbH-Gesetz neu eingefügten gesetzlichen Vorschriften über kapitalersetzende Darlehen, §§ 32a, 32b GmbHG, ausdrücklich auf die GmbH & Co. KG erstreckt. Auch insoweit waren bereits zuvor in der Rechtsprechung die GmbH-Regeln auf die GmbH & Co. KG und dort insbesondere auf Auszahlungen aus dem KG-Vermögen angewendet

---

69 BGH NJW 1973, 1036, 1038; BGH NJW 1977, 104, 105; BGH NJW 1978, 160, 162; BGH NJW 1980, 1524, 1525; Ulmer in Hachenburg, GmbHG, § 32a, b Rn 194 a.E.; K. Schmidt in Schlegelberger, HGB, §§ 171, 172 Rn 132; Kuhn, Ehrengabe Heusinger, 1968, S. 203, 215; Hunscha, GmbHR 1973, 257, 263; Immenga, ZGR 1975, 487, 491; Lutter/Hommelhoff, ZGR 1979, 31, 46 f.; zweifelnd Brandi, ZIP 1995, 1391, 1395; a.A. Winkler, NJW 1969, 1009, 1011; Westermann in Scholz, GmbHG, § 31 Rn 10; Lutter/Hommelhoff, GmbHG, § 31 Rn 2; Goerdeler/Müller in Hachenburg, GmbHG, § 31 Rn 8, die jeweils einen Anspruch der GmbH auf Zahlung an die KG annehmen; differenzierend K. Schmidt, DB 1973, 2227, 2230.

70 So BGH NJW 1973, 1036, 1038.

71 Dieser Inkonsequenz dürfte sich der BGH bewußt gewesen sein, da es in NJW 1973, 1036, 1038 heißt "Der *Anspruch der GmbH* steht der KG zu", und da dieses Ergebnis anhand einer Interessenabwägung sehr ausführlich begründet wird.

72 Vgl. oben b) aa), S. 163 f.

73 Vgl. oben II. 2, S. 157 f.

worden[74]. Diese Grundsätze sollten nun in Gesetzesform gegossen werden. Wegen der nur unvollkommenen Umsetzung dieses richterrechtlichen Kapitalersatzrechts weist die gesetzliche Neuregelung jedoch zahlreiche Unterschiede gegenüber den anerkannten Rechtsprechungsgrundsätzen auf[75]. Daher gilt nach nunmehr einhelliger Auffassung für die GmbH & Co. KG in gleicher Weise wie für die GmbH[76], daß die Rechtsprechungsgrundsätze über kapitalersetzende Darlehen neben den Vorschriften der GmbH-Novelle von 1980 weiterhin auch auf solche Darlehen anzuwenden sind, die nach dem 1.1.1981 gewährt worden sind[77].

3. Zusammenfassung

Sowohl die in Anlehnung an §§ 30, 31 GmbHG entwickelten Rechtsprechungsgrundsätze als auch die Vorschriften der §§ 32a, 32b GmbHG sind in der GmbH & Co. KG anwendbar auf Auszahlungen an Kommanditisten, die zugleich Gesellschafter der Komplementär-GmbH sind. Dies gilt nicht für Auszahlungen aus dem Vermögen der GmbH, sondern auch für solche aus dem Vermögen der KG. Darin liegt jedoch nach der überwiegenden Meinung keine unmittelbare Anwendung des Kapitalersatzrechts der GmbH auf die KG. Vielmehr hat die Beeinträchtigung des Stammkapitals der Komplementär-GmbH und das hierdurch begründete Eingreifen des Kapitalersatzrechts der GmbH wegen der gesellschaftsrechtlichen Verknüpfung der beiden Gesellschaften zugleich Rückwirkungen auf die KG. Dennoch kann der Ersatzanspruch wegen der unerlaubten Rückzahlung aus dem Gesellschaftsvermögen unmittelbar durch die KG geltend gemacht werden.

---

74 Vgl. oben 1 c), S. 164 ff.

75 Hierzu eingehend oben II. 2 a), S. 157 f.

76 Vgl. oben II. 2 b), S. 158.

77 BGH NJW 1985, 2947; BGH NJW 1994, 2349, 2350; BGH NJW 1994, 2760, 2761; OLG Hamburg WM 1986, 826, 827 f.; OLG Celle GmbHR 1998, 1131, 1132; Rowedder in Rowedder, GmbHG, § 32a Rn 90; Ulmer in Hachenburg, GmbHG, § 32a, b Rn 193; Schilling in Staub, HGB, § 172a Rn 20; K. Schmidt in Schlegelberger, HGB, § 172a Rn 51; Rümker, ZGR 1988, 494, 497.

IV. Anwendbarkeit der Regeln zum Eigenkapitalersatz auf die GmbH & Co. KG bei Auszahlungen aus dem Vermögen der KG an Kommanditisten, die nicht zugleich GmbH-Gesellschafter sind (sog. Nur-Kommanditisten)

Nach dieser Darstellung der Regeln zum Eigenkapitalersatz, insbesondere bei der GmbH & Co. KG, kann nun die im Rahmen der vorliegenden Arbeit eigentlich interessierende Frage eingehend erörtert werden, ob auch Nur-Kommanditisten von der Umqualifizierung von Darlehen in haftendes Eigenkapital betroffen sind. Dies ist deshalb problematisch, weil sie im Gegensatz zu der soeben unter III. angesprochenen Konstellation nicht Gesellschafter der GmbH sind, und daher die personelle Reichweite des Kapitalersatzrechts zur Diskussion steht. Andererseits wurde bereits erwähnt, daß die Rechtsprechung die Regeln zum Eigenkapitalersatz auch auf andere Personengruppen ausgedehnt hat, die nicht Gesellschafter der GmbH sind, dieser aber nahe stehen[78].

Die Diskussion um diese Frage wurde von Beginn an sehr kontrovers geführt und ist bis heute aktuell geblieben. Dabei läßt sich eine Entwicklung der Diskussion in einzelnen Zeitabschnitten beobachten, die durch die Gesetzgebung und die höchstrichterliche Rechtsprechung maßgeblich beeinflußt wurde. Aus diesem Grunde soll im folgenden zunächst die Entwicklung der Rechtslage nach einem chronologischen Aufbau ausführlich dargestellt werden, bevor die dogmatische Grundlage des Kapitalersatzrechts und deren Tragweite für eine Anwendung auf den Nur-Kommanditisten näher untersucht wird.

1. Entwicklung der Rechtslage

a) Rechtslage bis zur GmbH-Novelle 1980

Die Frage, ob der Nur-Kommanditist im Hinblick auf die Komplementär-GmbH dem Kapitalersatzrecht unterliegt, wurde aufgeworfen durch das Grundsatzurteil des BGH, in dem entschieden wurde, daß die Regeln zum Eigenkapitalersatz in der GmbH & Co. KG auch auf Auszahlungen aus der KG Anwendung finden[79].

Diese Entscheidung betraf allerdings Kommanditisten, die zugleich Gesellschafter der Komplementär-GmbH waren. Insoweit nahm der BGH einerseits keine entsprechende Anwendung der §§ 30, 31 GmbHG auf die KG vor, sondern vermittelte einen Gläubigerschutz nur über die Beeinträchtigung des Stammkapitals der Komplementär-GmbH. Andererseits bejahte er jedoch die Aktivlegitimation der KG und begründete dies mit der Verantwortung der KG für das Vermögen der GmbH sowie mit dem wirtschaftlichen Interesse der Kommanditisten unabhängig von ihrer gleichzeitigen Zugehörigkeit zur GmbH.

---

78 Vgl. oben II. 1 b) cc), S. 155.

79 BGHZ 60, 324 = NJW 1973, 1036; vgl. eingehend oben III. 1 c), S. 164 ff.

Damit näherte sich die Rechtsprechung im Ergebnis einem eigenen Kapitalschutz der GmbH & Co. KG[80]. Zur Frage der Anwendung der Regeln zum Eigenkapitalersatz auf den Nur-Kommanditisten mußte der BGH in dieser Entscheidung nicht Stellung nehmen. Auch in einer späteren Entscheidung ließ der BGH diese Frage erneut offen[81].

Im Anschluß an das erste Grundsatzurteil wurde die Frage in der Literatur kontrovers beantwortet. Die Befürworter der Anwendung auf den Nur-Kommanditisten[82] sahen zwar die Fremdartigkeit eines Kapitalschutzes im Recht der KG, begründeten dessen Notwendigkeit jedoch mit dem Erfordernis eines wirksamen Gläubigerschutzes. Die Verantwortung für die Erhaltung des Stammkapitals der Komplementär-GmbH erstrecke sich aufgrund der Kombination von Gläubigerschutzprinzipien auch auf die Kommanditisten als solche, da sie umgekehrt aufgrund der gesellschaftsrechtlichen Verknüpfung auch die Vorteile der Haftungsbeschränkung der Komplementär-GmbH in Anspruch nehmen, und da jenen auch unabhängig von Mitwirkungsrechten Vergünstigungen seitens der GmbH oder der KG zuteil werden könnten.

Die Gegenansicht[83] verwies demgegenüber darauf, daß nicht die Kommanditisten, sondern nur die GmbH-Gesellschafter die Aufbringung des Stammkapitals der GmbH, das dann zugleich für die GmbH & Co. KG haftet, zugesagt hätten. Das Gesellschaftsvermögen der KG unterliege dagegen keinem besonderen Schutz.

b) GmbH-Novelle 1980 und anschließende Diskussion

Im Wege der GmbH-Novelle 1980 fügte der Gesetzgeber § 172a HGB ein, der die Vorschriften der §§ 32a, 32b GmbHG über den Eigenkapitalersatz auf die KG für entsprechend anwendbar erklärt[84]. Dabei differenziert der Wortlaut des § 172a HGB nicht danach, ob der Kommanditist zugleich Gesellschafter der GmbH ist. Für die Anwendung der §§ 32a, 32b GmbHG war daher von Anfang

80 BGH NJW 1973, 1036, 1038; vgl. oben III. 1 c) bb) und cc), S. 166 f.

81 BGH DB 1979, 1833, 1834 = WM 1979, 803, 804: "... jedenfalls dann, wenn der Kommanditist gleichzeitig Gesellschafter der GmbH ist, ...".

82 Eingehend Hunscha, GmbHR 1973, 257, 260 f.; vgl. Lutter/Hommelhoff, ZGR 1979, 31, 48; Baumbach/Duden/Hopt, HGB, § 172a Anm. 7 B; wohl auch Immenga, ZGR 1975, 487, 489 f.; zur Einheits-GmbH & Co. KG Schilling, FS Barz, 1974, S. 67, 77.

83 K. Schmidt, DB 1973, 2227, 2230; ders., NJW 1977, 107; Goerdeler/Müller in Hachenburg, GmbHG, 7. Auflage 1979, § 30 Rn 56, 60 a.E.; Canaris, FS Fischer, 1979, S. 31, 62.

84 Vgl. hierzu bereits oben III. 2, S. 167 f.

an einhellige Meinung, daß hiervon auch der Nur-Kommanditist umfaßt ist[85].

Hinsichtlich der Rechtsprechungsgrundsätze drehte sich die Diskussion in der Literatur zunächst vor allem um die Frage, ob neben dieser gesetzlichen Neuregelung noch Raum ist für die Anwendung der durch die Rechtsprechung in Anlehnung an §§ 30, 31 GmbHG entwickelten Grundsätze zum Kapitalersatz[86]. Erst nachdem diese Frage höchstrichterlich geklärt war[87], wandte sich die Literatur wieder der Frage zu, ob von diesen Regeln zum Kapitalersatz auch der Nur-Kommanditist betroffen ist. Dabei spielte der Umstand eine wichtige Rolle, daß § 172a HGB nicht danach differenziert, ob der Kommanditist zugleich Gesellschafter der GmbH ist.

Neben der gesetzlichen Neuregelung wurde diese Diskussion jedoch maßgeblich beeinflußt durch eine gegenläufige Entwicklung, die der BGH im Urteil vom 26.03.1984 (BuM/WestLB) angestoßen hatte[88]. Diese Entscheidung betraf die entsprechende Anwendung der Regeln zum Eigenkapitalersatz auf die Aktiengesellschaft. Eine Klärung dieser Frage war erforderlich geworden, nachdem der Gesetzgeber sich darauf beschränkt hatte, eine Regelung kapitalersetzender Darlehen nur für die GmbH und die GmbH & Co. KG vorzusehen. Der zweite Leitsatz des BGH-Urteils lautet: "Die vom Senat entwickelten Grundsätze über die Behandlung kapitalersetzender Gesellschafterdarlehen sind auf eine AG sinngemäß anzuwenden, wenn der Gläubiger an ihr unternehmerisch beteiligt ist. Davon ist regelmäßig bei einem Aktienbesitz von mehr als 25 % des Grundkapitals auszugehen. Bei einer darunter liegenden, aber nicht unbeträchtlichen Beteiligung kann ein Gesellschafterdarlehen als haftendes Kapital einzustufen sein, wenn die Beteiligung in Verbindung mit weiteren Umständen dem Gläubiger Einfluß auf die Unternehmensleitung sichert und er ein entsprechendes unternehmerisches Interesse erkennen läßt[89]." In dieser Entscheidung verwendet der BGH erstmals die Formulierung der "Verantwortung des Gesellschafters für eine ordnungsgemäße Unter-

---

85 K. Schmidt, GmbHR 1986, 337, 339, 341; Westermann, FS Fleck, 1988, S. 423, 428; Ulmer in Hachenburg, GmbHG, 7. Auflage, Ergänzungsband, 1985, § 32a, b Rn 169; Baumbach/Duden/Hopt, HGB, § 172a Anm. 1 B; vgl. OLG Hamburg WM 1986, 828, 829.

86 Vgl. oben II. 2 b), S. 158, zur GmbH sowie oben III. 2, S. 167 f., zur GmbH & Co. KG.

87 Bejahend BGHZ 90, 370 = NJW 1984, 1891 für die GmbH; ebenso BGH NJW 1985, 2947 für die GmbH & Co. KG.

88 BGHZ 90, 381 = NJW 1984, 1893 (BuM/WestLB); zu beachten ist, daß die Entscheidung am selben Tag erging wie das Urteil, in dem der BGH die Fortgeltung der Grundsätze zum Kapitalersatz für die GmbH neben der gesetzlichen Regelung erklärt hatte, vgl. BGH NJW 1984, 1891, oben Fn 87; daher werden diese beiden Urteile zuweilen verwechselt !

89 BGH NJW 1984, 1893; vgl. hierzu Hüffer, AktG, § 57 Rn 17 f.; Lutter in Kölner Kommentar, AktG, § 57 Rn 87; eingehend Junker, ZHR 156 (1992), S. 394 ff.

nehmensfinanzierung" als Grundgedanke des Kapitalersatzrechts und knüpft diese Finanzierungsverantwortung bei der AG an eine Beteiligung von mindestens 25 %, die dem Aktionär die Sperrminorität sichert[90]. In einer späteren Entscheidung stellte der BGH jedoch klar, daß eine entsprechende Differenzierung nach dem gesellschaftsunternehmerischen Interesse des Gesellschafters bei der GmbH nicht in Betracht komme[91].

Die Literaturmeinung, die die Anwendung der Regeln zum Eigenkapitalersatz auch auf den Nur-Kommanditisten bejahte[92], stützte sich zur Begründung dieser Ansicht nunmehr unter anderem auf § 172a HGB. Denn § 172a HGB greife gerade unabhängig davon ein, ob der darleihende Kommanditist zugleich an der GmbH beteiligt ist[93]. Allerdings räumen dieselben Autoren ein, daß die Neuregelung in § 172a HGB nur ein Indiz für die weitere Rechtsentwicklung sein könne[94], da die gesetzliche Neuregelung nicht so durchdacht war, daß dem Gesetzgeber eine bewußte Erstreckung des Kapitalersatzrechts auf den Nur-Kommanditisten unterstellt werden kann[95]. So wurde zugleich der Versuch unternommen, die Finanzierungsverantwortung des Nur-Kommanditisten für das Stammkapital aus der Haftungsverfassung der GmbH & Co. KG sowie aus dem Erfordernis eines umfassenden Gläubigerschutzes zu begründen[96].

---

90 BGH NJW 1984, 1893, 1895; vgl. zur praktischen Bedeutung dieser Sperrminorität näher unten 2 c), S. 186, insbesondere Fn 166.

91 BGH DB 1988, 2141 = NJW 1988, 3143: Maßgeblich allein die Gesellschafterstellung.

92 K. Schmidt, GmbHR 1986, 337, 340 f.; ders. in Scholz, GmbHG, 7. Auflage 1986, §§ 32a, 32 b Rn 143; Wiedemann, JZ 1986, 855, 857; Weimar/Geitzhaus, DB 1987, 2085, 2086; Westermann, FS Fleck, 1988, S. 423, 430 ff. zur Publikums-KG (anders zur gewöhnlichen GmbH & Co. KG S. 435 f.); eingehend Zanner, 1989, S. 53 ff., 75 ff.

93 So vor allem Westermann, FS Fleck, 1988, S. 423, 428 sowie 432 ff.; K. Schmidt, GmbHR 1986, 337, 341; vgl. auch Wiedemann, JZ 1986, 855, 857.

94 Dennoch wagt Westermann, FS Fleck, 1988, S. 423, 432 die Prognose, "der Bundesgerichtshof werde unabhängig von der Beteiligung des Darlehensgebers an der Komplementär-GmbH jedenfalls alle Kommanditistendarlehen in vollem Umfang bis zur Höhe des Darlehenskapitals zugunsten der Gesellschaft binden."

95 K. Schmidt, GmbHR 1986, 337, 341; Westermann, FS Fleck, 1988, S. 423, 433 f.; bemängelt werden insoweit vor allem der fehlende Verweis in § 172a HGB auf §§ 32a KO, 3b AnfG sowie das Zurückbleiben der neuen gesetzlichen Konzeption hinter dem durch die Rechtsprechung erreichten Gläubigerschutz (vgl. oben II. 2 b), S. 158, sowie III. 2, S. 167 f.).

96 Wegweisend für die spätere Rechtsprechung des BGH (unten c) insbesondere Zanner, S. 53 bis 125 in Fortführung der Gedanken von Hunscha, GmbHR 1973, 257, 260 f.

Die Gegenansicht verneinte eine Anwendung auf den Nur-Kommanditisten generell[97] oder machte sie zumindest davon abhängig, daß der Kommanditist wirtschaftlich die Position eines GmbH-Gesellschafters innehat oder einer solchen nahekommt, insbesondere aufgrund eines bestimmenden Einflusses auf die Geschäftsführung[98]. Insoweit wird argumentiert, § 172a HGB verweise nur auf §§ 32a, 32b GmbHG, die Anwendung der §§ 30, 31 GmbHG im Rahmen der fortgeltenden Rechtsprechungsgrundsätze unterliege dagegen einer selbständigen Beurteilung[99]. Für diese selbständige Beurteilung werden nun für die Differenzierung nach dem Grad des Einflusses des Kommanditisten auf die Geschäftsführung in der Komplementär-GmbH die Gründe angeführt, die der BGH in seiner Entscheidung zur Aktiengesellschaft kurz zuvor entwickelt hatte[100]; in gleicher Weise wie ein Aktionär, der nur eine geringe Beteiligung an der AG halte, habe auch der Nur-Kommanditist ohne maßgeblichen Einfluß auf die GmbH ein bloßes Anlegerinteresse, das eine Finanzierungsverantwortung für das Stammkapital der GmbH nicht rechtfertige[101]. Daneben wird auch der Vergleich zum stillen Gesellschafter gezogen, der nur bei einer atypischen Ausgestaltung der Beteiligung als einem Gesellschafter vergleichbar dem Kapitalersatzrecht unterliegt[102].

Zusammenfassend läßt sich sagen, daß die gesetzliche Neuregelung in § 172a HGB durch die GmbHG-Novelle 1980 nicht entscheidend zur Klärung der Streitfrage beigetragen hat, sondern daß umgekehrt entgegen dem umfassenden Wortlaut dieser Vorschrift nun die wohl herrschende Meinung eine Anwendung auf den Nur-Kommanditisten grundsätzlich ablehnte.

---

97 So OLG Hamburg GmbHR 1983, 70, 72 zur Publikums-KG; Ulmer in Hachenburg, GmbHG, 7. Auflage, Ergänzungsband 1985, § 32a, b Rn 176; Schilling in Staub, HGB, (Stand 1987), § 172a Rn 19; K. Schmidt in Schlegelberger, HGB, (Stand 1986), §§ 171, 172 Rn 132.

98 OLG Hamburg WM 1986, 828, 829; von Gerkan, GmbHR 1986, 218, 224; Rümker, WuB II. G. § 30 GmbHG 2.86, S. 1265, 1266 f; ders., ZGR 1988, 494, 504 f.; Westermann, FS Fleck, 1988, S. 423, 435 f. (anders zur Publikums-KG S. 432 ff.); ders. in Scholz, GmbHG, 7. Auflage 1986, § 30 Rn 34.

99 So OLG Hamburg WM 1986, 828, 829; Rümker, WuB II. G. § 30 GmbHG 2.86, S. 1265, 1267.

100 BGH NJW 1984, 1893 (BuM/WestLB), vgl. oben b), S. 171, mit Fn 88.

101 Rümker, WuB II. G. § 30 GmbHG 2.86, S. 1265, 1267; ders., ZGR 1988, 494, 504 f.

102 OLG Hamburg WM 1986, 828, 829; vgl. zum atypischen stillen Gesellschafter bereits oben II. 1 b) cc), S. 155, mit Nachweisen in Fn 20.

c) Die Grundsatzentscheidung des BGH im Jahre 1990

Eine Grundsatzentscheidung zu dieser Frage traf der Bundesgerichtshof in seinem Urteil vom 19.02.1990[103]. Der erste Leitsatz dieser Entscheidung lautet: "Wird dem Kommanditisten einer GmbH & Co. KG deren Vermögen in einem Umfange ausgezahlt, daß dadurch mittelbar das Vermögen der Komplementär-GmbH unter den Nennwert des Stammkapitals herabsinkt, so liegt darin auch dann ein Verstoß gegen § 30 GmbHG, wenn der Kommanditist nicht zugleich der GmbH angehört." Danach ist für die seriöse Finanzierung der Gesellschaft auch der Nur-Kommanditist verantwortlich, wenn keine natürliche Person unbeschränkt haftet. Dies gilt nach Ansicht des Bundesgerichtshofs unabhängig davon, ob beim Kommanditisten nur ein Anlegerinteresse besteht und ihm ein bestimmender Einfluß auf die Geschäftsführung fehlt.

Der Bundesgerichtshof setzte sich eingehend mit der oben b) dargestellten Diskussion in der Literatur auseinander und begründete seine Ansicht mit der besonderen Haftungsverfassung der GmbH & Co. KG und dem Erfordernis eines wirksamen Gläubigerschutzes[104]: So sei bei der gewöhnlichen KG die Haftungsbeschränkung der Kommanditisten nach § 172 Absatz 4 HGB durch die unbeschränkte persönliche Haftung des Komplementärs gerechtfertigt. Diese unbeschränkte persönliche Haftung wiederum solle nach den Vorstellungen des Gesetzgebers eine wirtschaftlich vernünftige Unternehmensführung gewährleisten und die KG davor schützen, daß ihr Vermögen zugunsten der Kommanditisten ausgehöhlt wird. In der GmbH & Co. KG dagegen fehle dieses Gegengewicht, da die Haftung der Komplementär-GmbH ihrerseits beschränkt ist auf das Vermögen, das sie im Zeitpunkt der Liquidation hat. Aufgrund der gesellschaftsrechtlichen Verknüpfung der Interessen treffe die Verantwortung zur Ausstattung der Gesellschaften mit haftendem Kapital ähnlich wie den Gesellschafter der GmbH auch den Nur-Kommanditisten, wenn der unbeschränkt haftende Komplementär die ihm normalerweise zugedachte Bremsfunktion[105] nicht übernehmen kann, weil die Gesellschafter diese Stelle mit einer Kapitalgesellschaft besetzt haben, die nur über einen begrenzten Haftungsfonds verfügt. Wenigstens dieser Fonds müsse der Gesellschaft im Interesse der Gläubiger erhalten bleiben.

Der Bundesgerichtshof hat somit in dieser Entscheidung die Finanzierungsverantwortung der Gesellschafter, d.h. die Verantwortung für eine ordnungsgemäße Unternehmensfinanzierung, auf den Nur-Kommanditisten in der GmbH & Co. KG hinsichtlich des Stammkapitals der GmbH erstreckt.

---

103 BGHZ 110, 342 = NJW 1990, 1725.

104 BGH NJW 1990, 1725, 1728 ff.

105 Vgl. zu diesem Begriff bereits oben III. 1 a) bb), S. 162 f., mit Fn 52 und 54.

d) Meinungsstand nach der Entscheidung des BGH im Jahre 1990

Dieses Urteil, das in zwei späteren Entscheidungen des BGH bestätigt wurde[106], hatte nachhaltigen Einfluß auf die Diskussion in der Literatur.

aa) Gleichstellung des Nur-Kommanditisten

Die ganz überwiegende Meinung schloß sich der Rechtsprechung des BGH an[107], wobei zum Teil auf die Wertung des Gesetzgebers in § 172a HGB hingewiesen wird, zum Teil die Begründung angeführt wird, der Nur-Kommanditist stehe aufgrund der gesellschaftsrechtlichen Verknüpfung wirtschaftlich einem GmbH-Gesellschafter gleich. Es gab jedoch auch kritische Stimmen:

K. Schmidt stimmt der Rechtsprechung nur im Grundsatz zu, befürwortet jedoch einen eigenen Kapitalschutz der GmbH & Co. KG[108]. Dieses Konzept unterscheidet sich von dem der Rechtsprechung darin, daß das Vermögen der KG nicht nur mittelbar über das Stammkapital der GmbH geschützt werden soll, sondern §§ 30, 31 GmbHG entsprechend auf die KG Anwendung finden[109].

Werner[110] möchte die Finanzierungsverantwortung des Nur-Kommanditisten allenfalls mit Einschränkungen akzeptieren. Er befürwortet insbesondere eine Ausnahme für die Inhaber von Zwerganteilen, da jene typischerweise bloße Anlegerinteressen verfolgen.

Auch *H.P. Westermann*[111] ist kritisch gegenüber dieser Rechtsprechung. Er meint, die Ausdehnung des GmbH-spezifischen Status der Kapitalerhaltung auf Nur-Kommanditisten sei dogmatisch keineswegs zwingend, und hält die Finanzierungsverantwortung des Nur-Kommanditisten in den Fällen nicht für sachgerecht, in denen diesem ein bestimmender Einfluß auf die Geschäftsführung fehlt.

---

106 BGH ZIP 1990, 1593, 1595; BGH NJW 1995, 1960, 1961; vgl. ebenso OLG Stuttgart GmbHR 1994, 620, 622.

107 Rowedder in Rowedder, GmbHG, § 30 Rn 43; Goerdeler/Müller in Hachenburg, GmbHG, § 30 Rn 85; Horn in Heymann, HGB, § 172a Rn 38; von Gerkan in Röhricht, HGB, § 172 Rn 68; ders., GmbHR 1990, 384, 387 unter Aufgabe seiner früheren Ansicht in GmbHR 1986, 218, 224; Bergmann, EWiR § 30 GmbHG 3/90, S. 479, 480; Groß, BB 1991, 2386, 2389; Fleck, FS 100 Jahre GmbHG, 1992, S. 391, 418 f.; Brandi, ZIP 1995, 1391, 1395; Schnelle, GmbHR 1995, 853 f. und 856 f.; Berg, Rechtsdogmatische Fragen, S. 159 ff.; Kuhr, S. 74 ff.

108 K. Schmidt, Gesellschaftsrecht, § 56 V 1; ders. in Scholz, GmbHG, §§ 32a, 32b Rn 172.

109 Vgl. zu diesem Ansatz bereits oben III. 1 b) aa), S. 163 f.

110 Werner, WuB II. G. § 30 GmbHG 3.91, S. 881, 882.

111 Westermann in Scholz, GmbHG, § 30 Rn 40.

Lutter/Hommelhoff[112] schließen sich grundsätzlich der Rechtsprechung des BGH an, wonach der Nur-Kommanditist den GmbH-Gesellschaftern hinsichtlich der Finanzierungsverantwortung gleichgestellt ist. Ihre Kritik setzt nicht beim Nur-Kommanditisten, sondern einen Schritt vorher bei der Finanzierungsverantwortung der GmbH-Gesellschafter selbst an. Ihrer Ansicht nach ist nämlich die Finanzierungsverantwortung jedes Gesellschafters nur gerechtfertigt, wenn seine Beteiligung 10 % des Stammkapitals übersteigt, da er nur dann typischerweise mitunternehmerische Verantwortung trage. Diese Begründung nimmt Bezug auf die Rechtsprechung des BGH zur Aktiengesellschaft[113], in der für die Finanzierungsveranwortung des Aktionärs eine Mindestbeteiligung vorausgesetzt wurde.

Zusammenfassend läßt sich also sagen, daß die Grundsatzentscheidung des BGH ein klärendes Wort gesprochen hat. Kritische Stimmen in der Literatur, die die Finanzierungsverantwortung des Nur-Kommanditisten nach wie vor vom Vorliegen einer Mindestbeteiligung oder eines maßgeblichen Einflusses an der Geschäftsführung abhängig machen wollen, gab es im Anschluß daran nur noch vereinzelt. Wie nachfolgend noch zu zeigen sein wird, hatte diese Kritik jedoch maßgeblichen Einfluß auf die spätere Gesetzgebung[114].

bb) Ausschluß der Solidarhaftung nach § 31 Absatz 3 GmbHG

Der Bundesgerichtshof nahm zur Solidarhaftung nach § 31 Absatz 3 GmbHG nicht Stellung. In der Literatur ist jedoch einhellige Meinung, daß eine Haftung des Nur-Kommanditisten nach § 31 Absatz 3 GmbHG bei Auszahlungen an andere GmbH-Gesellschafter nicht in Betracht kommt[115]. Zur Begründung hierfür werden die fehlende Gesellschafterstellung[116], die Haftungsbeschränkung nach §§ 171 ff. HGB[117] sowie die geringen Einflußmöglichkeiten des Nur-Kommanditisten im Hinblick auf die Geschäftsführung der Komplementär-GmbH angeführt[118].

---

112 Lutter/Hommelhoff, GmbHG, § 30 Rn 45 sowie §§ 32a/b Rn 54 bis 57; ebenso Rümker, ZGR 1988, 494, 504 f.

113 BGH NJW 1984, 1893 (BuM/WestLB), vgl. bereits oben b), S. 171 mit Fn 88.

114 Vgl. eingehend unten e), S. 177 ff.

115 Grundlegend K. Schmidt, GmbHR 1986, 337, 341; ders. in Schlegelberger, HGB, § 172a Rn 51 a.E.; vgl. Ulmer in Hachenburg, GmbHG, § 32a, b Rn 296 a.E.; Westermann, FS Fleck, 1988, S. 423, 434; ders. in Scholz, GmbHG, § 30 Rn 40 a.E.; von Gerkan, GmbHR 1990, 384, 387; Werner, WuB II. G. § 30 GmbHG 3.91, S. 881, 882; eingehend Schnelle, GmbHR 1995, 853, 854 f.

116 So von Gerkan, GmbHR 1990, 384, 387; K. Schmidt in Schlegelberger, HGB, § 172a Rn 51 a.E.

117 So Ulmer in Hachenburg, GmbHG, § 32a, b Rn 296 a.E.

118 Eingehend Schnelle, GmbHR 1995, 853, 854 f.

e) Gesetzesänderung 1998

Durch das Kapitalaufnahmeerleichterungsgesetz (KapAEG) vom 20.04.1998[119] nahm der Gesetzgeber hinsichtlich des personellen Anwendungsbereichs des Kapitalersatzrechts eine Gesetzesänderung vor, die in erster Linie GmbH-Gesellschafter betrifft, aber auch Auswirkungen auf die Anwendbarkeit auf den Nur-Kommanditisten haben muß. Diese Neuregelung dürfte für das Kapitalersatzrecht insgesamt von grundlegender Bedeutung sein.

aa) Gesetzestext und Regierungsbegründung

Durch Art. 2 des KapAEG wurde dem § 32a Absatz 3 GmbHG folgender Satz 2 neu angefügt: "Die Regeln über den Eigenkapitalersatz gelten nicht für den nicht geschäftsführenden Gesellschafter, der mit zehn vom Hundert oder weniger am Stammkapital beteiligt ist."

Die Regierungsbegründung[120] geht zunächst auf die Finanzierungsverantwortung als den Grundgedanken des Kapitalersatzrechts ein: "Als funktionales Eigenkapital gefährden eigenkapitalersetzende Gesellschafterdarlehen die Belange der außenstehenden Gesellschaftsgläubiger, die nicht Gesellschafter sind und deshalb die Gesellschaftsinterna und ihre Entwicklung nicht überblicken (sogenannte Insiderstellung des Gesellschafters). Grundgedanke für die Umqualifizierung eigenkapitalersetzender Gesellschafterdarlehen in Eigenkapital ist also die mitunternehmerische Verantwortung des Gesellschafters (Finanzierungsverantwortung). Er soll nicht das Finanzierungsrisiko auf die außenstehenden Gesellschaftsgläubiger abwälzen können. Dieser Gedanke ist dann allerdings fraglich, wenn der Gesellschafter nur eine geringe Beteiligung am Stammkapital hält."

Im folgenden lehnt sich die Regierungsbegründung an die Rechtsprechung zur Aktiengesellschaft[121] an und formuliert den allgemeingültigen Satz, daß der nur geringfügig Beteiligte typischerweise keine mitunternehmerische Verantwortung trage, es ihm regelmäßig an der Insiderstellung fehle und er auch kaum Einflußmöglichkeiten auf die Gesellschaft habe[122]. Er trage mithin

---

119 Gesetz zur Verbesserung der Wettbewerbsfähigkeit deutscher Konzerne an internationalen Kapitalmärkten und zur Erleichterung der Aufnahme von Gesellschafterdarlehen (Kapitalaufnahmeerleichterungsgesetz - KapAEG) vom 20.04.1998, BGBl. I S. 707; der Regierungsentwurf mit Begründung ist - zusammen mit der Stellungnahme des Bundesrats und der Gegenäußerung der Bundesregierung - abgedruckt in ZIP 1997, 706.

120 BegrRegE vom 06.03.1997, BT-Drucks. 13/7141, S. 9 ff., abgedruckt in ZIP 1997, 706, 709 f.

121 BGH NJW 1984, 1893 (BuM/WestLB), vgl. bereits oben b), S. 171, mit Fn 88.

122 Belegt wird dieser Satz durch das Zitat von Lutter/Hommelhoff, GmbHG, §§ 32a, 32b Rn 56; vgl. hierzu bereits oben d) aa), S. 176, Fn 112.

typischerweise nicht die den Eigenkapitalersatz begründende Finanzierungsverantwortung für die Gesellschaft. Die Gründe, die für die Ausnahmeregelung sprechen, trügen allerdings nicht, wenn der geringfügig Beteiligte zugleich Geschäftsführer ist.

Während der Bundesrat vorschlug, die Grenze für das Vorliegen einer unternehmerischen Verantwortung wie bei der Aktiengesellschaft bei einer Mindestbeteiligung von 25 % zu ziehen[123], hielt die Bundesregierung wegen der anderen Kompetenzverteilung in der GmbH und der deutlich stärkeren Stellung der Gesellschafter an einem niedrigeren Schwellenwert von 10 % fest. Dieser niedrige Schwellenwert solle auch verhindern, daß das Eigenkapitalersatzrecht ausgehöhlt und entwertet wird[124].

Nach dem ausdrücklichen Wortlaut der Regierungsbegründung umfaßt diese Gesetzesänderung nicht nur die positivrechtliche Vorschrift des § 32a GmbHG, sondern in gleicher Weise die richterrechtlichen Regeln über den Eigenkapitalersatz, die daneben fortgelten[125].

Ziel der Gesetzesänderung, die als klarstellende Regelung bezeichnet wird, ist die Deregulierung im Bereich des Kapitalersatzrechts, das für die Praxis sehr kompliziert und schwer überschaubar geworden sei. Zugleich solle die Gesellschaft mit beschränkter Haftung für den Erwerb von Kleinbeteiligungen attraktiver werden, die im Rahmen des bevorstehenden Generationswechsels im deutschen Mittelstand zunähmen (zum Beispiel Erben, Witwen, Kinder oder auch Arbeitnehmerbeteiligungen).

Im Ergebnis hat der Gesetzgeber damit für die Finanzierungsverantwortung genau die Kriterien im Hinblick auf sämtliche Gesellschafter für maßgeblich erklärt, die im Hinblick auf den Nur-Kommanditisten von der herrschenden Meinung vor der Entscheidung des BGH im Jahre 1990[126], von einigen Autoren auch noch nach diesem Grundsatzurteil[127], für richtig erachtet worden waren. Diese Kriterien sind eine Mindestbeteiligung am Stammkapital oder alternativ ein bestimmender Einfluß auf die Geschäftsführung.

---

123 Stellungnahme des Bundesrates, ZIP 1997, 706, 710.

124 BegrRegE sowie Gegenäußerung der Bundesregierung zur Stellungnahme des Bundesrats, ZIP 1997, 706, 710.

125 Zum Nebeneinander von Gesetzes- und Richterrecht vgl. oben II. 2 b), S. 158, sowie III. 2, S. 167 f.

126 Vgl. oben b), S. 173 mit Fn 97 ff.

127 Vgl. oben d) aa), S. 175 f. mit Fn 110 bis 112.

bb) Kritik in der Literatur

Die Literatur hat sich mit dieser gesetzlichen Neuregelung sehr eingehend auseinandergesetzt. Die Reform ist in der Literatur zum Teil auf Zustimmung, überwiegend aber auf Ablehnung gestoßen.

Von den Befürwortern der Neuregelung wird positiv gesehen, daß die Krisenfinanzierung von Gesellschaften verbessert werde und so Unternehmenssanierungen ermöglicht werden, wo sonst eine Liquidation mit Zerschlagung der Unternehmenswerte erforderlich wäre[128]. Der zunehmenden Verschärfung des Kapitalersatzrechts durch die Rechtsprechung sei endlich entgegengewirkt worden, wodurch dem unüberschaubaren Wuchern des Kapitalersatzrechts Einhalt geboten werde[129]. Eine unternehmerische Verantwortung als Grundlage des Kapitalersatzrechts sei mit einer Kleinbeteiligung nicht verbunden; vielmehr sei das Recht auf unternehmerisches Desinteresse (bloßes Anlegerinteresse) schutzwürdig[130]. Schließlich wird auf die Parallelität zur Aktiengesellschaft verwiesen, wobei die beiden Gesellschaftsformen sich durch das Gesetz zur kleinen Aktiengesellschaft[131] weitgehend angenähert hätten[132].

Die Gegenstimmen rügen zunächst die Art der Gesetzgebung. Das Gesetz sei keine klarstellende Regelung, wie vom Gesetzgeber bezeichnet, sondern eine wesentliche Rechtsänderung, die das Kapitalersatzrecht auf eine neue Grundlage stelle[133]. Auch sei die Parallele zur Aktiengesellschaft und die Berufung auf die höchstrichterliche Rechtsprechung hierzu verfehlt, da zwischen AG und GmbH wesentliche Unterschiede bestünden, und es zur GmbH eine eigen-

---

128 Claussen, GmbHR 1996, 316, 320; O. Schmidt, GmbHR 1996, 1, 3; ein echtes Sanierungsprivileg wurde kurz darauf durch das Gesetz zur Kontrolle und Transparenz im Unternehmensbereich (KonTraG) vom 27.04.1998, BGBl. I S. 786 in § 32a Absatz 3 Satz 3 GmbHG eingefügt; vgl. hierzu Seibert, GmbHR 1998, 309, 310.

129 Eingehend Claussen, GmbHR 1996, 316, 317 ff.; vgl. Seibert, GmbHR 1998, 309; Grunewald, GmbHR 1997, 7 ff. fordert gar eine völlige Abschaffung der Rechtsregeln für eigenkapitalersetzende Gesellschafterdarlehen.

130 Lutter/Hommelhoff, GmbHG, §§ 32a/b Rn 56; Claussen, GmbHR 1996, 316, 321 f., der weitergehend eine Freigrenze von 25 % vorschlägt; O. Schmidt, GmbHR 1996, 1, 3; Seibert, GmbHR 1998, 309.

131 Gesetz für kleine Aktiengesellschaften und zur Deregulierung des Aktienrechts vom 02.08.1994, BGBl. I S. 1961.

132 Claussen, GmbHR 1996, 316, 323; vgl. auch Stellungnahme des Bundesrates, BT-Drucks. 13/7141 Anlage 2, abgedruckt in ZIP 1997, 706, 710.

133 Pentz, BB 1997, 1265, 1269; K. Schmidt, ZIP 1996, 1586, 1587 f.; Habersack, ZHR 162 (1998), S. 201, 208; Goette, ZHR 162 (1998), S. 223, 227 f.; Dauner-Lieb, DStR 1998, 609, 613 nennt die Entwurfsbegründung eine "Mogelpackung"; vgl. auch die Stellungnahme des Instituts der Wirtschaftsprüfer in Deutschland e.V., IDW-FN 1996, 397, 401.

ständige entgegenstehende Rechtsprechung gebe[134]. Auch diene das Gesetz nicht der Deregulierung, da die Neuregelung Folgeprobleme auslöse und so die Rechtslage eher komplizierter mache[135]. In der Sache wird vor allem kritisiert, daß die Finanzierungsverantwortung an das Kriterium der Mitunternehmerschaft geknüpft wird; der Gläubigerschutz müsse dagegen unabhängig vom Grad der Beteiligung oder Einflußnahme auf die Geschäftsführung Vorrang vor den Interessen der Gesellschafter genießen[136]. Der Schwellenwert von 10 % sei daher systemwidrig[137]. Selbst wenn man die Mitunternehmerschaft als Kriterium für die Finanzierungsverantwortung im Kapitalersatz akzeptiere, sei jedoch eine starre Grenze verfehlt, da der Grad der Beteiligung allenfalls ein Indiz hierfür sein könne[138]. Ein solcher fester Schwellenwert berge zudem als Gegeneffekt zu der damit verbundenen Rechtssicherheit einen erheblichen Anreiz zu Umgehungen und entsprechende Beweisprobleme[139].

Aufgrund dieser heftigen Kritik wird sogar schon die Frage aufgeworfen, ob die Rechtsprechung hinsichtlich ihrer richterrechtlichen Regeln zu §§ 30, 31 GmbHG in gleicher Weise an die Neuregelung gebunden ist wie hinsichtlich der gesetzlichen Vorschrift in § 32a Absatz 3 Satz 2 GmbHG. Teils wird diese Frage verneint, und die Rechtsprechung zur Verweigerung des Gesetzesgehorsams aufgerufen[140]. Dabei wird an die GmbH-Novelle 1980 erinnert, als die Rechtsprechung trotz einer als abschließend gedachten gesetzlichen Neuregelung des Kapitalersatzrechts in §§ 32a, 32b GmbHG die Fortgeltung ihrer zuvor entwickelten richterrechtlichen Regeln erklärte[141]. Die Gegenansicht

---

134 Habersack ZHR 162 (1998), S. 201, 208 f.; Dauner-Lieb DStR 1998, 609, 612; vgl. Altmeppen ZIP 1996, 1455; Pape/Voigt DB 1996, 2113, 2115

135 Pape/Voigt, DB 1996, 2113, 2115 f.; Pentz, BB 1997, 1265, 1269; K. Schmidt, ZIP 1996, 1586, 1588; Habersack, ZHR 162 (1998), S. 201, 210; vgl. die eingehende Folgenbetrachtung bei von Gerkan, GmbHR 1997, 677, 679 ff.

136 Pentz, BB 1997, 1265, 1267 f.; Pape/Voigt, DB 1996, 2113, 2116; Altmeppen, ZIP 1996, 1455; Dauner-Lieb, DStR 1998, 609, 613; von Gerkan, GmbHR 1997, 677; Goette, DStR 1997, 2027, 2029.

137 Pentz, BB 1997, 1265, 1269; Dauner-Lieb, DStR 1998, 609, 615 f.; von Gerkan, GmbHR 1997, 677; vgl. Altmeppen, ZIP 1996, 1455; Grunewald, GmbHR 1997, 7, 9.

138 K. Schmidt, ZIP 1996, 1586, 1588; Karollus, ZIP 1996, 1893, 1894; Dauner-Lieb, DStR 1998, 609, 613; vgl. Habersack, ZHR 162 (1998), S. 201, 209.

139 Pape/Voigt, DB 1996, 2113, 2115 ff.; Karollus, ZIP 1996, 1893, 1894; von Gerkan, GmbHR 1997, 677; Goette, DStR 1997, 2027, 2029; ders., ZHR 162 (1998), S. 223, 228; Habersack, ZHR 162 (1998), S. 201, 210.

140 K. Schmidt, ZIP 1996, 1586, 1589; Karollus, ZIP 1996, 1893, 1895; vgl. auch IDW-FN 1996, 397, 401.

141 BGHZ 90, 370 = NJW 1984, 1891 m. Anm. K. Schmidt JZ 1984, 881: "Lex mala posterior non derogat bonae priori."

verweist darauf, daß der Gesetzgeber diesmal ausdrücklich die Erstreckung der Neuregelung auf die richterrechtlichen Regeln angeordnet habe, und lehnt ein "richterliches Widerstandsrecht gegen mißlungene Gesetze" ab[142].

2. Finanzierungsverantwortung als Grundlage des Kapitalersatzrechts

Die Überlegungen, die zur Entwicklung der Regeln zum Eigenkapitalersatz geführt haben, hat die Rechtsprechung zusammengefaßt in dem Begriff der Finanzierungsverantwortung, d.h. der Verantwortung des Gesellschafters für eine ordnungsgemäße Unternehmensfinanzierung[143]. In neuerer Zeit wurde dieser Begriff geändert in Finanzierungsfolgenverantwortung, da der Gesellschafter nicht positiv zum Nachschuß von Kapital in der Krise verpflichtet, sondern nur am Abzug von in der Krise gewährtem oder belassenem Kapital gehindert wird[144]. Die nachhaltige Diskussion über die Grundlagen des Kapitalersatzrechts im Vorfeld und im Anschluß an die Gesetzesänderung in § 32a Absatz 3 Satz 2 GmbHG[145] zeigt jedoch, daß diese Begrifflichkeit allein keine Lösung von Sachfragen ermöglicht, sondern der Ausfüllung durch Kriterien bedarf, die eine materiellrechtliche Wertung enthalten[146]. Gerade die Frage, was die Finanzierungsverantwortung des Gesellschafters genau bedeutet und von welchen Kriterien sie abhängt, ist heute mehr denn je umstritten und noch nicht hinreichend geklärt.

Im folgenden sollen die wichtigsten Kriterien, die als Grundlage für die Finanzierungsverantwortung in Rechtsprechung und Literatur diskutiert werden, jeweils isoliert dargestellt und anschließend im Rahmen einer eigenen Stellungnahme gewürdigt werden.

Dabei wird zunächst nur die Finanzierungsverantwortung des GmbH-Gesellschafters beleuchtet, unter Einschluß allerdings der Besonderheiten in der personengleichen GmbH & Co. KG. Denn erst wenn die dogmatischen Grundlagen für die Finanzierungsverantwortung des GmbH-Gesellschafters geklärt sind, kann festgestellt werden, ob und unter welchen Voraussetzungen der Nur-Kommanditist in der nicht personengleichen GmbH & Co. KG, der

---

142 Dauner-Lieb, DStR 1998, 609, 616 f.; ebenso Habersack, ZHR 162 (1998), S. 201, 211.

143 BGHZ 90, 381, 389 = NJW 1984, 1893, 1895; st.Rspr., vgl. die Nachweise in BGH NJW 1995, 326, 329.

144 BGHZ 127, 336, 344 = NJW 1995, 326, 329; ebenso bereits Wiedemann, ZIP 1986, 1293, 1297 sowie Zanner, S. 88.

145 Vgl. oben 1 e), S. 177 ff.

146 Sehr deutlich in diesem Sinne meint Reiner, FS Boujong, 1996, S. 415, 422, das Stichwort von der Finanzierungsverantwortung verfüge über keinerlei eigenständigen Aussagewert; ebenso Karollus, ZIP 1996, 1893, 1894; Grunewald, GmbHR 1997, 7, 9 spricht von einer Leerformel ohne jede einleuchtende Begründung; vgl. auch Habersack, ZHR 162 (1998), S. 201, 204 f.

selbst nicht Gesellschafter der GmbH ist, einem GmbH-Gesellschafter gleichgestellt werden kann (vgl. hierzu unten 3.).

a) Gläubigerschutz durch Sicherung der Erhaltung des Stammkapitals

Der maßgebliche Gesichtspunkt in der Rechtsprechung zur GmbH und zur GmbH & Co. KG war von Beginn an der umfassende Schutz der Gläubiger gegen eine Unterkapitalisierung der GmbH und deren Fortführung trotz Insolvenzreife[147].

Ausgangspunkt der Entwicklung richterrechtlicher Regeln zum Eigenkapitalersatz war eine Entscheidung des Bundesgerichtshofs aus dem Jahr 1959[148]. Zur Begründung der Gleichstellung von Gesellschafterdarlehen mit haftendem Eigenkapital im Sinne §§ 30, 31 GmbHG wurde damals auf § 242 BGB (venire contra proprium factum) zurückgegriffen. Der Gesellschafter müsse sich den Einwand widersprüchlichen Verhaltens entgegenhalten lassen, wenn er Darlehen, die er der Gesellschaft zum Zwecke der Verhinderung der Zahlungsunfähigkeit und Abwendung der Insolvenzantragspflicht gewährt hatte, vor der Überwindung der Krise wieder als Fremdkapital zurückfordere; denn die Konkursantragspflicht könne nur abgewendet werden, wenn die als Darlehen gegebenen Gelder in der Bilanz nicht als Schulden der Gesellschaft erscheinen, sondern wie haftendes Eigenkapital behandelt werden[149]. Später hat die Rechtsprechung daneben weitere Erwägungen angeführt: Die Gesellschafter treffe zwar keine Pflicht in dem Sinne, daß sie die Gesellschaft mit einem nach ihrer Geschäftstätigkeit angemessenen Stammkapital ausstatten müßten, also im Falle der Krise weitere Teile ihres Privatvermögens in die Gesellschaft nachschießen müßten; entschließen sie sich jedoch angesichts der Krise zu einem solchen Nachschuß, so sei das Kapital in Form von Eigenkapital aufzubringen. Denn es soll ihnen verwehrt sein, anstelle einer objektiv gebotenen Kapitalzufuhr eine weniger risikoreich erscheinende Finanzierungsform zu wählen und hierdurch das ihnen in ihrer Gesellschafterrolle obliegende, mit der Beteiligung an der GmbH zwangsläufig verbundene Risiko eines Fehlschlags der Unternehmensfortführung auf die Gesellschaftsgläubiger abwälzen zu können, bei denen der Eindruck einer mit genügend Kapital ausgestatteten und deshalb lebensfähigen Gesellschaft hervorgerufen wird[150].

---

147 Zustimmend Ulmer, ZIP 1984, 1163, 1166 f.; Pentz, BB 1997, 1265, 1267; Berg, Rechtsdogmatische Fragen, S. 166; eingehend Zanner, S. 75 ff.; kritisch dagegen Grunewald, GmbHR 1997, 7, 8 f.

148 BGHZ 31, 258 = NJW 1960, 285 (Lufttaxi).

149 BGHZ 31, 258, 272 f.

150 BGH NJW 1981, 2570, 2571; BGH NJW 1984, 1893, 1895; BGH DB 1988, 2141; BGH NJW 1990, 516; BGH NJW 1995, 326, 329.

Am Grundsatz, daß diese Finanzierungsverantwortung bei der GmbH jeder Gesellschafter allein kraft seiner Gesellschafterstellung unabhängig vom Grad seiner Beteiligung oder von der Verfolgung gesellschaftsunternehmerischer Interessen trage, hat die Rechtsprechung auch nach der differenzierenden Übertragung des Kapitalersatzrechts auf die Aktiengesellschaft[151] festgehalten[152]. Der Gedanke eines umfassenden Gläubigerschutzes zeigt sich auch darin, daß die Rechtsprechung den vom Kapitalersatzrecht betroffenen Personenkreis zunehmend auf nahestehende Nicht-Gesellschafter ausgedehnt hat[153].

Schließlich wurde auch die Anwendbarkeit der Regeln zum Eigenkapitalersatz auf die GmbH & Co. KG bei Auszahlungen der KG an Kommanditisten, die zugleich GmbH-Gesellschafter sind, durch Erwägungen des Gläubigerschutzes abgestützt, insbesondere im Hinblick auf die fehlende Bremsfunktion durch die unbeschränkte Haftung einer natürlichen Person als Komplementär[154].

b) Einfluß auf die Geschäftsführung

In früherer Zeit wurde in der Literatur zum Teil ein genereller Grundsatz des "Gleichklangs von Herrschaft und Haftung" postuliert, der es erfordere, daß derjenige persönlich und unbeschränkt haften müsse, der für Pläne und Handlungen von Unternehmen verantwortlich sei[155]. Ein solcher zwingender Grundsatz ist dem geltenden Recht jedoch fremd, wie schon die Zulässigkeit von Haftungsbeschränkungen bei den Kapitalgesellschaften und der KG, insbesondere in Form der Einmanngesellschaft und der GmbH & Co. KG zeigt[156].

Allerdings geht es bei der Haftung nach den Regeln zum Eigenkapitalersatz nicht um eine persönliche, unmittelbare Außenhaftung, sondern um eine

---

151 BGHZ 90, 381 = NJW 1984, 1893 (BuM/WestLB); näher hierzu unten c), S. 185 f. sowie e) bb), S. 189 f.

152 BGH DB 1988, 2141; BGH NJW 1995, 326, 329; BGH WM 1997, 1481, 1482, zur GmbH; BGH NJW 1990, 1725, 1729 zur GmbH & Co. KG; eingehend Zanner, S. 76 ff.

153 Vgl. hierzu näher oben II. 1 b) cc), S. 155.

154 Vgl. oben III. 1 c) bb), S. 166.

155 Eucken, Grundsätze der Wirtschaftspolitik, S. 279 ff.; Müller-Erzbach, FS Heymann, Band II, 1931, S. 737, 738 f.; ders., AcP 154 (1955), S. 299, 342 f.; Reinhardt, FS Lehmann, Band II, 1956, S. 576, 589.

156 So BGHZ 45, 204 = NJW 1966, 1309 (Rektor); Hofmann, NJW 1969, 577, 579 f.; Flume, Die Personengesellschaft, § 13 IV, S. 201 ff.; eingehend Westermann, Vertragsfreiheit und Typengesetzlichkeit, S. 121 f., 266 ff.; Teichmann, Gestaltungsfreiheit, S. 125 f.; Immenga, Die personalistische Kapitalgesellschaft, S. 117 ff.; Wiedemann, Gesellschaftsrecht, Band I, § 10 III 2 mwN.

Bindung von Darlehen als Eigenkapital[157]. In diesem Zusammenhang erscheint eine Verknüpfung von Herrschaft und Finanzierungsverantwortung unabhängig von der Ablehnung eines generellen Grundsatzes des Gleichlaufs von Herrschaft und Haftung in der Weise durchaus plausibel, daß ein maßgeblicher Einfluß auf die Geschäftsführung ein wichtiges Kriterium für die Finanzierungsverantwortung des Gesellschafters ist[158].

Diese Verknüpfung von Herrschaft und Finanzierungsverantwortung legte der Bundesgerichtshof seiner Entscheidung zur Aktiengesellschaft zugrunde, wonach der Einfluß auf die Unternehmensleitung, der mit einer Sperrminorität verbunden ist, erfahrungsmäßig auf seiten des Aktionärs ein ihm entsprechendes Unternehmensinteresse vermuten läßt, das Grundlage der Finanzierungsverantwortung des Aktionärs ist[159].

Auch bei der personengleichen GmbH & Co. KG ist im Hinblick auf das Kapitalersatzrecht ein Einfluß des Gesellschafters auf die Geschäftsführung als Gesellschafter-Geschäftsführer oder in Form des Weisungsrechts (vgl. § 37 GmbHG) nicht gleichgültig, denn besonders bei diesem Zusammentreffen von Einfluß auf die Geschäftsführung und Fehlen der Bremsfunktion eines unbeschränkt haftenden persönlichen Komplementärs tritt die typische Gefahrenlage für die Gläubiger auf, daß die Rückzahlung der Kredite an die Gesellschafter rechtzeitig vor Eintritt des Insolvenzfalles durch diese Gesellschafter selbst veranlaßt wird[160].

Der Gesetzgeber hat diesen Zusammenhang nunmehr auch bei der GmbH als maßgeblich erkannt, indem er in § 32a Absatz 3 Satz 2 Hs. 1 GmbHG n.F.[161] für die Ausnahme vom Eigenkapitalersatz neben dem Kriterium einer Mindestbeteiligung kumulativ darauf abstellt, daß der Gesellschafter nicht an der Geschäftsführung beteiligt ist.

---

157 Kübler, Gesellschaftsrecht, § 21 IV 3, S. 291 f.

158 Eingehend Rümker, ZGR 1988, 494, 502 f., der diesen Zusammenhang aus Vorschriften des Aktienkonzernrechts ableitet, aber für verallgemeinerungsfähig hält; jedenfalls für Mehrheitsherrschaft K. Schmidt, ZHR 147 (1983), S. 165, 185; vgl. Wiedemann, FS Beusch, 1993, S. 893, 912 f. in Anlehnung an das US-amerikanische Gesellschafts- und Insolvenzrecht; Koller, FS Heinsius, 1991, S. 357, 372.

159 BGH NJW 1984, 1893, 1895 reSp; ebenso Lutter in Kölner Kommentar, AktG, § 57 Rn 87, 93; Rümker, ZIP 1982, 1385, 1391 ff.; ders., FS Stimpel, 1985, S. 673, 677 f.; Immenga, ZIP 1983, 1405, 1407; Hommelhoff, WM 1984, 1105, 1115; Junker, ZHR 156 (1992), S. 394, 403 ff.

160 Andeutungsweise in BGH NJW 1973, 1036, 1039: "... wenn ein Gesellschafter im Überschuldungsstadium etwas aus dem Gesellschaftsvermögen herausziehen dürfte, ...".

161 Kapitalaufnahmeerleichterungsgesetz vom 20.04.1998, vgl. oben 1 e), S. 177, Fn 119.

c) Beteiligungsgrad

Das soeben dargestellte Kriterium eines Einflusses auf die Geschäftsführung der Gesellschaft ist zugleich Grundlage für ein weiteres Kriterium, nämlich ein Mindestmaß an wirtschaftlicher Beteiligung an der Gesellschaft.

Dieses Kriterium wurde vom Bundesgerichtshof zunächst entwickelt für die Anwendung der Regeln zum Eigenkapitalersatz auf die Aktiengesellschaft. In seinem Urteil vom 26.03.1984 entschied er: "Die vom Senat entwickelten Grundsätze über die Behandlung kapitalersetzender Gesellschafterdarlehen sind auf eine AG sinngemäß anzuwenden, wenn der Gläubiger an ihr unternehmerisch beteiligt ist. Davon ist regelmäßig bei einem Aktienbesitz von mehr als 25 % des Grundkapitals auszugehen. Bei einer darunter liegenden, aber nicht unbeträchtlichen Beteiligung kann ein Gesellschafterdarlehen als haftendes Kapital einzustufen sein, wenn die Beteiligung in Verbindung mit weiteren Umständen dem Gläubiger Einfluß auf die Unternehmensleitung sichert und er ein entsprechendes unternehmerisches Interesse erkennen läßt[162]."

Vor dieser Entscheidung war in der Literatur sehr umstritten, ob die Regeln zum Eigenkapitalersatz überhaupt auf die Aktiengesellschaft übertragen werden können. Die Ansicht, die eine entsprechende Anwendung im Aktienrecht ablehnte[163], führte zahlreiche Argumente zur Begründung an: Der Gesetzgeber habe mit der GmbH-Novelle 1980 bewußt nur eine Regelung für die GmbH geschaffen, bei der AG sei der Gläubigerschutz bereits durch eine stärkere gesetzliche Kapitalbindung (vgl. § 58 Absatz 5 AktG a.F.) weitergehend verwirklicht als bei der GmbH, schließlich sei aufgrund der kapitalistischen Struktur der AG im Vergleich zur personalistischen Struktur in der GmbH die Rechtsstellung eines Aktionärs insgesamt eine andere als die eines GmbH-Gesellschafters. Der Bundesgerichtshof schloß sich jedoch der Gegenauffassung an, die eine Übertragung der Grundsätze auf die Aktiengesellschaft grundsätzlich bejahte, da sich der Gesetzgeber mit der Frage der Anwendung auf die AG weder positiv noch negativ befaßt habe, da das unterschiedliche Maß der Vermögensbindung nur für die Rechtsfolge relevant sei und da die unterschiedliche Rechtsstellung des Aktionärs nur für die Frage relevant sei, ob auch beim Aktionär stets eine Doppelrolle als Unternehmer und Kreditgeber vorliege, die eine Zurechnung des Darlehens zum haftenden Eigenkapital rechtfertige[164]. Diese Doppelrolle bejahte der

---

162 BGHZ 90, 381= NJW 1984, 1893 (BuM/WestLB), Leitsatz 2.

163 OLG Düsseldorf ZIP 1983, 786 als Vorinstanz zu BGH NJW 1984, 1893; Westermann, ZIP 1982, 379, 386; ders., ZIP 1983, 1283; Obermüller, ZIP 1982, 915, 920; Rümker, ZIP 1982, 1385, 1391.

164 Eingehend Immenga, ZIP 1983, 1405; vgl. auch K. Schmidt, ZHR 147 (1983), S. 165, 183 ff.; Lutter/Hommelhoff/Timm, BB 1980, 737, 741 ff.

Bundesgerichtshof[165] bei der AG nicht schon allein aufgrund der Gesellschafterstellung, sondern stellte an die Einstufung von Gesellschafterdarlehen als haftendes Kapital schärfere Anforderungen als bei der GmbH. Ein Kredit sei nicht schon deshalb als Kapitalersatz zu behandeln, weil der Kreditgeber mehr oder weniger zufällig auch eine geringe Aktienbeteiligung zu Anlagezwecken erworben habe. Eine Mitverantwortlichkeit für die Finanzierung der Gesellschaft setze vielmehr ein Mindestmaß an Einfluß voraus, wie ihn in der Regel nur ein größerer Aktienbesitz vermittelt. Dies sei zu bejahen bei einer wesentlichen Beteiligung von mehr als 25 %, die dem Aktionär bei unternehmerischen Entscheidungen die Sperrminorität[166] sichert. Die Literatur hat diese Rechtsprechung zur Aktiengesellschaft fast einhellig mit Zustimmung aufgenommen[167].

Für die GmbH hat die Rechtsprechung dagegen bislang allein die Stellung als GmbH-Gesellschafter genügen lassen, um unabhängig von einer unternehmerischen Beteiligung die Finanzierungsverantwortung für die Gesellschaft und damit die Anwendbarkeit des Kapitalersatzrechts zu begründen[168]. In der Literatur war in jüngerer Zeit umstritten, ob für die GmbH in gleicher Weise wie für die AG ein Mindestmaß an wirtschaftlicher Beteiligung zu fordern ist, wonach dann Gesellschafter mit sog. Zwerganteilen keine Finanzierungsverantwortung für die Gesellschaft tragen[169].

Der Gesetzgeber hat jedenfalls in § 32a Absatz 3 Satz 2 Hs. 2 GmbHG n.F. die Anwendbarkeit des Kapitalersatzrechts in Abweichung von der bisherigen Rechtsprechung zur GmbH an eine Mindestbeteiligung von 10 % am Stammkapital der GmbH, alternativ neben einer Beteiligung an der Geschäftsführung, geknüpft[170].

---

165 BGHZ 90, 381 = NJW 1984, 1893, 1895.

166 Diese Sperrminorität gewährt dem Minderheitsaktionär ein Vetorecht gegen die Abberufung von Aufsichtsratsmitgliedern (§ 103 Absatz 1 AktG), gegen Satzungsänderungen (§ 179 Absatz 2 AktG), gegen Maßnahmen zur Kapitalerhöhung (§§ 182 Absatz 1, 193 Absatz 1, 202 Absatz 2, 207 Absatz 2 Satz 1 AktG) und zur Kapitalherabsetzung (§§ 222 Absatz 1, 229 Absatz 3 AktG), gegen die Auflösung der AG (§ 262 Absatz 1 Nr. 2 AktG), gegen den Abschluß von Unternehmensverträgen (§ 293 Absatz 1 AktG) und gegen Umwandlungen (§ 65 Absatz 1 UmwG).

167 Hüffer, AktG, § 57 Rn 16 ff.; Lutter in Kölner Kommentar, AktG, § 57 Rn 87 ff.; vgl. Rümker, FS Stimpel, 1985, S. 673, 677 f.; K. Schmidt, Gesellschaftsrecht, § 18 III 4 c) aa), S. 533; eingehend Junker, ZHR 156 (1992), S. 394 ff. mwN; kritisch neuerdings Habersack, ZHR 162 (1998), S. 201, 215 ff. im Hinblick auf das Erfordernis einer unternehmerischen Beteiligung.

168 So ausdrücklich BGH DB 1988, 2141 (HSW); BGH NJW 1995, 326, 329; BGH WM 1997, 1481, 1482 zur GmbH; sowie BGH NJW 1990, 1725, 1729 zur GmbH & Co. KG.

169 Hierzu näher unten e) cc), S. 190 ff.

170 Kapitalaufnahmeerleichterungsgesetz vom 20.04.1998, vgl. oben 1 e), S. 177, Fn 119.

d) Insiderstellung

Ein letztes wichtiges Kriterium für die Finanzierungsverantwortung des Gesellschafters ist schließlich die Insiderstellung des Gesellschafters, die auf seinen besseren Informationsmöglichkeiten im Hinblick auf die wirtschaftliche Entwicklung der Gesellschaft beruht.

Die Rechtsprechung legt diesen Informationsvorsprung eines Insiders gegenüber den außenstehenden Gesellschaftsgläubigern schon seit langem als selbstverständliches Element der Finanzierungsverantwortung zugrunde. So führte der Bundesgerichtshof in einer frühen Entscheidung aus, "auch das Argument, daß ein Gesellschafter-Gläubiger dem Unternehmen gewöhnlich näher stehe als ein fremder Kreditgeber, kann keinen ausreichenden Grund dafür bilden, ihn in diesem Rahmen schlechter als einen Fremdgläubiger zu stellen, der über die Lage der Gesellschaft unter Umständen ebenso gut informiert ist[171]." Noch deutlicher wird dies in der Entscheidung aus dem Jahre 1984, als der Bundesgerichtshof über die Anwendbarkeit der Regeln zum Eigenkapitalersatz entscheiden und sich daher zwangsläufig mit deren Grundgedanken auseinandersetzen mußte[172]: "... ein solcher Gesellschafter-Gläubiger soll nicht in der Erwartung, sein Geld aufgrund besserer Informationsmöglichkeiten notfalls noch beizeiten in Sicherheit bringen zu können, auf dem Rücken der Gesellschaftsgläubiger spekulieren dürfen." In neuerer Zeit hat die Rechtsprechung im Rahmen des neuen Erfordernisses der Erkennbarkeit der Krise beim sog. Stehenlassen von Krediten[173] darüber hinaus sogar eine Obliegenheit des Gesellschafters zur Information angenommen[174]: "Um dieser Finanzierungsfolgenverantwortung gerecht zu werden, muß der Gesellschafter von sich aus sicherstellen, daß er laufend zuverlässig über die wirtschaftliche Lage der Gesellschaft, insbesondere den eventuellen Eintritt der Krise, informiert ist."

Auch in der Literatur werden zur Begründung der Finanzierungsverantwortung häufig die Informationsrechte eines Gesellschafters angeführt, zum Teil aber zugleich darauf hingewiesen, daß allein diese bessere Informationsmöglichkeit nicht ausreichend sei, um eine Umqualifizierung von Gesellschafterdarlehen in haftendes Eigenkapital zu rechtfertigen[175].

---

171 BGH NJW 1980, 1524, 1525.

172 BGH NJW 1984, 1893, 1895 (BuM/WestLB).

173 Zu dieser Entwicklung in der Rechtsprechung oben II. 1 b) dd), S. 156, mit Fn 26.

174 BGH NJW 1995, 326, 329; vgl. auch OLG Celle GmbHR 1998, 1131.

175 Rümker, ZGR 1988, 494, 504 f.; Lutter/Hommelhoff, GmbHG, § 32a Rn 55; Koller, FS Heinsius, 1991, S. 357, 372 f.; vgl. zum Aktienrecht Lutter in Kölner Kommentar, AktG, § 57 Rn 87, 93; Junker, ZHR 156 (1992), S. 394, 404 f.

In demselben Sinne verweist auch der Gesetzgeber 1998 zur Begründung für die Neuregelung in § 32a Absatz 3 Satz 2 GmbHG unter anderem auf die Insiderstellung des Gesellschafters, wonach "außenstehende Gesellschaftsgläubiger nicht Gesellschafter sind und deshalb die Gesellschaftsinterna und ihre Entwicklung nicht überblicken[176]."

e) Würdigung der Kriterien

Die Rechtsprechung erscheint auf den ersten Blick inkonsequent, indem sie für die Finanzierungsverantwortung bei der Aktiengesellschaft anders als bei der GmbH neben dem Gläubigerschutz auf weitere Kriterien abstellt, die an die Stellung des Gesellschafters anknüpfen. Eine nähere Untersuchung erklärt jedoch, warum bei der Aktiengesellschaft ein zusätzliches Kriterium erforderlich wurde, und zeigt zugleich, daß die Bedeutung eines einschränkenden Kriteriums nicht auf die Rechtsform der AG beschränkt ist, sondern in gleicher Weise die GmbH erfaßt.

aa) Erfordernis eines weiteren Kriteriums neben dem Gläubigerschutz

Der umfassende Gläubigerschutz war zwar der entscheidende Anlaß für die Entwicklung von Regeln über kapitalersetzende Darlehen. Der Gläubigerschutz ist jedoch zur Umschreibung der Finanzierungsverantwortung und zur Abgrenzung in Grenzfällen ungeeignet, sondern kann nur Ziel oder rechtspolitischer Hintergrund einzelner Rechtsinstitute sein; denn ein definitionsfähiger Begriff des Gläubigerschutzes existiert nicht. Auch die Gesellschafterstellung allein kann keine tragfähige Grundlage für die Finanzierungsverantwortung abgeben. Es bedarf vielmehr eines weiteren, gesellschaftsbezogenen Kriteriums, mittels dessen Gesellschafterdarlehen von Drittdarlehen eindeutig abgegrenzt werden können[177]. Zwar geht es in der Tat um eine gesellschaftsrechtlich begründete Verantwortung für die Kapitalausstattung eines Verbandes[178]. Nur ein zusätzliches Kriterium neben der Gesellschafterstellung als solcher kann jedoch darüber entscheiden, wann Darlehen von Nichtgesellschaftern denen eines Gesellschafters gleichgestellt werden können[179].

---

176 BegrRegE, BT-Drucks. 13/7141, S. 9, abgedruckt in ZIP 1997, 706, 709.

177 Immenga, ZIP 1983, 1405, 1406 ff.; K. Schmidt, ZHR 147 (1983), S. 165, 184 ff.; ders. Gesellschaftsrecht, § 18 III 4 c), S. 532 f.; Ulmer, ZIP 1984, 1163, 1166 f.; Hommelhoff, WM 1984, 1105, 1115; Rümker, FS Stimpel, 1985, S. 673, 674; Junker, ZHR 156 (1992), S. 394, 400; a.A. Habersack, ZHR 162 (1998), S. 201, 207 f., der allein auf die Stellung als Gesellschafter und die Finanzierungsentscheidung abstellen will.

178 Junker, ZHR 156 (1992), S. 394, 404; in diesem Sinne auch Zanner, S. 72, 85 f.

179 So ausdrücklich Hommelhoff, WM 1984, 1105, 1115; dies übersieht Habersack, ZHR 162 (1998), S. 201, 207 f.; vgl. zu dieser Erstreckung auf dritte Nichtgesellschafter oben II. 1 b) cc), S. 155, sowie § 32a Absatz 3 Satz 1 GmbHG.

Daß die Rechtsprechung zur GmbH vor dem Jahr 1984 sich nie mit solchen weiteren Kriterien neben der Stellung als Gesellschafter befaßt hat, liegt darin begründet, daß in den Gerichtsentscheidungen zur GmbH sämtliche der "modernen Kriterien" (Herrschaft, maßgebliche wirtschaftliche Beteiligung und Insiderstellung) jeweils unzweifelhaft gegeben waren[180]. Den maßgeblichen Grundgedanken herauszuarbeiten, warum mit der Gesellschafterstellung zugleich die Finanzierungsverantwortung und damit die Haftung nach den Regeln zum Eigenkapitalersatz gegeben sei, war somit in der Rechtsprechung zur GmbH durchweg nicht erforderlich.

Die Frage nach einem gesellschaftsbezogenen Kriterium war somit erstmals Gegenstand des Urteils des Bundesgerichtshofs vom 26.03.1984 zur Aktiengesellschaft[181] und der sich daran anschließenden wissenschaftlichen Diskussion. Dabei ging es zunächst nur um die Frage, ob und unter welchen Voraussetzungen die Rechtsprechungsregeln zum Eigenkapitalersatz bei der GmbH überhaupt auf die AG übertragen werden können. Erst später wurde die Frage gestellt, ob auch bei der GmbH wie bei der AG nicht jeder Gesellschafter Finanzierungsverantwortung trägt, sondern neben der Gesellschafterstellung an bestimmte weitere Voraussetzungen anzuknüpfen ist.

bb) Entsprechende Anwendbarkeit der Regeln zum Eigenkapitalersatz auf die Aktiengesellschaft nur bei unternehmerischer Beteiligung

Wenn mit dem Bundesgerichtshof und dem heute überwiegenden Schrifttum die Streitfrage bejaht wird, ob die Regeln zum Eigenkapitalersatz in Anlehnung an §§ 30, 31 GmbHG und nach §§ 32a, 32b GmbHG überhaupt auf die AG übertragbar sind[182], stellt sich die Folgefrage, warum bei der AG im Gegensatz zur GmbH nicht die Gesellschafterstellung als solche genügen soll, sondern von der Rechtsprechung und der herrschenden Lehre eine unternehmerische Beteiligung vorausgesetzt wird[183]. Die Unterschiede in der Rechtsstellung der Mitglieder beider Gesellschaftsformen hindern danach zwar nicht die Übertragbarkeit der Regeln zum Eigenkapitalersatz auf die AG, führen aber zu einer nur modifizierten Anwendung. Eine Analyse der Gründe, die diese Einschränkung bei der AG rechtfertigen, muß somit bei der Suche nach dem für die Finanzierungsverantwortung maßgeblichen Kriterium entscheidend weiterführen.

---

180 Dies ergibt die eingehende Rechtsprechungsanalyse bei Ullrich, GmbHR 1983, 133, 139 Fn 64 sowie bei Rümker, ZIP 1982, 1385, 1392 Fn 55; vgl. hierzu Immenga, ZIP 1983, 1405, 1409; Hommelhoff, WM 1984, 1105, 1115; Ulmer, ZIP 1984, 1163, 1167.

181 BGHZ 90, 381 = NJW 1984, 1893 (BuM/WestLB).

182 Vgl. zum Meinungsstreit hierüber vor der Entscheidung des BGH oben c), S. 185, insbesondere Fn 163, 164.

183 A.A. neuerdings Habersack, ZHR 162 (1998), 201, 215 ff., der das Erfordernis einer unternehmerischen Beteiligung bei der AG ebenso wie bei der GmbH für verfehlt hält.

Als insoweit maßgeblicher Unterschied zwischen GmbH und AG wird zum einen die kapitalistische Struktur der AG angeführt. Aufgrund der breiten Streuung der Gesellschaftsanteile komme die Einstufung von Gesellschafterdarlehen als haftendes Kapital nicht schon aufgrund einer mehr oder weniger zufälligen Beteiligung als Aktionär in Betracht. Beim Erwerb einer verhältnismäßig geringen Aktienbeteiligung zu Anlagezwecken über die Börse fehle es an einer Mitverantwortung für das Stammkapital, da für den Kleinanleger nicht das Interesse an unternehmerischer Betätigung, sondern an einer möglichst günstigen Kapitalanlage maßgebend sei[184].

Zum anderen wird hinsichtlich der Rechtsstellung der Gesellschafter hervorgehoben, daß den Aktionären im Gegensatz zu den GmbH-Gesellschaftern weder eine Weisungsbefugnis (vgl. dagegen § 37 GmbHG) noch ein laufendes Informationsrecht auch außerhalb der Hauptversammlung (vgl. dagegen § 51a GmbHG) zusteht[185].

Das Erfordernis eines zusätzlichen Kriteriums der unternehmerischen Beteiligung bei der AG wurde also zusammenfassend dadurch gerechtfertigt, daß die Finanzierungsverantwortung in der kapitalistisch strukturierten AG weniger weit reiche als in der personalistisch strukturierten GmbH, und daß im Hinblick auf die Ausgestaltung der Mitgliedschaft das Minus an Informationsrechten und an Einflußmöglichkeiten auf die Geschäftsführung bei der AG durch ein Mehr an kapitalmäßiger Beteiligung, die bei Erreichen einer Sperrminorität von 25 % wiederum Einflußmöglichkeiten auf die Geschicke der Gesellschaft gewährt, aufgewogen werden müsse.

cc) Übertragung dieses Erfordernisses unternehmerischer Beteiligung auch auf die GmbH

Im Gefolge der neuen Rechtsprechung zum Aktienrecht wurde die Frage kontrovers diskutiert, ob die Einschränkung des Anwendungsbereichs des Kapitalersatzrechts tatsächlich rechtsformspezifisch nur auf die AG anzuwenden ist, oder ob nicht auch bei der GmbH Kleinbeteiligungen vom Kapitalersatzrecht ausgenommen werden müssen.

Im Jahre 1998 hat der Gesetzgeber diesen Streit nun im letzteren Sinne entschieden, ist damit allerdings in der Literatur überwiegend auf - zum Teil scharfe - Kritik gestoßen[186]. Diese Kritik am Gesetzgeber ist meines Erachtens unberechtigt, jedenfalls aber überzogen, wie eine Analyse der früheren wissenschaftlichen Diskussion zeigt.

---

184 So BGH NJW 1984, 1893, 1895.

185 BGH NJW 1984, 1893, 1895; Lutter in Kölner Kommentar, AktG, § 57 Rn 87, 93; Junker, ZHR 156 (1992), S. 394, 402 ff.

186 Eingehend oben 1 e) bb), S. 179 ff.

Der Bundesgerichtshof stellte, ohne dafür eine nähere Begründung abzugeben und ohne sich mit der wissenschaftlichen Diskussion zu befassen, fest, bei der GmbH folge die Verantwortlichkeit des Gesellschafters für eine seriöse Finanzierung der Gesellschaft schon allein aus der Übernahme der Stellung eines Gesellschafters[187].

Ein Teil der Literatur[188] kam zum selben Ergebnis. Dies wurde vor allem auf die qualitativ andere Stellung des GmbH-Gesellschafters und seine Insiderstellung unabhängig vom Grad der Beteiligung gestützt. Zudem fehle es aber bei der GmbH an einem Bedürfnis für die Eingrenzung des Kapitalersatzrechts. Schließlich habe der Gläubigerschutz auch dann Vorrang, wenn der kreditgewährende Gesellschafter ausnahmsweise kein unternehmerisches Eigeninteresse verfolgen sollte[189].

Die Gegenansicht bejahte indes auch für die GmbH eine teleologische Reduktion der Regeln zum Eigenkapitalersatz dahingehend, daß die Umqualifizierung von Darlehen in haftendes Eigenkapital eine Mindestbeteiligung des Gesellschafters voraussetzt[190]. Denn die Gesellschafterstellung als solche und das daraus folgende Informationsrecht nach § 51a GmbHG genügten auch bei der GmbH allein nicht, um die Finanzierungsverantwortung des GmbH-Gesellschafters zu begründen[191]. Die GmbH sei nicht kraft Rechtsform auf die personalistische Struktur festgelegt; es müsse auch dort Raum für den unternehmerisch desinteressierten Kapitalanleger bleiben[192].

Der Gläubigerschutz allein kann eine unterschiedliche Behandlung von GmbH und AG nicht rechtfertigen, denn dieses Problem tritt bei beiden Gesellschaftsformen auf, und die bestehenden Unterschiede im System des Gläubigerschutzes lassen sich sachgerechter als auf der Tatbestands- auf der

---

187 BGH DB 1988, 2141 (HSW); BGH NJW 1995, 326, 329; BGH WM 1997, 1481, 1482 zur GmbH; sowie BGH NJW 1990, 1725, 1729 zur GmbH & Co. KG.

188 Fleck, FS Werner, 1984, S. 107, 122 f.; Ulmer, ZIP 1984, 1163, 1166 f.; vgl. ders. in Hachenburg, GmbHG, § 32a, b Rn 35, 37; Rowedder in Rowedder, GmbHG, § 32a Rn 28, 30; Ullrich, GmbHR 1983, 133, 144; von Gerkan, GmbHR 1986, 218, 221; Zanner, S. 75 ff.

189 So jeweils Ulmer, ZIP 1984, 1163, 1166 f.

190 Immenga, ZIP 1983, 1405, 1410; Hommelhoff, WM 1984, 1105, 1115; ebenso Rümker, ZGR 1988, 494, 503 ff.; bereits zuvor in diese Richtung ders., FS Stimpel, 1985, S. 673, 674 ff.; Lutter/Hommelhoff, GmbHG, § 32a Rn 55; vgl. auch K. Schmidt, ZHR 147 (1983), S. 165, 183 ff.; ders., Gesellschaftsrecht, § 18 III 4 c), S. 532 f.

191 Immenga, ZIP 1983, 1405, 1410; Rümker, FS Stimpel, 1985, S. 673, 675; ders., ZGR 1988, 494, 504; Lutter/Hommelhoff, GmbHG, § 32a Rn 55; Koller, FS Heinsius, 1991, S. 357, 372 f.; vgl. zum Aktienrecht Lutter in Kölner Kommentar, AktG, § 57 Rn 87, 93; Junker, ZHR 156 (1992), S. 394, 404 f.; so auch bereits BGH NJW 1980, 1524, 1525.

192 Hommelhoff, WM 1984, 1105, 1115 f.

Rechtsfolgenseite erfassen[193]. Es bedarf daher eines weiteren, die Abweichung begründenden Unterschiedes. Folgt man der Auffassung des Bundesgerichtshofs und der zuerst dargestellten Literaturansicht, so käme als einzig wirklich tragfähiges Unterscheidungskriterium nur das Informationsrecht des GmbH-Gesellschafters nach § 51a GmbHG in Betracht[194]. Denn auch das Weisungsrecht nach § 37 GmbHG steht nicht jedem Gesellschafter selbständig zu, sondern setzt einen Mehrheitsbeschluß der GmbH-Gesellschafter voraus, so daß der Einfluß eines Minderheitsgesellschafters hierbei unerheblich ist. Weitere Unterschiede, die eine Sonderstellung der GmbH-Gesellschafter aufgrund der besonderen personalistischen Struktur rechtfertigen könnten[195], wurden zunehmend eingeebnet. So ist in der Rechtsprechung mittlerweile eine Treupflicht in gleicher Weise wie bei der GmbH auch bei der Aktiengesellschaft anerkannt[196]. Auch die breite Streuung der Gesellschaftsanteile mag für die AG typisch sein, ist jedoch keineswegs zwingend oder rechtsformspezifisch. So sind seit 1995 bei der Aktiengesellschaft sogar in gleicher Weise wie bei der GmbH Einmanngesellschaften zulässig[197]. Es läßt sich also feststellen, daß es eine klare Trennungslinie zwischen der GmbH als typisch personalistisch strukturierter Kapitalgesellschaft und der AG als typisch kapitalistisch strukturierter Kapitalgesellschaft nicht mehr gibt, diese beiden Gesellschaftsformen vielmehr zunehmend austauschbar geworden sind[198].

Das Informationsrecht nach § 51a GmbHG mag zwar für den Informationsvorsprung des GmbH-Gesellschafters im Hinblick auf die Krise der Gesellschaft durchaus eine wichtige Rolle spielen, sollte jedoch nach richtiger Ansicht nicht allein eine Finanzierungsverantwortung begründen. Denn auch außenstehende Kreditgeber können die Gewährung des Darlehens von einer umfassenden laufenden Information über die wirtschaftlichen Verhältnisse der Gesellschaft abhängig machen und sind daher nicht wesentlich schutzwürdiger als ein Anleger-Gesellschafter ohne unternehmerisches Eigeninteresse. Aus demselben Grund ist auch die Erkennbarkeit der Krise, die bei Gesellschaftern eher

---

193 So zutreffend Lutter in Kölner Kommentar, AktG, § 57 Rn 94 f.; vgl. auch BGH NJW 1984, 1893, 1894; Hüffer, AktG, § 57 Rn 19; Immenga, ZIP 1983, 1405, 1409 f.

194 So auch Immenga, ZIP 1983, 1405, 1410.

195 Hierzu Ulmer, ZIP 1984, 1163, 1166 f.

196 Grundlegend BGHZ 103, 184 = NJW 1988, 1579, 1581 (Linotype); hierzu Lutter, ZHR 153 (1989), S. 446; für den Minderheitsaktionär BGHZ 129, 136 = NJW 1995, 1739 (Girmes); hierzu Lutter, JZ 1995, 1053; eingehend zur Treupflicht im Kapitalgesellschaftsrecht Henze, ZHR 162 (1998), S. 186 ff.; vgl. auch Zöllner, ZHR 162 (1998), S. 235, 236 Fn 10 unter dem Aspekt des Konzernrechts.

197 § 2 AktG in der Fassung des Gesetzes für kleine Aktiengesellschaften und zur Deregulierung des Aktienrechts vom 02.08.1994, BGBl. I S. 1961.

198 So auch Habersack, ZHR 162 (1998), S. 201, 218, der daraus jedoch den umgekehrten Schluß zieht, bei der AG sei wie bei der GmbH das Erfordernis einer unternehmerischen Beteiligung entbehrlich.

vorliegen wird als bei außenstehenden Kreditgebern, als maßgebliches Kriterium für die Finanzierungsverantwortung abzulehnen[199]. Es ist daher unabhängig von der Rechtsform für die Finanzierungsverantwortung bei Kapitalgesellschaften entscheidend auf ein unternehmerisches Interesse abzustellen, das sowohl bei einer Mindestbeteiligung, die dem Gesellschafter Einflußmöglichkeiten auf die Geschäftsführung sichert, als auch unabhängig vom Grad der Beteiligung bei tatsächlicher Mitwirkung an der Geschäftsführung, zu bejahen ist. Auf ein solches unternehmerisches Eigeninteresse darf nicht bereits aus der Gewährung eines Darlehens an eine nicht kreditwürdige GmbH geschlossen werden[200]; andernfalls wäre eine sinnvolle Abgrenzung zu schutzwürdigen Kreditgläubigern unmöglich, denn dieser Umstand liegt auch beim Kleinaktionär und sogar bei außenstehenden Dritten vor. Das unternehmerische Interesse als maßgebliches Kriterium wird bestätigt durch die Rechtsprechung zur Anwendung des Kapitalersatzrechts auf nahestehende Nichtgesellschafter, deren Rechtsstellung jeweils durch besondere Einflußmöglichkeiten auf die Geschicke der Gesellschaft gekennzeichnet ist[201].

dd) Vorrang des Gesetzesrechts vor Richterrecht

Entgegen der hier vertretenen Ansicht kann man mit den kritischen Literaturstimmen zur GmbH-Reform 1998[202] durchaus jede Differenzierung bei der GmbH ablehnen. Man sollte sich dann aber im klaren darüber sein, daß die Ungleichbehandlung von AG und GmbH sich mit Erwägungen des Gläubigerschutzes und mit dem Informationsrecht der GmbH-Gesellschafter nicht überzeugend begründen läßt und für die differenzierende Rechtsprechung zur AG und zur GmbH daher weiterer Erklärungsbedarf besteht. Selbst wenn man entgegen der hier vertretenen Ansicht mit der Rechtsprechung ein unternehmerisches Interesse bei der GmbH, anders als bei der AG, für unerheblich hält, so müßte man die auch vom Standpunkt der Gegenansicht jedenfalls nachvollziehbare und vertretbare Gesetzesregelung nunmehr hinnehmen. Soweit in der Literaturkritik teilweise sogar erwogen wird, die Bindung der

---

199 A.A. Habersack, ZHR 162 (1998), S. 201, 218 ff., der das Erfordernis der Erkennbarkeit nicht nur in den Fällen des sog. Stehenlassens des Darlehens in der Krise annimmt.

200 So aber offensichtlich Ulmer, ZIP 1984, 1163, 1166; ebenso Habersack, ZHR 162 (1998), S. 201, 207 f., 218 ff., der die Finanzierungsentscheidung des Kreditgebers bei Erkennbarkeit der Krise als maßgeblichen Grundgedanken des Kapitalersatzrechts ansieht und somit einen Zurechnungszusammenhang zwischen Gesellschafterstellung und Kreditvergabe insgesamt für entbehrlich hält.

201 Vgl. hierzu oben II. 1 b) cc), S. 155, und die dort genannten vertiefenden Nachweise; eine Ausnahme bildet insoweit die Erstreckung auf nahe Familienangehörige, denn hier steht der Gedanke des Umgehungsschutzes im Vordergrund.

202 Vgl. oben 1 e) bb), S. 179 ff.; der Vorwurf von Pentz, BB 1997, 1265, 1266 und von Dauner-Lieb, DStR 1998, 609, 612, der Gesetzgeber sei einer Mindermeinung (Goette, ZHR 162 (1998), S. 223, 227: "Einzelmeinung") gefolgt, dürfte allerdings nicht zutreffen, wie die Darstellung des Meinungsstandes oben Fn 187 bis 190 zeigt.

Rechtsprechung an die Neuregelung in § 32a Absatz 3 Satz 2 GmbHG abzulehnen, und der Rechtsprechung die Verweigerung des Gesetzesgehorsams nahegelegt wird[203], ist dies scharf zurückzuweisen. Denn zum einen hat der Gesetzgeber anders als bei der GmbH-Novelle in der Regierungsbegründung ausdrücklich die Erstreckung der Neuregelung auf die richterrechtlichen Regeln angeordnet[204], zum andern steht einem "richterlichen Gesetzgebungsrecht" gegen den parlamentarischen Gesetzgeber kraft Verfassungsrecht der Grundsatz der Gewaltenteilung entgegen[205]. Aufgrund dieses Vorrangs von Gesetzesrecht vor Richterrecht wird man also die gesetzliche Neuregelung auch dann als geltendes Recht akzeptieren müssen, wenn man mit der Gegenansicht Zweifel an deren Systemgerechtigkeit hegt.

ee) Bestimmung der Beteiligungsgrenze bei der GmbH

Der Gesetzgeber stand vor der Frage, wie hoch bei der GmbH die Grenze für die Beteiligung zu setzen sei, ab der ein unternehmerisches Interesse aufgrund des Einflusses auf die Geschäftsführung zu vermuten sei. Diskutiert wurden im Vorfeld die Schwellenwerte von 25 % wie bei der AG[206] oder von 10 %[207]. Beide Werte lassen sich systemgerecht in den Grundgedanken der Regelung einfügen, denn im GmbH-Recht werden an beide Beteiligungsgrenzen Minderheitsrechte angeknüpft: Eine Mindestbeteiligung von 25 % gewährt die Sperrminorität gegen die Auflösung der GmbH (§ 60 Absatz 1 Nr. 2 GmbHG) , gegen eine Satzungsänderung (§ 53 Absatz 2 GmbHG), sowie gegen Umwandlungen (§ 50 Absatz 1 UmwG). Dagegen ist nur eine Mindestbeteiligung von 10 % erforderlich für die Einberufung der Gesellschafterversammlung (§ 50 Absatz 1 GmbHG), für das Recht, die Befassung der Gesellschafterversammlung mit einem Tagesordnungspunkt zu erzwingen (§ 50 Absatz 2 GmbHG) und für das Recht, Auflösungsklage zu erheben (§ 61 Absatz 2 GmbHG). Es ist daher nicht zu beanstanden, wenn der Gesetzgeber in Abweichung zum richterrechtlichen Aktienrecht für die Anwendung des Kapitalersatzrechts bereits eine Mindestbeteiligung von 10 % genügen läßt. In diese Richtung sprechen in der Tendenz auch die weitergehenden Informations- und Weisungsrechte in der GmbH, die bei der GmbH eher als bei der AG auch bereits bei Kleinbeteiligungen eine

---

203 Ein solches Ansinnen erstaunt vor allem bei K. Schmidt, ZIP 1996, 1586, 1589, der doch selbst ein rechtsformübergreifendes und somit einheitliches Kapitalersatzrecht befürwortet, vgl. oben Fn 55; vgl. auch Karollus, ZIP 1996, 1893, 1895; IDW-FN 1996, 397, 401.

204 BegrRegE, BT-Drucks. 13/7141, S. 10, abgedruckt in ZIP 1997, 706, 710.

205 Zutreffend Dauner-Lieb, DStR 1998, 609, 616 f.; vgl. auch Habersack, ZHR 162 (1998), S. 201, 210 f.

206 So Claussen, GmbHR 1996, 316, 322 f.; Stellungnahme des Bundesrats, ZIP 1997, 706, 710.

207 So Immenga, ZIP 1983, 1405, 1410; Hommelhoff, WM 1984, 1105, 1115; Rümker, ZGR 1988, 494, 504 f.; Lutter/Hommelhoff, GmbHG, § 32a Rn 55.

Mitverantwortung für die Unternehmensfinanzierung nahelegen.

Die Festlegung der Beteiligungsgrenze von 10 % bei der GmbH ist somit sachgerecht.

ff) Zusammenfassung

Unabhängig von der Rechtsform der Kapitalgesellschaft ist maßgebliches Kriterium für die Finanzierungsverantwortung des Gesellschafters das unternehmerische Interesse, das sowohl durch eine Mindestbeteiligung, die dem Gesellschafter Einflußmöglichkeiten auf die Geschäftsführung sichert, als auch unabhängig vom Grad der Beteiligung bei tatsächlicher Mitwirkung an der Geschäftsführung, indiziert wird. Die Insiderstellung aufgrund besserer Informationsmöglichkeiten tritt als zweites Kriterium dahinter zurück. Das Erfordernis weiterer gesellschaftsbezogener Kriterien als Grundlage für die Finanzierungsverantwortung neben der Stellung als Gesellschafter wurde erstmals bemerkt bei der Übertragung der Regeln zum Eigenkapitalersatz auf die AG, beansprucht jedoch in gleicher Weise Geltung auch für die GmbH. Die insoweit bislang uneinheitliche Rechtsprechung zur GmbH und zur AG konnte ausgehend von diesem Grundgedanken des Kapitalersatzrechts nicht überzeugen. Diese Inkongruenz hat der Gesetzgeber nun bereinigt. Die neue gesetzliche Regelung in §32a Absatz 3 Satz 2 GmbHG fügt sich nahtlos ins System des Kapitalersatzrechts ein.

Diese neue Rechtsentwicklung als geltendes Recht zu akzeptieren, dürfte der Rechtsprechung nicht schwer fallen, hat sie den Anstoß zu dieser Rechtsentwicklung doch selbst gegeben und zur Herausarbeitung der Konturen der Finanzierungsverantwortung vor allem in der BuM/WestLB-Entscheidung zum Aktienrecht im Jahre 1984 einen wesentlichen Beitrag geleistet.

3. Finanzierungsverantwortung des Nur-Kommanditisten in der GmbH & Co. KG

Der Nur-Kommanditist in der GmbH & Co. KG ist nicht Gesellschafter der Komplementär-GmbH, sondern nur an der KG unmittelbar beteiligt. Daher stellt sich die Frage, ob er hinsichtlich der Anwendung der Regeln zum Eigenkapitalersatz einem GmbH-Gesellschafter gleichgestellt werden kann.

a) Wortlautgetreue Anwendung des § 172a HGB

aa) Rechtslage bis 1998

Diese Frage beantwortet der Wortlaut des § 172a HGB recht deutlich. Dort heißt es in Satz 1: "Bei einer Kommanditgesellschaft, bei der kein persönlich haftender Gesellschafter eine natürliche Person ist, gelten die §§ 32a, 32b des Gesetzes betreffend die Gesellschaften mit beschränkter Haftung sinngemäß mit der Maßgabe, daß an die Stelle der Gesellschafter der Gesellschaft mit beschränkter Haftung die Gesellschafter oder Mitglieder der persönlich haftenden Gesellschafter der Kommanditgesellschaft sowie die Kommanditisten treten." Die Anwendung des Kapitalersatzrechts wird nach dieser Norm ausdrücklich auf die Kommanditisten der KG erstreckt, ohne Unterscheidung danach, ob sie zugleich an der Komplementär-GmbH beteiligt sind. § 172a HGB geht § 32a Absatz 3 Satz 1 GmbHG daher insoweit vor, als sich die Frage der Gleichstellung des Nur-Kommanditisten als einem Dritten mit einem GmbH-Gesellschafter nicht mehr im Einzelfall stellen soll, sondern bereits kraft Rechtsform der GmbH & Co. KG positiv beantwortet wird.

Angesichts des klaren Wortlauts des § 172a HGB erstaunt es, daß der Bundesgerichtshof in seiner Grundsatzentscheidung aus dem Jahr 1990[208] die Gleichstellung des Nur-Kommanditisten zwar bejaht hat, aber dieses Ergebnis auf eine eingehende Argumentation zum Gläubigerschutz gestützt hat, ohne die Vorschrift des § 172a HGB auch nur zu erwähnen. Der Nur-Kommanditist trägt danach Finanzierungsverantwortung auch dann, wenn bei ihm nur ein Anlegerinteresse besteht und ihm ein bestimmender Einfluß auf die Geschäftsführung fehlt.

bb) Modifikation durch § 32a Absatz 3 Satz 2 GmbHG n.F.

Diese Gleichstellung des Nur-Kommanditisten mit dem GmbH-Gesellschafter besteht auch seit der Einfügung des § 32a Absatz 3 Satz 2 GmbHG im Jahre 1998[209] fort, denn am Wortlaut des § 172a HGB wurde nichts geändert. Allerdings wurde durch diese Neuregelung die Finanzierungsverantwortung des GmbH-Gesellschafters eingeschränkt, und aufgrund der Gleichstellung des Nur-Kommanditisten kann auch dessen Finanzierungsverantwortung nicht weiter reichen als die des GmbH-Gesellschafters. Somit wurde mit der Finanzierungsverantwortung des GmbH-Gesellschafters zugleich jene des Nur-Kommanditisten dahingehend beschränkt, daß er entweder an der Geschäftsführung oder am Stammkapital der GmbH mit mindestens 10 % beteiligt sein muß.

Das zweite Kriterium der Beteiligung am Gesellschaftskapital läßt sich nur sinngemäß auf den Nur-Kommanditisten übertragen, denn er ist am Stammkapital der GmbH, auf das § 32a Absatz 3 Satz 2 GmbHG abstellt, gerade nicht beteiligt. Für diese sinngemäße Anwendung des Erfordernisses einer Mindestbeteiligung kommen mehrere Möglichkeiten zur Berechnung des 10%-Anteils in Betracht[210]: Die Höhe der Kommanditbeteiligung an der KG kann entweder ins

---

208 BGHZ 110, 342 = NJW 1990, 1725, 1729; bestätigt in BGH ZIP 1990, 1593, 1595; BGH NJW 1995, 1960, 1961; näher hierzu oben 1 c), S. 174, sowie zur überwiegend positiven Aufnahme dieser Entscheidungen in der Literatur oben 1 d), S. 175 f.

209 Kapitalaufnahmeerleichterungsgesetz vom 20.04.1998, vgl. oben 1 e), S. 177, Fn 119.

210 Hierzu näher von Gerkan, GmbHR 1997, 677, 680 f.

Verhältnis zum Stammkapital der GmbH, zum gesamten Kommanditkapital der KG, d.h. Summe aller Kommanditeinlagen, oder zum gesamten Eigenkapitel der KG, d.h. Kapital der KG unter Einschluß einer etwaigen Kapitalbeteiligung der Komplementär-GmbH, gesetzt werden. In konsequenter Anwendung der Rechtsprechung, die keinen eigenen Kapitalschutz der KG anerkennt[211], sondern nur einen mittelbaren Vermögensschutz über das Stammkapital der Komplementär-GmbH annimmt,[212] kann nur die erste Berechnungsweise maßgeblich sein[213]. Danach kommt eine Finanzierungsverantwortung des Nur-Kommanditisten desto eher in Betracht, je höher seine Kommanditeinlage und je geringer das Stammkapital der Komplementär-GmbH ist.

b) Teleologische Reduktion des § 172a HGB

aa) Widerspruch der wortlautgetreuen Anwendung des § 172a HGB zum Grundgedanken der Finanzierungsverantwortung

Trotz der Einführung des § 172a HGB durch die GmbH-Novelle im Jahre 1980 war heftig umstritten, ob die Regeln zum Kapitalersatz auch auf den Nur-Kommanditisten anwendbar sind[214]. Gegen diese Finanzierungsverantwortung des Nur-Kommanditisten für das Stammkapital der GmbH wurde von der damals herrschenden Meinung eingewandt, § 172a HGB erkläre nur §§ 32a, 32b GmbHG für entsprechend anwendbar, enthalte dagegen zu den daneben fortgeltenden Rechtsprechungsgrundsätzen in Anlehnung an §§ 30, 31 GmbHG keine Aussage; diese Gegenansicht verlangte für die Finanzierungsverantwortung unter Berufung auf die Rechtsprechung zur Aktiengesellschaft, daß der Nur-Kommanditist aufgrund eines bestimmenden Einflusses auf die Geschäftsführung wirtschaftlich der Position eines GmbH-Gesellschafters zumindest nahekommt.

Diese damalige Gegenansicht wurde durch den Gesetzgeber 1998 bestätigt, der nun in konsequenter Fortführung der Rechtsprechung zur Aktiengesellschaft ausdrücklich die Insiderstellung des Gesellschafters und das unternehmerische Interesse in Form einer Einflußnahmemöglichkeit auf die Geschäftsführung als maßgeblichen Grundgedanken des Kapitalersatzrechts erkannt hat[215]. Diese gesetzgeberische Wertung faßt die bisherige Entwicklung im Kapitalersatzrecht meines Erachtens sachgerecht in Gesetzesform, ist aber

---

211 Zur Gegenansicht und der Kritik hieran oben III. 1 a) und b), S. 160 ff., 163 f.

212 Eingehend oben III. 1 c), S. 164 ff.

213 Ebenso von Gerkan, GmbHR 1997, 677, 680 f.

214 Eingehend oben 1 b), S. 170 ff.

215 BegrRegE zum Kapitalaufnahmeerleichterungsgesetz vom 20.04.1998, BT-Drucks. 13/7141, S. 9 f., abgedruckt in ZIP 1997, 706, 709 f.

auch unter Zugrundelegung der kritischen Gegenansicht nunmehr als geltendes Recht anzuerkennen, da sie jedenfalls rechtspolitisch vertretbar ist[216].

Nach der gesetzlichen Ausgestaltung seiner Rechte hat der Nur-Kommanditist in der GmbH & Co. KG jedoch weder die Informationsmöglichkeiten eines GmbH-Gesellschafters noch dessen Möglichkeiten, auf die Geschäftsführung Einfluß zu nehmen:

Das weitreichende Informationsrecht des GmbH-Gesellschafters nach § 51a GmbHG steht dem Nur-Kommanditisten in der GmbH & Co. KG nach bislang herrschender Meinung gerade nicht zu[217]. Vielmehr erhält er als Kommanditist nur Einblick in die Verhältnisse "seiner" KG nach § 166 HGB, nicht dagegen in die wirtschaftlichen Verhältnisse der Komplementär-GmbH, deren Gesellschafter er nicht ist. Zwar wird ihm über § 166 HGB hinaus ein allgemeines Auskunftsrecht zur Wahrnehmung seiner Gesellschafterrechte eingeräumt; da er von der nach § 164 Satz 1 Hs. 1 HGB von der Mitwirkung an der laufenden Geschäftsführung jedoch ausgeschlossen ist, bezieht sich dieses Auskunftsrecht nur auf außergewöhnliche Geschäfte und Grundlagengeschäfte der KG, nicht dagegen auf die Geschäftsführung der GmbH und deren sonstige Verhältnisse[218]. Ein weitergehendes Informationsrecht kann der Kommanditist nur beanspruchen, soweit ihm über den gesetzlichen Rahmen hinaus Mitwirkungsrechte kraft Gesellschaftsvertrag zustehen.

In gleicher Weise sind seine Einwirkungsmöglichkeiten auf die Geschäftsführung "seiner" KG durch die Komplementär-GmbH sehr begrenzt[219]. Von der unmittelbaren Teilhabe an der Geschäftsführung ist er ausgeschlossen[220]. Ihm stehen im Hinblick auf den Geschäftsführer der Komplementär-GmbH weder das Weisungsrecht nach § 37 GmbHG[221] noch ein unmittelbares Abberufungsrecht[222] zu. Es kommt nur eine mittelbare Einwirkung auf die Komplementär-GmbH als Geschäftsführerin der KG in Betracht. Schließlich hat er unabhängig vom Grad seiner Beteiligung an der KG in der GmbH keinerlei Minderheitsrechte nach §§ 50, 53, 60 GmbHG, wie sie für einen GmbH-Gesellschafter mit Sperrminorität typisch sind[223]. Der Kommanditist kann sogar nicht einmal das

---

216 Eingehend oben 2 e, S. 188 ff.

217 Eingehend hierzu oben § 2 II. 1, S. 19 ff.

218 Vgl. hierzu oben § 2 I. 3 a), S. 15 f.

219 Eingehend hierzu oben § 3, S. 32 ff.

220 Vgl. oben § 3 I., S. 32 ff.

221 Vgl. oben § 3 II. 1, S. 38 ff.

222 Vgl. oben § 3 II. 3, S. 47 ff.

223 Vgl. zu diesen Minderheitsrechten bei der GmbH oben 2 e) ee), S. 194.

Recht zur Beschlußanfechtung analog §§ 243 ff. AktG geltend machen, das einem GmbH-Gesellschafter auch bei einer Beteiligung von weniger als 10 % des Stammkapitals zusteht.

Die Rechtsstellung des Nur-Kommanditisten in der GmbH & Co. KG ist also nach der typischen gesetzlichen Grundkonstellation[224] dadurch gekennzeichnet, daß seine Informationsrechte und Einwirkungsmöglichkeiten auf die Geschäftsführung keineswegs denen eines Gesellschafters der Komplementär-GmbH gleichgestellt sind, sondern sich ausschließlich auf seine Rechte als Gesellschafter der KG beschränken. Dies gilt völlig unabhängig davon, ob seine Kommanditeinlage in der KG im Verhältnis zum Stammkapital der GmbH mehr als 10 % beträgt.

Eine generelle Gleichstellung des Nur-Kommanditisten mit einem GmbH-Gesellschafter widerspricht aus diesen Gründen dem Grundgedanken des Kapitalersatzrechts, der die Finanzierungsverantwortung in der Insiderstellung eines Gesellschafters und dessen Einwirkungsmöglichkeiten auf die Geschäftsführung begründet sieht. Eine Finanzierungsverantwortung des Nur-Kommanditisten kann danach im Einklang mit dem Normzweck der §§ 32a, 32b GmbHG nur im Einzelfall bejaht werden, wenn ihm durch Gesellschaftsvertrag weitergehende Informations- und Einwirkungsmöglichkeiten im Hinblick auf die GmbH eingeräumt werden, als dies nach der gesetzlichen Regelung der Fall ist.

bb) Kein Vorrang des Gläubigerschutzes gegenüber diesem Grundgedanken der Finanzierungsverantwortung

Die Rechtsprechung des Bundesgerichtshofs zum Nur-Kommanditisten, die bislang eine Finanzierungsverantwortung unabhängig vom Vorliegen eines bloßen Anlegerinteresses oder eines bestimmenden Einflusses auf die Geschäftsführung bejahte[225], ließe sich somit nach der Neuregelung in § 32a Absatz 3 Satz 2 GmbHG und der damit getroffenen Entscheidung des Gesetzgebers über den Grundgedanken der Finanzierungsverantwortung als Grundlage des Kapitalersatzrechts nur dann aufrechterhalten, wenn bei der nicht personengleichen GmbH & Co. KG ausnahmsweise vorrangige Interessen des Gläubigerschutzes zu berücksichtigen wären. Dies ist indes nicht der Fall:

---

[224] Von diesem dispositiven Recht kann allerdings durch gesellschaftsvertragliche Regelung abgewichen werden; vgl. hierzu näher oben § 2 III., S. 26 ff., zum Informationsrecht sowie oben § 3 I. 1 b), S. 32 f., § 3 I. 2 b), S. 35 ff., und § 3 II. 1 b), S. 41 ff., zu Teilhaberechten an der Geschäftsleitung.

[225] BGHZ 110, 342 = NJW 1990, 1725, 1729; BGH ZIP 1990, 1593, 1595; BGH NJW 1995, 1960, 1961.

(1) Haftungsbeschränkung in der GmbH & Co. KG und fehlende Bremswirkung

Die Rechtsprechung des Bundesgerichtshofs, die eine Finanzierungsverantwortung des Nur-Kommanditisten generell bejahte, stützte diese Ansicht maßgeblich auf die besondere Haftungsverfassung in der GmbH & Co. KG[226]. Der unbeschränkt haftende Komplementär könne die ihm normalerweise zugedachte Bremsfunktion[227] nicht übernehmen, weil die Gesellschafter diese Stelle mit einer Kapitalgesellschaft besetzt haben, die nur über einen begrenzten Haftungsfonds verfügt. Aufgrund dieser wiederum nur begrenzten Haftung des Komplementärs fehle das Gegengewicht zur Haftungsbeschränkung in der KG nach § 172 Absatz 4 HGB. Daher sei aus Gründen des umfassenden Gläubigerschutzes auch der Nur-Kommanditist für die Erhaltung des Stammkapitals in der GmbH verantwortlich, da die Haftungsbeschränkung der Komplementär-GmbH aufgrund der gesellschaftsrechtlichen Verknüpfung auch ihm zugute kommt[228]. Tragender Gedanke dieser Argumentation ist, daß auch der Schutz vor einer ungerechtfertigten Haftung des Nur-Kommanditisten mit einem bloßen Anlegerinteresse ohne Einfluß auf die Geschäftsführung hinter dem Schutz außenstehender Gesellschafter zurücktreten müsse. Dieser Gedanke greift allerdings nach der gesetzlichen Neuregelung 1998 nicht mehr durch, denn der Gesetzgeber hat in einer Abwägung der Interessen von Gesellschaftern ohne unternehmerischen Einfluß gegen die Interessen außenstehender Gläubiger den Gläubigerschutz zugunsten der "Anleger-Gesellschafter" bewußt beschränkt. Diese Abwägung ist auch für die GmbH & Co. KG sachgerecht. Denn die Gefahr gläubigerschädigender Auszahlungen an den Kommanditisten aus der GmbH oder der KG besteht in besonderem Maße, wenn der Kommanditist diese Auszahlung durch eigenen Einfluß auf die Geschäftsführung der Komplementär-GmbH, die ihrerseits Geschäftsführerin der KG ist, veranlassen kann.

Im Sinne der bisherigen Rechtsprechung ließe sich zugunsten einer generellen Finanzierungsverantwortung des Nur-Kommanditisten weiter anführen, daß sein Interesse als Gesellschaftsgläubiger deshalb hinter dem Interesse anderer Gesellschaftsgläubiger zurücktreten könne, weil er auf andere Weise vor einer ungerechtfertigten Haftung geschützt werde: Im Falle der Darlehensgewährung in der Krise treffe er eine aktive Finanzierungsentscheidung, die bei ihm ohnehin eine Prüfung des Risikos und somit eine Information über die wirtschaftliche Lage der Gesellschaft erforderlich macht; im Falle des bloßen Stehenlassens des Darlehens nach Eintritt der Krise werde er durch die neue

---

226 BGH NJW 1990, 1725, 1729; näher oben 1 c), S. 174; eingehend Zanner, S. 95 ff.

227 Vgl. zur Bremsfunktion einer natürlichen Person als persönlich haftender Gesellschafter in der KG oben III. 1 a) bb), S. 162 f. mit Fn 52 und 54.

228 Grundlegend in diesem Sinne Hunscha, GmbHR 1973, 257, 260 f.; ebenso wie der BGH insoweit Weimar/Geitzhaus, DB 1987, 2085, 2086; Bergmann, EWiR § 30 GmbHG 3/90, S. 479, 480; Groß, BB 1991, 2386, 2389; Kuhr, S. 74 ff.; eingehend Berg, Rechtsdogmatische Fragen, S. 164 ff. vgl. auch Brandi, ZIP 1995, 1391, 1395.

Rechtsprechung zum Erfordernis der Erkennbarkeit der Krise[229] hinreichend geschützt. Dieser Erwägung folgend sieht eine Ansicht in der Literatur die Finanzierungsentscheidung als Auslöser der Finanzierungsverantwortung an und läßt eine Einschränkung in beiden Fällen nur im Rahmen des subjektiven Elements der Erkennbarkeit der Krise zu, wobei rechtsformspezifische Besonderheiten hinsichtlich des Informationsrechts berücksichtigt werden könnten[230]. Ein solcher Verzicht auf jeden Zurechnungszusammenhang zwischen der Mitgliedschaft und der Kreditvergabe ist jedoch abzulehnen. Denn sowohl das Merkmal der Finanzierungsentscheidung als auch das der Erkennbarkeit der Krise läßt die Grundlage der Finanzierungsverantwortung als einer gesellschaftsrechtlich begründeten Verantwortung für die Kapitalausstattung eines Verbandes[231] außer Acht und führt zu einer unangemessenen Ausdehnung des Kapitalersatzrechts auf alle Personen, die die Krise der Gesellschaft erkennen konnten, unabhängig davon, ob dies zufällig oder aufgrund einer gesellschaftsrechtlich vermittelten Einblicksmöglichkeit geschah.

Eine andere Ansicht in der Literatur[232] sieht den Nur-Kommanditisten deshalb als hinreichend geschützt an, weil seine Haftung nach §§ 30, 31 GmbHG ohnehin nur auf Rückzahlungen gerichtet ist, die er selbst erhalten hat, eine Solidarhaftung nach § 31 Absatz 3 GmbHG für Auszahlungen an andere Gesellschafter dagegen nach überwiegender Auffassung ausgeschlossen ist[233]. Dem ist jedoch entgegenzuhalten, daß nicht erst die Solidarhaftung für Darlehen anderer Gesellschafter, sondern schon die Umqualifizierung eigener Darlehen in haftendes Eigenkapital der Gesellschaft eines tragenden Grundes bedarf. Die Finanzierungsverantwortung als tragender Grund in diesem Sinne kann sogar bei GmbH-Gesellschaftern entgegen der früheren Rechtsprechung nicht bereits mit der Gesellschafterstellung als solcher - und damit erst recht nicht bei Nur-Kommanditisten, die an der GmbH nicht beteiligt sind -, sondern erst bei Vorliegen eines unternehmerischen Einflusses bejaht werden[234].

(2) Keine Gleichstellung mit GmbH-Gesellschafter wegen wirtschaftlicher Nähe zur Komplementär-GmbH

Zur Rechtfertigung der Finanzierungsverantwortung des Nur-Kommanditisten und Gleichstellung mit einem GmbH-Gesellschafter trotz fehlender rechtlicher

---

229 Hierzu oben II. 1 b) dd), S. 156, mit Nachweisen in Fn 26.

230 Eingehend Habersack, ZHR 162 (1998), S. 201, 204 ff. allgemein zur GmbH.

231 So zutreffend Junker, ZHR 156 (1992), S. 394, 404; vgl. auch Zanner, S. 72, 85 f.

232 Schnelle, GmbHR 1995, 853, 854 f.

233 Vgl. zur Solidarhaftung näher oben 1 d) bb), S. 176, mit Nachweisen in Fn 115.

234 BegrRegE zum Kapitalaufnahmeerleichterungsgesetz vom 20.04.1998, ZIP 1997, 607, 609 f. und eingehend oben 2 e, S. 188 ff.

Informations- und Einwirkungsmöglichkeiten auf die GmbH könnte das wirtschaftliche Interesse des Nur-Kommanditisten am Wohlergehen der Komplementär-GmbH aufgrund der gesellschaftsrechtlichen Verknüpfung zweier Unternehmen herangezogen werden. Tragender Grund für einen Vorrang der Interessen außenstehender Gesellschaftsgläubiger vor dem Anlegerinteresse des Nur-Kommanditisten wäre dann dessen wirtschaftliche Nähe zur Komplementär-GmbH. Gegen die Annahme einer solchen Finanzierungsverantwortung allein aufgrund wirtschaftlicher Nähe sprechen meines Erachtens gewichtige Gründe:

Die KG und ihre Komplementär-GmbH sind trotz ihrer wirtschaftlichen und gesellschaftsrechtlichen Verknüpfung zunächst rechtlich als zwei selbständige Gesellschaften zu betrachten. Daher hat die Rechtsprechung bislang keinen eigenen Kapitalschutz der KG anerkannt[235], sondern die Anwendung der §§ 30, 31 GmbHG bislang nur auf die Komplementär-GmbH zugelassen, was als Reflexwirkung zugleich mittelbar zu einem Schutz gegen Auszahlungen aus dem KG-Vermögen führt[236]. Ein eigener Kapitalschutz der KG würde auch dem gesetzlichen System der Haftungsordnungen zuwiderlaufen, denn auf ein Stammkapital wie bei der GmbH können die KG-Gläubiger gerade nicht vertrauen; dem Schutz der Erhaltung dieses Stammkapitals dienen aber gerade die §§ 30, 31 GmbHG. Eine analoge Anwendung der §§ 30, 31 GmbHG auf die GmbH & Co. KG müßte zudem zahlreiche weitere Rückwirkungen auf die sonstige Behandlung der GmbH & Co. KG auslösen[237]. Im Hinblick auf das Erfordernis der Insiderstellung und eines unternehmerischen Einflusses als Grundlage für die Finanzierungsverantwortung müßte dem Nur-Kommanditisten entgegen der bisher herrschenden Meinung zumindest das Informationsrecht in der GmbH analog § 51a GmbHG eingeräumt werden[238], konsequenterweise aber auch unmittelbare Einflußmöglichkeiten auf die Geschäftsführung der Komplementär-GmbH[239]. Eine solche Gestaltung ist aber von allen beteiligten Gesellschaftern mit der Wahl der nicht personengleichen GmbH & Co. KG in ihrer gesetzlichen Ausgestaltung gerade nicht gewollt. Diese Gesellschaftsform ermöglicht vielmehr in gleicher Weise bei den Personenhandelsgesellschaften

---

235 Vgl. zu den Gegenmeinungen von Joost und K. Schmidt oben III. 1 a) und b), S. 160 ff.

236 Eingehend oben III. 1 c), S. 164 ff.

237 Darauf weist Canaris, FS Fischer, 1979, S. 31, 62 zutreffend hin, ohne diese Frage allerdings zu vertiefen.

238 Unzutreffend insoweit Koller, FS Heinsius, 1991, S. 357, 373, der das Problem erkennt, aber meint, die Informationsmöglichkeit aus publizierten Bilanzen könne zur Rechtfertigung der Finanzierungsverantwortung genügen. Indes hat diese Informationsmöglichkeit jeder außenstehende Gesellschaftsgläubiger in gleicher Weise.

239 In diesem Sinne in der Tat bereits Hunscha ,GmbHR 1973, 257, 261, der allerdings die Möglichkeit entsprechender gesellschaftsvertraglicher Regelungen genügen läßt, und der auch finanzielle Vergünstigungen als Korrelat zur Finanzierungsverantwortung genügen lassen will.

eine Beteiligung als bloßer Anlagegesellschafter ohne Einwirkungsmöglichkeiten auf die Geschäftsführung, wie dies für die Kapitalgesellschaften bei der Aktiengesellschaft der Fall ist.

Die gesellschaftsrechtliche Verknüpfung der KG mit der Komplementär-GmbH kann trotz der rechtlichen Trennung der beiden Gesellschaften in der Tat zu mittelbaren Rechtswirkungen führen, nämlich in Form einer Gefährdung des Stammkapitals der GmbH durch Auszahlungen aus dem KG-Vermögen. Allerdings beruht diese mittelbare Rechtswirkung entweder auf dem Wert der KG-Beteiligung der GmbH oder auf der Haftung der GmbH als Gesellschafterin für Verbindlichkeiten der KG nach §§ 161 Absatz 2, 128 HGB[240]. Umgekehrt ist die KG dagegen in der Regel nicht an der GmbH beteiligt[241], und es besteht keine Haftung der KG oder ihrer Kommanditisten für Schulden der GmbH als Komplementärin. Der von der Rechtsprechung aufgezeigte Wirkungszusammenhang aus dem Recht der KG besteht somit nur in einer Richtung, nämlich von der GmbH zur KG. Er kann somit nur dazu dienen, die Beeinträchtigung des Stammkapitals der GmbH trotz Auszahlung aus dem KG-Vermögen zu bejahen, ist jedoch nicht geeignet, zugleich eine Finanzierungsverantwortung des Nur-Kommanditisten für das Stammkapital der GmbH, also in umgekehrter Richtung, zu begründen[242].

Die tatsächliche Möglichkeit, daß dem Kommanditisten auch dann Auszahlungen auf Kosten der Gesellschaftsgläubiger zugute kommen können, wenn er keinerlei Einflußmöglichkeiten auf die Geschäftsführung hat, genügt nicht, um eine Gleichstellung mit GmbH-Gesellschaftern hinsichtlich der Finanzierungsverantwortung für die GmbH zu begründen[243]. Eine wirtschaftliche Nähe zur GmbH in Form der passiven Entgegennahme von Vorteilen ist nicht ausreichend; erforderlich ist vielmehr umgekehrt die Möglichkeit, aktiv auf Entscheidungen in der Gesellschaft Einfluß zu nehmen. Auch die Analyse der Rechtsprechung zu § 32a Absatz 3 Satz 1 GmbHG zeigt, daß eine Gleichstellung eines Nichtgesellschafters mit einem GmbH-Gesellschafter nur dann gerechtfertigt ist, wenn der Dritte nicht nur am Vermögen und am Ertrag der Gesellschaft beteiligt ist, sondern auch ähnlich wie ein Gesellschafter die

---

240 Vgl. hierzu näher oben III. 1 c) aa), S. 165 f.

241 Anders bei der Sonderform der sog. Einheits-GmbH & Co. KG, bei der die KG sämtliche Anteile ihrer Komplementär-GmbH hält; vgl. zu dieser Konstellation Schilling, FS Barz, 1974, S. 67; Esch, BB 1991, 1129; Fleck, FS Semler, 1993, S. 115; Binz, § 14; K. Schmidt, Gesellschaftsrecht, § 56 II 3 e), S. 1637 f. mwN.

242 A.A. Zanner, S. 99, der insoweit dem Nur-Kommanditisten ausdrücklich weitergehende Pflichten hinsichtlich der Kapitalerhaltung als hinsichtlich der Kapitalaufbringung der GmbH, für die der Nur-Kommanditist jedenfalls nicht verantwortlich ist, aufbürdet.

243 Unter diesem Gesichtspunkt der Rechtsfigur des nahestehenden Dritten lehnen auch Canaris, FS Fischer, 1979, S. 31, 61 f. sowie Zanner, S. 70 bis 74 die Einbeziehung des Nur-Kommanditisten ab.

Geschicke der Gesellschaft mitbestimmen kann[244].

Es könnte schließlich unter dem Gesichtspunkt des Umgehungsschutzes gerechtfertigt sein, bei der GmbH & Co. KG das Erfordernis eines unternehmerischen Einflusses auf die Geschäftsführung aufzugeben. Damit würde allerdings der Konstellation der nicht personengleichen GmbH & Co. KG von vornherein kraft Rechtsform unterstellt, die Wahl dieser Gestaltungsmöglichkeit anstelle der GmbH sei zu dem Zweck erfolgt, eine Umqualifizierung von Darlehen der Nur-Kommanditisten in haftendes Eigenkapital zu vermeiden. Es mag durchaus eingeräumt werden, daß der Rechtsform der GmbH & Co. KG in der Vergangenheit in tatsächlicher Hinsicht trotz ihrer rechtlichen Anerkennung vor mehr als achtzig Jahren viel Mißtrauen entgegenschlug, weil sie sich dazu eignet, Regelungszwecke des zwingenden Gesetzesrechts zu unterlaufen[245]. Es würde aber die Zulassung der GmbH & Co. KG insgesamt in Frage stellen, wollte man diese Rechtsform oder bestimmte Konstellationen generell mit dem Siegel der Umgehung von Schutzvorschriften belegen. Eine Lösung ist daher jeweils bei der Anwendung der konkreten Schutzvorschrift zu suchen. Für die vorliegende Frage der Anwendbarkeit der Kapitalerhaltungsvorschriften hat der Gesetzgeber in § 32a Absatz 3 Satz 2 GmbHG nunmehr ausdrücklich geregelt, daß der Gläubigerschutz dann zurücktreten muß, wenn der Gesellschafter nicht unternehmerisch beteiligt ist, was über § 172a HGB in sinnentsprechender Anwendung in gleicher Weise für den Nur-Kommanditisten der GmbH & Co. KG gilt. Eine Finanzierungsverantwortung des Nur-Kommanditisten unter dem Gesichtspunkt des Umgehungsschutzes kann daher nur im Einzelfall bejaht werden, wenn maßgebliche Einflußmöglichkeiten des Nur-Kommanditisten im Hinblick auf die Geschäftsführung entweder durch gesellschaftsvertragliche Regelung rechtlich gesichert sind, oder wenn solche aufgrund der tatsächlichen Umstände in der GmbH & Co. KG unabhängig von der Einräumung bestimmter Rechte tatsächlich bestehen.

Diese Lösung wird bestätigt durch die Rechtsprechung zu den Darlehen naher Angehöriger eines Gesellschafters, bei denen sich eher in stärkerem Maße das Problem der Umgehung stellt. Insoweit ist nämlich anerkannt, daß die Familienangehörigkeit allein die Umqualifizierung des Darlehens in haftendes Eigenkapital nicht rechtfertigen kann, vielmehr die Regeln zum Eigenkapitalersatz nur dann im Einzelfall Anwendung finden, wenn das Darlehen aus den Mitteln des Gesellschafters stammt[246].

Der Umgehungsschutz rechtfertigt also nicht eine generelle Anwendung der

---

[244] So ausdrücklich BGH NJW 1989, 982 zum stillen Gesellschafter sowie BGH NJW 1992, 3035 zum Pfandgläubiger; näher hierzu oben II. 1 b) cc), S. 155, mit weiteren Nachweisen in Fn 20.

[245] So Kübler, Gesellschaftsrecht, § 21 II 4 b).

[246] Vgl. oben II. 1 b) cc), S. 155, insbesondere die Nachweise in Fn 21.

Regeln des Eigenkapitalersatzes auf den Nur-Kommanditisten in der GmbH & Co. KG, sondern nur aufgrund konkreter Umstände im Einzelfall.

4. Zusammenfassung und Ausblick

Grundlage des Kapitalersatzrechts ist die Finanzierungsverantwortung des Gesellschafters. Diese Finanzierungsverantwortung wird jedoch nicht bereits durch die Gesellschafterstellung als solche oder eine mit ihr verbundene verstärkte Einblicksmöglichkeit in die wirtschaftliche Lage der Gesellschaft begründet. Erforderlich ist vielmehr ein unternehmerisches Interesse, das durch einen bestimmenden Einfluß auf die Geschäftsführung oder durch eine Mindestbeteiligung, die bei unternehmerischen Entscheidungen die Sperrminorität sichert, vermittelt wird. Dies hat der Gesetzgeber nun entgegen der bisherigen Rechtsprechung des Bundesgerichtshofs auch für die GmbH festgeschrieben.

Vor diesem Hintergrund bedarf die Anwendung des § 172a HGB einer teleologischen Reduktion. Der Nur-Kommanditist in der GmbH & Co. KG kann nur dann hinsichtlich der Finanzierungsverantwortung für das Stammkapital der GmbH einem GmbH-Gesellschafter gleichgestellt werden, wenn er nicht ein bloßes Anlegerinteresse verfolgt, sondern einen bestimmenden Einfluß auf die Geschäftsführung ausüben kann oder tatsächlich ausübt. Ein solcher Einfluß auf die Geschäftsführung wird nicht allein durch die Beteiligung an der KG vermittelt, da diese Beteiligung unabhängig von ihrer Höhe keine unmittelbaren Informations- und Mitwirkungsrechte in der Komplementär-GmbH begründet. Erforderlich ist vielmehr, daß dem Nur-Kommanditisten im Gesellschaftsvertrag der GmbH oder der KG entsprechende Rechte eingeräumt worden sind, oder daß er unabhängig von der Einräumung solcher Rechte tatsächlich maßgeblichen Einfluß auf die Geschäftsführung ausübt.

Die Rechtsprechung wird nicht umhin kommen, den ersten Schritt des Gesetzgebers, der die Finanzierungsverantwortung des GmbH-Gesellschafters vom Vorliegen einer unternehmerischen Beteiligung abhängig macht, mitzugehen. Ob sie in konsequenter Fortführung dieser Gesetzesänderung in einem zweiten Schritt auch ihre Regeln zur Finanzierungsverantwortung des Nur-Kommanditisten in der hier vertretenen Weise einer teleologischen Reduktion des § 172a HGB abändert, bleibt abzuwarten. Sofern sie entgegen der hier erarbeiteten Lösung eine Finanzierungsverantwortung des Nur-Kommanditisten bereits bei Vorliegen einer Mindestbeteiligung an der KG bejahen wird, ergeben sich im Hinblick auf die fehlenden Informations- und Mitwirkungsrechte des Nur-Kommanditisten in der GmbH Wertungswidersprüche innerhalb des Kapitalersatzrechts. Diese Wertungswidersprüche lassen sich meines Erachtens auch durch eine analoge Anwendung des § 51a GmbHG auf den Nur-Kommanditisten nicht beheben, da nicht die Insider-stellung des Gesellschafters, sondern der Einfluß auf die Geschicke der Gesellschaft das maßgebliche Kriterium der Finanzierungsverantwortung ist.

V. Gesplittete Pflichteinlage und Finanzplankredit

Ein besonderes Rechtsinstitut, das in den Rechtsfolgen dem Kapitalersatzrecht der GmbH sehr nahe kommt, hat die Rechtsprechung unter den Schlagworten "gesplittete Pflichteinlage" und "Finanzplankredit" herausgearbeitet. Die Rechtsgrundlage dieses Rechtsinstituts sowie dessen Voraussetzungen und Rechtsfolgen sind jedoch noch weitgehend ungeklärt; insbesondere ist umstritten, ob es sich hierbei um einen Anwendungsfall des Kapitalersatzrechts in Anlehnung an §§ 30, 31, 32a, 32b GmbHG handelt[247].

Den Ausgangspunkt nahm die Rechtsprechung mit der sog. gesplitteten Pflichteinlage bei der Publikums-KG. Später wurde der Grundgedanke dieses Rechtsinstituts entsprechend auf die normale GmbH & Co. KG und unter dem Begriff des Finanzplankredits sogar auf die GmbH übertragen.

Im folgenden soll wiederum zunächst die Entwicklung dieses Rechtsinstituts sowie die Diskussion um dessen Rechtsgrundlage und Reichweite dargestellt werden, bevor die Anwendung auf den Nur-Kommanditisten in der GmbH & Co. KG näher erörtert werden kann.

1. Entwicklung der Grundsätze zur gesplitteten Pflichteinlage und zum Finanzplankredit

a) Rechtsprechung zur Publikumsgesellschaft

Die Rechtsfigur der gesplitteten Pflichteinlage wurde zunächst im Rahmen der Rechtsprechung zur Publikumsgesellschaft entwickelt.

aa) Begriff der Publikumsgesellschaft

Publikumsgesellschaft ist eine Personengesellschaft, zumeist in der Rechtsform der KG oder der GmbH & Co. KG, die auf die Aufnahme einer unbestimmten Vielzahl kapitalistisch beteiligter Kommanditisten als Anlagegesellschafter ausgerichtet ist. Die Kommanditisten sind an der Ausgestaltung des bereits vorformulierten Gesellschaftsvertrags nicht beteiligt, sondern werden im Wege des Beitritts Mitglied der Gesellschaft. Sie haben in der Regel keine Einwirkungsmöglichkeiten auf die Geschäftsführung, ihr Interesse ist vornehmlich auf die Kapitalanlage und Steuervorteile gerichtet[248].

---

247 Vgl. nur von Gerkan, ZGR 1997, 173, 192 ff.; Habersack, ZHR 161 (1997), S. 457, 461; das jüngste Urteil des Bundesgerichtshofs vom 28.06.1999, ZIP 1999, 1263 hat zu dieser Frage nur teilweise Klarheit gebracht, da es zwar die Behandlung des Finanzplankredits als eigenständige Fallgruppe des Kapitalersatzrechts ausdrücklich ablehnt, andererseits die dogmatische Begründung des BGH Unstimmigkeiten aufweist; eingehend hierzu K. Schmidt, ZIP 1999, 1241, 1247 ff.

248 Vgl. hierzu näher Baumbach/Hopt, HGB, § 177a Rn 52 ff.; Schilling in Staub, HGB, Anh. § 161 Rn 1 ff.; Martens in Schlegelberger, HGB, § 161 Rn 128 ff.; Binz, § 15.

bb) Grundsätze zur gesplitteten Pflichteinlage

In zahlreichen Gesellschaftsverträgen solcher Publikumsgesellschaften ist bestimmt, daß der Kommanditist neben der Kommanditeinlage weitere Mittel als Darlehen oder als stille Beteiligung zur Verfügung zu stellen hat. Die Rechtsprechung hat nun in einer Reihe von Fällen zur Publikumsgesellschaft entschieden, daß solche Darlehen oder stille Beteiligungen der Hafteinlage nach §§ 171, 172 HGB gleichzustellen seien, da sie von vornherein Teil der Eigenkapitalausstattung der Gesellschaften sind. Gegenüber den Gesellschaftsgläubigern handle es sich um einheitliches Haftkapital; die Aufspaltung dieser Gesamtbeteiligung in eine Kommanditeinlage und ein Darlehen oder eine stille Beteiligung betreffe nur das Innenverhältnis zur Gesellschaft[249]. In einem Fall wurde die stille Beteiligung sogar ohne daneben bestehenden Kommanditanteil entgegen § 236 HGB als Haftkapital behandelt, weil dem stillen Gesellschafter aufgrund der atypischen Ausgestaltung der stillen Beteiligung weitreichende Befugnisse zur Einflußnahme auf die Geschäftsführung ähnlich einem Kommanditisten eingeräumt worden waren[250].

Diese Gleichstellung des Darlehens mit der Kommanditeinlage rechtfertige sich daraus, daß die Verpflichtung zur Gewährung zusätzlicher Mittel neben der Pflichteinlage im Gesellschaftsvertrag als Gesellschafterpflicht aller Kommanditisten ausgestaltet wurde und damit gleichsam Bestandteil der Beitrittsverpflichtung geworden sei[251]. Die zusätzlichen Mittel seien mit der Pflichteinlage rechtlich und wirtschaftlich eng miteinander verquickt[252]. Daß die zusätzlichen Mittel Teil der Eigenkapitalausstattung geworden seien, zeige schon die Bezeichnung als solches im Gesellschaftsvertrag und im Werbeprospekt der KG[253]. Auch seien die zusätzlichen Mittel zur Erreichung des Gesellschaftszwecks, insbesondere als Grundlage für die Aufnahme von Fremdkapital, unerläßlich[254].

Rechtsfolge dieser Behandlung der Darlehen und stillen Beteiligungen als Eigenkapital der KG i.S. §§ 171, 172 HGB ist, daß die Kommanditisten das Darlehen oder die stille Beteiligung auch im Stadium der Abwicklung noch zu erbringen haben, soweit sie zur Befriedigung der Gesellschaftsgläubiger benötigt werden, und daß umgekehrt die Kommanditisten derartige Einlagen,

---

249 BGHZ 70, 61 = WM 1978, 85; BGH NJW 1982, 2253; BGHZ 93, 159 = NJW 1985, 1468 zum Darlehen; BGH NJW 1980, 1522; BGH NJW 1981, 2251 zur stillen Einlage.

250 BGH NJW 1985, 1079.

251 BGH WM 1978, 85, 86.

252 BGH WM 1978, 85, 86.

253 BGH NJW 1980, 1522, 1523.

254 BGH NJW 1980, 1522, 1523; BGH NJW 1981, 2251 f.

soweit sie erbracht wurden, nicht zurückfordern können[255].

cc) Entstehungsgrund für das Sonderrecht der Publikumsgesellschaft

Ausschlaggebend für die Entwicklung der Grundsätze zur gesplitteten Pflichteinlage dürfte gewesen sein, daß es für die gesetzestypische KG auch nach der GmbH-Novelle 1980 kein gesetzliches Kapitalersatzrecht gab, die Rechtsprechung jedoch aus Gründen des Gläubigerschutzes ein Bedürfnis nach einem Kapitalschutz auch in der Publikums-KG erblickte. Dies erschien umso naheliegender, als die Publikumsgesellschaft insgesamt kapitalistisch strukturiert ist, typischerweise mit einem hohen Kapitalbedarf operiert und daher den Kapitalgesellschaften rechtlich nahesteht[256]. Es ist also festzuhalten, daß es sich bei der Rechtfigur der gesplitteten Pflichteinlage zunächst um ein Sonderrecht der Publikumsgesellschaft handelte[257], das diesen Charakter erst mit der Erstreckung dieser Grundsätze auf die normale GmbH & Co. KG[258] verlor.

b) Rechtsprechung zur normalen GmbH & Co. KG

aa) Erstreckung dieser Grundsätze auf die normale GmbH & Co. KG

In einer späteren Grundsatzentscheidung hat der Bundesgerichtshof entschieden, daß die Grundsätze zur gesplitteten Pflichteinlage kein Sonderrecht der Publikumsgesellschaft darstellen, sondern in gleicher Weise auch auf die normale GmbH & Co. KG Anwendung finden[259]. Der diese Grundsätze tragende Gesichtspunkt der materiellen Eigenkapitalfunktion der als Darlehen oder stille Beteiligung bezeichneten Gesellschafterleistungen stütze sich nicht auf Besonderheiten, die untrennbar mit dem besonderen Charakter von Publikumsgesellschaften zusammenhängen.

In dieser Entscheidung wurden zugleich die Voraussetzungen präzisiert, unter denen zusätzliche Gesellschafterleistungen als haftendes Eigenkapital behandelt werden können[260]: Zum einen müsse die Gewährung des Darlehens den Kommanditisten als gesellschaftsvertragliche Pflicht in ihrer Eigenschaft als Gesellschafter der KG auferlegt sein. Zum anderen müßten die Mittel in der Weise Teil des Eigenkapitals sein, daß die Gesellschafter die Mittel in der Sache wie Einlage behandelt haben. Wichtige Indizien hierfür seien besonders

---

255 BGH NJW 1980, 1522, 1523; BGH NJW 1981, 2253; BGH NJW 1985, 1468, 1469.

256 Vgl. hierzu Westermann, FS Fleck, 1988, S. 424, 435; Zanner, S. 161.

257 Ebenso Westermann, FS Fleck, 1988, S. 424, 430.

258 BGH NJW 1988, 1841; hierzu sogleich b).

259 BGHZ 104, 33 = NJW 1988, 1841 = WM 1988, 750.

260 BGH NJW 1988, 1841, 1842.

günstige Kreditkonditionen, die Pflicht zur langfristigen Belassung, das Fehlen einseitiger Kündigungsmöglichkeiten sowie die Unentbehrlichkeit der Gesellschafterdarlehen für die Verwirklichung der gesellschaftsvertraglichen Ziele, insbesondere als Grundlage für die Aufnahme von Fremdmitteln.

Diese Rechtsprechung zur gesplitteten Pflichteinlage hat in der Literatur überwiegend Zustimmung gefunden[261]. Zutreffend wird darauf hingewiesen, daß es für die Gleichstellung solcher Darlehen mit haftendem Eigenkapital anders als bei §§ 30 ff. GmbHG nicht darauf ankommt, ob das Darlehen in der Krise der Gesellschaft gewährt oder belassen wird[262].

bb) Charakter als eigenständiger Kapitalschutz der KG

Für die Publikums-KG und die GmbH & Co. KG gewährt die Rechtsprechung mit der Rechtfigur der gesplitteten Pflichteinlage im Ergebnis einen eigenständigen Kapitalschutz im Verhältnis zu Gesellschaftsgläubigern über die im Handelsregister eingetragene Haftsumme hinaus. Damit wird die Unterscheidung zwischen der Pflichteinlage, die der Kommanditist nach dem Gesellschaftsvertrag im Innenverhältnis gegenüber der Gesellschaft zu leisten hat, und der Haftsumme nach § 172 Absatz 1 HGB, die den Umfang der Haftung gegenüber Gesellschaftsgläubigern bestimmt, aufgegeben[263]. Vielmehr wird jede Einlageverpflichtung, die zur Befriedigung der Gesellschaftsgläubiger erforderlich ist, zugleich als Haftsumme behandelt, unabhängig davon, ob sie im Handelsregister eingetragen ist.

Joost hat den Versuch unternommen, aus diesen Grundsätzen in Anlehnung an die Regeln zum Eigenkapitalersatz nach §§ 30 ff. GmbHG einen solchen eigenständigen Kapitalschutz der KG allgemein, also auch mit Geltung für die gesetzestypische KG, herauszuarbeiten[264]. Dies lehnt die Rechtsprechung und die herrschende Lehre jedoch ausdrücklich ab[265].

---

261 Horn in Heymann, HGB, § 172a Rn 17; von Gerkan in Röhricht, HGB, § 161 Rn 141; Martens in Schlegelberger, HGB, § 161 Rn 162 f.; Hesselmann/Tillmann, Rn 558 ff.; Brandes, WM 1987, Sonderbeilage Nr. 1, S. 13 f.; Rümker, WuB II. G. § 161 HGB 1.88, S. 853, 854; Zanner, S. 148, 157 ff.; vgl. K. Schmidt, Gesellschaftsrecht, § 18 III 3, S. 527 f. sowie § 57 III 2, S. 1681 f.

262 Horn in Heymann, HGB, § 172a Rn 39; Rümker, WuB II. G. § 161 HGB 1.88, S. 853, 854; vgl. BGH NJW 1988, 1841, 1842 liSp; Ulmer in Hachenburg, GmbHG, § 32a, b Rn 198.

263 Vgl. zu dieser Unterscheidung bereits oben III. 1 a), S. 160, Fn 39.

264 Eingehend Joost, ZGR 1987, 370 ff., vgl. oben III. 1 a) aa), S. 160; im Ergebnis ebenso K. Schmidt, vgl. oben III. 1 b) aa), S. 163, mit Nachweisen in Fn 56; vgl. auch den rechtsformübergreifenden Ansatz aus dem Recht der Publikums-KG bei Kuhr, S. 96 f.

265 Eingehend oben III. 1 a) bb), S. 161 ff., mit Nachweisen in Fn 44.

c) Finanzplankredit in der GmbH

aa) Übertragung des Grundgedankens auf die GmbH

Der Grundgedanke dieser Rechtsprechung zur gesplitteten Einlage hat unter dem Begriff des Finanzplankredits auch Eingang ins Recht der GmbH gefunden[266]. Ist die Zuführung zusätzlicher Mittel an die Gesellschaft neben den Gesellschaftereinlagen Teil eines Finanzplans, der den Kredit dem Risikokapital zuweist und der ihn zur dauernden Kapitalausstattung der Gesellschaft bestimmt, so haben diese Darlehen eigenkapitalersetzenden Charakter[267].

bb) Abgrenzung von den Regeln zum Eigenkapitalersatz bei der GmbH

Die Anwendung dieser Grundsätze unterscheidet sich von den Regeln zum Eigenkapitalersatz nach §§ 30 ff. GmbHG vor allem in zweierlei Hinsicht: Die Umqualifizierung von Darlehen in Eigenkapital erfolgt auf der Tatbestandsseite unabhängig davon, ob im Zeitpunkt der Mittelzuführung oder -belassung eine Krise bereits eingetreten war[268]. Auf der Rechtsfolgenseite können noch nicht ausbezahlte Darlehen durch den Insolvenzverwalter eingefordert werden[269].

2. Rechtsgrundlage für die Umqualifizierung von Darlehen in Eigenkapital

Wie bereits erwähnt, bereitet die dogmatische Einordnung dieses in der Rechtsprechung entwickelten Rechtsinstituts nach wie vor Schwierigkeiten. In Betracht kommen folgende Ansatzpunkte:

---

266 Zum Ursprung des Finanzplankredits in den Grundsätzen zur gesplitteten Pflichteinlage bei der Publikums-KG vgl. BGH ZIP 1999, 1263, 1264.

267 BGH ZIP 1999, 1263 spricht vom "einlagenähnlichen Charakter", da er die dogmatische Einordnung als Fallgruppe des Kapitalersatzrechts vermeiden will; wie hier dagegen BGH NJW 1992, 2891, 2893; vgl. Lutter/Hommelhoff, GmbHG, §§ 32a/b Rn 14; Rowedder in Rowedder, GmbHG, § 32 a Rn 20; K. Schmidt in Scholz, GmbHG, §§ 32a, 32b Rn 38; Ulmer in Hachenburg, GmbHG, § 32a, b Rn 48, 61; von Gerkan, ZGR 1997, 173, 192 ff.; Habersack, ZHR 161 (1997), S. 457 ff.; umfassend Fleischer, Finanzplankredite, 1995; vgl. auch BGH NJW 1993, 392, 394; BGH WM 1997, 576.

268 BGH NJW 1992, 1763, 1764; OLG Karlsruhe GmbHR 1996, 528, 529; Hueck in Baumbach/Hueck, GmbHG, § 32a Rn 46b; Ulmer in Hachenburg, GmbHG, § 32a, b Rn 48; K. Schmidt in Scholz, GmbHG, §§ 32a, 32b Rn 38; Hommelhoff/Kleindiek, FS 100 Jahre GmbHG, 1992, S. 421, 441.

269 BGH ZIP 1999, 1263, 1264 f.; Rowedder in Rowedder, GmbHG, § 32a Rn 23; Lutter/Hommelhoff, GmbHG, §§ 32a/b Rn 17; Hommelhoff/Kleindiek, FS 100 Jahre GmbHG, 1992, S. 421, 441.

a) Schutz einer Mindestkapitalausstattung der Gesellschaft

aa) Kapitalschutz in der KG

Das Recht der KG kennt keine Vorschriften wie in §§ 30 ff. GmbHG, die den Schutz eines gesetzlichen Stammkapitals vorsehen. Die Erstreckung des Schutzes der Kapitalerhaltung der GmbH auf die KG im Rahmen der §§ 171, 172 HGB käme nur in Betracht, wenn man mit *Joost* an die Stelle des Stammkapitals bei der GmbH die Summe der Kommanditeinlagen bei der KG setzen würde. Er hat den Versuch unternommen, aus dem Sonderrecht der Publikumsgesellschaft einen eigenständigen Kapitalschutz für die KG im allgemeinen, also auch mit Geltung für die gesetzestypische KG herauszuarbeiten[270]. Dies lehnt die Rechtsprechung und die herrschende Lehre jedoch ausdrücklich ab[271].

Eine solche Lösung entspricht auch nicht dem haftungsrechtlichen System des Gesellschaftsrechts, denn das Stammkapital der GmbH dient nicht als ein die Haftungsbeschränkung rechtfertigendes Äquivalent für die Hafteinlagen der Kommanditisten, sondern als ein solches für die fehlende persönliche Haftung eines natürlichen Komplementärs[272]. Dies zeigt der Fall der OHG, bei der ein gesetzliches Haftkapital weder in Form von Kommanditeinlagen noch in Form eines gesetzlichen Stammkapitals vorhanden ist, sondern der Gläubigerschutz allein durch die persönliche Haftung der Gesellschafter vermittelt wird.

Bei der KG tritt zwar neben das Privatvermögen des persönlich haftenden Gesellschafters eine weitere Haftungsmasse in Form der durch die Kommanditisten übernommenen Pflichteinlagen hinzu. Diese weitere Haftungsmasse unterliegt aber hinsichtlich ihrer Mindesthöhe keinen gesetzlichen Vorschriften, sondern steht im Belieben der Gesellschafter. Auf das Vorhandensein dieser Kapitalausstattung können Gesellschaftsgläubiger daher nur insoweit vertrauen, als diese nach § 172 Absatz 1 HGB im Handelsregister eingetragen ist[273]. Eine darüber hinaus im Innenverhältnis zur Gesellschaft erbrachte Einlage begründet dagegen unabhängig davon, ob sie als Kommanditeinlage, als Darlehen oder als stille Beteiligung bezeichnet ist, und unabhängig davon, ob diese Mittel für die Gesellschaft zur Erreichung des Gesellschaftszwecks

---

270 Joost, ZGR 1987, 370, 376 ff., insbesondere S. 388 ff., näher oben III. 1 a) aa), S. 160; zu einem anderen Ansatz eines rechtsformübergreifenden Kapitalschutzes K. Schmidt, vgl. näher oben III. 1 b) aa), S. 163, mit Nachweisen in Fn 56 sowie Kuhr, S. 96 f.

271 Eingehend oben III. 1 a) bb), S. 161, mit Nachweisen in Fn 44.

272 Vgl. bereits eingehend oben III. 1 a) bb), S. 161 ff., insbesondere Fn 47 bis 50.

273 Ebenso für die normale KG die überwiegende Meinung, vgl. oben III. 1 a) bb), S. 161, Fn 44; anders dagegen für die Publikums-KG ausdrücklich Zanner, S. 161 sowie im Ergebnis die oben 1 a) bb), S. 207, angeführte Rechtsprechung zur gesplitteten Pflichteinlage und die ihr zustimmende ganz herrschende Meinung; wie hier dagegen Wilken ZIP 1996, 61, 64.

unerläßlich sind, keine Außenhaftung gegenüber Gesellschaftsgläubigern über den nach § 172 Absatz 1, Absatz 4 HGB als Haftsumme im Handelsregister eingetragenen Betrag hinaus. Ein Vertrauen des Rechtsverkehrs auf eine der wirtschaftlichen Tätigkeit der Gesellschaft angemessene Kapitalausstattung ist durch die Vorschriften des HGB nicht geschützt.

Die Rechtsprechung zur gesplitteten Pflichteinlage setzt sich somit über den Wortlaut des § 172 Absatz 1 HGB hinweg, wonach für die Außenhaftung im Verhältnisse zu den Gläubigern der Gesellschaft die Einlage nicht durch die Bestimmung im Gesellschaftsvertrag, sondern durch den Betrag bestimmt wird, der als Haftsumme im Handelsregister eingetragen ist.

Für die Rechtfertigung einer abweichenden Beurteilung in der Publikums-KG gegenüber der normalen KG könnte deren weitergehende Annäherung an das Modell der reinen Kapitalgesellschaft in Form einer hohen Kapitalausstattung und ein daraus resultierendes Bedürfnis nach einem dem Recht der Kapitalgesellschaften entsprechenden Kapitalschutz dienen[274]. Aufgrund der durch öffentliche Werbung in Zeitungen, Prospekten und über Anlageberater breiten Kapitalstreuung ist dies in erster Linie eine Annäherung an die AG[275]. Gegenstück dieser Kapitalsammelfunktion der Publikums-KG und der damit verbundenen Annäherung an die AG ist indes, daß die Kommanditisten der Publikums-KG wie bei der AG typischerweise ausschließlich Anlegerinteressen verfolgen und weder an der Gestaltung des Gesellschaftsvertrags noch an der Geschäftsführung unmittelbar beteiligt sind. Nicht einsichtig ist daher, daß die Ähnlichkeit der Kapitalstruktur zur AG ein Grund für eine weitergehende Bindung kapitalersetzender Darlehen als bei der normalen KG sein sollte. Denn der Rechtsprechung zur Aktiengesellschaft[276], die der Gesetzgeber nun sinngemäß auf die GmbH übertragen hat[277], ist gerade umgekehrt zu entnehmen, daß der bloße Anleger ohne unternehmerisches Interesse auch bei Kapitalgesellschaften keine Finanzierungsverantwortung im Sinne des Kapitalersatzrechts trägt. Die Besonderheiten in der Publikums-KG recht-fertigen daher keine weitergehende Haftung des Kommanditisten in Form der Umqualifizierung von eigenkapitalersetzenden Darlehen in Haftkapital als in der normalen KG.

---

274 In diesem Sinne Westermann, FS Fleck, 1988, S. 424, 435 f.; vgl. Zanner, S. 160 ff.

275 Eingehend zur Anwendung aktienrechtlicher Vorschriften auf die Publikums-KG Kellermann, FS Stimpel, 1985, S. 295 ff.

276 BGHZ 90, 381 = NJW 1984, 1893 (BuM/WestLB), oben IV. 2 c), S. 185 f., sowie IV. 2 e) bb), S. 189.

277 § 32a Absatz 3 Satz 2 GmbHG, vgl. eingehend oben IV. 2 e) cc), S. 190 ff.

bb) Schutz des gesetzlichen Stammkapitals in der GmbH

Für die GmbH besteht ein Schutz des gesetzlichen Stammkapitals nach §§ 30, 31 GmbHG und nach den hierzu entwickelten Rechtsprechungsgrundsätzen. Dieser Schutz, der bei der GmbH & Co. KG mittelbar durch Anwendung auf die Komplementär-GmbH gilt[278], greift jedoch nicht ein, wenn die Gesellschafter sich neben ihren zur Aufbringung des Stammkapitals erforderlichen Einlagen zusätzlich zu weiteren Finanzierungshilfen verpflichten. §§ 30, 31 GmbHG gewähren Schutz nur in Höhe des im Handelsregister eingetragenen Stammkapitals, nicht dagegen in Höhe des jeweils zur Erreichung des Gesellschaftszwecks notwendigen oder angemessenen Kapitals[279].

b) Schutz gegen eine Verschleppung der Krise

Im Gegensatz zu §§ 30, 31 GmbHG dienen §§ 32a, 32b GmbHG nicht dem Schutz des Stammkapitals der GmbH, sondern dem Schutz gegen eine Verschleppung der Krise zu Lasten der Gesellschaftsgläubiger. Die Gesellschafter sollen durch die Umqualifizierung von Darlehen in haftendes Eigenkapital dazu angehalten werden, die Gesellschaft im Falle der Kreditunwürdigkeit alsbald zu liquidieren. Dieser Schutz der Gläubiger wird flankiert durch die sanktionsbewehrte Pflicht der Geschäftsführer, im Falle der Zahlungsunfähigkeit die Eröffnung des Insolvenzverfahrens zu beantragen (§ 64 GmbHG).

Diesen gesetzlichen Schutz gegen die Verschleppung der Krise hat der Gesetzgeber durch die GmbH-Novelle 1980 auf die GmbH & Co. KG erstreckt. Dabei ordnet § 172a HGB die Geltung der §§ 32a, 32b GmbHG an, während §§ 130a, 177a HGB eine dem § 64 GmbHG entsprechende Insolvenzantragspflicht enthalten.

aa) Publikums-KG

Nach der gesetzlichen Regelung ist dieser Schutz gegen eine Verschleppung der Krise ausdrücklich beschränkt auf Kapitalgesellschaften und auf solche Personengesellschaften, in denen keine natürliche Person als unbeschränkt haftender Gesellschafter auftritt. Dies entspricht dem Grundgedanken des gesetzlichen Systems, wonach das Vermögen einer natürlichen Person als persönlich haftender Gesellschafter dem Gläubigerschutz Genüge tut.

Für die gesetzestypische KG, zu der auch die Publikums-KG gehört, existiert nach dem gesetzlichen Haftungssystem kein Schutz gegen die Verschleppung der Krise. Dieser Gesichtspunkt scheidet als Rechtfertigung für die Rechtsfigur der gesplitteten Pflichteinlage, die gerade im Recht der Publikums-KG entwickelt wurde, somit ebenfalls aus.

---

278 Eingehend oben III. 1 c), S. 164 ff.

279 Eingehend BGH NJW 1980, 1524, 1525 f. zur GmbH & Co. KG.

bb) GmbH und GmbH & Co. KG

Für die GmbH und über die Verweisung in § 172a HGB auch für die GmbH & Co. KG gelten dagegen §§ 32a, 32b GmbHG. Dieser Tatbestand greift in den Fällen des Finanzplankredits nicht unmittelbar ein, denn die Finanzierungshilfe wird nicht im Stadium der Kreditunwürdigkeit der Gesellschaft gewährt, sondern bereits lange vorher. Auch ein Stehenlassen der kapitalersetzenden Mittel scheidet in der Regel aus, da aufgrund der gesellschaftsrechtlichen oder schuldvertraglichen langfristigen Bindung der Finanzierungshilfe keine Möglichkeit einer Rückforderung besteht[280]. Zudem geht das Rechtsinstitut des Finanzplankredits in den Rechtsfolgen über §§ 32a, 32b GmbHG hinaus, als nicht nur die Rückforderung geleisteter Darlehen ausgeschlossen ist, sondern vom Insolvenzverwalter die Erfüllung einer Finanzierungszusage eingefordert werden kann. Aus diesen Gründen hat auch der Bundesgerichtshof nunmehr festgestellt, daß das Rechtsinstitut des Finanzplankredits kein Anwendungsfall des Kapitalersatzrechts im Sinne §§ 32a, 32b GmbHG ist[281].

§§ 32a, 32b GmbHG sind daher nicht geeignet, die Rechtsfigur des Finanzplankredits hinreichend zu legitimieren.

c) Freiwillige Beschränkung der Finanzierungsfreiheit durch Vereinbarung unter den Gesellschaftern

Die Rechtsprechung sieht die Grundlage für die Umqualifizierung von Darlehen in haftendes Eigenkapital in einer Abrede zwischen den Gesellschaftern selbst oder zwischen den Gesellschaftern und der Gesellschaft[282]. Dahinter steht der Gedanke, daß die Gesellschafter durch die langfristige Bindung der Mittel ihre Freiheit über das Ob und Wie der Finanzierung der Gesellschafter freiwillig von vornherein beschränkt haben[283]. Diese Form der Bindung von Darlehen als Eigenkapital wird in der Literatur demzufolge häufig als Gleichstellung mit Eigenkapital kraft Vereinbarung im Gegensatz zur Umqualifizierung kraft Gesetzes nach §§ 30 ff. GmbHG bezeichnet[284].

Eine solche Abrede unter den Gesellschaftern ist jedoch nur geeignet, eine Bindung der Mittel im Innenverhältnis der Gesellschaft zu begründen, nicht

---

280 Vgl. zu diesem Erfordernis bereits oben II. 1 a) dd), S. 156.

281 BGH ZIP 1999, 1263 f. sowie Leitsatz 1 dieser Entscheidung.

282 So bereits BGH NJW 1988, 1841, 1843 zur GmbH & Co. KG; bestätigend nun BGH ZIP 1999, 1263, 1265.

283 In diese Richtung Rowedder in Rowedder, GmbHG, § 32a Rn 21 a.E.

284 So Hommelhoff/Kleindiek, FS 100 Jahre GmbHG, 1992, S. 421, 438 f.; Rümker, WuB II. G. § 161 HGB 1.88, S. 853, 855; Habersack, ZHR 162 (1998), S. 201, 221; vgl. Horn in Heymann, HGB, § 172a Rn 39.

auch gegenüber Gesellschaftsgläubigern. Konsequent ist es danach, wenn die Rechtsprechung für die Aufhebung einer solchen Darlehensverpflichtung nicht eine einseitige Kündigung des Darlehens nach § 610 BGB genügen läßt, sondern einen formwirksamen satzungsändernden Gesellschafterbeschluß bzw. die Zustimmung aller an der Abrede Beteiligten verlangt[285].

Einer besonderen Rechtsgrundlage über die Gesellschaftervereinbarung hinaus bedarf es dagegen für die Annahme der Rechtsprechung, eine solche einlageähnlich wirkende Darlehenszusage könne ohne Einschränkungen nur vor Eintritt der Krise aufgehoben werden[286]. Der Bundesgerichtshof hat hierzu festgestellt, daß die Legitimationsgrundlage für diese Bindung weder in einer "materiellen Unterkapitalisierung" noch in den §§ 32a, 32b GmbHG erblickt werden könne, sondern auf einer entsprechenden Anwendung des § 19 Absatz 2, 3 GmbHG beruhe[287]. Damit wird der Finanzplankredit nicht als Eigenkapitalersatz behandelt, sondern als Teil des haftenden Stammkapitals selbst. Dieser Begründungsversuch ist aus folgenden Gründen zweifelhaft[288]: § 19 GmbHG regelt für den Bereich der Kapitalaufbringung dasselbe, was §§ 30, 31 GmbHG für die Kapitalerhaltung bestimmen, nämlich eine Bindung des gesetzlichen Stammkapitals i.S. §§ 3, 5 GmbHG, wie es im Handelsregister eingetragen wird. Ebenso wie bei §§ 30, 31 GmbHG kommt eine Anwendung des § 19 GmbHG deshalb nicht in Betracht, sofern es sich bei den zugesagten Finanzmitteln nicht um gesetzliches Stammkapital in diesem Sinne handelt. Ebenso wie §§ 30, 31 GmbHG den Gläubigern Schutz nur in Höhe des eingetragenen Mindestkapitals gewähren, nicht dagegen in Höhe des jeweils zur Erreichung des Gesellschaftszwecks notwendigen oder angemessenen Kapitals[289], muß dies deshalb auch für § 19 GmbHG gelten.

Die Behandlung des Finanzplankredits als haftendes Eigenkapital im Verhältnis zu den Gesellschaftsgläubigern kann somit nicht allein aus einer Abrede unter den Gesellschaftern legitimiert werden, sondern setzt eine besondere Rechtsgrundlage voraus.

---

285 Nach BGH ZIP 1999, 1263, 1265 bedarf es einer Satzungsänderung, wenn die Darlehensverpflichtung als materieller Bestandteil der Satzung anzusehen ist; dagegen bedarf es der Zustimmung aller Beteiligten, sofern es sich um eine rein schuldrechtliche Abrede handelt.

286 So die These in BGH ZIP 1999, 1263, 1264 und Leitsatz 2 Satz 2.

287 BGH ZIP 1999, 1263, 1264 reSp unter fragwürdigem Hinweis auf von Gerkan, ZGR 1997, 173, 194.

288 Vgl. hierzu näher K. Schmidt, ZIP 1999, 1241, 1250, der zutreffend eine Bindung als Eigenkapital bei Eintritt der Krise nur aufgrund der Auslegung der Finanzierungsabrede unter den Gesellschaftern für möglich hält, nicht dagegen aus Gründen des Gläubigerschutzes.

289 Vgl. hierzu oben a) bb), S. 213.

d) Materielle Eigenkapitalfunktion

In der Literatur wird zum Teil auf das Erfordernis einer Vereinbarung der Gesellschafter verzichtet und jedenfalls überwiegend auf den objektiven Charakter als materielles Eigenkapital der Gesellschaft abgestellt[290]. Über die Frage, wann eine solche materielle Eigenkapitalfunktion anzunehmen ist, besteht jedoch noch weitgehend Unklarheit[291]. Die Rechtsprechung und herrschende Lehre nimmt aufgrund der Umstände des Einzelfalls eine Gesamtschau vor und nennt als Indizien für funktionelles Eigenkapital neben der gesellschaftsvertraglichen Verpflichtung vor allem günstige Kreditkonditionen, die Pflicht zur langfristigen Belassung, das Fehlen einseitiger Kündigungsmöglichkeiten sowie die Unentbehrlichkeit der Gesellschafterdarlehen für die Verwirklichung der gesellschaftsvertraglichen Ziele, insbesondere als Grundlage für die Aufnahme von Fremdmitteln[292].

e) Würdigung und eigene Stellungnahme

Mit dem Rechtsinstitut zur gesplitteten Pflichteinlage und zum Finanzplankredit hat die Rechtsprechung in einer Rechtsfortbildung den Schutz der Gesellschaftsgläubiger über den Wortlaut der §§ 19, 30, 31 GmbHG, 172 HGB erweitert. Ein Vertrauensschutz auf ein haftendes Gesellschaftsvermögen wird über den im Handelsregister als Haftungssumme eingetragenen Betrag hinaus in der Höhe gewährt, in der die Gesellschafter ihrer Gesellschaft tatsächlich Finanzierungsmittel zugeführt oder zugesagt haben. Wie soeben gezeigt, kann diese Rechtsfortbildung allein mit den gesetzlichen Vorschriften nicht legitimiert werden.

Der Grund für diese Rechtsfortbildung dürfte zum einen darin liegen, daß ein eigenständiger Kapitalschutz bei den Personengesellschaften mangels gesetzlichen Stammkapitals nicht existiert, aber für erforderlich gehalten wird, zum anderen darin, daß ein praktisches Bedürfnis dafür vorhanden ist, daß bei der

---

290 Lutter/Hommelhoff, GmbHG, §§ 32a/b Rn 16; K. Schmidt, FS Goerdeler, 1987, 487, 496 ff.; Joost, ZGR 1987, 370, 396 ff.; Schön, ZGR 1990, 220, 241; Hommelhoff/ Kleindiek, FS 100 Jahre GmbHG, 1992, S. 421, 440 f.; Wiedemann, FS Beusch, 1993, S. 893, 904 f.; von Gerkan, ZGR 1997, 173, 193 f.; Habersack, ZHR 161 (1997), S. 457, 485; Kuhr, S. 52 f., 80 f.; auch die frühere Rechtsprechung bezeichnete dies ausdrücklich als tragenden Gesichtspunkt für die Behandlung von Darlehen als Pflichteinlagen, so noch BGH NJW 1988, 1841, 1843 zur GmbH & Co. KG sowie, je zur GmbH, BGH NJW 1993, 392, 394; KG NZG 1999, 71, 72 als Vorinstanz zu BGH ZIP 1999, 1263.

291 Vgl. Wiedemann, FS Beusch, 1993, S. 893, 904 ff.; von Gerkan, ZGR 1997, 173, 194; K. Schmidt, ZIP 1999, 1241, 1248.

292 BGHZ 104, 33 = NJW 1988, 1841, 1843; KG NZG 1999, 71, 72; ebenso Hueck in Baumbach/Hueck, GmbHG, § 32a Rn 46a; Lutter/Hommelhoff, GmbHG, §§ 32a/b Rn 15; Rowedder in Rowedder, GmbHG, § 32a Rn 22; K. Schmidt in Scholz, GmbHG, §§ 32a, 32b Rn 38; eingehend Fleischer, Finanzplankredite, S. 128 ff.; kritisch zu einzelnen Kriterien Wiedemann, FS Beusch, 1993, S. 893, 904 ff.

GmbH die Anwendung des Kapitalersatzrechts nach §§ 32a, 32b GmbHG nicht durch eine langfristige Bindung von Darlehen, bei denen ein Stehenlassen mangels Rückforderungsmöglichkeit ausscheidet, umgangen werden kann[293].

Dennoch ist die damit verbundene Erweiterung eines Vertrauensschutzes auf ein bestimmtes Gesellschaftsvermögen sowie die Ausdehnung des Kapitalersatzrechts meines Erachtens aus folgenden Gründen kritisch zu betrachten:

Soweit als wichtige Kriterien für die materielle Eigenkapitalfunktion die günstigen Kreditkonditionen, die Pflicht zur langfristigen Belassung oder das Fehlen einseitiger Kündigungsmöglichkeiten herangezogen werden, wird im Ergebnis nahezu jede Finanzierungsleistung eines Gesellschafters als haftendes Eigenkapital gebunden[294]. Liegt nämlich eine langfristige Bindung der Finanzierungshilfe vor, stellt sie als Teil eines Finanzplans Eigenkapital dar. Ist dagegen die Möglichkeit der kurzfristigen Rückforderung eingeräumt, so wird in der Regel ein Stehenlassen in der Krise vorliegen, es sei denn, der Gesellschafter hat die Finanzierungshilfe nur vorübergehend - quasi als Starthilfe - eingeräumt und zieht das Darlehen tatsächlich bereits vor Eintritt der Krise wieder ab. Soweit das weitere Kriterium der Unentbehrlichkeit des Gesellschafterdarlehens für die Erreichung des Gesellschaftszwecks erfüllt ist, hat die Rechtsprechung selbst bei Einräumung einer kurzfristigen Kündigungsmöglichkeit in Betracht gezogen, daß diese kurzfristige Kündigungsmöglichkeit nicht ernstlich gewollt sein könne[295]. Die Behandlung einer Finanzierungshilfe eines Gesellschafters als Drittdarlehen ist danach praktisch ausgeschlossen.

Mit einer solchen umfassenden Bindung der Finanzierungsleistungen von Gesellschaftern aufgrund materieller Eigenkapitalfunktion nähert sich die Rechtsprechung im Ergebnis einer Haftung für Unterkapitalisierung, die dem erklärten Willen des Gesetzgebers widerspricht[296] und die vom Bundesgerichtshof und von weiten Teilen der Literatur ausdrücklich abgelehnt wird[297].

---

293 Vgl. zu diesem Gesichtspunkt vor allem KG NZG 1999, 71, 73.

294 Dies zeigt sich anschaulich am Beispiel der Finanzplan-Nutzungsüberlassung bei der Betriebsaufspaltung, vgl. hierzu OLG Karlsruhe GmbHR 1996, 524, 529; zustimmend Kallmeyer, GmbHR 1996, 530; ablehnend Drygala, GmbHR 1996, 481; Altmeppen, ZIP 1996, 909, 911.

295 BGH NJW 1993, 392, 394; ebenso bereits Ulmer in Hachenburg, GmbHG, § 32a, b Rn 115, 117, je zur kapitalersetzenden Nutzungsüberlassung bei der Betriebsaufspaltung.

296 So BegrRegE zum Kapitalaufnahmeerleichterungsgesetz vom 20.04.1998, abgedruckt in ZIP 1997, 706, 710 liSp Mitte.

297 Eingehend BGH NJW 1980, 1524, 1525 f.; ausdrücklich nun nochmals BGH ZIP 1999, 1263, 1265 sowie Leitsatz 1 gegen die Vorinstanz KG NZG 1999, 71, 72 reSp und 73; vgl. auch bereits BGHZ 31, 258, 269; BGH NJW 1977, 1449. Aus der Literatur Hueck, ZGR 1989, 216, 230 f.; Altmeppen, NJW 1994, 2353, 2354; eingehend K. Schmidt, Gesellschaftsrecht, § 9 IV 4 c) mwN; dagegen plädiert Raiser, ZGR 1995, 156, 162 ff. für eine Haftung bei sog. qualifizierter Unterkapitalisierung.

Den Gesellschaftern müssen realistische Möglichkeiten verbleiben, ihr finanzielles Risiko, das mit dem Betrieb eines Unternehmens verbunden ist, auf einen festen Betrag des von ihnen zur Finanzierung eingesetzten Kapitals zu begrenzen. Eine Umqualifizierung in Eigenkapital darf nicht nahezu jede Finanzierungsleistung des Gesellschafters umfassen; vielmehr sollten neben den §§ 32a, 32b GmbHG Fälle einer krassen gläubigerschädigenden Unterkapitalisierung mit den deliktsrechtlichen Mitteln einer Haftung nach §§ 823 Absatz 2, 826 BGB sanktioniert werden[298].

Im Rahmen des eigentlichen Kapitalersatzrechts erscheint es dagegen bedenkenswert, sich auf die ursprünglichen gesetzlichen Grundlagen des Gläubigerschutzes zurückzubesinnen. Diese Grundlagen sind Schutz des Stammkapitals der GmbH und Schutz der Kommanditeinlagen in der KG, jeweils in Höhe des Betrags, der im Handelsregister eingetragen ist. Ein weitergehender Vertrauensschutz auf eine bestimmte tatsächliche Eigenkapitalausstattung, wie ihn die Regelung in §§ 32a, 32b GmbHG, 172a HGB vorsieht, sollte nicht noch über deren Wortlaut hinaus ausgedehnt werden

3. Anwendung der Grundsätze zur gesplitteten Pflichteinlage und zum Finanzplankredit auf den Nur-Kommanditisten in der GmbH & Co. KG

Trotz der dargestellten[299] grundsätzlichen Bedenken gegen das Rechtsinstitut der gesplitteten Pflichteinlage bei der Publikums-KG und der GmbH & Co. KG und des Finanzplankredits in der GmbH sind die Grundsätze hierzu nach dem derzeitigen Stand in der Rechtsprechung und Literatur als geltendes Recht zugrunde zu legen.

a) Finanzierungsleistungen an die KG

Die Rechtsprechung zur gesplitteten Pflichteinlage in der GmbH & Co. KG stützt sich nicht auf eine Anwendung des Kapitalersatzrechts der GmbH nach §§ 30 ff. GmbHG, sondern auf eine erweiternde Anwendung der §§ 171, 172 HGB. Damit wird in der GmbH & Co. KG selbständig neben dem Schutz des Stammkapitals der Komplementär-GmbH[300] ein eigener Kapitalschutz der KG gewährt, dessen Eingreifen neben einer Vereinbarung unter den Gesellschaftern die materielle Eigenkapitalfunktion der Finanzierungshilfe voraussetzt. Eine Einschränkung dieser Finanzierungsverantwortung des Nur-Kommanditisten analog § 32a Absatz 3 Satz 2 GmbHG dürfte kaum zu begründen sein, da nicht die Anwendung des Verweises auf GmbH-Recht nach

---

298 Vgl. hierzu Altmeppen, NJW 1994, 2353, 2354 sowie eingehend Reiner, FS Boujong, 1996, S. 415 ff.

299 Vgl. soeben e), S. 216 ff.

300 Vgl. eingehend oben III., S. 159 ff., und IV., S. 169 ff.

§ 172a HGB[301] im Raum steht, sondern §§ 171, 172 HGB als Grundlage dienen.

Damit trägt jeder Kommanditist Finanzierungsverantwortung für seine KG allein aufgrund seiner Stellung als Gesellschafter.

b) Finanzierungsleistungen an die Komplementär-GmbH

Auch auf die Rechtsfigur des Finanzplankredits in der GmbH wendet die Rechtsprechung nicht die Regeln zum Eigenkapitalersatz nach §§ 30 ff. GmbHG an, sondern stützt die Rechtsfolgen auf die Vereinbarung unter den Gesellschaftern und die materielle Eigenkapitalfunktion der Finanzierungsleistung. Es stellt sich nun die Frage, ob eine solche Bindung als Eigenkapital nur bei Darlehen von GmbH-Gesellschaftern eintreten kann, oder ob, ähnlich wie nach § 32a Absatz 3 Satz 1 GmbHG, auch Finanzierungsleistungen nahestehender Dritter als Stammeinlagen behandelt werden können.

Hierfür gilt meines Erachtens, daß der Nur-Kommanditist für die Aufbringung des Stammkapitals der GmbH nach §§ 3, 5, 19 GmbHG nicht verantwortlich sein kann, da er nicht zum Personenkreis ihrer Gründer, ja nicht einmal zu ihren Gesellschaftern gehört. Selbst wenn er dennoch bei der Gründung der GmbH solche einlagenähnlichen Finanzierungsleistungen tatsächlich erbringt oder sich hierzu im Gesellschaftsvertrag der GmbH verpflichtet, so kann es sich hierbei nicht um eine korporative Satzungsbestimmung und somit nicht um eine mitgliedschaftliche Einlagepflicht im Sinne des GmbH-Rechts handeln, sondern nur um eine schuldrechtliche Verpflichtung im Sinne eines Drittdarlehens.

Bejaht man dagegen die Finanzierungsverantwortung nahestehender Dritter in gleicher Weise für die Aufbringung des Stammkapitals, wie dies § 32a Absatz 3 Satz 1 GmbHG für dessen Erhaltung im Rahmen des Kapitalersatzrechts vorsieht, so kommt eine solche Finanzierungsverantwortung des Nur-Kommanditisten für die GmbH jedenfalls nicht in weitergehendem Maße in Betracht, als dies für kapitalersetzende Leistungen i.S. §§ 30 ff. GmbHG der Fall ist. Denn die Verantwortung des Kommanditisten für die Kapitalaufbringung in der GmbH reicht nur ebenso weit wie seine Verantwortung für die Kapitalerhaltung. Da die Finanzierungsverantwortung des Nur-Kommanditisten für die Kapitalerhaltung in der GmbH nach der hier vertretenen Ansicht aufgrund der teleologischen Reduktion des § 172a HGB sinngemäß einzuschränken ist[302], kommt eine Umqualifizierung von Finanzierungsmitteln in haftendes Eigenkapital im Regelfall, in dem der Kommanditist in der GmbH keinerlei Informations- oder Mitwirkungsrechte hat, auch für Finanzplankredite an die GmbH nicht in Betracht.

---

301 Zur teleologischen Reduktion dieser Vorschrift vgl. oben IV. 3 b), S. 197 ff.

302 Eingehend oben IV. 3 b), S. 197 ff.

4. Zusammenfassung

Die Rechtsfiguren der gesplitteten Pflichteinlagen in der KG und des Finanzplankredits in der GmbH sind zwei Ausformungen ein- und desselben Rechtsinstituts. Dieses Rechtsinstitut beruht auf einer von der überwiegenden Literatur gebilligten Rechtsfortbildung des Kapitalschutzes zugunsten der Gesellschaftsgläubiger. An dieser Erstreckung eines Gläubigerschutzes über den Wortlaut der einschlägigen Normen hinaus hält die Rechtsprechung auch gegen die Tendenz des Gesetzgebers, den Gläubigerschutz zugunsten der Gesellschafter sinnvoll zu begrenzen[303], fest[304].

In Anwendung dieser Grundsätze auf die GmbH & Co. KG öffnet sich neben dem zweigleisigen Kapitalschutz der Komplementär-GmbH[305] die dritte Schiene eines eigenen Kapitalschutzes der KG. Für diese Kapitalausstattung der KG trägt der Kommanditist Finanzierungsverantwortung unabhängig vom Grad seiner Beteiligung oder vom Bestehen eines unternehmerischen Interesses.

---

303 Vgl. neben § 32a Absatz 3 Satz 2 GmbHG auch das sog. Sanierungsprivileg in § 32a Absatz 3 Satz 3 GmbHG, eingefügt durch Gesetz vom 27.04.1998, BGBl. I S. 786.

304 So BGH ZIP 1999, 1263 mit einer Begründung, die sich möglicherweise deshalb bewußt von §§ 32a, 32b GmbHG distanziert.

305 Vgl. hierzu oben II. 2 b), S. 158, und III. 2, S. 167 f.

§ 6 Zusammenfassung

I. Ergebnisse der Arbeit

1. Informations- und Kontrollrechte des Kommanditisten

Dem Kommanditisten steht im Hinblick auf die laufende Geschäftsführung in der GmbH & Co. KG kein Kontroll- und Informationsrecht zu. Er kann vielmehr nur das Recht auf Mitteilung des Jahresabschlusses nach § 166 Absatz 1 HGB und das außerordentliche Informationsrecht aus wichtigem Grund nach § 166 Absatz 3 HGB ausüben. Diese Rechte, die vorwiegend dem Schutz seiner Vermögensinteressen im Hinblick auf den Wert seiner Gesellschaftbeteiligung dienen, sind unabdingbar. Das umfassende Informationsrecht nach § 51a GmbHG, das auch die Kontrolle der laufenden Geschäftsführung ermöglicht, bleibt dagegen den GmbH-Gesellschaftern vorbehalten. Daneben hat der Kommanditist, soweit ihm nach dem Recht der KG Mitverwaltungsrechte zustehen (§§ 164 Satz 1 Hs. 2, 117, 127, 140 HGB), ein allgemeines Auskunftsrecht zur sachgerechten Wahrnehmung dieser Gesellschafterrechte. Dieses Auskunftsrecht wird in dem Maße erweitert, wie dem Kommanditisten durch Gesellschaftsvertrag weitergehende Mitwirkungsrechte eingeräumt werden. Eine Beschränkung dieses Auskunftsrechts ist nur bis zur Grenze des Kernbereichs der Mitgliedschaft zulässig.

2. Teilhaberechte des Kommanditisten an der Geschäftsleitung

Der Kommanditist ist von der unmittelbaren Mitwirkung an der laufenden Geschäftsführung ausgeschlossen. Ein Zustimmungsrecht steht ihm nur bei außergewöhnlichen Geschäften und bei Grundlagengeschäften der KG zu. Ausnahmsweise ist er selbst zur Notgeschäftsführung berechtigt. Diese Rechte können im Hinblick auf den Kernbereich der Mitgliedschaft nur in geringem Maße beschränkt werden. Umgekehrt kann dem Kommanditisten das Recht zur Geschäftsführung sowie als Geschäftsführer der Komplementär-GmbH auch das Recht zur Vertretung der Gesellschaft eingeräumt werden.

Soweit dem Kommanditisten hiernach an der laufenden Geschäftsführung keine unmittelbaren Mitwirkungsrechte zustehen, kann er auch nicht auf den Geschäftsführer der Komplementär-GmbH mittelbar einwirken. Weder ist er an der Ausübung des Weisungsrechts der GmbH-Gesellschafter beteiligt, noch kann er Unterlassung oder Rückgängigmachung einer Geschäftsführungsmaßnahme verlangen. Ein Abberufungsrecht steht ihm nicht im Hinblick auf den GmbH-Geschäftsführer zu, der eine Organstellung nur in der GmbH, nicht auch in der KG einnimmt, sondern nur im Hinblick auf die Komplementär-GmbH als Gesellschafterin der KG. Nach dem Recht der KG kommen als geeignetere Alternativen zur Abberufung der Komplementär-GmbH, d.h. Entziehung der Geschäftsführungsbefugnis nach § 117 HGB, die Ausschließungs- bzw. Auflösungsklage nach §§ 133, 140 HGB in Betracht. Die Reichweite dieser Rechte unterliegt weitgehend der Dispositionsfreiheit der Gesellschafter.

3. Ersatzansprüche des Kommanditisten bei pflichtwidriger Geschäftsführung

Im Hinblick auf die Innenhaftung für pflichtwidrige Geschäftsführung wird die Trennung von GmbH und KG als zwei rechtlich selbständige Gesellschaften durchbrochen. Der Kommanditist ist nämlich nicht auf den Ersatzanspruch gegen die Komplementär-GmbH nach dem Recht der KG beschränkt. Der KG, und im Wege der actio pro socio jedem einzelnen Kommanditisten, steht vielmehr ein Direktanspruch gegen den handelnden GmbH-Geschäftsführer zu, der nur im Falle des Handelns auf Weisung der GmbH-Gesellschafter ausgeschlossen sein kann. Dieser Direktanspruch ergibt sich entgegen der ständigen Rechtsprechung nicht aus einer Schutzwirkung des Anstellungsvertrags zwischen der GmbH und ihrem Geschäftsführer für die KG. Nach der hier vertretenen Ansicht handelt es sich nicht um eine vertragliche Haftung, sondern um eine institutionalisierte Organhaftung, die sich dogmatisch am besten auf eine Analogie zu § 43 GmbHG stützen läßt.

Ein entsprechender Direktanspruch kann gegen die anweisenden GmbH-Gesellschafter gegeben sein, wenn eine Weisung nach dem Recht der GmbH den Geschäftsführer entlastet. Dieser Anspruch läßt sich jedoch nicht mit der Anwendung des § 43 GmbHG begründen, denn diese Norm legt den strengen Sorgfaltsmaßstab eines Fremdorgans zugrunde und gilt daher nicht für die Gesellschafterhaftung. Rechtsgrundlage für die Haftung der anweisenden GmbH-Gesellschafter ist vielmehr die mitgliedschaftliche Treupflicht. Diese Treupflicht besteht auch dann, wenn GmbH-Gesellschafter und Kommanditist in keiner Gesellschaft Mitgesellschafter sind. Denn in gleicher Weise, wie sich die Rücksichtnahmepflicht des Geschäftsführers als Organ der GmbH haftungsrechtlich auf die KG erstreckt, besteht auch zwischen den GmbH-Gesellschaftern und dem Kommanditisten eine haftungsbegründende Sonderverbindung aufgrund der Einflußmöglichkeit auf das Vermögen der KG, die durch die Mitgliedschaft in der GmbH begründet wird. Der Sorgfaltsmaßstab für diese Haftung aus der Verletzung der mitgliedschaftlichen Treupflicht bestimmt sich nach hier vertretener, umstrittener Ansicht grundsätzlich nach § 276 BGB. Der strenge Sorgfaltsmaßstab eines treuhänderischen Verwalters nach § 43 GmbHG bzw. §§ 309, 317 AktG greift nur ein, wenn es sich bei dem Gesellschafter der GmbH um eine Kapitalgesellschaft oder um ein herrschendes Unternehmen im Sinne des Konzernrechts handelt.

4. Finanzierungsverantwortung des Kommanditisten im Rahmen des Kapitalersatzrechts

Die Frage, ob der Kommanditist insoweit einem GmbH-Gesellschafter gleichgestellt werden kann, als er für das Stammkapital der GmbH Finanzierungsverantwortung trägt und daher nach den Regeln des Kapitalersatzrechts für Finanzierungsleistungen einzustehen hat, war lange Zeit heftig umstritten. Der Bundesgerichtshof entschied schließlich im Jahre 1990, daß auch der Nur-Kommanditist Finanzierungsverantwortung trägt, und zwar unabhängig davon, ob er bestimmenden Einfluß auf die Geschäftsführung hat.

Nach der Änderung des Kapitalersatzrechts in § 32a Absatz 3 Satz 2 GmbHG durch die Gesetzesnovelle 1998 bejaht dagegen der Gesetzgeber im Einklang mit der bisherigen Rechtsprechung zur AG die Finanzierungsverantwortung selbst des GmbH-Gesellschafters nur bei Vorliegen einer Insiderstellung im Hinblick auf die Informationsmöglichkeiten über die Angelegenheiten der Gesellschaft sowie bei Vorliegen einer vermögensmäßigen Beteiligung von mindestens 10 %, die dem Gesellschafter ein Mindestmaß an Einflußmöglichkeiten auf die Geschäftsleitung gewährt.

Sind nun nach dieser neuen Rechtslage die Informations- und Mitwirkungsrechte des Gesellschafters der tragende Grund der Finanzierungsverantwortung, so kann der Kommanditist, der an der GmbH überhaupt nicht vermögensmäßig beteiligt ist, nicht in weitergehendem Maße dem Recht des Eigenkapitalersatzes unterworfen werden als der Minderheitsgesellschafter in der GmbH. Der Nur-Kommanditist ist vielmehr im Gegensatz zum Minderheitsgesellschafter in der GmbH sowohl vom Informationsrecht nach § 51a GmbHG als auch von jeglicher Mitwirkung an der laufenden Geschäftsführung in der GmbH & Co. KG ausgeschlossen. Aufgrund dieser gesetzlichen Neuorientierung im Kapitalersatzrecht ist § 172a HGB, der die Anwendung des Kapitalersatzrechts der GmbH nach seinem Wortlaut auch auf den Nur-Kommanditisten vorschreibt, im Hinblick auf § 32a Absatz 3 Satz 2 GmbHG teleologisch einzuschränken: §§ 32a, 32b GmbHG sind nur dann auf den Nur-Kommanditisten anwendbar, wenn ihm gesellschaftsvertraglich weitergehende Informations- und Mitwirkungsrechte als nach der gesetzlichen Rechtslage eingeräumt wurden, die ihm eine Rechtsstellung vergleichbar derjenigen eines GmbH-Gesellschafters mit einer Beteiligung am Stammkapital von wenigstens 10 % gewähren; ohne Einräumung solcher Rechte ist das Kapitalersatzrecht anwendbar, wenn der Nur-Kommanditist aufgrund tatsächlicher Umstände maßgeblichen Einfluß auf die Geschäftsführung ausübt.

II. Einheits- oder Trennungsmodell

Die Rechtsstellung des Kommanditisten läßt sich insgesamt, wie die vorliegende Arbeit zeigt, weder mit dem Einheitsmodell noch mit einer konsequenten Anwendung des Trennungsmodells sachgerecht beschreiben.

Eine durchgängige Anwendung des GmbH-Rechts auf den Nur-Kommanditisten (Einheitsmodell) würde den Umstand ignorieren, daß von den Gesellschaftern eine zulässige Gestaltungsform gewählt wurde, in welcher der Kommanditist an der Komplementär-GmbH und somit an der Geschäftsleitung nicht beteiligt sein soll. Diesem Parteiwillen widerspräche es, ihm umfassende Informations- und Mitwirkungsrechte auch in der GmbH zu gewähren.

Eine strikte Trennung der beiden miteinander verknüpften Gesellschaften (Trennungsmodell) würde dagegen dazu führen, daß der Kommanditist nicht nur von der Kontrolle und Einflußnahme auf die Geschäftsführung ausgeschlossen ist, sondern auch haftungsrechtlich der Komplementär-GmbH als außenstehender Gesellschaftsgläubiger gegenüber tritt. Die Zwischenschaltung der GmbH in der Geschäftsführung und Außenhaftung, der eigentliche Vorteil einer GmbH & Co. KG, würde sich dann zu seinem Nachteil wenden, da ihm bei Ersatzansprüchen aus pflichtwidriger Geschäftsführung nur das Gesellschaftsvermögen der GmbH zur Verfügung stünde.

Die Lösung dieses Konflikts liegt in einer Differenzierung zwischen Mitverwaltungs- und Vermögensrechten. Hinsichtlich der Informations- und Mitwirkungsrechte als Mitverwaltungsrechte ist der Kommanditist auf die ihm nach dem Recht seiner KG gewährten Rechte beschränkt. Darin liegt die Bedeutung des Umstandes, daß er nicht an der Komplementär-GmbH und damit nicht an der Geschäftsleitung beteiligt ist. Insoweit werden seine Rechte durch die Zwischenschaltung einer Komplementär-GmbH nicht verkürzt im Vergleich zur gesetzestypischen KG, bei der ihm weitergehende Rechte hinsichtlich der Mitwirkung oder Kontrolle der Geschäftsleitung auch nicht zustehen.

Hingegen würde die vermögensrechtliche Position des Kommanditisten im Vergleich zur gesetzestypischen KG erheblich beeinträchtigt, wenn er Ersatzansprüche aus pflichtwidriger Geschäftsführung nur nach dem Recht der KG gegen die Komplementär-GmbH selbst, nicht aber gegen die handelnden GmbH-Geschäftsführer und GmbH-Gesellschafter geltend machen könnte. Die Zwischenschaltung der Komplementär-GmbH zur Haftungsbeschränkung und Ermöglichung der mittelbaren Fremdorganschaft würde sich gegen ihn wenden. Eine Gesellschaftsform, in der zu Lasten eines Gesellschafters die Innenhaftung für die Geschäftsführung auf ein festes Stammkapital beschränkt werden kann, ihm also für pflichtwidrige Geschäftsführung keine handelnde natürliche Person haftet, widerspricht den Grundsätzen, wie sie im geltenden Recht sowohl zur GmbH als auch zur KG ihren Ausdruck gefunden haben. Zu Recht gesteht die Rechtsprechung dem Kommanditisten daher einen Direktanspruch gegen den GmbH-Geschäftsführer zu. Im Falle pflichtwidriger Anweisungen, die den Geschäftsführer entlasten, muß allerdings in gleicher Weise ein Direktanspruch gegen die anweisenden GmbH-Gesellschafter durchgreifen.

Die Frage für das Kapitalersatzrecht, ob der Nur-Kommanditist insoweit einem Minderheitsgesellschafter in der GmbH gleichgestellt werden kann, als er für deren Stammkapital Finanzierungsverantwortung trägt, ist mit der Unterteilung in Mitverwaltungs- und Vermögensrechte noch nicht beantwortet. Die Lösung für diesen Bereich ist davon abhängig, ob Rechtsgrund der Finanzierungsverantwortung für das Stammkapital der GmbH allein die vermögensmäßige Beteiligung an der Gesellschaft ist oder ob darüber hinaus eine Mitunternehmerschaft im Sinne einer Teilhabe an der Geschäftsführung und Unternehmensleitung hinzukommen muß. Der Gesetzgeber hat sich mit der GmbH-Novelle 1998 klar für die letztgenannte Lösung entschieden; der Kommanditist, dem im Hinblick auf die Komplementär-GmbH, in der die Entscheidungen zur Unternehmensleitung fallen, keinerlei Kontroll- oder Mitwirkungsrechte zustehen, trägt daher keine Finanzierungsverantwortung. Daß ihm bei pflichtwidriger Geschäftsführung Direktansprüche gegen die handelnden Organe zustehen, steht dem nicht entgegen, wie die Rechtslage zur AG zeigt.

III. Zusammenfassende Beschreibung der Rechtsstellung des Kommanditisten und Ausblick zur GmbH & Co. KGaA

Zusammenfassend läßt sich die Rechtsstellung des Kommanditisten in der nicht personengleichen GmbH & Co. KG als die eines reinen Anlegergesellschafters beschreiben. Ihm steht ein Kontroll- und Informationsrecht nur in dem Maße zu, wie dies zur sachgerechten Entscheidung über seine Vermögensanlage in Form der Beteiligung an der KG erforderlich ist. Von der Mitwirkung und Einflußnahme auf die laufende Geschäftsführung ist er ausgeschlossen, ein Mitentscheidungsrecht steht ihm nur bei außergewöhnlichen Geschäften und bei Grundlagengeschäften der KG zu. Seine Vermögensbeteiligung ist gegen pflichtwidriges Handeln der Geschäftsleitung durch Direktansprüche gegen die Handelnden geschützt. Aufgrund seiner fehlenden Teilhabe an der unmittelbaren Unternehmensführung ist ihm aber ein finanzielles Engagement im Hinblick auf die Krise der GmbH erlaubt, ohne damit die Rechtsfolgen kapitalersetzender Gesellschafterleistungen auszulösen.

Insgesamt ist die Rechtsstellung in groben Zügen derjenigen eines Aktionärs vergleichbar; auch jenem steht nur ein rudimentäres Informations- und Entscheidungsrecht über Fragen der Geschäftsleitung zu; auch jener ist vor pflichtwidrigem Handeln der Geschäftsleitung geschützt, ohne bei Ersatzansprüchen auf das Gesellschaftsvermögen der AG beschränkt zu sein; auch er unterliegt schließlich nicht allein aufgrund seiner Vermögensbeteiligung den Regeln des Kapitalersatzrechts. Die Unterschiede zur AG liegen vor allem in der fehlenden Satzungsstrenge des KG-Rechts, so daß die Rechte des Kommanditisten individuell ausgestaltet werden können und die Innenorganisation weniger formalen Charakter hat. Schließlich hat die Verknüpfung einer Personengesellschaft mit einer GmbH den Vorzug, eine geringere Kapitalausstattung zu erfordern als die AG. Interessant als Alternative zur hier beschriebenen Konstellation der nicht personengleichen GmbH & Co. KG in der Praxis wird in Zukunft auch die GmbH & Co. KGaA sein. Diese Rechtsform, die der Bundesgerichtshof nach langer Zeit der Rechtsunsicherheit nun schließlich für zulässig erklärt hat,[1] ermöglicht ebenso die Stellung als reiner Anlagegesellschafter ohne aktive Mitunternehmerschaft und liegt gewissermaßen zwischen der GmbH & Co. KG und der AG. Die weitere Entwicklung der Rechtslage hierzu wird zu beobachten sein, dürfte sich aber in wesentlichen Zügen an die nicht personengleiche GmbH & Co. KG anlehnen, soweit nicht die §§ 278 ff. AktG eine Abweichung erfordern.

---

1 BGH GmbHR 1997, 595 und die Literaturnachweise hierzu oben § 3 I. 2 b) bb), S. 36, Fn 17.

Kolibri 360 GmbH
Ferdinand-Jühlke-Straße 7
99095 Erfurt, Deutschland
produktsicherheit@kolibri360.de

Druck:
CPI Druckdienstleistungen GmbH
im Auftrag der
Kolibri 360 GmbH
Ferdinand-Jühlke-Str. 7
99095 Erfurt